经济法论丛

JINGJIFA LUNCONG

公平分配的财税法促进与保障

张守文 何锦前 张 东 段礼乐 覃甫政 肖 京 著

北京大学出版社
PEKING UNIVERSITY PRESS

图书在版编目(CIP)数据

公平分配的财税法促进与保障/张守文等著. —北京:北京大学出版社,2017.4
(经济法论丛)
ISBN 978-7-301-28183-3

Ⅰ. ①公… Ⅱ. ①张… Ⅲ. ①收入分配—研究—中国 ②财政法—研究—中国 ③税法—研究—中国 Ⅳ. ①F124.7 ②D922.204 ③D922.220.4

中国版本图书馆 CIP 数据核字(2017)第 049694 号

书　　名	公平分配的财税法促进与保障 GONGPING FENPEI DE CAISHUIFA CUJIN YU BAOZHANG
著作责任者	张守文等　著
责任编辑	冯益娜
标准书号	ISBN 978-7-301-28183-3
出版发行	北京大学出版社
地　　址	北京市海淀区成府路 205 号　100871
网　　址	http://www.pup.cn
电子信箱	law@pup.pku.edu.cn
新浪微博	@北京大学出版社　@北大出版社法律图书
电　　话	邮购部 62752015　发行部 62750672　编辑部 62752027
印 刷 者	三河市北燕印装有限公司
经 销 者	新华书店
	965 毫米×1300 毫米　16 开本　24.75 印张　418 千字 2017 年 4 月第 1 版　2017 年 4 月第 1 次印刷
定　　价	56.00 元

前　　言

自古及今，分配问题始终事关政治、经济、社会等诸多方面，是各国必须着力解决的“国之大事”。实现公平分配，有效定分止争，是现代国家法治建设的重要目标。因此，通过相关的法律制度来促进和保障公平分配，是推进法治发展的重要内容。

我国自改革开放以来，在经济增长方面取得了举世瞩目的成果，但与此同时，分配差距过大、分配不公等分配问题也日益突出，基尼系数多年来一直高位徘徊。这些问题都是市场机制本身所不能解决的。因此，国家如何加强各类法律制度的综合调整，从不同维度系统施治，就非常重要。而在诸多法律制度中，经济法作为典型的分配法，无疑要发挥重要作用。经济法领域的各类制度，如财税法、金融法、竞争法等，都会在不同维度上影响分配问题的产生和解决，这些制度的优化尤其有助于防范和化解各类分配风险和分配危机，为此，非常有必要研究“分配危机的经济法规制”问题，并从中提炼经济法学的分配理论，推进经济法的分配制度的完善[①]。

与此同时，还必须看到，在经济法的诸多制度中，财税法制度对于促进和保障公平分配，具有特殊重要的价值。事实上，财税法不仅在再分配领域能够发挥重要作用，而且在初次分配或三次分配领域，亦可产生重要影响，因此，非常有必要加强财税法的有效调整，以合理配置分配主体的分配权利，提升弱势主体的分配能力，确保分配公平，实现分配正义。对于上述问题的研究，尤其有助于推进财税法理论的发展，完善财税法制度，更好地保障人权，建设公平和谐的美好社会。

基于上述考虑，我们在2011年申请了国家社科基金的重点项目“收入公平分配的财税法促进与保障研究”（项目批准号为11AFX005），力图从财税法的促进功能和保障功能的角度，分析其调整对公平分配的重要影响，并探究如何通过完善或优化财税法制度，来提升分配的公平度。在课题研究过程中，课题组曾多次讨论研究架构、逻辑主线和重点内容，并形成了一些

① 学界已经有许多学者展开了相关研究，笔者的相关思考可参见张守文：《分配危机与经济法规制》，北京大学出版社2015年版。

重要共识。我们认为，在促进和保障公平分配方面，财税法有其重要的功用；针对我国突出存在的分配不公问题，尤其需要优化财税法制度，加强财税法规制。既往的分配理论，对于理解分配不公问题有其重要价值，但要通过财税法的手段，促进和保障公平分配，则还需要提炼财税法上的分配理论。为此，我们提出了差异性分配理论，并将其作为课题研究的理论基础，并在此基础上，分析了财税法制的历史变迁，从而进一步揭示分配不公问题的制度成因，以及不同价值取向的重要影响。由于财税法领域的各类制度都对公平分配有促进和保障作用，课题研究不可能面面俱到，为此，我们着重选取了若干典型制度展开研究，其中，包括直接影响公平分配的直接税制度，如我国已经实施多年的个人所得税制度，以及尚未实施的遗产和赠与税制度、社会保障税制度等，此外，还探讨了在再分配方面影响更为直接的转移支付制度。上述财税法制度的优化，会在相当大的程度上，有助于促进和保障公平分配。

基于上述考虑，我们将课题架构分为导论、本论和结论三大部分。其中，导论部分，在揭示研究主题及其意义，进行文献综述的基础上，提出了本课题的中心论点、研究视角和结构安排等。本论部分，具体分为理论篇、历史篇和制度篇。其中，第一章和第二章为理论篇，着重探讨促进和保障公平分配的相关理论，提出了财税法领域的差异性分配理论；第三章是历史篇，着重从历史的维度，构建了“分配—政策—法制”的财税法制变迁的框架，集中探讨了我国分配不公问题的成因；第四章至第八章是制度篇，分别探讨了财税法制度的价值重构（第四章）、财政收入制度的完善（包括第五章的个人所得税制度、第六章的遗产和赠与税制度以及第七章社会保障税制度的完善）、财政支出制度的完善（主要是第八章的转移支付制度的完善）。结论部分，对研究进行了简要总结，并从财税法制、公平分配与经济发展的维度，进行了扩展分析。

上述各个部分书稿的撰写，主要由几位青年学者完成。这几位执笔人都是北大法学博士，毕业后大都在著名高校和研究机构从事教学和研究工作。其中，何锦前是清华大学法学博士后，在首都经济贸易大学法学院任教；肖京是北京大学经济学博士后，在中国社会科学院法学所从事研究工作；段礼乐是华东政法大学法学博士后，在深圳大学法学院任教；张东在中国政法大学民商经济法学院任教；覃甫政在中共贵州省黔西南州纪律检查委员会任职。他们在北大读博期间，都曾荣获中国经济法学研究会、中国社会法学研究会等多个研究会的重要学术奖励，有的还曾荣获中国法学会的董必武青年法学成果奖等重要奖励。

基于前述的课题结构安排，结合每位作者的既往研究，各个部分的写作分工如下（按章节顺序）：何锦前和张东撰写导论部分；张守文和何锦前撰写第一章；段礼乐撰写第二章和第四章；张东撰写第三章和第八章；覃甫政撰写第五章；何锦前撰写第六章；肖京撰写第七章；何锦前和张东撰写结论部分。

本书初稿于2014年完成后，由张东进行统稿，对各部分的分散研究进行整合；在此基础上，由我进行修改，力求使各个部分更加协调；同时，各位作者又结合近几年各领域的最新发展，补充了制度发展和理论研究的新成果；最后，由我对全部书稿再次修改、定稿。尽管如此，公平分配问题毕竟十分复杂，涉及广泛，相关影响因素众多，且财税法的促进和保障亦有其局限性，因此，本研究定会存在诸多不足和问题，诚望各位学者方家予以指正。

感谢国家社科基金对本课题研究提供的资助；同时，本书的出版得到了北京大学出版社的大力支持，在此尤其感谢法律事业部的邹记东主任和冯益娜编审所做的大量工作。

张守文
2017年3月1日
于北大法学院科研楼

CONTENTS 目　录

导 论

一、研究主题及其意义

自改革开放以来,中国经济走出了一条以经济市场化、社会法治化为导向、兼容对外开放的发展道路,创造了人类经济发展史上的伟大奇迹。但是,经济高速增长的背后,也潜伏着不少经济社会问题,分配不公与收入差距的持续扩大即为其中之一。促进与保障收入公平分配作为我国大转型时期亟须解决的战略性任务[①],对于维护社会和谐、促进公平增长、保障基本人权、优化国家治理,具有直接而深远的意义。

鉴于财政是连接政治、经济和社会三大系统的媒介和重要环节[②],以及财税法是现代国家收入再分配的重要法律制度,具有再分配的重要功能,系统研究财税法促进与保障收入公平分配的基本理论与制度完善十分必要。事实上,针对转型时期分配不公与收入差距不断拉大的现实问题,中共中央《关于全面深化改革若干重大问题的决定》(2013 年 11 月)与国务院《关于深化收入分配制度改革的若干意见》(2013 年 2 月)以及中共中央政治局审议通过的《深化财税体制改革总体方案》(2014 年 6 月),均强调完善以税收、社会保障、转移支付为主要手段的再分配调节机制,加大税收调节力度,实现社会公平正义。随着“创新、协调、绿色、开放、共享”五大发展理念的提出,财税法治正在经历从“收入导向型”立法向“发展导向型”立法的转变[③],也需要财税法作出积极的回应。

1. 现实意义

分配问题是我国经济社会转型时期的重大问题,公平分配直接影响经

---

① 国务院 2013 年批转的发展改革委、财政部、人力资源和社会保障部《关于深化收入分配制度改革的若干意见》深刻地指出我国当前收入分配领域存在的突出问题:“也要看到收入分配领域仍存在一些亟待解决的突出问题,主要是城乡区域发展差距和居民收入分配差距依然较大,收入分配秩序不规范,隐性收入、非法收入问题比较突出,部分群众生活比较困难,宏观收入分配格局有待优化。”

② 张守文:《税制变迁与税收法治现代化》,载《中国社会科学》2015 年第 2 期。

③ 张守文:《论“发展导向型”的税收立法》,载《法学杂志》2016 年第 7 期。

济的可持续发展。“以公平作为发展的中心，是对通过过去 10—20 年围绕市场、人类发展、治理和赋权的发展思想要点的提升和整合……从长期来看，增加公平是提高经济增长速度的根本。”[①]相反，社会两极分化消减了财产权与合同权利的安全性，进而通过这个渠道消减了经济增长。[②]拉丁美洲地区在 20 世纪 50—60 年代的经济迅速发展之后由于未能妥善处理社会公正问题而陷入了“不平等陷阱”，导致了经济发展的停滞。

促进与保障收入公平分配，维护经济平等与社会公正，也是我国经济社会良性运行与协调发展所需解决的重大问题。以收入分配为代表的民生改善，既能调动人们发展生产的积极性，又能释放居民消费潜力、拉动内需，催生新的经济增长点，对经济发展有重要的促进作用。通过持续不断改善民生，有效解决群众后顾之忧，扩大消费需求，为经济发展、转型升级提供强大内生动力。[③]

国家最高决策层于 2014 年 6 月 30 日审议通过了《深化财税体制改革总体方案》，将社会公平作为我国建立现代财政制度、深化财税体制改革的重要目标之一。深化财税体制改革的目标是建立统一完整、法治规范、公开透明、运行高效，有利于优化资源配置、维护市场统一、促进社会公平、实现国家长治久安的可持续的现代财政制度。因此，研究财税法促进和保障收入公平分配的基本理论与制度完善，对于推动社会公平正义，完善现代财政制度，深化财税体制改革，实现协调发展与共享发展，具有重大的现实意义。

2. 理论意义

分配功能的强化是现代法律变迁的重要趋势之一。“现在已认可了这一事实……法律，像政府一样，是社会的一部分。其根本职能是确保公平分配社会的资源。所产生的重大变化是从 19 世纪抽象的平等到调整责任与重新分配资源。”“在 20 世纪……法律的任务被视为协调彼此冲突的人类要求或期望，以便以最少的矛盾和最小的浪费去获取文明的价值。从这一点看，我们可能正走向一种主要功能是分配性而非管理性的法律秩序。法律也开始承认一些表明其承担了分配基本职责的先决条件。”[④]

---

① 世界银行：《2006 年世界发展报告：公平与发展》，清华大学出版社 2006 年版，第 17 页。

② Philip Keefer and Stephen Knack, Polarization, Politics and Property Rights: Links between Inequality and Growth, at http://ideas.repec.org/p/wbk/wbrwps/2418.html.

③ 参见中共中央宣传部：《习近平总书记系列重要讲话读本》，学习出版社、人民出版社 2014 年版，第 110 页。

④ 〔美〕伯纳德·施瓦茨：《美国法律史》，王军等译，法律出版社 2011 年版，第 188、252 页。

本书结合我国收入分配的问题，重点研究财税法的分配功能，回应现代法律分配功能不断强化的趋势，在梳理分配理论之历史变迁的基础上，提炼财税法的分配范畴，探讨财税法的分配正义理论，构建系统的财税法分配理论。此外，本书还将运用社会科学视角，将财税法与宪法、社会法等部门法，以及经济学、历史学等社会科学，结合起来进行研究。这些均有助于拓展财税法的研究视野，深化财税法的理论研究，推动财税法的理论创新。

进而言之，本书的研究有助于从财税法的视角深化经济法领域的发展理论的研究。发端于20世纪50、60年代的法律与发展研究，虽历经兴衰沉浮，但始终关注法律制度如何促进发展，以及如何通过法律移植或自主创新来实现国家现代化的问题。经济法学的发展理论则涉及发展理念与发展目标、发展主体与发展权利、发展能力与发展手段等方面，涵摄经济法范畴论、方法论与价值论等多个维度。[①] 作为连接政治、经济、社会等多个关联因素的中枢环节，财税法在促进与保障收入公平分配中的功能无疑是整个经济法发展理论的微观缩影，对于深化经济法学发展理论的研究具有滴水藏海、见微知著的效应。

二、既有研究述评

分配问题自古以来均为人们最为关注的问题之一，故此，“无论是历史上的先哲，还是学界的贤者，都非常重视分配问题。”[②]前人已在分配问题上留下了诸多宝贵的智识成果，为后续研究提供了丰富的资源。下面分别从国外和国内两个方面回溯与评述相关研究。

1. 国外研究述评

从古希腊思想家色诺芬开始，西方哲人们即对分配问题给予了持续的关注。当然，哲人们的观点并不一致，甚至有的主张互有攻伐，但都是当前研究的重要参照。

柏拉图指出，如果一个国家中出现了贫富两极分化，那么，由于穷人和富人存在严重的经济冲突和政治对立，这种由对立双方组成的国家的整全性就会遭到破坏，甚至在某种意义上可以说，这已经不是一个国家，而是两

---

① 参见张守文：《经济法学的发展理论初探》，载《财经法学》2016年第4期。

② 张守文：《贯通中国经济法学发展的经脉——以分配为视角》，载《政法论坛》2009年第6期，第123页。

个国家。正是基于对财富分配问题的上述考虑,在柏拉图的理想国设计中,除了最低等级的农民、手工业者和商人外,处在第一等级的哲学家与第二等级的卫国者都不应该拥有私有财产。[①] 亚里士多德指出,如果交换过程中出现了利益分配纠纷,那么,统治者应当介入,按照普遍公平的原则,并考虑国家的福利,以适当的方式进行分配。[②]

功利主义哲学家边沁认为,财富分配的差异的确会带来很多的社会问题,不过,政府主要的职能应当是安全保障,特别是保障个人活动的自由以及私有财产的安全;安全价值要高于平等价值,如果不对安全造成冲击,政府可以适当调节分配,如果安全与平等相冲突,则要优先保障安全。[③] 对于边沁等功利主义者而言,"建立平等的制度,是空中楼阁;能够办到的只不过是减少不平等。"[④]

李嘉图对分配问题的论述更是影响深远,被后代学者广泛引用。他认为,"土地的产出——即经由劳动、机器与资本之结合而产自地表的所有东西——均在三个社会阶层之间进行分配,即土地的所有者、耕种所需资本或股东之所有者以及进行耕种的劳动者。"[⑤]"但是在社会的不同阶段,全部土地产品以地租、利润和工资的名义在各个阶层之间进行分配的比例存在极大的差别"[⑥],"确定调节分配的法则是政治经济学的首要问题。"[⑦]

约翰·穆勒简明扼要的话掷地有声:"分配只和人类制度有关"[⑧],"只有在落后的国家,生产的增长才依旧是重要的目标。而在最发达的国家,进行更好的分配方为人们之所需。"[⑨]

---

① 参见〔古希腊〕柏拉图:《理想国》,郭斌和、张竹明译,商务印书馆 1986 年版,第 200—210、322—325 页。

② 参见〔古希腊〕亚里士多德:《尼各马可伦理学》,廖申白译注,商务印书馆 2003 年版,第 134—150 页。

③ Jeremy Bentham, *The Works of Jeremy Bentham*, Vol. 1, Russell & Russell Inc., 1962, pp. 306—313.

④ 〔英〕L. 罗宾斯:《过去和现在的政治经济学》,陈尚霖、王春育译,商务印书馆 1997 年版,第 109 页。

⑤ David Ricardo, Principles of Political Economy, in Piero Sraffa ed., *Works and Correspondence of David Ricardo*, Cambridge University Press, 1951, Vol. I, p. 5.

⑥ Ibid.

⑦ Ibid.

⑧ Mill, John Stuart, *Principle of Political Economy*, ed. by W. J. Ashley, Longmans, 1900, p. 199.

⑨ Ibid., p. 749.

罗尔斯提出了关于分配正义的哲学思考。[①] 罗尔斯的分配正义理论对解决当代收入分配问题具有重要的启示意义，很多学者据此认为："不平等源于人们在自然禀赋和社会文化条件方面的差异，但这些差异所致的收入差别，从道德上看是不应该的"；人们有意愿、也有权利通过合理的收入再分配手段来解决不平等问题，特别是，可以要求政府通过财税调节的方式，从富裕者那里取得税收收入，用来帮助那些处于分配格局底层的人。[②]

哈耶克对分配制度也给予了高度关注，他在《自由宪章》里专设"税收与再分配"一章进行讨论，他赞成整体税收的比例性原则，同时认为，应对收入分配进行适度的调节，但是他反对整体税制的累进性安排，只接受局部或特定的累进税制。作为奥地利自由主义学派的重要代表，哈耶克特别强调，适度的再分配政策必须提防多数暴政的问题。[③]

西方学者对财税制度的收入分配功能所作的研究丰富而卓有成效。德国新历史学派的代表人物瓦格纳"第一次系统地阐述了税收调节居民收入分配的理论，第一次提出了税收政策可以对自由放任的资本主义分配关系进行修正，对于西方税收理论的发展和税收政策的制定都产生过重要影响"。[④] 瓦格纳认为，赋税不仅要满足财政需要，还有调整国民财富分配的重要价值，国家可以在必要的情况下以调整所得和消费为目的而征收赋税。[⑤] 瓦格纳将税收原则归纳为四大项九小点，其中一项为"社会正义原则"，根据该原则，"税收可以影响社会财富的分配以至影响个人相互间的社会地位和阶级间的相互地位。因而税收的负担应当在各个人和各个阶级之间进行公平的分配，即要通过政府征税矫正社会财富分配不均，贫富两极分化的流弊，从而缓和阶级矛盾，达到用税收政策实现社会改革的目的。"[⑥]

马斯格雷夫认为，财政税收对社会分配格局的调整具有重要价值，分配功能是财税制度的重要功能。他指出，"在公共政策的决策的决定中，分配

---

① 参见〔美〕约翰·罗尔斯：《正义论（修订版）》，何怀宏、何包钢、廖申白译，中国社会科学出版社 2009 年版，第 237 页；〔美〕约翰·罗尔斯：《政治自由主义》，万俊人译，译林出版社 2000 年版，第 299—300 页。后面我们会对此有更多的介绍。

② 参见张馨、杨志勇、郝联峰、袁东：《当代财政与财政学主流》，东北财经大学出版社 2000 年版，第 213—214 页。

③ 参见〔英〕弗雷德里希·奥古斯特·冯·哈耶克：《自由宪章》，杨玉生、冯兴元等译，中国社会科学出版社 1999 年版，第 470—495 页。

④ 罗涛：《税收调节居民收入分配机制研究》，武汉大学出版社 2009 年版，第 6 页。

⑤ 参见〔日〕坂入长太郎：《欧美财政思想史》，张淳译，中国财政经济出版社 1987 年版，第 298—313 页。

⑥ 王传纶、高培勇：《当代西方财政经济理论》（下册），商务印书馆 1995 年版，第 233 页。

问题却是一个主要的(往往是唯一主要的)长期争论之点。”[①]在当今世界各国,财政税收手段多种多样,不过,其中与收入分配关系最为直接的手段主要是三类,即“(1) 税收转移方案,即对高收入家庭课征累进所得税,与对低收入家庭给予补助金两者相结合的办法;(2) 用累进所得税的收入,为诸如公共住宅之类,特别是低收入家庭获益的公共服务提供资金;(3) 对大多由高收入消费者购买的货物进行课税,与对主要为低收入消费者使用的其他货物给予补贴两者相结合的办法。”[②]

法学学者也讨论了分配问题,其中,许多财税法学者和部分法理学者都开展了相关的研究。例如,金子宏认为,税法是进行再分配的最佳制度。[③]北野弘久强调,税收法定主义具有纠正不公平税制的功能。[④] 波斯纳认为,应注意通过税法解决分配目标与资源配置目标之间可能存在的冲突。[⑤]

总之,国外成果为本书的研究提供了重要的思想渊源与理论支持,也是本书在研究中参考借鉴的重要理论资源。这些关于分配问题的具体主张,虽因时代变迁和国情差异而未必完全适合于当下的中国,但对于观察、分析和解决我国日趋严重的分配问题,以及提炼财税法的分配理论,有着重要的参考意义。

2. 国内研究述评

随着改革开放后我国收入差距的不断扩大,国家更加重视收入分配的问题。党的十五大报告提出,要“调节过高收入,完善个人所得税制,开征遗产税等新税种。规范收入分配,使收入差距趋向合理,防止两极分化”[⑥],此后,国内学术界也不断加强对收入公平分配问题的研究。特别是在财政学和税收学领域,贾康、高培勇、刘尚希、刘佐等学者对此已有较多研究。这些研究对于深化收入分配制度改革,完善财税法制,优化国家治理,具有重要的启发意义。

法学界对公平分配问题的研讨也倾注了越来越多的热情。辛忠孝和刘

---

① 〔美〕理查德·A. 马斯格雷夫、佩吉·B. 马斯格雷夫:《财政理论与实践(第五版)》,邓子基、邓力平译校,中国财政经济出版社 2003 年版,第 17 页。

② 同上书,第 23 页。

③ 参见〔日〕金子宏:《日本税法原理》,刘多田等译,中国财政经济出版社 1989 年版,第 5 页。

④ 参见〔日〕北野弘久:《税法学原论》,陈刚等译,中国检察出版社 2001 年版,第 74—75 页。

⑤ 参见〔美〕理查德·A. 波斯纳:《法律的经济分析》,蒋兆康译,中国大百科全书出版社 1997 年版,第 626 页。

⑥ 中共中央文献研究室编:《十五大以来重要文献选编(上)》,人民出版社 2000 年版,第 24 页。

水林对公平分配问题进行了跨学科分析，指出了公平价值的重要性。[①] 周伟等人认为，公平分配问题即分配正义问题，与和谐社会建设高度契合。[②] 孟庆瑜借鉴了罗尔斯的“分配正义”理论，引入了分配权的概念，论述了分配关系的法律调整机制。[③] 李昌麒和应飞虎提出了政府的“强制分配功能”。[④] 漆多俊认为，要重视经济法的再分配功能。[⑤] 张守文将分配问题作为经济法的重要问题进行了专门研究，其研究发现，“个体的利益分配和国家的财政分配是推动经济法产生和发展的重要动因”，同时，“分配的路径是贯通中国经济法学发展的一条重要经脉”。[⑥] 财税法被视为关键的分配制度，而税法更是“在各类主体之间进行财富分割的利器”。[⑦] 但是，总的来说，从财税法学领域来看，对公平分配的系统探讨相对较少，仅有少量著作关注如何运用财税法来公平分配社会财富，主张对国家财政权与国民财产权予以均衡保护。此外，从财税法角度对公平分配问题开展的专题讨论一直以来都比较薄弱，一般是在研究财税法的某类具体制度时有所提及。这一现象直到近几年才逐步所有改观。有一些知名学者在权威刊物集中发表相关研究成果[⑧]，还有的学者推出了深度专题研究。[⑨] 相关论文也在逐步增加，例如，刘剑文认为应把财产税与所得税结合起来研究社会财富的调节机制[⑩]；张富强认为应通过房产税改革来调节收入分配，而“营改增”也应注意其分配效应，

---

① 参见辛忠孝、刘水林：《公平分配问题的法与经济伦理学思考》，载《法律科学》1997年第4期。

② 参见胡元聪、杨丽梅：《“政府责任与社会财富公平分配法律问题”国际研讨会综述》，载《社会科学研究》2006年第6期。

③ 参见孟庆瑜：《分配关系的法律调整——基于经济法的研究视野》，法律出版社2005年版。

④ 参见李昌麒、应飞虎：《论需要干预的分配关系——基于公平最佳保障的考虑》，载《法商研究》2002年第3期。

⑤ 参见漆多俊：《经济法再分配功能与我国收入分配制度改革》，载《经济法论丛》2008年上卷，中国方正出版社2008年版。

⑥ 张守文：《贯通中国经济法学发展的经脉——以分配为视角》，载《政法论坛》2009年第6期，第122页。

⑦ 张守文：《财富分割利器：税法的困境与挑战》，广州出版社2000年版，第25页。

⑧ 例如，《中国法学》2011年第5期曾组织收入分配问题的专题讨论，相关文章有：张守文：《分配结构的财税法调整》；刘剑文：《收入分配改革与财税法制创新》；施正文：《分配正义与个人所得税法改革》。

⑨ 参见张守文：《分配危机与经济法规制》，北京大学出版社2015年版，特别是其中的“财政分配危机的法律规制”“从增值税‘转型’看分配权保护”“房产税立法中的分配权衡”“分税制的问题与地方收入保障”等章节。

⑩ 参见刘剑文：《收入分配改革与财税法制创新》，载《中国法学》2011年第5期，第44—56页。

以确保相关改革致力于实现分配正义[①];陈少英认为财产税法是对财产的存量征税,是对所得税法调控功能的有益补充,具有调节收入分配的功能。[②]这些观点对于深化收入分配改革,都有着重要的启发意义。

总之,国内外的研究成果为从我国实际出发进行相关探讨奠定了重要的基础,提供了重要的理论资源。但是,从财税法角度对收入分配问题进行专门、系统研究的学术成果还比较少见,虑及我国当前分配问题的严重性及其对学术生产的迫切要求,相关研究尚有较大差距。本书针对转型时期收入分配不公的问题,从财税法的角度展开基本理论与具体制度层面的系统分析,有助于在这一领域作一个创新性的尝试。

三、本书的中心论点与子论点

本书的中心论点是:财税法是促进与保障收入公平分配的关键性制度之一。根据这一中心论点,本书提出了具有内在逻辑联系的子论点:

(1) 制度导向转换论。我国既往财税法制度的价值取向是效率优先、兼顾公平,符合我国经济起飞时期的制度诉求,具有积极的历史意义。但是,在我国经济发展的新阶段,效率导向的财税制度不利于收入的公平分配。我国财税法的价值目标应该更加注重公平,促进收入的公平分配,藏富于民,促进以社会公正为中心的经济发展。

(2) 制度变革两段论。经济发展具有阶段性,不同发展阶段的制度诉求也是不同的。鉴于收入分配的长期目标是共同富裕、社会和谐,近期目标是"整顿分配秩序,逐步扭转收入分配差距扩大趋势",财税法的制度变革应依据近期目标与长期目标分为两个阶段,逐步作出调整,以渐次实现促进收入公平分配和共同富裕的目标。

(3) 收入分配法定论。财税法定原则是财税法至为重要的基本原则,或称财税法的最高法律原则,是民主原则和法治原则等现代宪法原则在财税上的体现,对于保障人权、维护国家利益和社会公益可谓举足轻重,不可

---

① 参见张富强、刘堃:《关于我国房产税改革试点的法律思考》,载《法治论坛》第25辑(2012年),第137—150页;张富强:《论营改增试点扩围与国民收入分配正义价值的实现》,载《法学家》2013年第4期,第32—44页。

② 陈少英:《论财产税法收入分配调节功能之强化》,载《法学》2011年第3期。

或缺。[1] 收入公平分配的制度改革应该进一步贯彻财税法定原则，不断促进收入分配财税政策的法制化、规范化，提升财税法的效力位阶、权威性与稳定性；同时，收入分配的调整也是动态的过程，因此，还需提出“动态法定理论”，这与制度变革的两阶段论也是密切相关的。

（4）公平分配系统论。我国当前的收入分配问题，成因复杂，既有客观因素，也有不合理的成因。促进与保障收入公平分配，需要财税法制度作出系统的改革与回应，包括重构以公平为导向的价值目标；完善财政收入制度、财政支出制度与财政管理制度，这也直接影响到本书制度篇的结构安排。

（5）促进保障协调论。即解决公平分配问题，既需要财税法的促进，也需要财税法的保障，对于促进措施和保障措施必须明确界定。此外，在促进和保障方面必须注意制度协调。制度协调包括两个方面：一是财税法制度之间的内部协调；二是财税法与宪法、社会法等其他法律制度之间的外部协调。

（6）结构功能规制论。即应当基于收入分配系统和财税法系统的内在结构，强化财税法的促进功能和保障功能，并灵活运用各种规制手段展开有效调控。此外，不同的结构具有不同的功能，产生不同的效果。因此，应该注意财税收支结构、税制结构、分配结构等财税法中诸多结构的优化与完善，以更好地回应收入公平分配的制度诉求。

四、可能的创新和主要建树

促进与保障收入公平分配是我国经济社会大转型时期亟须解决的战略性任务，对于维护社会和谐、激发市场活力、促进公平发展、保障基本人权、优化国家治理，具有重大而深远的意义。鉴于财税法是现代国家调节收入分配的关键性制度，具有重要的分配功能，本书着重研究财税法促进与保障收入公平分配的基本理论与制度完善。

（一）可能的创新

收入公平分配的思想，可谓源远流长，涉及社会科学所有领域。国外内

---

① 参见张守文：《论税收法定主义》，载《法学研究》1996年第6期。

关于收入分配的财税法调整，亦多有分析，但专门的系统研究尚显不足。本书从财税法视角出发，综合运用法教义学与法社会学的创新性研究方法，吸纳经济学、政治学、历史学的理论资源，并借鉴国外有关立法与实践，试图系统地、深入地研究财税法促进与保障收入公平分配的基本理论与制度完善，并力争在研究视角、研究方法、历史视野、理论范式、理论建构、制度完善等方面作出一定的创新。

第一，在理论范式方面，本书引入财税法定、两权均衡、差异性分配、二元结构、结构功能分析、可税性、实质正义、社会公共利益、财政民主、双向互动等理论范式，以之为载体，探寻财税法促进与保障收入公平分配的基本理论与制度完善。

例如，本书在"分配—政策—法制"的经济法变迁路径基础之上，提炼社会变迁与财税法制变迁双向互动的分析框架，以此分析我国收入分配财税法制的历史变迁，及其对特定时期收入分配的效应，进而在这种双向互动的分析之中，探寻我国当前收入分配不公的财税法制成因，为后文的制度完善部分，打下坚实的基础。

第二，在历史检验方面，社会科学的研究，带有较强的主观性，而历史是检验理论的天然实验室。为了检验中心论点的客观性，本书在结论部分运用宽广的社会科学视角，从财税法的角度，解释16—18世纪世界第一轮现代化过程中西班牙的衰落与英国的兴起。西班牙税制严重不公，导致严重的阶级分化与社会问题，是西班牙由盛而衰的制度根源之一。而英国逐步完善以税收法定主义为核心的公共财政制度，税制较为公平，是英国崛起的制度根源之一。而这种大历史观的方法，也是本书的特色之一。

第三，在结构安排方面，一项好的研究，会将理论、历史与制度有机地熔于一炉。本书将成果内容依次划分为理论篇、历史篇、制度篇三大部分，做到以财税法分配理论指导历史梳理，从历史梳理提炼收入分配不公的制度成因，进而基于制度成因提出完善财税制度的建议。历史梳理与制度完善的过程，又可以反过来检验和丰富理论。如此，既使得成果内容的逻辑体系简明清晰，又做到了理论构建、历史检验与制度完善的有机统一。

（二）主要建树

第一，理论范式。理论范式是理论的晶核，是理论创新的基础。本书提出或强调的财税法定、两权均衡、差异性分配、二元结构、结构功能分析、可税性、实质正义、社会公共利益、财政民主、双向互动等理论范式，尤其有助于探寻财税法促进与保障收入公平分配的基本理论与制度完善。

以差异性分配为例。差异性分配是我国收入分配问题的集中体现，是对我国收入分配现状的提炼、归纳和抽象出来的理论范畴，主要关注基于发展政策、经济模式等因素而导致的收入分配结果在主体、地域和时间等层面的差异性。差异性分配提供了观察财税法的新维度，有助于形成经济法的新范畴，拓展经济法的新领域。从政策意义上看，差异性分配的理论范式可以统筹目前的收入分配制度改革，通过制度之间的协调与体系化，完善我国的财税法律制度。

第二，理论构建。收入分配是财税理论中极为重要的问题，财税制度具有明显的再分配功能，与分配正义理论有着密切的关联。在财税法领域，关注个体利益分配与国家财政分配的关系，秉持制度正义，兼顾效率与公平，必然要贯穿于财税法的相关制度之中，成为财税法发展的重要路径。在宏观的分配制度和法律体系中来观察分配结构与财税法调整的内在关联，以及财税法上的权利配置对不同类型分配结构的影响，会更有助于发现财税法调整的定位、局限及其与其他法律制度之间的联系，从而有助于揭示分配结构的复杂性，财税法调整的必要性以及具体路径。

在既有理论的基础上，本书提炼出财税法的分配理论，作为收入分配调整的财税法理论基础，具体包括关联理论、功用理论、目标理论、适度理论、系统理论、范畴理论等。进而，就中国收入分配的结构性特征而言，本书提出了“差异性分配”这一重要范畴，并强调研究分配差异的重要维度有三个，即主体维度、空间维度和时间维度；差异性分配同参与分配的主体在时空、能力、权义等多方面的差异直接相关，并体现为分配机会和分配结果上的差异。

第三，制度完善。针对我国收入分配不公的财税法制成因，本书在财税法分配理论的指导下，提出以财政法定主义为基本指针，完善财税法制的具体建议：我国财税法制需要在进一步贯彻财政法定主义的基础上，推行以社会公正为导向的新的改革，以回应收入公平分配的制度诉求，引导新的经济社会变迁。具体而言，重构财税法制的价值目标，更加关注分配公平与社会公正；优化公共收入结构，增进公共收入的累进性，完善个人所得税制度，并适时开征遗产税、赠与税与社会保障税；完善财政转移支付制度，加大财政对社会领域的投入，增进财政支出的公平性；完善财税体制，引导政府财政权的理性行使。

第四，扩展分析。作为现代法律制度的重要组成部分，有效的财税法律制度安排，具有引导经济社会发展的能动的反作用。在本书研究内容的基础之上，我们进一步从社会科学视角，分析财税法制、公平分配与我国经济社会发展之间的内在关联，即维护社会公平，促进社会和谐；保障基本人权，激发经济潜能；完善财税体制，优化国家治理。由此进一步强调，财政以及财税法治之于国家治理现代化，具有基础性、支柱性的意义。

五、研究方法与结构安排

（一）研究视角与方法

法学研究有内在与外在两种视角。法学研究的内在视角注重在法律规范体系之内，展开逻辑分析与技术演绎，追求法律的自主性。内在视角以法学实证主义为典型，深受启蒙时期笛卡尔理性主义哲学的影响，视法律为密闭的容器，独立于政治、经济、文化、社会等外在因素，实为法律教义学之路径，侧重于演绎思维。法学研究的外在视角则将法律嵌入到经济、政治、社会现象之中，注重法律制度与纷纭芜杂之社会现象的交互关系，以期对法律制度展开更为透彻与现实的研究，实为法律社会学之路径，侧重于归纳思维。

法学研究的内在视角、法律教义学、演绎思维与外在视角、法律社会学、归纳思维之间，并无优劣高下之分。鉴于财税领域的复杂性，财税法的研究在吸收借鉴古典法律释义学之精华的基础上，更为侧重于外部视角。财税法的研究注重吸纳法学理论、法律史、民法、宪法、社会法等学科的知识，借助于经济学、政治学、社会学等社会科学知识，观察财税法的本质、特征、价值、功能，揭开财税法变迁的“黑匣子”。

本书综合运用法学研究的内在与外在视角，并外化为具体的研究方法：（1）交叉研究的方法，即运用财税法学、法经济学的理论和方法。（2）比较研究的方法，即通过国别比较，借鉴经验，汲取教训。（3）历史研究的方法，即分析制度变迁的规律以明确制度设计方向。（4）实证研究的方法，即通过大量的社会调查和个案分析，检验制度绩效和方案可行性。（5）系统研究的方法，即通过系统的结构分析和功能分析，来研究财税法制度的完善。

（二）结构安排

一项好的研究，应当能够将理论、历史与制度有机地熔于一炉。本书试图围绕研究主题与中心论点，按照“理论—历史—制度”的逻辑，安排结构，形成本书的五大部分内容：

第一部分，导论。这一部分主要交代本书的研究主题、研究意义、文献综述、中心论点与子论点、研究视角与方法、结构安排等内容。

第二部分，理论篇。理论篇在梳理分配理论变迁的基础之上，构建财税法促进和保障收入公平分配的基本理论，并就其中的差异性分配问题及其财税法回应，展开专门的分析，形成第一章和第二章的内容。

第三部分，历史篇。在“分配—政策—法制”的财税法变迁路径的基础之上，本书提出一个社会变迁与财税法制变迁双向互动的分析框架，以分析我国财税法制的历史变迁，以及我国当前收入分配的典型问题，探寻收入分配不公的财税法制成因，并从财税法价值、财政收入制度、财政支出制度、财政管理制度等方面，提出初步的完善建议，形成本书的第三章。

第四部分，制度篇。本部分在理论篇、历史篇的基础之上，从财税法价值、财政收入制度、财政支出制度展开。其中，第四章专门探讨我国财税法制度的价值重构问题；第五章、第六章和第七章从财政收入制度的角度，分别探讨个人所得税、遗产和赠与税、社会保障税法制建设的相关问题；第八章则从财政支出制度的角度，着重探讨转移支付法的完善问题。此外，财政管理制度的相关问题已融入相应的财政收支制度之中，因而不再单独列出。

需要着重说明的是，由于财税制度涉及面广，而且几乎每一个税种都会或多或少地涉及收入分配，本书在制度完善方面，主要选择收入分配效应较强的个人所得税、遗产税和赠与税、社会保障税、转移支付法进行重点分析。除了上述讨论的税种之外，在消费税、营业税、增值税、资源税、环境税和房地产税等税种的改革之中，也应注意到其分配功能。

第五部分，结论。结论部分对理论篇、历史篇、制度篇的研究进行简要总结，形成本书的主要结论，同时，还运用社会科学视角，就财税法制、公平分配与经济发展之间的内在关联展开适当的扩展分析，以充分彰显财政以及财税法制之于国家治理现代化的基础性意义。

本书的结构安排可以简要图示如下：

表1　本书的结构安排

<table>
<tr><th>结构</th><th colspan="4">主要内容</th></tr>
<tr><td>导论</td><td colspan="4">研究主题及意义、文献综述、中心论点与子论点、研究视角与方法、结构安排</td></tr>
<tr><td rowspan="2">理论篇</td><td>第一章</td><td colspan="3">财税法促进与保障收入公平分配的基本理论</td></tr>
<tr><td>第二章</td><td colspan="3">差异性分配与结构性风险：转型社会中财税法的新课题</td></tr>
<tr><td rowspan="4">历史篇</td><td rowspan="4">第三章</td><td rowspan="4" colspan="2">我国收入分配财税法制的历史变迁：典型问题与制度成因</td><td>财税法价值的偏离</td></tr>
<tr><td>财政收入制度的局限</td></tr>
<tr><td>财政支出制度的局限</td></tr>
<tr><td>财政管理制度的局限</td></tr>
<tr><td rowspan="5">制度篇</td><td>第四章</td><td>财税法的价值</td><td colspan="2">我国财税法制度的价值重构</td></tr>
<tr><td rowspan="3">第五、六、七章</td><td rowspan="3">财政收入制度</td><td colspan="2">公平分配与个人所得税法的完善</td></tr>
<tr><td colspan="2">公平分配与遗产和赠与税的开征</td></tr>
<tr><td colspan="2">公平分配、税制优化与社会保障税法制建设</td></tr>
<tr><td>第八章</td><td>财政支出制度</td><td colspan="2">分配正义与转移支付法的完善</td></tr>
<tr><td rowspan="2">结论</td><td rowspan="2">第九章</td><td colspan="3">简要总结</td></tr>
<tr><td colspan="3">扩展分析（财税法制、公平分配与经济发展）</td></tr>
</table>

第一章　财税法促进与保障公平分配的基本理论

引　　言

如何在人与人之间进行公平分配，是一个非常古老的问题。私有财产出现以后，分配的不均衡现象就相伴而生，分配问题由此成为人类社会长久以来最为重要的问题之一。随着财税制度的发展，通过财税制度来实现分配公平的问题吸引了越来越多的人参与讨论和研究。当前中国面临着非常严重的分配失衡问题，对此，亟待加强相关研究，尽快推进分配改革，努力实现分配公平。

本章将首先梳理古今中外有代表性的分配理论，特别是古希腊亚里士多德以来至当代罗尔斯等人所阐述的分配正义理论，并剖析反对再分配论者的若干谬误之处，论证通过适当的方式矫正分配不公、缩小分配差距的正当性与合理性；在此基础上，讨论分配问题与财税理论、财税法制的密切关联，说明财政税收对于调节收入分配的合理性，揭示出“分配”作为贯通财税法制发展进程的重要经脉这一规律；进而，深入考察收入分配的结构性特征，提炼出“差异性分配”的重要范畴，分析差异性分配的“三维结构”，并在对差异性分配进行类型化处理的基础上探析多元法律调整的基本原理；最后，基于差异性分配的特性和财税法治的基本理念，针对财税法如何有效调节收入分配的问题，提出关联理论、适度理论、系统理论等重要理论，并以之指导我国促进与保障收入公平分配之财税法制度的具体完善。

一、分配理论的历史变迁

（一）古典分配理论

从孔子开始，中国古圣先贤们就没有中断过对分配问题的探讨。从发展脉络上看，中国古代的分配思想大部分都可以从孔子那里找到源头，这和西方的亚里士多德传统是类似的。

孔子(公元前551—479年)曾言,“闻有国有家者,不患寡而患不均,不患贫而患不安;盖均无贫,和无寡,安无倾。夫如是,故远人不服,则修文德以来之。”[①]董仲舒(公元前179—104年)曾对孔子的这句话进行解释,在他看来,“大富则骄,大贫则忧,忧则为盗,骄则为暴,此众人之情也。圣者则于众人之情,见乱之所从生,故其制人道而差上下也,使富者足以示贵而不至于骄,贫者足以养生而不至于忧,以此为度而调均之,是以财不匮而上下相安,故易治也。”[②]

南宋朱熹(1130—1200年)则更为明确地指出:“寡,谓民少。贫,谓财乏。均,谓各得其分。安,谓上下相安。季氏之欲取颛臾,患寡与贫耳。然是时季氏据国,而鲁公无民,则不均矣。君弱臣强,互生嫌隙,则不安矣。均则不患于贫而和,和则不患于寡而安,安则不相疑忌,而无倾覆之患。”[③]

可见,儒家传统中的分配思想,主要着眼于政权的稳固,其分配均等化主张也是一种等级制下的有限范围内的分配均等。

除了儒家传统以外,其他一些思想流派也提出了贫富均等或缩小贫富差距的主张,总体而言,这些主张和儒家一脉虽有不同,但都有很重的功利主义色彩,法家传统的功利目的可能是最强的。无论哪一个流派,其历史局限性自不待言。墨翟(公元前468—376年)曾说:“为贤之道将奈何?曰:有力者疾以助人,有财者勉以分人,有道者劝以教人。若此,则饥者得食,寒者得衣,乱者得治。若饥则得食,寒则得衣,乱则得治,此安生生。”[④]对于统治者而言,应当“听狱不敢不中,分财不敢不均”。[⑤] 韩非子(公元前275—233年)就曾提出:“明主之治国也,适其时事以致财物,论其税赋以均贫富,厚其爵禄以尽贤能,重其刑罚以禁奸邪,……”[⑥]南宋陆游(1125—1210年)主张:“赋敛之事,宜先富室,征税之事,宜核大商,是之谓至平,是之谓至公。”[⑦]我们从中也可以发现,愈到后世,将分配问题与财政税收问题联系起来的讨论愈多。

在西方,从古希腊思想家色诺芬(公元前430—355年)开始,哲人们即

---

① 《论语·季氏》。
② 董仲舒:《春秋繁露·度制第二十七》。
③ 朱熹:《四书章句集注》,中华书局1983年版,第170页。
④ 《墨子·尚贤下》。
⑤ 《墨子·尚同中》。
⑥ 韩非:《韩非子·六反》。
⑦ 陆游:《陆游集》,中华书局1976年版,第2001页。

对分配问题给予了长久的关注。在色诺芬看来，正义的分配方式是，正直的人比不正直的人要获得更多财富、自由与荣誉。[①] 显然，这是一种基于德性的分配，今天的人们也仍然持有某些类似的分配理念。

柏拉图（公元前427—347年）指出，以财富多寡作为社会价值准则的国家将产生寡头统治，而贫富阶层的对立将导致政治冲突，甚至在他看来，由对立的穷人和富人组成的国家就不再成其为一个真正的国家，而是在实质上变成了两个国家——“一个是富人的国家，一个是穷人的国家，住在一个城里，总是在互相阴谋对付对方。”[②]

亚里士多德（公元前384—322年）认为，如果交换过程中出现了利益分配纠纷，那么，统治者应当介入，按照普遍公平的原则，并考虑国家的福利，以适当的方式进行分配。亚氏在《尼各马可伦理学》中以第五卷整卷的篇幅来讨论正义，分配正义是其中最为重要的内容之一，构成了西方分配正义理论的源头。在他看来，“分配的公正在于成比例，不公正则在于违反比例”[③]，“当双方都得到了平等的一份时，人们就说他们得到了自己的那一份”[④]。而他在《政治学》中还特别强调分配问题对共同体存续发展的重要性，他认为，如果贫富差距过大，并且没有中产阶级，那么，“内乱就很快会发生，邦国也就不久归于毁灭”[⑤]。要维系共同体，就要“以他们所贡献的财产为比例”来分配财产[⑥]，同时，要控制贫富差距。[⑦]

可见，西方古代分配思想中也有很浓厚的功利主义色彩。不过，分配正义等理念的提出，推动着西方社会的分配思想朝着新的方向发展，即使到现在，西方分配理论都仍然从亚里士多德等人那里承续和发展着“古典分配理论”[⑧]的传统。

---

① 参见〔古希腊〕色诺芬：《经济论、雅典的收入》，张伯健、陆大年译，商务印书馆1961年版，第32页。

② 参见〔古希腊〕柏拉图：《理想国》，郭斌和、张竹明译，商务印书馆1986年版，第320—324页。

③ 〔古希腊〕亚里士多德：《尼各马可伦理学》，廖申白译注，商务印书馆2003年版，第136页。

④ 同上书，第138页。

⑤ 〔古希腊〕亚里士多德：《政治学》，吴寿彭译，商务印书馆1965年版，第207页。

⑥ 同上书，第137页。

⑦ 同上书，第206—207页。

⑧ 需要指出的是，“古典”与“新古典”等修饰语所承载的断代史和类型化意义都只具有相对性，不同的学者使用它们时的定义不完全一致，类似地，我们在这里所使用的这些词语也只具有本研究语境下的特定意义。

（二）新古典分配理论

在中国，“百代都行秦政法”[①]。从西汉以降，“秦汉模式的中国政治、经济、文化制度，便一成不变地延续下来”[②]。有人甚至更偏激地说，“两千年来之政，秦政也，皆大盗也；两千年之学，荀学也，皆乡愿也”[③]。儒法合流以来，以儒家理论为主、法家思想为辅构成的古典分配思想长期保持着主导地位。随着商品经济的发展，新的理论也逐渐发展起来，在吸收传统理论对收入分配问题的伦理和政治分析范式基础上，又逐步萌发出经济分析等新的理论范式。

明清时期，一些新的思想萌芽和理论范式进一步发展。船山先生（1619—1692年）就指出，贫富分化不可取，“天子不独富，农民不独贫”，不过，收入分配不应当鼓励懒惰，“民有田不能自业，以归于力有余者，则斯人之自取，虽圣人以无如之何也”。[④] 过度损害私有财产权、强制推行平均主义，就好像“割肥人之肉，置瘠人之身，瘠者不能受之以肥，而肥者毙矣”[⑤]，会带来严重的后果，因为“国无贵人，民不足以兴；国无富人，民不足以殖”[⑥]。不过，在列强坚船利炮围攻之下，传统思想与新兴理论悉数被此后数百年的欧风美雨所侵蚀，西学东渐成为中国后世分配理论发展的重要动力。

而在西方，随着资本主义的发展，近现代分配理论呈现出更加多元化的特征，且在许多方面极大地超越了亚里士多德式的古典分配思想。

在近现代经济学圣经《国富论》中，亚当·斯密（1723—1790年）格外重视分配的意义。斯密认为，收入应根据三类要素进行分配，“构成一国全部劳动年产物的一切商品价格，必然由那三个部分构成，而且作为劳动工资、土地地租或资本利润，在国内不同居民间分配。……工资、利润和地租，是一切收入和一切可交换价值的三个根本源泉。”[⑦]他还提及，“法国财富分配

---

① 毛泽东：《建国以来毛泽东文稿》（第13册），中央文献出版社1998年版，第361页。

② 唐德刚：《晚清七十年》（第1册），台湾远流出版事业股份有限公司1998年版，第35页。

③ 谭嗣同：《谭嗣同全集》，蔡尚思、方行编，中华书局1981年版，第337页。

④ 王夫之：《读通鉴论》（卷五·哀帝·二），中华书局1975年版，第281、283页。

⑤ 王夫之：《宋论》（卷十二·光宗·二），中华书局1964年版，第218页。

⑥ 王夫之：《读通鉴论》（卷二·高帝·一四），中华书局1975年版，第47页。

⑦ 〔英〕亚当·斯密：《国民财富的性质和原因的研究》（上卷），郭大力、王亚南译，商务印书馆1972年版，第46—47页。

不平均，法国的贫民乞丐，比北美多得多。”[①]不仅斯密的分配理论对后世有深远的影响，而且，他关于财政税收基本原则的理论更是推动了分配理论特别是财税分配理论的发展，同时，他对人性的思考甚至广泛地影响到了经济学、道德哲学和法学等诸多领域，也引起了持续至今的激烈争论。

功利主义法学家边沁（1748—1832 年）认为，“财富的分配越有利于平等，收获到的幸福总量就越多。”[②]不过，边沁式的平等分配受制于其功利原则，在他看来，安全要比平等能更好地保障最大功利目的的实现。“作为最高原则的安全，间接地引导了平等的确立；但要是将平等原则作为社会安排的基础，则会在确立平等的过程中摧毁安全。”[③]可见，他的分配理念所支持的收入再分配是有限度的。不过，与当代分配理论相比较，边沁的一些主张还是比较激进的。例如，他主张没有遗嘱的遗产应当收归国有，还应当开征比较普遍的遗产税。边沁的功利主义分配思想对当代分配理论的影响极大，甚至一些反对其主张的福利经济学、法学学者也从其理论中获取了许多理论资源。

李嘉图（1772—1823 年）也格外重视收入分配问题，他指出，“确立支配这种分配的法则，乃是政治经济学的主要问题”[④]。而斯密的要素分配理论在他这里也得到了继承和发展。

斯密和李嘉图的理论在约翰·穆勒（1806—1873 年）那里得到了进一步的发展。穆勒简明扼要的话掷地有声：“分配只和人类制度有关”[⑤]，“只有在落后的国家，生产的增长才是依然重要的目标。在最发达的国家，经济所需要的是更好的分配。”[⑥]在他看来，“公平分配不是要仿效大自然造成的不平等和不公平，而是要纠正这种不平等和不公平”。[⑦]

美国经济学会创始人约翰·克拉克（1847—1938 年）在《财富的分配》中强调了分配问题的“超乎一切的重要性”，在他看来，“至关重要的一个经

---

① 〔英〕亚当·斯密：《国民财富的性质和原因的研究》（下卷），郭大力、王亚南译，商务印书馆 1974 年版，第 68 页。

② Jeremy Bentham, *The Works of Jeremy Bentham*, Vol. 1, Russell & RusselL Inc., 1962, p. 306.

③ Ibid., p. 313.

④ 〔英〕大卫·李嘉图：《政治经济学及赋税原理》，郭大力、王亚南译，商务印书馆 1962 年版，第 3 页。

⑤ John Stuart Mill, *Principle of Political Economy*, ed. by W. J. Ashley, Longmans, 1900, p. 199.

⑥ Ibid., p. 749.

⑦ Ibid., p. 805.

济问题是财富在不同索取者之间的分配”。[①] 克拉克认为，劳动阶级的福利以及社会的稳定都取决于收入分配，劳动阶级“对其他阶级的态度——因而社会状态的稳定——主要取决于他们是否得到了他们生产的东西”；如果劳动阶级获得了应有的财富，革命就可能不会发生，但是，“如果他们看似生产了很多但却只得到了一部分，很多人就可能变成革命者，而且所有人都有权这么做”。[②]

可见，对分配问题的重要性和必要性，从早期的伦理道德判断和政治得失衡量，进一步发展到了从社会演化进程和经济发展规律层面进行考量的阶段。而且，要素分析、成本收益分析等经济分析范式的引入深化了对收入分配问题的认识。这些理论发展，与学科的分化、细化、深化以及再融合的过程是密切相关的[③]，而这种知识生产机制的转变也为罗尔斯的分配正义理论创造了良好的环境。

（三）当代分配理论：以罗尔斯分配正义理论为核心

第二次世界大战结束以后，美国和其他国家都面临着经济社会等方面的诸多严峻考验，热战和冷战交织，贫富分化问题突出，争取平等权利的运动此起彼伏，在这样的背景下，罗尔斯的“公平的正义理论”作为时代的产物和智慧的结晶，顺应时势诞生了。

罗尔斯提出的正义理论充分吸收了古典正义论、社会契约论、社会选择理论、福利经济学理论等众多思想源流的养分，正是因为罗尔斯的理论是面向多个理论资源开放的，其理论体系的影响也因此在众多学科领域中扩散开来，不仅在道德哲学和政治哲学领域，而且在法学、经济学、社会学等几乎全部社会科学领域产生了广泛而深远的影响。

罗尔斯的分配正义理论得到了众多学者的高度评价。诺贝尔经济学奖得主阿玛蒂亚·森无疑是其中之一，他认为，“罗尔斯为重新点燃我们对于公正问题的哲学思考作出了巨大贡献。事实上，罗尔斯为这一领域今天所

---

① John Bates Clark, *The Distribution of Wealth : A Theory of Wages, Interest and Profits*, Macmillan, 1899, p. 1.

② Ibid., p. 4.

③ 对学科的分化与重整，可参见〔美〕华勒斯坦等：《开放社会科学：重建社会科学报告书》，刘锋译，生活·读书·新知三联书店 1997 年版，第 39—51 页。

呈现的面貌奠定了基石。"[①]即便罗尔斯正义论的反对者们，也无法否认这一点。作为立场最坚决、语言最尖刻的反对者，诺奇克也坦陈："《正义论》是政治哲学和道德哲学领域一部有力的、深刻的、精致的、内容广泛的、系统的著作，起码自约翰·斯图尔特·密尔(John Stuart Mill)以来，还没有见到可以与之匹敌的作品。"[②]

罗尔斯认为，"正义的环境可以被描述为这样一种正常条件：在那里，人类的合作是可能的和必需的。"[③]进而言之，"一个社会是一种为了共同利益的合作事业"[④]。而共同体成员的利益并不是完全一致的，事实上还存在不同程度的利益冲突，正所谓，"人生而有欲；欲而不得，则不能无求；求而无度量分界，则不能不争；争则乱，乱则穷。"[⑤]这种状态威胁到共同体和所有人的利益，因此，需要"制礼义以分之"[⑥]，或者说，"需要一系列原则来指导在各种不同的决定利益分配的社会安排之间进行选择，从而达到一种有关恰当的分配份额的协议"，这一系列原则就是"社会正义的原则"，"它们提供了一种在社会的基本制度中分配权利和义务的办法，确定了社会合作的利益和负担的适当分配。"[⑦]正义原则在被共同体所普遍接受情况下，就形成了一个社会的共有正义观。"共有的正义观建立起公民友谊的纽带，对正义的普遍欲望限制着对其他目标的追逐"，"构成了一个良序的人类联合体的基本宪章。"[⑧]

从人类的最初状态到拥有共有正义观的共同体之间，必定要有一个中介，罗尔斯引入的"无知之幕"假设是极为巧妙的创意。在其"无知之幕"的背后，人们对自己的阶级出身、社会地位、经济水平、天资能力、特殊偏好和生活理想等情况都一无所知，"各方有可能知道的唯一特殊事实，就是他们

---

① 〔印度〕阿玛蒂亚·森：《正义的理念》，王磊、李航译，中国人民大学出版社2012年版，第47页。

② 〔美〕罗伯特·诺奇克：《无政府、国家与乌托邦》，姚大志译，中国社会科学出版社2008年版，第218页。

③ 〔美〕约翰·罗尔斯：《正义论(修订版)》，何怀宏、何包钢、廖申白译，中国社会科学出版社2009年版，第97页。

④ 同上书，第4页。

⑤ 《荀子·礼论》。

⑥ 同上。

⑦ 〔美〕约翰·罗尔斯：《正义论(修订版)》，何怀宏、何包钢、廖申白译，中国社会科学出版社2009年版，第4页。

⑧ 同上。

的社会在受着正义环境的制约及其所具有的任何含义。”[①]正是排除了个人利益与偏好的影响，罗尔斯创造了一个类似物理实验中的“真空”社会场景，在这样的场景中，很显然，人们会接受公平的正义原则。当然，无知之幕显然是假想的状态，与现实社会是不同的，罗尔斯认为，通过反思性平衡（reflective equilibrium）可以缓和两者之间的张力。[②]

经过反思性平衡，共同体选择了分配正义原则。分配正义原则包括第一原则与第二原则两项。第一原则是指：“每个人对与所有人所拥有的最广泛平等的基本自由体系相容的类似的自由体系都应有一种平等的权利”；第二原则则要求社会和经济的不平等要满足两个条件：一是“在与正义的储存原则一致的情况下，适合于最少受惠者的最大利益”，二是“依系于在机会公平平等的条件下职务和地位向所有人开放”。[③] 由于正义的内容是比较丰富的，不可能仅限于这两项正义原则，因此，这就存在正义原则的优先次序或者位阶问题。罗尔斯的“词典式序列法”试图解决这个问题，他的第一优先规则要求，“自由只能为了自由的缘故而被限制”，由此给予了自由格外有力的保障，第二优先规则要求，最不利者的最大利益和机会公平必须优先于效率原则和最大限度追求利益总额的原则。[④]

在理论的实际意义方面，罗尔斯认为，正义原则可以“适用于调节社会和经济之不平等的各种主要的公共原则和公共政策”。比如，差别原则可以“适用于收入和财产税制，适用于财政政策和经济政策”，“还可以应用于已经宣布的公共法律和法规系统。”[⑤]由此可以看出，在整个财政税收法律领域中，罗尔斯的正义理论有着广泛的应用前景。

还值得注意的是，在罗尔斯分配正义理论中，程序正义是一个极为重要的元素，他关于“切分蛋糕”的这一经典思想实验就说明了这一点。罗尔斯认为，“这个例子揭示了完善的程序正义的两个典型特征。第一，对什么是公平的分配有一个独立的标准，这个标准是独立于并优先于随后要遵循的程序而被规定的。第二，设计一种一定能达到想要的结果的程序是可能

① 〔美〕约翰·罗尔斯：《正义论（修订版）》，何怀宏、何包钢、廖申白译，中国社会科学出版社2009年版，第106页。

② 同上书，第16页。

③ 同上书，第237页。

④ 同上。

⑤ 〔美〕约翰·罗尔斯：《政治自由主义》，万俊人译，译林出版社2000年版，第299—300页。

的。"[①]程序正义理论对我们讨论"财税法律制度如何有效促进与保障收入分配公平"也是非常重要的，公平分配的现实需求意味着共同体中出现了高度的利益分化，要想在分配正义的实质内容上达成共识比较困难，但人们完全可以就程序正义达成共识。法律包括实体与程序两个部分，财政税收法律制度不仅要体现分配正义的实质内容，更要通过立法程序、行政程序和司法程序来实现程序正义，而在当前背景下，后者或许在某种意义上具有更重要的价值。

（四）再分配反对论及其剖析

以公平分配和分配正义为导向的再分配理论在获得广泛支持的同时，也受到了各方批评，这些批评有的是中肯的，有的是微不足道的，甚至相当多的完全就是误解和曲解。对此，我们有重点地剖析某些学者对再分配的反对意见，进一步明晰再分配的正当价值。

1. 持有正义论

诺奇克高扬"最低限度国家"的旗帜，提出了"持有正义"论，坚决反对罗尔斯关于再分配的主张。诺奇克式的最低限度国家被要求在公民之间保持严格的中立，不能对任何人有任何倾向性，在他看来，公民对国家的政治义务是建立在这种"严格中立"基础之上的。

根据诺奇克的持有正义理论，人们在市场上按照公平交易规则获取、持有和交换各自的所有物，这就满足了正义的要求，人们只要不违反交易规则，就不可能再给国家实施任何干预的空间，再分配因而是不必要也不可能的。而事实上，诺奇克的正义仅仅涉及了正义的一个部分，而不是全部，这样的正义至多涵盖了微观经济领域，或许还不是全部的微观经济领域，例如，第三人的善意取得似乎就会被其界定为非正义。而对于国家干预的排斥也是不符合逻辑和实际的，系统性的经济危机常常是人为的原因所致，但我们很难说这是某个人或某些人违反民商事法律制度而直接导致的，如果遵循诺奇克的持有正义原则和最低限度国家准则，那么，国家是不应该干预经济、避免经济危机的灾难性后果的。这恐怕是令人难以接受的逻辑，也不符合事实。

---

① 〔美〕约翰·罗尔斯：《正义论（修订版）》，何怀宏、何包钢、廖申白译，中国社会科学出版社2009年版，第66页。

诺奇克坚决反对罗尔斯关于“社会是一种为了共同利益的合作事业”[①]的定位[②]，他改造了弗里德曼关于鲁滨逊的一个故事[③]来开展思想实验。[④]这种鲁滨逊社会模式显然既不同于一般的社会现实[⑤]，更迥异于共同体的事实，诺奇克完全排除了社会分工与合作，这样的前提是难以构筑起坚实的论证基础的。没有分工与合作，持有正义也将失去存在的根基，甚至最低限度的国家也难以建立。阿罗的一段话非常中肯，放在此处是恰当的：“人类生活最鲜明的特点之一，乃是合作的存在。我们万难想象，人类生活中还有不依赖于他人，不希求他人帮助的方面。经济学的主题在于‘交换可以获益’，而交换必定依赖他人的存在。市场制造了一种‘人人独立行动’的幻觉，然而市场本身却是社会的建构。市场要能有效运行并发挥作用，少不了人们的通力协作。”[⑥]

诺奇克的理论还有很多其他方面的“硬伤”，许多学者都先后指出过，兹不赘述。这其中，诺奇克的一个观点是，向富人征税就是向勤劳的人征税，向穷人提供财政支持实际上是鼓励懒惰，在这种情况下，富人成了“可怜的倒霉蛋”。[⑦] 这一点因为涉及性善性恶及再分配效率的问题，和波斯纳等人的某些看法相似，我们可以在下面进一步分析。

2. 性恶论及再分配效率损失论

与诺奇克差不多，波斯纳也在某种意义上赞同富人性善穷人性恶的观点。在他看来，富人往往是辛勤劳动、努力赚钱并取得成功的人，富人最看重金钱，宁愿为了获得更高的收入而放弃闲暇，而穷人似乎相反，在这样的情况下，富人的收入边际效用曲线就高于穷人，通过财税制度进行的再分配

---

① 〔美〕约翰·罗尔斯：《正义论（修订版）》，何怀宏、何包钢、廖申白译，中国社会科学出版社2009年版，第4页。

② 〔美〕罗伯特·诺奇克：《无政府、国家与乌托邦》，姚大志译，中国社会科学出版社2008年版，第220页。

③ See Milton Friedman, *Capitalism and Freedom*, University of Chicago Press, 1962, p. 165.

④ 参见〔美〕罗伯特·诺奇克：《无政府、国家与乌托邦》，姚大志译，中国社会科学出版社2008年版，第221页。

⑤ 马克思早就讽刺过这种“鲁滨逊社会”的错误假设，他指出，“这是假象，只是大大小小的鲁滨逊一类故事所造成的美学上的假象。”参见《马克思恩格斯全集》（第46卷·上册），人民出版社1979年版，第18页。

⑥ 〔美〕肯尼斯·J. 阿罗：《社会选择与个人价值》，丁建峰译，上海人民出版社2010年版，“中译本序言”第1页。

⑦ 参见〔美〕罗伯特·诺奇克：《无政府、国家与乌托邦》，姚大志译，中国社会科学出版社2008年版，第203—204页。

就是无效率的，甚至会产生无谓的效率损失。如果用图示来论证再分配的效率损失，富人 A 的边际效用曲线可表示为 RQ，穷人 B 的边际效用曲线可表示为 SQ，RQ 高于 SQ，那么，富人向穷人的财富再分配会使资源从高效率处向低效率处配置，就会产生效率损失，图中 RQS 这个区域就意味着从富人向穷人进行的财富再分配所产生的效率损失。①

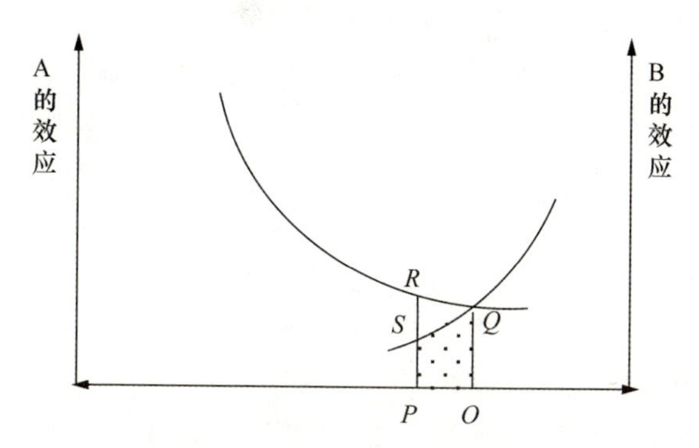

图 1.1　波斯纳关于再分配中富人与穷人的边际效用曲线

波斯纳并不是一个纯粹的反再分配论者，事实上，他还在很大程度上支持某些促进分配公平的措施。不过，正如许多人批评的，他过于重视效率②，以至于被效率这棵树挡住了视线而看不到森林，不然，绝不至于找这样牵强的理由来质疑以分配正义为圭臬的财税再分配。

将一些不好的评价套在穷人的头上，除了上述几位以外，还有若干理论家尝试过。按照色诺芬以来的德性分配论③，"性恶"的穷人是不配从富人那里获得再分配的财富的，"性善"的富人也无义务将财富让渡一部分去交给穷人。笔者在此无意对德性分配论作评价，但是，需要注意的是，无论是波斯纳这样并非完全反对再分配的人，还是那些坚定的反再分配论者，将人性分割为富人性善和穷人性恶这样两种类型，显然是不符合现实，也不符合常识的。

从理论上来说，已经有不少文献证明，我们无法从人性上区分富人与穷

① 参见〔美〕理查德·A. 波斯纳：《法律的经济分析》，蒋兆康译，中国大百科全书出版社 1997 年版，第 600—602 页。

② See Marlo Rizzo, The Mirage of Efficiency, *Hofstra Law Reivew*, Vol. 8, 1980, pp. 641—658.

③ 〔古希腊〕色诺芬：《经济论、雅典的收入》，张伯健、陆大年译，商务印书馆 1961 年版，第 32 页。

人,他们只是所持有的财富多寡不同而已。例如,萨缪尔森曾指出:“根据资料,我们根本找不到任何证据表明,……诸如自信、雄心壮志、成就、动机、未来取向、信任他人、谋划在前、节俭和回避风险之类的态度和行为……常常与经济上的成功联系在一起,并且,事实上导致了经济上的改善。”[①]

我们从大量的现实事例中也看不出如何从人性来区分高低收入者。许多富人是白手起家的,我们显然无法推导出这是他们人性从恶变善的结果。例如,美国巨富洛克菲勒小时候家里十分贫困,他的邻居回忆道:“我不记得还见过像他家那样可怜、那样无人照管的孩子,他们成天穿着破衣烂衫,一副又脏又饿的样子。”[②]洛克菲勒穷的时候并非懒惰、挥霍的人。甚至,我们可以从他的经历中印证一个常识——穷人要比富人对金钱要更为珍视,俗话说“一分钱掰成两半花”就是如此。[③] 洛克菲勒的童年和少年时期也是这样,他的老同学和密友评价说,他“在各方面都很理智,只有一处例外——见钱眼开!”[④]他对金钱的嗜好或癖好甚至一直影响到他以后的行为,他“后来坚持不让标准石油公司受华尔街银行家们的摆布——把钱全都藏在家里”[⑤]。他的勤奋也是从小培养的,而不是成为富人以后才有的——“在课余时间里,他砍柴、挤奶、打水、侍弄菜园、去镇上买东西,还要在母亲出门时照看弟弟妹妹。……他帮当地的一个农夫挖了 3 天土豆,每天得到的工钱是 3 角 7 分半。”[⑥]而反过来,我们也可以看到,许多富人由于种种原因而破产,经济危机中的破产概率则更高,显然,这也无法用“富人从勤劳变得懒惰”或“性善变性恶”这类原因来进行解释。

按照行为经济学的解释以及许多人的一般看法,穷人应当比富人更珍

---

① 〔美〕保罗·萨缪尔森:《中间道路经济学》,何宝玉译,首都经济贸易大学出版社 2000 年版,第 609 页。

② 〔美〕荣·切尔诺:《洛克菲勒——一个关于财富的神话》,王恩冕等译,海南出版社 2002 年版,第 10 页。

③ 这也得到了消费心理学和行为经济学的验证,特别是“心理账户理论”(Mental Accounting Theory)对此有精彩的解释。See Richard H. Thaler, Towards A Positive Theory of Consumer Choice, *Journal of Economic Behavior and Organization*, Vol. 1 (1), 1980, pp. 39—60; Richard H. Thaler, Mental Accounting Matters, *Journal of Behavior Decision Making*, Vol. 12 (3), 1999, pp. 183—205; Richard H. Thaler, Mental Accounting and Consumer Choice, *Marketing Science*, Vol. 4 (3), 1985, pp. 199—214. The revised version can be seen in *Marketing Science* (Vol. 27, No. 1, January-February 2008, pp. 15—25).

④ 〔美〕荣·切尔诺:《洛克菲勒——一个关于财富的神话》,王恩冕等译,海南出版社 2002 年版,第 31 页。

⑤ 同上书,第 19 页。

⑥ 同上书,第 22 页。

视金钱，那么，波斯纳的上述论证恰好就应反过来。借用波斯纳的边际效用曲线图，我们把富人和穷人的边际效用曲线调换过来，即穷人 A 的边际效用曲线表示为 RQ，富人 B 的边际效用曲线可表示为 SQ，RQ 高于 SQ，那么，富人 B 向穷人 A 的财富再分配会使资源从低效率处向高效率处配置，就会产生效率盈余，与波斯纳所说的效率损失恰恰相反，图中 RQS 这个区域就意味着从富人向穷人进行的财富再分配所产生的效率盈余。换言之，穷人的边际效用曲线高于富人，则再分配就不会产生效率损失，反而会提高效率，因此，通过财税制度进行再分配，从经济效率的角度来说也是大有裨益的。波斯纳上述论证的缺陷也说明，某些反对者的分析看似有道理，推理过程也很正常，但其前提假设却往往经不起推敲。

而事实上，只要不是故意罔顾现实，那么，对低收入者的绝对贫困或相对贫困就不可能用“懒惰、挥霍无度并且道德低下”之类的性恶论来解释。贫困的原因是多方面的，例如，残障就是很重要的原因之一。阿玛蒂亚·森就曾指出：“在全球范围内，残障人群的规模极为庞大，超过 6 亿人——大约占全部人口的 1/10 都有某种形式的明显残障。其中，4 亿多人居住在发展中国家。而且在发展中国家里，残障人群通常是收入最低的群体，……”①

因此，对于将人性分为富人的人性和穷人的人性两种类型的做法，应当坚决予以反对。在任何严肃理性的讨论中，无论讨论者的立场是什么，这种做法都不仅无助于支持其立场，反而严重减损了讨论应有的理性程度。

二、分配与财税理论、财税法制

（一）分配：财税理论核心领域

通过对分配理论发展脉络的梳理，我们可以发现，随着分配理论的发展，对于财税制度和收入分配之间的密切关联，越来越多的学者给予了关注和探讨。特别是福利国家勃兴以后，财政税收越来越频繁地成为国家介入经济社会问题的工具，人们对于财政税收制度在收入分配领域中的价值有了更多、更新、更全面的认识。

在财政思想史上，穆勒比较早地深入探讨过财政税收对公平分配的作

---

① 〔印度〕阿玛蒂亚·森：《正义的理念》，王磊、李航译，中国人民大学出版社 2012 年版，第 241 页。

用问题。穆勒在斯密税收四原则的基础上，详细阐述了税收公平原则，此时，财税再分配功能这个概念虽然尚未出现，但已经部分地包含在穆勒的税收公平原则之中了。在当时，欧洲已经有一些人开始建议征收累进财产税，以缓和财富分配的不均。对此，穆勒指出，千万不能使税收成为惩罚勤劳致富者并救济懒惰浪费者的工具，因此，累进税的范围最好限定在遗产税方面。[①] 穆勒的税收公平原则理论直接推动了后来的财税再分配理论的发展。

在吸收前人理论成果的基础之上，德国新历史学派的代表人物阿道夫·瓦格纳第一次比较系统地阐述了税收调节收入分配的理论。瓦格纳将税收原则归纳为四大项九小点，其中一项为"社会正义原则"，根据该原则，税收制度应当承担起公平分配国民收入的任务。他从税收对价论的角度提出，税收可以在满足财政需要的同时，矫正国民收入分配，或者即便不考虑财政需要，也可以调节个人收入分配。[②]

新古典学派的创始人阿尔弗雷德·马歇尔认为，收入的多寡影响个人的性格发展、身体健康和文化水平，也影响社会的安全稳定[③]，而他的边际效用递减理论[④]则往往被用来支持向富人征收累进税的主张。他更是明确指出："富人对社会福利的热心，可以大大有助于收税人尽量利用富人的资金来为穷人谋福利，并可以消除贫困之害。"[⑤]

福利经济学鼻祖庇古经典著作《福利经济学》中指出："只要提高穷人从国民收入中的分配比例——假设它不导致国民收入的紧缩，也不损害其变易性——它通常将增进经济福利"，而边际效益递减律支持实施收入再分配，即"富人从收入中获得的满足感，相当大的比例来自于他们相对的而非绝对的收入总量，因此，如果所有富人的收入因转移到穷人而同时减少时，他们的满足感并不会被破坏。"[⑥]庇古的福利经济学理论常常被用来支持实施财税再分配，依据其理论，只要能增进总体福利，征收累进所得税、遗产和赠与税，对低收入者实施税收减免和财政补助，就都符合经济效率要求，都可以被接受。

---

① See John Stuart Mill, *Principle of Political Economy*, ed. by W. J. Ashley, Longmans, 1900, pp. 806—810.

② 参见〔日〕坂入长太郎：《欧美财政思想史》，张淳译，中国财政经济出版社 1987 年版，第 300—308 页。

③ 〔英〕马歇尔：《经济学原理》（上卷），朱志泰译，商务印书馆 1964 年版，第 22—25 页。

④ 参见〔英〕马歇尔：《经济学原理》（下卷），陈良璧译，商务印书馆 1965 年版，第 206—209 页。

⑤ 同上书，第 369 页。

⑥ Arthur Cecil Pigou, *The Economics of Welfare*, Macmillan and Co., Ltd., 1920, p. 53.

凯恩斯也支持通过财政税收手段进行收入再分配，并且认为这种措施不会影响经济效率，甚至在一定条件下还有助于促进消费，提高经济增长速度。从19世纪末开始，英国等国家通过引入所得税和遗产税等直接税，努力缩小贫富差距，凯恩斯对此表示支持。①

诺贝尔经济学奖得主詹姆斯·米德则建议："通过再分配型财政措施——对所有富人征税，对所有穷人补贴——直接解决不平等问题，这样，运气和社会结构关系就往往是偶然的因素。"②他支持累进税制度，不过，他认为，对收入征税不利于私人储蓄，因此，应当采用对消费支出课征累进税的方法来代替对收入课征累进税；与此同时，还要采用财富累进税，"财富累进税加上消费累进税是一种最佳的税收体制"③。

马丁·布朗芬布伦纳系统梳理了有助于实现分配公平的财政税收制度和其他制度，在他看来，累进税制应当是最为温和可取的分配制度。他按照分配方式的激进程度对一些重要的分配制度进行了汇总归纳，主要有七种，按照激进程度的递进排列是：(a) 累进税制(progressive taxation)、(b) 累退支出(regressive expenditure)、(c) 集体谈判(collective bargaining)、(d) 工资和价格扶持(包括最低工资法)、(e) 多重定价和配给机制、(f) 流动社会化、(g) 财产充公(confiscation of wealth)。④ 可见，越到后面强制性程度越高，对私有财产权的干预力度越大，而税收制度是激进程度最低的再分配方式，其次，累退支出、工资和价格扶持等措施都涉及财税制度，也是比较好的再分配工具。

现代财政学之父马斯格雷夫认为，由于人们有公共产品的需求，以及市场经济客观上存在分配不公和市场失灵的问题，当代财政税收制度才得以存续和发展；也正是基于此，财税制度应当深入调节商品生产和收入分配，财税制度的职能相应地拓展为配置职能、分配职能和稳定职能三项内容。⑤由此，亚当·斯密式的"小财政"就被马斯格雷夫扩展为"大财政"，而且，自此以后，几乎所有的财税理论文献都接受了财税制度具有分配功能这一观

---

① 参见〔英〕约翰·梅纳德·凯恩斯：《就业、利息与货币通论》，高鸿业译，商务印书馆1999年版，第386—387页。

② 〔英〕詹姆斯·E. 米德：《明智的激进派经济政策指南：混合经济》，欧晓理、罗青译，生活·读书·新知三联书店上海分店1989年版，第78页。

③ 参见同上书，第96—98页。

④ See Martin Bronfenbrenner, *Income Distribution Theory*, Macmillan, 1971, p. 112.

⑤ 〔美〕理查德·A. 马斯格雷夫、佩吉·B. 马斯格雷夫：《财政理论与实践(第五版)》，邓子基、邓力平译，中国财政经济出版社2003年版，第6页。

点。毋庸置疑，马斯格雷夫开创性地将财政功能明确地区分为三个方面，这在财政学思想史上具有重要的里程碑意义。

由上可见，收入分配是财税理论中极为重要的问题，对收入的财税再分配是财税理论中的核心领域。众多学者的研究表明，财税制度具有明显的再分配功能，通过财税制度实施再分配，有助于实现分配公平。这就进一步印证了本书的中心论点，即财税法是促进与保障收入公平分配的关键性制度之一。

(二) 分配：财税法制经脉之一

所谓经脉，在医学上原指纵贯全身，沟通上下内外的主干通路。法律制度作为一个系统，同样要有自己的经脉。找准财税法的经脉，有助于更好地提纲挈领，在整体上认识财税法和财税法学；把握财税法的经脉，有助于发现财税法制度建设或法学研究发展的深层路径，从而有助于对症下药，更好地促进财税法(学)的健康发展。

纵观财税法的发展历程，至少有三条路径值得关注：第一条路径，即分配关系的调整，或简称分配的路径，它直接关涉利益的归属，与财税法调整目标攸关，由此可以发现改革的最初动因、制度安排的侧重，以及财税法制度变迁的动力。[①] 第二条路径，就是与上述利益分配相关的政策，透过这些政策的变迁，可以发现财税政策对于改革开放、法治建设和法学研究的重要价值。第三条路径，就是将上述财税政策法律化的路径，或称法制的路径。经由上述路径不难发现：随着改革的发展、分配关系的调整、财税政策的变化，法律和法制也在随之发生相应的变化，财税法正是在此过程中应运而生并不断发展壮大。

上述三条路径，即分配—政策—法制的路径，是暗明相继、关联贯通、由里及表的，实际上也是财税法学的三条至为重要的经脉。这三条经脉，贯穿于财税法和财税法学的产生发展过程，同时，也是财税法制度建设和法学研究不可或缺的重要内容。把握上述三条经脉的脉动，就能更好地把握财税法制度和法学研究的问题与出路。

与马斯格雷夫所说的财政税收具有分配功能相一致的是，财税法通常被认为是典型的“分配法”。无论是国家的财政分配，抑或国民的收入分配，

① 参见何帆：《为市场经济立宪——当代中国的财政问题》，今日中国出版社 1998 年版，第 34—49 页。

无论是国家机关之间的财政权力分割，等等，都是财税法的制度建设和法学研究所要关注的重要问题。因此，分配的视角对于财税法研究是非常重要的。

国家的财政分配是与国家的经济、社会职能等公共职能紧密相关的，其核心是提供公共物品。因此，国家的财政分配与个体利益分配相关，但又有所不同，它体现的是社会公益性。由于国家的财政分配源于企业和个人等主体的个体收益，因而个体利益与国家利益、社会公益有时也会存在冲突，从而形成个体营利性与社会公益性的矛盾，并可能进一步演变成效率与公平的矛盾[①]，这就需要有相关财税法律制度予以解决。个体利益分配和国家财政分配，作为基本动因和直接动因，会进一步推进财税法向纵深发展。在财税法领域，关注个体利益分配与国家财政分配的关系，秉持制度正义，兼顾效率与公平，历来是影响财税法发展路径的重要问题。

此外，在个体利益分配和国家财政分配的发展过程中，还发生了各类主体"从重产品分配向重权利分配"的转变，这与经济结构、经济体制、法律制度的变化都直接相关。

在计划经济时期，产品是短缺的（科尔奈称之为"短缺经济"）[②]，因而会有统购统销、凭票供应等制度安排。那时，人们最重视的是物资或产品的分配。而在商品经济时期，由于物资或产品变成了可流通的商品，无需再按国家计划去分配或配给，政府也不能任意平调，而是必须尊重不同主体的独立利益以及作为其法律表现的相关权利。如何界定、保护产权，如何保障各类主体的各类权利的有效行使，逐渐成为人们关注的重要问题。事实上，权利的界定过程，也是权利和利益的分配过程，因而实际上仍是一个分配问题。可见，从计划经济发展到商品经济乃至市场经济，既是我国改革开放的过程，也是人们从"重产品分配到重权利分配"的过程，因而，从分配的视角有助于更好地分析财税法的发展历程。

中国改革开放的实践表明：生产关系特别是分配关系的变化，推动了经

---

① 参见〔英〕阿瑟·奥肯：《平等与效率》，王奔洲、叶南奇译，华夏出版社1987年版，第80—100页。

② 匈牙利科学院通讯院士，著名经济学家科尔奈在其著作《短缺经济学》（1980年）、《增长、短缺和效率》（1982年）中对短缺问题有深入的研究。See János Kornai, *Economics of Shortage*, North-Holland Pub. Co., 1980; János Kornai, *Growth Shortage and Efficiency: A Macrodynamic Model of the Socialist Economy*, translated by Ilona Lukács, Berkeley and Angeles, University of California Press, 1982, pp. 11—23.

济体制的变化，并进而带来了法律的变化，使现代财税法制应运而生并不断发展；与此同时，财税法的思想、理念、观点、理论，也随之发生着或快或慢的变化。在此过程中，无论是经济、社会、政治等方面的发展，还是法律体系、法学理论的发展，都深刻地影响着财税法的制度建设和法学研究。可见，财税法领域的制度变迁、思想变迁和理论变迁，受到了多种因素的综合影响，但分配无疑是重要的影响因素之一，它是贯通财税法的制度建设和法学研究的一条重要经脉。

三、差异性分配的法律调整原理

自古及今，分配始终关乎国计与民生，贯穿于经济、社会乃至政治、法律等诸多领域，不仅影响政治安定、经济增长、社会发展和文化繁荣，也影响国民财富积累和基本人权保障。纵观中外历史上的诸多纷争、制度变迁乃至政权更迭，往往皆因分配失当或分配失衡等分配问题而起。因此，对分配问题必须高度关注并予以有效解决。

（一）分配的结构性特征

中国自改革开放以来，伴随着经济的高速增长，经济总量和社会财富迅速扩张，但因诸多因素导致的分配差距过大、分配不公、分配失衡等分配问题也日益凸显，业已严重影响经济发展、社会团结和社会和谐[①]，需要经济基础和上层建筑作出回应和调适。事实上，解决收入分配问题的现实需求，本来就是中国进行改革开放的直接动因[②]；而持续解决分配问题，则是改革开放的全程使命。

上述分配问题的形成，与分配结构不合理直接相关。在各国不同时期类型各异的分配系统中，分配结构始终是影响分配功能实现的至为重要的因素。因此，要解决各类分配问题，必须追根溯源，对分配结构进行优化和调整，通过有效地“定分止争”，来防止分配失衡，实现国泰民安。

从发展经济学、发展社会学和发展政治学的视角看，中国的经济社会发

---

① 只有解决好分配问题，才能增进社会团结，促进社会和谐。参见〔法〕埃米尔·涂尔干：《社会分工论》，渠东译，生活·读书·新知三联书店2000年版，第159—186页。

② 张守文：《贯穿中国经济法学研究的经脉——以分配为视角》，载《政法论坛》2009年第6期，第122—135页。

展目前已到关键阶段——随着工业化、城镇化、市场化和国际化进程的加快,各种类型的"二元结构"问题层出不穷,分配失衡十分严重,分配问题相当突出。要绕过许多国家没能避开的所谓"中等收入陷阱"[①],缓解各类社会矛盾,化解社会纠纷,在保持经济稳定增长的同时,保障社会稳定和政治安定,就必须对分配结构进行有效调整,依法规范分配活动,保障分配秩序;同时,也需要针对发展中的各类分配问题,加强"发展法学"的研究。[②] 分配结构的形成与调整,均受制于特定的分配制度。分配制度之优劣良莠,直接影响分配公平,涉及分配正义,关乎分配法治。无论宪法抑或其他法律,只要其中包含分配制度,则均应在相关分配主体之间有效界定分配的权力与权利,对分配结构实施有效调整,以确保其合理性与合法性,最大限度地解决经济社会发展过程中产生的各类分配问题。

依据"发展法学"的框架和理念,分配结构的调整与法律的调整密不可分。无论是财富或收入的分配,还是相关资源、权力或利益的分配,都离不开法律的有效调整。其中,财税法作为"财富分割的利器"[③],作为典型的"分配法",其调整功能尤为重要,社会公众对此期望甚高。可以说,要实现分配结构的优化,就必须加强财税法调整,并应不断提高调整的法治化水平。通过加强财税法等相关法律的调整,来促进分配结构的优化,也与国家转变经济发展方式的宏观背景密切相关。目前,我国已从关注"经济增长"转向重视"经济发展"[④],不仅强调经济发展的质量、效益,同时也重申社会分配、社会公平之重要。转变经济发展方式需要调整多种结构,包括产业结构、投资结构、消费结构、分配结构,等等[⑤],经济学界对此已有较多讨论,但法学界的

---

① "中等收入陷阱"(Middle Income Trap)的概念由世界银行在《东亚经济发展报告(2006)》中提出,强调当一国脱离"贫困陷阱",经济增长达到人均 GDP 3000 美元附近时,由于经济发展方式等内外原因,极易出现经济增长停滞、贫富分化严重、腐败与民主乱象、各类矛盾突出等问题,导致其无力与低收入国家和高收入国家展开竞争,并长期难以进入高收入国家之列,从而陷入所谓"中等收入陷阱"。为此,我国必须及时调整分配结构,解决好分配问题,努力绕开这一陷阱。See Indermit Singh Gill, Homi J. Kharas, Deepak Bhattasali, *An East Asian Renaissance: Ideas for Economic Growth*, World Bank Publications, 2007, pp. 17—18.

② 张守文:《"发展法学"与法学的发展——兼论经济法理论中的发展观》,载《法学杂志》2005年第3期。

③ 张守文:《财富分割利器:税法的困境与挑战》,广州出版社2000年版,第10—21页。

④ 我国在制定"九五"计划时,就提出要"推进经济增长方式转变","实现经济增长方式从粗放型向集约型转变",但上述目标未能有效实现。随着经济总量的节节攀升,GDP崇拜也被不断强化,经济发展的质量、效益以及生态环保等问题日益突出。为此,我国近些年强调"以加快转变经济发展方式为主线,必须贯穿经济社会发展全过程和各个领域"。

⑤ 张守文:《"双重调整"的经济法思考》,载《法学杂志》2011年第1期,第22—26页。

研究还十分欠缺，因而对于宏观分配系统中的分配结构调整问题，非常有必要从法学的视角，探究如何通过法律的调整，来推动分配结构的优化。

事实上，现实中的大量分配问题，带来了复杂的经济、社会问题乃至政治问题；分配的不当、不均和不公，在很大程度上源于分配结构的失衡；要实现分配的相对均衡，必须对分配结构进行调整。而分配结构本身也是经济结构、社会结构的重要组成部分，依据系统论和结构功能主义的理论，“结构决定功能”，“好的结构会产生正功能”[①]，只有不断优化分配结构，才能使之更趋均衡合理。

此外，分配结构的优化离不开相关法律的调整，尤其离不开直接影响分配的财税法的有效调整。基于问题定位，以及分配结构对分配问题的重要影响，应从法律的角度，探讨分配结构与分配制度以及收益分配权之间的关联，从而发现分配结构与财税法调整之间的内在联系，以及运用财税法等法律手段调整分配结构的必要性和可能性；在此基础上，应进一步探讨分配结构及其问题的制度成因，说明财税法与其他法律制度解决分配问题的功用和特殊性，以及权利或权力配置对分配结构的影响；进而，通过提炼财税法学的分配理论，特别是有关分配结构调整的理论，并结合现实存在的分配结构失衡、分配差距过大、分配不公这三类分配问题，提出完善财税法制度、加强财税法调整的对策，以求更好地保护各类主体的分配权利，维护分配秩序，实现分配正义。

需要说明的是，在宏观的分配制度和法律体系中来观察分配结构与财税法调整的内在关联，以及财税法上的权利配置对不同类型分配结构的影响，会更有助于发现财税法调整的定位、局限以及与其他相关法律调整之间的联系，从而有助于揭示分配结构调整的复杂性与财税法调整的必要性，以及应当如何通过财税法具体制度的调整来促进分配结构的优化。

（二）差异性分配

1. 差异性分配的三维结构

在现实的经济、社会生活中，在整体的分配格局中，分配差异是普遍存在的。通常，影响分配差异形成的因素主要有三个，即主体差异、空间差异

---

① 按照结构功能主义的一般理解，正功能是指社会结构要素及其关系对社会调整与社会适应所具有的促进和帮助作用，分配结构的优化有助于更好地发挥分配系统的正功能。See Spencer, H, *Principles of Sociology*, Volume 1, Williams and Norgate, 1906, pp. 466—470.

和时间差异。相应地，研究分配差异的重要维度也有三个，即主体维度、空间维度和时间维度。

第一，从主体维度来看，参与分配的各类主体，无论是国家、企业、个人，还是其他主体，其参与分配的能力、权利或权力、信息等许多方面，都存在着突出的差异。例如，在国家之间，各国汲取财政收入的能力不同，财政收入在 GDP 中的占比各异；在企业之间，各个企业的获利能力和分配能力亦不相同；在个人之间，每个人获取收入的能力和参与社会分配的能力更是不同。上述的诸多不同，形成了一定时期的收入分配格局。为此，必须分析各类差异及其合理性，这对于有关社会分配问题的研究尤为重要。目前，我国最为引人注目的是个人收入分配问题，分配差异突出地体现为基尼系数过大，即使是官方的保守估计也已达到 0.47[①]，这表明在分配方面已经相当不公平。同时，在城乡之间、不同行业之间、不同所有制企业之间，都存在着分配上的巨大差异。

对于分配差异的测定，基尼系数固然重要，尤其对个人收入分配的公平性可以作出较为直观的描述，但仅此还不够，还应当引进其他的系数，如政府财政收入和企业收入在整个社会财富收入中的占比等，因为其他大类主体的占比，直接影响个人收入，恰恰在调整个人收入分配格局时必须系统考虑。

第二，从空间维度来看，地域差异也值得重视。[②] 环顾全球，不难发现，南北差异其实是分配差异的突出体现。在我国，东西差异也是分配差异的重要体现。毕竟，经济的发展水平决定了收入分配的平均水平，发达国家或发达地区的整体收入水平总是偏高。这种地域差异在分析收入差异问题时需要特别关注。其实，在我国和其他许多国家，当年刘易斯特别关注的城乡二元结构，既是分配差异的重要体现，也是一种重要的地域差异。无论在我国的东部还是中西部，从总体上说，城乡差异都存在，并且，一般说来，城市居民往往比乡村居民的收入要高。尽管要重视不同区域的生活成本以及其他成本，但也应考虑不同区域的"购买力平价"，关注不同地域居民的实际收

---

① 刘永军、梁咏梅：《中国居民收入分配差距研究》，经济科学出版社 2009 年版。

② 实际上，收入分配的地域差异直接涉及"空间正义"的问题，对此，地理社会学的先驱人物大卫・哈维有非常深刻的剖析，他还在《新自由主义简史》中对中国的地区差距问题进行了分析和批评。See David Harvey, *Space of Neo-liberalization: Towards A Theory of Uneven Geographical Development*, Franz Steiner Verlag, 2005, pp. 55—92; David Harvey, *A Brief History of Neo-liberalism*, Oxford University Press, 2007, pp. 120—151.

入水平。

由于主体都是位于一定的空间，因此，空间维度是对主体维度的进一步延伸和限定。同时，也体现了两个维度的重要关联。从空间维度或地域差异的角度来研究分配差异，人们会有更加切实的体验。

第三，除了上述的主体、空间维度外，时间维度也需重视。分配的时间差异，会对相关主体产生不同的影响，关涉货币的时间价值。事实上，过去的分配、现时的分配和未来的分配，考虑到通胀等因素，相关主体的实际收入是会有差异的。同样数额的款项，在不同的时段，对主体的实际效果是不同的。对此，在社会保障领域，以及其他需要考虑跨越较长时间的领域（如税法上的递延纳税领域），在制度安排上都要特别关注。

从更为宏观的角度说，不同的区域处于不同的发展阶段，这实际上也是一种时间差异。而不同的发展阶段、不同的发展水平，在分配上也会有不同的影响。[①] 针对这种发展时间或者发展阶段上的差异，国家在转移支付、出口退税等制度安排中已经作出了区别对待。[②] 而主体维度的分配差异，有时也与时间维度的差异存在密切关联，遗产继承所形成的分配差异就是典型的例子。[③]

以上三个维度，体现了主体差异、空间差异和时间差异，它们直接导致分配差异。上述三个维度密切相关，其中，主体都是一定时空内的主体，在考虑分配主体时，要把上述的空间维度和时间维度结合考虑，从而使主体差异更加具体化。例如，同样是公务员，东部地区和西部地区的相同级次的城市，在同一年份和未来岁月，其收入差异是很大的。类似的分配差异比比皆是，在进行制度设计时必须予以考虑。

---

① 1960年，美国经济学家罗斯托（Rostow）在其《经济增长的阶段》等论著中提出了“经济成长阶段论”，将一国的经济发展过程最终分为六个阶段，即传统社会、准备起飞、起飞、走向成熟、大众消费和超越大众消费阶段。在不同的阶段，对分配和消费的要求是不同的。此外，马斯格雷夫（Musgrave）也曾提出，在经济发展的不同阶段，国家财政分配所占的比重也会发生变化。参见〔美〕W. W. 罗斯托：《经济增长的阶段》，郭熙保、王松茂译，中国社会科学出版社2010年版；〔美〕理查德·A. 马斯格雷夫、佩吉·B. 马斯格雷夫：《财政理论与实践（第五版）》，邓子基、邓力平译校，中国财政经济出版社2003年版。

② 例如，国家在确定转移支付重点方面，是向发展阶段较为滞后的区域倾斜；国家在安排对口支援方面，强调发达地区省市要支援欠发达地区；在出台一些新政策需要资金时，中央一般也要求发达地区自行安排。

③ 由于代际差异所反映的时间维度的分配问题日益严重，遗产和赠与课税的必要性也更加凸显出来，对此，我们在后面单独列一章来讨论遗产和赠与税问题。

2. 差异性分配的结构性风险

上述的分配差异，会形成分配领域的一种重要形式，即差异性分配。差异性分配同参与分配的主体在时空、能力、权义等多方面的差异直接相关，并体现为分配机会和分配结果上的差异。

差异性分配不同于“均等性分配”（或称“无差异性分配”）。均等性分配的重要假设是主体的无差异性，因此才可以均匀、平等地分配，此类分配往往在形式上被认为是公平的，但大抵会牺牲效率，同时，也未必真正公平。相对而言，差异性分配对效率关注更多，同时，也未必都不公平，有时更能够体现实质公平。可见，在不同分配形式的讨论上，效率与公平仍然难以逾越，而公平则是公众普遍关注的更为核心的价值。

无论是哪类分配，在法律上更关注分配的公平性。通常，分配上的适度差异，是有其合理性的；但如果差异过大，分配不公，则其合理性就会丧失，就会引发公众对分配的质疑和不满，影响社会安定和经济发展，甚至会危及政权的稳定，从而形成“分配风险”，甚至酿成“分配危机”。历史上许多国家发生的起义、革命等，都与分配风险的集聚所形成的分配危机有关。

古往今来，个人收入分配在整个分配体系中都占有重要地位，只有将个人收入的差距控制在合理的限度内，才能确保社会的久安和国家的长治。个人收入的公平分配，是解决“治乱循环”问题的重要手段，其核心目标是减少不合理的差异，缩小分配上的不合理差距，尊重和保护生存权、发展权等基本人权。上述目标的实现，与政府的合法性、调控力、强制力等直接相关。

差异性分配极易带来不公平，导致分配结构失衡，并因而造成多种“结构性风险”。各类“结构性风险”都存在于一定的分配体系中，需要根据具体情况，加以防范和化解。

例如，在整个分配体系中，各类主体的结构及其分配比例，是分配结构上的重要问题，不仅具有重要的经济和社会意义，而且还具有重要的政治意义和法律意义。对国家而言，“财聚则民散，财散则民聚”[①]，如果国家占比相对较高，国民占比相对较少，就会影响市场经济的根基，影响国民的生存和发展，形成主体分配的结构性风险。只有降低财政收入占整个 GDP 或者整

① 语出《大学》第十四章。

体社会财富的比重，降低国民税负[①]，以及各种非税负担，才能使国民更好地生存和发展。

又如，在个人的分配体系中，不同人群的财富占有量的多少，也是一个重要的分配结构问题。如果财富集中在少数人手里，整个社会的基尼系数过高，多数人收入过低，就会影响许多个人的生存和发展，并进而影响整体经济和社会的发展。为了防范个人分配体系中的结构性风险，必须针对不同人群的不同情况，实行“调高、扩中、提低”的政策，以推进个人收入分配的结构从“金字塔型”向“橄榄型”发展。

再如，在分配的要素体系中，按劳分配和按其他要素分配各自所占的比重，也是分配结构的问题。从公平的角度说，以按劳分配为主体的原则还是要坚持的。为此，相关的法律应当鼓励人们勤奋工作，诚实劳动，要反对不劳而获、钱权交易、不当得利、腐败获利，以降低分配风险，确保公平分配，减少社会怨愤。对此，著名经济学家萨伊早就提出，一国的税法应当有利于增进道德，有助于鼓励人们的勤劳，并将其确定为一项重要的原则。而如何鼓励诚实劳动，如何鼓励真正的创造，如何公平地分配劳动创造的社会财富，确实是在法律上需要认真对待的。

需要强调的是，在各类结构性风险中，国家与国民二元结构中的分配风险尤其需要重视。因为两类主体的收入在整体财富中的比重如果不合理，畸轻畸重，就会产生巨大分配风险——或者民不聊生，或者国将不国。

总之，分配差异与相关主体结构上的差异直接相关，差异性分配所带来的风险也与一定的结构相关，并体现为结构性风险。同时，分配风险的不断积聚极有可能导致分配危机，必须注意及时防范和化解分配风险。我国自改革开放以来，通过不断调整利益格局，形成了现时的分配结构，但当前分配结构的失衡，已在一定程度上影响了经济的稳定增长和社会的协调发展。为此，必须重申公平分配的重要价值，知难而上，全面、系统地化解各类分配体系中的结构性风险，解决差异性分配所带来的问题。而上述问题的解决，离不开法律的有效调整，尤其需要财税法的有效规制。

---

① 无论是税负痛苦指数，还是全球税负排名，都引起了社会各界的广泛关注。当然，对于相关的计算方法，我国有一些学者持反对意见。

(三) 差异性分配的多元法律调整

考虑到分配结构的划分是多种多样的，且通常在分配方面人们非常关注初次分配和再分配(有时也会关注“第三次分配”[①])，下面着重结合两次分配所形成的分配结构，分别说明宪法和民商法等传统法对初次分配的重要影响，以及经济法和社会法等现代法对再分配的重要功用，并在此基础上，探讨财税法调整发挥作用的空间和特殊性。

1. 初次分配与分配结构的传统法调整

鉴于分配制度极其重要，我国《宪法》第 6 条专门规定基本的分配原则和分配制度为“实行各尽所能、按劳分配的原则”，“坚持按劳分配为主体，多种分配方式并存的分配制度”。与此相对应，还规定要“坚持公有制为主体、多种所有制经济共同发展的基本经济制度”。由于所有制形式和产品分配方式都是生产关系的重要内容，因而两者曾在一定时期(特别是 1982 年《宪法》出台后的一段时期)有相对较强的对应性和一致性。

但是，随着改革开放的深入和市场经济的发展，“公有制的主体地位”与“按劳分配的主体地位”的对应性正逐渐减弱，“按要素分配”在多种分配方式中所占的比重逐渐提高，使得“以按劳分配为主体”更主要的是体现在参与分配的人数上，而未必是分配数额上，并带来了多种所有制经济与多种分配方式并存情况下的分配差距不断扩大的问题。

依据我国宪法有关分配方式的上述规定，在初次分配领域形成了一个重要的“按劳分配与按要素分配相结合”的分配结构。我国自 2007 年 10 月以来，重申“要坚持和完善按劳分配为主体、多种分配方式并存的分配制度”，强调“健全劳动、资本、技术、管理等生产要素按贡献参与分配的制度”，从而使“按劳分配”与“按要素分配”的分配结构更加明晰。其中，对“按劳分配”中的“劳”究竟是指劳动、劳动量、劳动成果还是劳动力产权，人们还有歧见。[②] 而对“按要素分配”中的各类要素，人们通常较为关注的则是资本、资

---

① 厉以宁教授在其 1994 年出版的《股份制与市场经济》一书中最早提出了“第三次分配”的概念，认为除了初次分配和再分配以外，还有“在道德力量的作用下，通过个人自愿捐赠而进行的分配”，此即第三次分配；此类分配也有人称之为“第四次分配”，参见青连斌等：《公平分配的实现机制》，中国工人出版社 2010 年版，第 12—15 页。但相对于初次分配和再分配，“第三次分配”对于整体分配的影响至少目前还很小。当然，健全和完善第三次分配领域的分配制度非常重要。

② 经济学界对此有很多不同的看法，近些年来有些学者认为应当是指劳动力产权，并认为这样更有助于保护劳动者的利益。参见姚先国、郭继强：《论劳动力产权》，载《学术月刊》1996 年第 6 期。

源、技术、管理等,这些要素在生产经营活动中都很重要。从经济学角度看,上述要素在生产经营中的贡献不同,其市场价值或获取收入的"权重"各异,从而形成了收入分配的差距。

近些年来,恰恰是对"按要素分配"的强调,以及资本等要素拥有者获取收入能力的提高,导致了分配差异,扩大了分配差距,加剧了分配不公。主体差异、空间差异和时间差异是影响分配差异形成的重要因素,分配差异和分配不公会带来结构风险,需要财税法的有效规制。[①] 要全面研究劳动力等要素价值在分配上的权重或占比问题,不仅需要经济分析,也需要法学探讨。这与我国收入分配不公的典型问题之一——劳动收入占比下降和资本暴利问题密切相关。

从法学视角看,上述的按劳分配,直接涉及劳动权或劳动力产权,而按要素分配,则涉及相关主体的股权、债权、知识产权等一系列权利,进而涉及投资权等权利。上述各类权利都蕴含着主体的收益分配权,或者说,收益分配权本来就是各类主体相关产权的重要"权能"。各类收益,无论是工薪所得还是劳务报酬,无论是经营所得还是股息、利息、红利、特许权使用费等[②],都要以收益分配权为依据。

上述权利在初次分配中具有重要意义。无论在权力与权利之间,还是在各类具体权利之间,其"力"与"利"并不均衡,同时,"权"与"益"亦非同一。各类权利因性质不同而收益各异,会在很大程度上影响分配差距和分配公平。可见,对于各类权利的收益分配权能的差别,需要高度重视和深入研究。

以上主要基于宪法规定,对重要的"按劳分配与按要素分配相结合"的分配结构进行了简要的法律解析。从中不难发现,这一分配结构对应于一系列重要权利,并由此形成重要的权利结构。由于不同主体的权利性质、收益能力各异,在劳动要素与资本要素之间、劳动权与投资权之间会形成一定的紧张关系,并可能导致影响收益分配和分配差距的"劳资"矛盾,对此需要展开专门研究。

宪法所确立的各类主体的收益分配权,与基本人权的保障直接相关,应当在人权理论、宪政理论方面加强研究。同时,收益分配权的具体实现,与

---

① 参见张守文:《差异性分配及其财税法规制》,载《税务研究》2011年第2期,第69—74页。

② 这些收益形式无论是体现为劳动报酬还是投资所得、资本利得等,都具有可税性,我国的《个人所得税法》将上述收益形式均列为征税项目。

各类主体所拥有的具体产权存在关联。鉴于劳动力产权与资本、土地、知识等要素产权之间存在差别，且受不同法律的保护，因此，这些权利之间的冲突和协调也与各类法律之间的协调直接相关。

通常，劳动法、物权法、合同法、知识产权法、公司法、银行法、证券法、保险法、破产法等诸法（它们大都属于传统的民商法规范），会对上述各类权利作出具体规定，并成为初次分配制度的重要渊源。加强上述诸法在收益分配权方面的协调，对于解决分配问题极为重要。

总之，从法律角度看，分配结构就是由各类主体享有的收益分配权构成的权利结构，这些收益分配权基于劳动力产权以及资本等要素产权而产生，体现于宪法和相关的具体分配制度之中。从总体上说，在初次分配中所涉及的各类产权，以及相关的收益分配权，主要由宪法和民商法等传统法加以确立和保护。

2. 再分配与分配结构的现代法调整

初次分配着重关注各类要素在市场上的贡献，更加重视效率，对于公平的强调不够，因而难以解决收入差距过大等问题。为了使整个社会成员之间的分配更趋合理，在承认适度差距的同时，国家必须注意防止两极分化，实行二次调节的分配制度，即再分配制度。

初次分配是市场主体之间的分配，再分配则是在初次分配的基础上，由国家主导的第二次分配①，是对初次分配的一种结构调整，它力图使分配更加合理、更趋公平，以减缓或防止初次分配可能存在的严重的分配不均、不公和失衡等问题。在再分配过程中，不仅涉及企业或居民之间的分配结构，还涉及国家与国民之间的分配结构，对于这些结构的有效调整，需要经济法和社会法等现代法发挥更重要的作用。其中，转移支付等财政手段、税收减免等税收优惠手段以及社会保障手段等，都可以成为重要的再分配手段。我国的《“十三五”规划纲要》《关于深化收入分配制度改革的若干意见》以及《关于全面深化改革若干重大问题的决定》，都曾专门强调健全再分配调节机制，所涉及的主要法律制度就是财税法和社会保障法。与之相对应，还涉及一系列重要的权利和权力，如国家的财权、税权，以及社会个体成员的社会保障权、纳税人权利，等等。上述权力和权利的配置如何，直接关系到收

---

① 关于再分配的具体类型，有学者分为四类，即援助性再分配、补偿性再分配、保险性再分配和公正性再分配。参见胡鞍钢、王绍光等：《第二次转型：国家制度建设》，清华大学出版社 2003 年版，第 275—311 页。

入差距过大等分配问题能否得到有效解决。

从历史和现实情况看，各国在实现现代化的过程中，分配差距过大，分配不公的问题都已经发生或正在发生。1971 年诺贝尔经济学奖获得者库兹涅兹(Kuznets)曾从发展经济学的角度，提出了人均财富增长(效率)与人均财富分配(公平)之间的关系问题，认为在一国经济发展初期，人均财富增长会导致收入差距扩大，但到一定的阶段，随着人均财富的进一步增长，收入差距会逐渐缩小，从而形成收入分配状况随经济发展而变化的"倒 U 曲线"(Inverted U Curve)。[①] 尽管有人对"库兹涅兹假设"有不同的看法，但至少从我国改革开放以来的情况以及其他一些国家的发展现实来看，这一假设仍然值得关注。并且，有越来越多的人认识到，防止分配差距扩大，需要国家通过有效的分配制度安排加以解决。其中，经济法特别是财税法的有效调整更加重要。

在现代法中定位财税法的调整尤其有重要意义。本来，财政和税收的原初功能就是参与分配、获取收入，但随着公共经济的发展，财政和税收不仅要作为国家获取收入的工具，也要成为旨在解决市场失灵问题的宏观调控的重要手段。与此相适应，现代财税法的调整，不仅要保障国家参与社会产品的分配，还要通过宏观调控，发挥再分配的功用，保障经济公平和社会公平，从而实现其调整目标。

如前所述，在一国的法律体系中，许多法律都涉及收入、财富、资源、权利等方面的分配，如继承法上的遗产分配，破产法上的破产财产分配，公司法上的企业利润分配，劳动法上的劳动收益分配，等等。从而使各类法律都不同程度地包含分配规范，但这些分配规范相对较为分散，且主要用于解决初次分配的问题。相对来说，财税法是更为典型的"分配法"，它主要解决国家参与国民收入分配和再分配的相关问题，以及公共经济中的资源分配和社会财富分配问题，波及甚广，与各类主体均有关联。因此，在研究分配问题时，财税法始终是无法逾越的。并且，其在再分配方面的作用非常巨大，尤其有助于解决分配差距过大、分配不公、分配结构失衡等问题；同时由于财税法的调整对参与初次分配的各类要素也会产生重要影响，因而其对于

---

① 西蒙·史密斯·库兹涅兹(Simon Smith Kuznets)，被誉为"美国的 GNP 之父"。他在 1955 年的《经济增长与收入不平等》论文中，提出"倒 U 曲线"假设。库兹涅兹假设还被用于环境、法律等方面的研究，以说明经济发展和收入分配差距过大给环境和社会秩序等带来的影响。See Simon Kuznets, Economic Growth and Income Inequality, *The American Economic Review*, Vol. 45 (1), 1955, pp. 1—28.

保障初次分配公平的功用也不应忽视，这些正是财税法调整特殊性之所在。基于财税法在分配方面的广泛而重要的功用，各国对分配结构进行调整，都普遍必用财税法，并将其作为主要的、直接的调整手段。

事实上，分配差距过大，缘于分配的失当、不适度，极易转化为分配不公；而无论是差距过大或不公，在宏观层面都体现为分配结构上的失衡。旨在解决分配失衡等市场失灵问题的现代财税法，对各类主体利益有直接而重要的影响，因而可以成为调整分配结构，实现再分配目标，保障分配公平、适度，防止分配失当、失衡的重要工具。

总之，透过分配结构的多元法律调整，不难发现，分配结构不仅体现为一种经济结构，同时它也是一种法律结构，尤其是一种权利结构。无论是初次分配还是再分配，无论是市场主体之间的分配还是国家与国民之间的分配，都对应着一系列的权利，直接体现为相关权利的配置问题。[①] 因此，分配结构的调整和优化，需要通过民商法和财税法等相关法律的调整和完善来逐步实现。

四、促进与保障公平分配的财税法理论

（一）财税法的分配理论

促进与保障公平分配，需要有财税法理论的指导和支撑，需要体现相应的理念和价值追求，以确保分配结构调整与财税法制度建构的系统性、科学性和内在一致性。为此，财税法理论应当有一个重要的组成部分，即分配理论[②]，以及更为具体的有关分配结构调整的理论。

从总体上说，以往的财税法研究对此几乎未予关注，因而需要结合前面的有关探讨，结合财税法的制度实践，进一步提炼财税法领域的分配理论，以及更为具体的分配结构调整的理论。事实上，在财税法的分配理论中，分配结构调整理论是核心，因为整个财税法的制度安排或制度调整，在一定意

---

① 实际上，诸多财税法制度的改进方向，就是要进一步实现权利的倾斜配置，以更好地促进低收入者的收入保障。对此，第四章“我国财税法制度的价值重构”进行了讨论，而第六章关于遗产和赠与税的讨论也关注到不同主体的权利差异化设置及其分配效应问题。

② 由于“各种各样的分配理论无法被加总成为一个能被普遍使用、普遍接受或被普遍验证的整体”，因此整体的、宏观的分配理论一直“令人不满”。参见〔美〕马丁·布朗芬布伦纳：《收入分配理论》，方敏等译，华夏出版社2009年版，第371页。有鉴于此，在财税法领域，确实需要提炼可以指导分配结构调整的分配理论。

义上都是围绕分配结构的调整展开的，由此视角可以对整个财税法的理论和制度进行考察和解析。

结合前面的理论探讨与现实的制度实践，可以提炼出财税法理论中的分配理论，作为分配结构调整的财税法理论基础，具体包括关联理论、功用理论、目标理论、适度理论、系统理论、范畴理论，等等。这些理论的提炼，既有利于整合财税法学上与收入分配相关的重要理论和正确观点，也有利于更好地设计合理的制度规则来促进和保障收入分配的公平公正。

（二）关联理论

关联理论强调，分配与制度的关联以及分配结构与财税法调整的关联，是运用财税法调整分配结构的重要基础；没有上述关联，财税法的调整就不可能影响分配结构。如前所述，财税法规定的大量分配制度，对分配结构的形成和变革具有重要影响；同时，财税法对于各类主体收益分配权的配置，会直接决定分配结构的合理性。要优化分配结构，就必须在财税法上合理地配置收益分配权。关联理论着重解决的是“对分配结构进行财税法调整”的必要性和可行性的问题，强调要不断优化财税法上的收益分配权配置。

根据关联理论，分配结构是影响收入分配的关键因素，分配结构的失衡，是财税法调整应予解决的重大问题。财税法的制度完善，尤其应针对重要的、特殊的分配结构来展开。例如，政府、企业、个人三大主体所构成的“三者结构”历来备受重视；同时，高收入者、中等收入者、低收入者所构成的“三者结构”也引起了社会各界的关注。针对这两类“三者结构”，在财税法上应当合理界定各类主体的收益分配权，并在制度设计上予以公平保护。

正如本书后面所指出的，近些年来，居民收入在国民收入中的占比，以及劳动报酬在初次分配中的占比都相对偏低，这“两个比重”偏低的问题，作为分配结构失衡的重要体现，已经引起了国家和社会各界的高度重视。我国在 2007 年 10 月就提出要“提高居民收入在国民收入分配中的比重，提高劳动报酬在初次分配中的比重”。而“合理调整收入分配关系，努力提高两个比重，尽快扭转收入差距扩大趋势”已成为普遍共识，并已被列入《“十二五”规划纲要》。此外，在《“十三五”规划纲要》中，特别强调要“坚持居民收入增长和经济增长同步、劳动报酬提高和劳动生产率提高同步”，因此，在未来相当长的时期，如何提高“两个比重”，既是分配结构调整的重要使命，也是财税法调整的重要目标。

针对居民收入在国民收入中占比过低的问题，应当在财税法的调整方面作出诸多重要安排，通过多种影响再分配的法律手段，不断提高居民收入的数额，以及居民收入在国民收入中的占比。在提高居民收入数额方面，可用的财税法手段颇多。例如，通过完善转移支付制度，加大财政补贴、社会保障方面的数额，可使居民收入得到提升，真正做到“用之于民”；通过各类税法制度的调整，可适当降低居民的税负水平，真正做到“多予少取”[①]，从而在实质上扩大居民的可支配收入，等等。

（三）功用理论

功用理论强调，财税法对分配结构调整具有特殊功用。前面的探讨表明，对于分配结构的调整，不同类型法律的功用各不相同：传统法对于初次分配的调整功用往往更大；而现代法对于再分配的调整功用则更为突出。若从宏观调控角度把财税法归入经济法，则其解决再分配问题的功用更引人注目。此外，由于财税法的调整同样会影响初次分配的相关要素，因而其对于初次分配的功用不可忽视。在分配结构的调整方面，财税法的功用更为特殊，作用的空间更为广阔。

第一，初次分配环节。

在初次分配方面，财政制度的优化调整，是促进和保障收入分配公平的重要变量。进入 21 世纪以来，我国财政收入连年大幅高于 GDP 的增速，在整体国民收入中的占比逐年攀升，已受到不少诟病。如何通过财税法制度的完善，形成国家与国民合理的收入分配结构，以确保收入分配秩序，解决现行财税制度的“过度征收”问题，已经迫在眉睫。财政收入连年大幅增收的现象，有多方面的经济和法律原因，其中，各种类型的“重复征税”是较为重要的法律原因。无论是税制性的重复征税，还是法律性的抑或经济性的重复征税，都会严重损害国民权益，影响相关主体的有效发展。面对节节攀升的 CPI（居民消费价格指数），人们惊奇地发现，重复征税的问题已经成为导致物价上涨过快的重要诱因。因此，对于税制性重复征税，必须考虑税制的整体优化，加强税收立法的协调和统合。当前，财税法律制度不协调导致的不合理的税制性重复征税，以及由此引发的税负过重问题，直接影响了居

---

① 当然，我们所说的“少取”是从宏观意义上来讲的。正如后面我们在个人所得税、遗产和赠与税等部分所详细讨论的，要有效地调节收入分配，恐怕不能一刀切地减税，而要实行税制和税负的结构性调整，个人所得税制度对部分高收入群体的累进性还有必要提高。适时开征遗产和赠与税则也是加大对部分高收入群体的调节力度，而如果开征社会保障税，可能会对宏观税负以及财政收支结构产生较大的影响，也可能产生结构性增税问题。

民收入水平的提高和整体占比，解决此类重复征税问题，应当是完善现行财税制度的一个重点。

此外，无论是提高居民收入的具体数量，还是提高整体占比，都需要通过完善各类财税法制度来实现。例如，基于降低企业和个人税负以及保障税负公平的考虑，我国的企业所得税法和个人所得税法都在不断改进；与此同时，我国的财产税制度也在不断出新，如车船税立法等，也在一定程度上有降低居民税负和公平分配的考虑。上述在直接税领域促进公平分配的种种尝试固然重要，但商品税制度对于分配的影响也不应长期被忽视。毕竟我国真正的主体税种还是商品税，居民的税负实质上主要来自于商品税。鉴于居民个人既是消费者，又是商品税税负的最终承担者，如何减轻某些商品税税负，从而相对增加居民的可支配收入，是一个非常值得深入研究但却被遮蔽的重要问题。

第二，再分配环节。

在再分配环节，财税制度更是具有直接的调节作用。正因如此，我国收入分配的基本理念和制度设计都越来越重视再分配，例如《“十二五”规划纲要》曾指出：“初次分配和再分配都要处理好效率和公平的关系，再分配更加注重公平，加快形成合理有序的收入分配格局，努力提高居民收入在国民收入分配中的比重，提高劳动报酬在初次分配中的比重，尽快扭转收入差距扩大趋势。”在《“十三五”规划纲要》中，又对此作出了进一步强调。

这就说明，分配理念有了更新，财税制度也应朝着更趋公平的价值方向加以调整。[①] 财税法的再分配功能可以有效解决诸多差异性分配问题。例如，对于空间性差异分配问题，可以通过加强财政资金的倾斜配置。正如我们后面关于转移支付制度的讨论所指出的，在财政能力允许的情况下，将财政支出适当向中西部地区、偏远地区、农村地区倾斜，有利于缓解收入差距拉大的问题。

（四）目标/价值理论

目标理论强调，财税法作为典型的分配法，其主要目标就是通过规范分配行为、保障分配权益，来实现宏观调控和资源配置的效益，保障经济公平和社会公正，从而促进经济与社会的良性运行和协调发展。而分配结构的调整，同样应当有助于提高宏观调控和资源配置的效益，保障和促进公平与

---

① 详见本书第四章“我国财税法制度的价值重构”。

正义，推进经济稳定增长与社会和谐稳定。可见，分配结构的调整应当与财税法的调整目标保持一致。

财税法的目标既与其前述的功用直接相关，也与财税法的特定价值密不可分。诸如公平、效率、秩序、正义等价值，对于分配结构调整同样非常重要。通过财税法的有效调整，实现分配结构的优化，应当更加有助于增进分配公平，提高分配效率，保障分配秩序，从而实现分配正义。

财税法的目标理论还特别强调对特定目标实施有针对性的解决方案。据此，要针对分配的结构性特征，区分不同层面、不同类型、不同性质的分配问题，进而由财税法对差异性分配实施定点调节，方可达到预期效果。例如，由于现实中存在分配差距过大、分配规则不公等不同的分配问题，针对这些不同的问题，必须有针对性地进行财税法调整。

通常，对于收入分配差距过大问题，人们的目标往往是缩小分配差距。从政府层级结构来看，不同级次政府之间的分配差距过大，会直接影响居民个人的收入分配。往往越是财力紧张的地方政府，就越重视各类财政收入的征收，使其所在地区的税费比其他地方更高，从而对居民的收入分配能力以及消费能力等产生重要影响。为此，对于中央与地方之间，以及地方之间的财政分配差距，主要应通过完善分税制，特别是通过转移支付制度等来解决。

又如，对于国家与国民整体上的分配差距，要考虑居民收入增长不仅要与经济增长同步，甚至还要略快于经济增长，这样才能实现居民整体收入实质上的快速增长，促进经济的可持续发展。针对居民之间的分配差距过大问题，应当通过完善财政补贴以及各类税收制度等，来实现“补瘦”和“抽肥”。同时，由于分配差距过大的成因非常复杂，涉及许多制度，因此，还要完善相关的配套制度。

例如，针对垄断性企业（特别是某些大型国企）的职工收入过高问题，需要对其上缴红利、成本核算、工资发放的标准等加强法律规制，以使其职工的收入分配更加合理。此外，居民收入分配差距也与地区差距、行业差距等有关。这些方面的研究成果已有很多。从财税法的调整来看，地区差距与转移支付制度中解决财政的横向失衡有关联；而在缩小行业差距方面，相关的商品税和所得税制度，以及国有资本经营预算制度能够起到一定作用。

对于收入分配不公的问题，人们的目标通常是实现分配公平。当前比较突出的一个现实问题是，等量等质的劳动不能得到相同的报酬，这就会产生分配不公的问题，就需要通过加强财税法调整来加以解决。例如，我国不同行业的工资收入相差悬殊。2009 年，我国金融业的工资是农林牧渔业工资的将近 5 倍，如果进行行业细分，把金融业中的证券业同农林牧渔业的工资相比，则相差近 15 倍。[①] 而如此过大的差距，在许多情况下同各行业职工的劳动和努力并没有直接和必然的联系，主要是因行业的特殊性或垄断性等所致，这无疑很不公平。可见，分配差距与分配不公有相当大的关联性。除了对工资制度等其他部门法制度进行完善之外，通过财税法来促进公平分配也是极为重要的举措，如加大对高收入的调节，降低低收入者的税收负担，增加低收入者的财政补贴、税收优惠，都可以取得非常明显的积极效果。

需要说明的是，分配不公可以有多种表现。例如，从财税法调整的角度看，如果一国税法遵从度不高，税收征管不力，税收逃避泛滥，则对于守法者而言，会构成实质上的分配不公；同理，如果税收优惠制度不合理，或者执法不严，随意进行税收减免，则同样对于未得到税收优惠的主体会构成一种分配不公。至于非税收入过多，分配秩序混乱，则更会使人感到分配不公。凡此种种，都需要通过财税法制度的不断完善来逐步解决。

事实上，包括分配不公在内的各类分配问题的解决，都需要税法与狭义的财政法的配合，因为税法主要解决财政收入的问题，而狭义的财政法则能够解决财政支出的问题，都直接影响相关主体的收益，两者配合才可能更好地解决公平分配问题。[②]

(五) 适度理论

适度理论强调，分配一定要适度，要“成比例”。亚里士多德在谈到分配的公正时认为，“公正必定是适度的、平等的”，强调“分配的公正在于成比例，不公正则在于违反比例”。[③] 分配结构的调整，与宪政理论、人权理论、宏观调控理论等直接相关，无论基于限制政府权力、保障基本人权，还是基于保障调控实效的考虑，财富或收入的分配都必须适度，尤其不能给国民造成不应有的侵害，应当努力把对国民的影响降到最小。

---

① 参见张东生主编:《中国居民收入分配年度报告(2010)》，经济科学出版社 2010 年版，第 95—96 页。

② 我们后面要讨论的个人所得税制度、遗产和赠与税制度、社会保障税制度和转移支付制度等，就关注了财政收入与支出的配合。这些方面的制度改进，要通过税收较多地调节高收入，维持再分配所需的必要物质基础，再通过财政支出转化为对目标地区、目标人群的倾斜性保护。

③ 参见〔古希腊〕亚里士多德:《尼各马可伦理学》，廖申白译注，商务印书馆 2003 年版，第 134、136 页。

适度理论中还蕴含着一些指导分配结构调整的重要思想。例如,基于政府提供公共物品的定位,政府不能与民争利,其收入能够满足公共物品的提供即可,而无需在整个国民收入中占比过高。

此外,在国家征收比例方面,要实现“富国裕民”或“民富国强”的目标,就必须真正“裕民”,实现“民富”,国家在财富的征收方面就不能伤及“财税之本”。依据著名的“拉弗曲线”(Laffer Curve)所体现的“拉弗定律”,一国课税必须适度,不能税率过高,更不能进入课税禁区,必须使税负合理,以涵养更多的税源。从制度实践来看,体现这一重要思想的美国1986年《税制改革法》[①],为世界范围内的税法改革提供了重要的思路。我国有关“宽税基、低税率”的主张甚多,其实就是适度思想的体现。类似地,德国联邦宪法法院在审判实践中形成的“半数原则”[②],强调私有财产应以私用为主,其负担的税收不应超过其应有或实有收益的“半数”,以更好地保障私人产权。在这一过程中,确立良性的“取予关系”非常重要[③],它是国家与国民之间良性互动的前提和基础,也是政府合法化水平不断提高的重要基础。

适度理论与上述的目标理论也密切相关,它强调在实现目标的手段方面,无论是分配结构的调整,还是财税法的调整,都应当强调适度;只有分配适度,才能实现公平、公正,才能形成良好的分配秩序,各类主体及其行为才可持续。[④]

(六)系统理论

系统理论强调,分配问题非常复杂,无论是对分配结构的调整,还是通过财税法来解决分配问题,都需要从整体上系统地考虑。事实上,财税法解决分配问题,需要财税法内部各类制度的配套;同时,要全面解决分配结构的调整问题,财税法仍有很大局限性,需要不断完善自身的法律结构,实现

---

① 美国1986年《税制改革法》的基本思想是“取消特惠,增进公平,扩大税基,降低税率,简化管理,促进经济增长”,这一思想在今天仍有重要意义。

② 受Paul Kirchhof法官的影响,德国联邦宪法法院在1993年至1995年期间,发展出最优财产权课税理论,强调纳税人财产的整体税负应适用“半数原则”,以防国家过度课税,从而加强私人财产权的法律保障。参见葛克昌:《税法基本问题——财政宪法篇》,台湾元照出版公司2005年版,第230—238页。

③ 参见张守文:《财税法疏议》(第二版),北京大学出版社2016年版,第189、224、298页。

④ 适度理论其实也是比例原则的重要体现,在我们后面所讨论的个人所得税、遗产和赠与税等方面,都特别强调课税适度这一点,要通过恰当的税基、税率等制度设计,权衡效率与平等的关系、各种权利之间的关系。

分配结构与财税法自身结构的“双重调整”[1]，加强与其他相关法律制度的协同，以更好地规范分配关系，形成良好的分配秩序。

此外，系统理论还强调，财税法上的收益分配权配置，直接影响相关的分配结构，以及财税法的调整功能，因此，必须关注收益分配权结构的合理性，并对相应的财权或税权结构进行动态调整，以更好地实现财税法系统的功能。

其实，即使对于公众关注较多的“显性”问题，也仍有许多认识需要转变。例如，个人所得税法的调整，与个人收入能否真正增加直接相关。从收入分配角度看，个税法需要完善的绝不只是全国人大重点修改的工薪所得扣除标准和税率级次，整部法律都需要进行全面、系统的修订，其中包括劳务报酬等税目、税率的调整，各类投资所得、资本利得税目、税率的调整，以及不同国籍个人的公平对待等。如果不综合考量，仅在工薪所得方面做文章，则该法在调节收入分配方面的作用将大打折扣。又如，房产税制度的完善，一定要考虑房产税最根本的“财产税”属性，而不能将其作为调控房价的至尊法宝；同时，对房地产制度的完善一定要全面配套，并应兼顾国家提出的“增加公民财产性收入”的思路，否则可能会形成立法思想上的冲突和矛盾。

以上各个方面，主要还是侧重于税法制度的调整和完善。其实，广义的财政法制度的调整和完善同样应高度关注。例如，政府性基金收入过多、各种收费过滥，会直接影响居民收入的数量和占比；备受质疑的“土地财政”问题，也会影响居民收入，需要从完善分税制、规范分配秩序、调整分配结构的角度加以解决。同时，破解历史上的“黄宗羲定律”问题[2]，防止居民负担不断加重，使合理的分配制度能够得到长期有效实施，尤其需要财税法制度的不断完善。由于分配、分配结构的调整以及分配关系的法律调整，都是“复杂性问题”，因此，相应的制度改进对策更需要多维思考，全面设计。

强调系统性思维，也意味着在解决分配问题的过程中，要对我国的现实

---

① 有关分配结构等各类经济结构的调整以及相应的财税法等各类经济法的调整及其内在关联的探讨，参见张守文：《“双重调整”的经济法思考》，载《法学杂志》2011 年第 1 期，第 22—26 页。

② 黄宗羲在其《明夷待访录》中指出了历史上的税收制度的“三害”，即“斯民之苦暴税久矣，有积累莫返之害，有所税非所出之害，有田土无等第之害”，据此，秦晖教授将其总结为“黄宗羲定律”，强调历史上的税费制度改革，会因改革后各种“杂派”的增加而加重人民的负担。因此，防止杂派的“反弹”对于今天的税费改革尤其有借鉴意义。参见秦晖：《并税式改革与“黄宗羲定律”》，载《中国经济时报》2000 年 11 月 3 日。

国情作综合性的全面考量。我国的经济社会已发展到重要历史阶段,各方面矛盾日益凸显,分配问题尤为突出。在转变经济发展方式的过程中,分配结构的调整越来越重要。由于分配事关生存与发展、稳定与安全、团结与和谐,因此,必须高度重视并切实解决分配问题。国家必须针对现实的分配问题,适时调整分配结构;分配结构是导致分配问题的重要因素,同时也是一国法制结构和法治状态的体现,反映国家的合法化能力和水平。因此,分配结构事关全局,不可小视,必须优化,而这种优化又要综合考虑经济发展、政治稳定、民族团结、国际局势等诸多方面的因素。

而在分配制度的设计方面,也要贯彻系统理论。分配结构的有效调整,有赖于多元化的法律机制,财税法律制度要发挥其应有的积极作用,必须和其他法律制度统筹考虑,做好相应的"顶层设计"。例如,本书后面将讨论转移支付制度的复合功能的统筹,遗产和赠与税制度与民商事法律制度等相关制度的协调,都意在说明系统理论在分配制度设计上的重要性。

（七）范畴理论

范畴理论强调,财税法中的大量制度都是在规定分配主体、分配行为、分配权利、分配义务、分配责任,并通过这些分配制度的安排,来解决分配问题,防止分配失衡,确保分配秩序,实现分配公平和分配正义,从而形成了一系列重要的"分配"范畴。这些范畴对于构建财税法学较为系统的分配理论非常重要。与此同时,通过构建分配范畴体系,可以重新审视整个财税法和财税法学,从而有助于更好地理解:为什么"财税法是分配法",为什么"分配是贯穿整个财税法学的重要线索",等等。

而上述问题,还涉及诸多分配范畴,如分配职能、分配主体、分配行为、分配权力、分配权利、分配能力、分配失衡、分配公平、分配效率、分配秩序、分配正义、分配绩效、分配结构、分配法治等,与财税法的法定主义、两权均衡、可税性、税收公平、税权配置等理论有直接联系,也与哲学、政治学、经济学、社会学等多个学科均有密切关联,都需要深入研究。如果能够有效构建分配范畴体系,则整体的财税法理论研究将会得到较大推进。后面的各个部分,我们将紧密结合相关理论范式和重要范畴,深化财税法理论研究,完善财税法的具体制度,努力实现分配正义。

以上只是对分配结构调整影响较大的几类重要分配理论的简要解析。其实,上述理论的内容是非常丰富的,不仅对分配结构调整具有重要意义,而且对于完善现行的财税法制度,推进分配结构的优化,亦具有重要价值。

为此，有必要结合上述理论，探讨针对各类现实分配问题的财税法制的完善问题，以财税法理论指导财税法制的完善，同时，通过财税法制检验理论，推动理论的不断成熟。

五、小　　结

收入分配是财税理论中极为重要的问题，对收入的财税再分配是财税理论中的核心领域；财税制度具有明显的再分配功能，通过财税制度实施再分配，可有助于实现分配公平。在此基础上，可以发现，分配问题与财税理论和财税法制存在密切联系，“分配”是贯通财税法制发展进程的重要经脉这一规律。特别是在中国收入分配的语境下，分配关系的调整，或简称分配的路径，直接关涉利益的归属，与财税法调整目标攸关，由此可以发现中国改革的最初动因、制度安排的侧重，以及财税法制度变迁的动力。

在财税法领域，关注个体利益分配与国家财政分配的关系，秉持制度正义，兼顾效率与公平，必然要贯穿于财税法的相关制度之中，成为财税法发展的重要路径。在宏观的分配制度和法律体系中来观察分配结构与财税法调整的内在关联，以及财税法上的权利配置对不同类型分配结构的影响，会更有助于发现财税法调整的定位、局限以及与其他相关法律调整之间的联系，从而有助于揭示分配结构调整的复杂性与财税法调整的必要性，以及应当如何通过财税法具体制度的完善，以促进分配结构的优化，引导经济社会的变迁。

本书提炼出财税法理论中的分配理论，作为分配结构调整的财税法理论基础，具体包括关联理论、功用理论、目标/价值理论、适度理论、系统理论、范畴理论，等等。就中国收入分配的结构性特征而言，本书提出了“差异性分配”这一重要范畴，并在类型化研究的基础上探析差异性分配多元法律调整的基本原理。

第二章　差异性分配与结构性风险：转型社会中财税法的新课题

引　言

我国改革开放以来的经济发展，在促进居民收入增加的同时，也拉大了收入差距，分配不公日益成为我国经济社会发展中的重要问题。印度经济学家阿玛蒂亚·森认为，我国“近些年里，收入持续增长的巨大成就似乎是通过加大不平等来实现的。即使是在消除贫困方面，所取得的惊人成就也随时间有所不同，并且还存在着地区差异”[①]。分配不公的原因是复杂的，资源投入的城乡差别和区域差异、经济发展模式的特定偏好、社会发展政策的序列设计等一系列因素主导分配过程，形成了分配中的重要范畴——差异性分配。在利益结构、发展阶段、社会阶层等因素发生变化的背景下，以效率为导向的经济政策越来越显示出其弊端，收入分配差距扩大严重危害了中国的经济增长和社会稳定，并在多个层面形成了结构性风险。因此，在目前的政策设计中，收入分配不公问题受到重视，政府越来越强调通过相应的制度设计完善分配机制，缩小收入差距，实现经济的可持续发展和社会稳定。我国的《“十二五”规划纲要》曾指出：“坚持和完善按劳分配为主体、多种分配方式并存的分配制度，初次分配和再分配都要处理好效率和公平的关系，再分配更加注重公平，加快形成合理有序的收入分配格局，努力提高居民收入在国民收入分配中的比重，提高劳动报酬在初次分配中的比重，尽快扭转收入差距扩大趋势。”对此，《“十三五”规划纲要》也作出了强调和重申。而中共十八届三中全会通过的《关于全面深化改革若干重大问题的决定》，也强调要“形成合理有序的收入分配格局”，并就改革的具体内容作出了原则性规定，提出“逐步形成橄榄型分配格局”的收入分配结构。

在经济转型和社会变迁的背景下，需要归纳中国社会转型期的收入分配模式和分配现状以及类型化收入分配中存在的问题，通过对分配制度的

---

① 〔印度〕阿玛蒂亚·森：《能力、贫困和不平等：我们所面临的挑战》，载姚洋主编：《转轨中国：审视社会公正和平等》，中国人民大学出版社 2004 年版，第 52 页。

细致梳理，总结我国收入分配的特殊性、原因及发展趋势，理清目前分配问题的整体框架、运作机理及其制度缺陷，在此基础上，通过多个研究视角，深入分析影响社会转型期分配问题的相关变量、收入分配过程中的利益衡量和利益取舍，确立差异性分配这一基本范畴，并对这一范畴展开理论阐释。结合财税法的一般原理和制度功能，在建立具有普适性的分析相关问题的理论框架的同时，探讨财税法与分配问题之间的关联，理清财税法解决差异性分配的范围和限度，财税法在调节收入分配中的功能和作用，从而为我国收入分配制度的改革和完善提供新的理论视角。

一、差异性分配的理论内涵与政策意义

（一）差异性分配的中国语境

“经济增长本身就是一个不平衡的过程。”①差异性分配的形成是经济过程的自然结果，由于资源禀赋、劳动者素质、市场状况等因素的差异，在经济增长过程中会形成收入的差异性分配，体现了市场的决定性作用。在市场机制起决定作用的经济体中，分配差异化不可避免，体现了市场机制对劳动者素质和能力的自然筛选，因此，“在分配关系中，按劳分配是正义差异性原则的集中体现。劳动是劳动者通过劳动工具而与劳动对象的结合，劳动者之间有差异，劳动工具之间可能有差异，劳动对象之间也可能有差异，这些差异的对象化，必然导致劳动结果的差异，如果按劳动结果进行对等化分配，就必然导致分配结果的差异。”②即使在很多分配制度合理的国家，也并非不存在收入的差异化，这是劳动过程和市场体制共同作用的结果，体现了个体的自主性和市场的自发性，这种收入的差异化具有历史合理性，也是经济发展的原动力。

我国的收入分配差距随着经济转型的加速和市场化的推进而逐步显现，区别于计划经济体制下的“大锅饭”体制和平均主义色彩，自由市场体制和公平竞争环境是我国目前收入分配制度的经济背景，而收入分配差距也是市场化改革的必然趋势。但我国的差异性分配除了以上规律外，很大程

① 〔美〕德怀特·H.波金斯等：《发展经济学（第六版）》，彭刚等译，中国人民大学出版社 2013 年版，第 164 页。

② 易小明：《正义运行发展的四大原则——从差异与同一辩证统一之角度来考察正义发展》，载《伦理学研究》2009 年第 6 期。

度上还是政府主动政策选择的结果，这与我国多方面的特殊因素有关，这些因素包括历史与现实、体制与机制、经济与社会、法律与政策等多方面的原因，尤其与城乡二元结构、转型经济中的不完全市场化、非法收入与灰色收入、公共产品的供给不足与不均等有关。在这些因素的影响下，我国的收入分配问题就表现为差异性分配。

“经济发展对不平等产生的影响决定性地取决于发展的模式。”[①]我国的社会发展阶段和经济发展模式存在较大的特殊性，我国的收入分配制度是从计划经济体制演化而来的。在计划经济体制下，强调分配的公平性，忽视了分配的激励功能，不能有效调动劳动者的积极性。随着经济体制改革，分配的效率导向代替了分配的公平导向，以按劳分配为主体，多种分配方式并存，基本形成了与市场经济体制相匹配的分配模式。但由于分配体制没有理顺，收入分配不公的矫正机制不能有效发挥作用，导致我国成为世界上收入分配差距较大的国家之一。比如，我国的收入分配突出体现为城乡、地区和行业差距大、企业内部差距大、不同群体间差距大，初次分配居民收入占比小，分配不公问题严峻。

由于经济发展战略的政府主导，收入分配格局的形成也体现出公权主导的色彩，即使是基础性的收入分配关系也不仅仅是市场作用的结果，而体现出政府对分配关系的介入和分配模式的设计。所以，我国收入分配的差异性是市场自然演化与政府主动政策选择的结果，政府主导型的经济增长模式使我国的差异性分配带有较大的政策性因素，公权发挥的作用不可忽视，这在其他国家的发展经验中是难以见到的。公权介入经济过程加大了收入分配的不确定性，而我国收入分配中的不公现象很多是由此衍生的，这也是理解我国收入分配差异性的重要因素之一。

（二）差异性分配的理论阐释

所谓差异性分配是相对于均等性分配或无差异性分配而言的，差异性分配主要与参与分配的主体在时间、能力、权义等多方面的差异直接相关，并体现为分配机会和分配结果上的差异。[②] 差异性分配是我国收入分配问题的集中体现，是对我国收入分配现状的提炼、归纳和抽象，它主要关注基

---

① 〔英〕大卫·皮亚肖德：《反思中国的不平等与贫困》，载周艳辉主编：《增长的迷思：海外学者论中国经济发展》，中央编译出版社2011年版，第97页。

② 张守文：《差异性分配及其财税法规制》，载《税务研究》2011年第2期。

于我国的发展政策、经济模式等因素而导致的收入分配结果在主体、地域和时间等层面的差异性，它是表征分配结果的，但也贯穿于分配过程，集中体现了中国分配制度的历史与现状。

首先，差异性分配表征分配结果。我们惯常提到的收入分配不公往往是指分配结果的不公，虽然制度中也经常出现机会的不平等，但结果的不平等更容易看到，而机会的不平等是难以评估的。并且，生活中的很多机会不平等往往具有个体意义，即这种机会的不平等往往是基于个体素质的差异而产生的不平等，从而出现个体层面的机会差异化，这种不平等具有一定的合理性。所以，机会不平等的可观察性较弱，而结果不平等可以在分配体制中体现出来。我们所指的差异性分配主要是指分配结果的差异，这种差异可以依据生活经验和政策后果予以观察，从而具有比较清晰的制度意义，通过对它的理论提炼和总结，可以对制度变革提供一定的理论启示。

其次，差异性分配贯穿于分配过程。任何制度的最终结果都是由一连串的因素引发的，所以，对差异性分配中分配结果的关注并不意味着就屏蔽了分配过程的复杂性，概念具有简化认知、促进交流的功能，而概念背后具有复杂的社会生活和制度背景，需要透过概念的表层而深入到制度的肌理，从而加深对概念的理解和认知。差异性分配是对分配结果的表征，但它体现了中国复杂的经济过程和政策博弈，从这一概念出发，我们可以对中国的分配过程展开阐释，从而形成对我国分配制度的完整认识。

最后，差异性分配是开放的理论范畴。差异性分配是一个抽象的理论总结，因为其抽象，可能会遮蔽社会生活的复杂性，所以，应当在中国的经济转型和社会变迁过程中动态地理解差异性分配的制度表现，从而形成对我国分配模式和分配结果的准确把握。差异性分配的开放性要求我们结合中国的具体情况，准确理解差异性分配的制度表现及其经济社会后果，并在此基础上评估分配制度的效果和变革方向，从而动态地把握我国分配制度改革。

总之，差异性分配是对我国分配模式和分配状况的总结和提炼，可以成为重要的理论范畴，描述我国的分配状况，并在此基础上指导我国的收入分配改革。

（三）差异性分配的理论价值

差异性分配是针对我国目前的收入分配状况作出的现象总结和理论提炼，具有一定的概括性和抽象性，能够描述我国收入分配领域的现状和存在的问题,可以将差异性分配作为新的理论范畴,并由此统和相关的制度构成,形成关于收入分配问题的新的理论框架。因此,差异性分配这一范畴的提出,不仅具有理论价值,也可以有效指导我国的收入分配改革。

(1) 观察财税法的新维度。财税法具有再分配功能,这种再分配不是随心所欲作出的,而是需要对分配领域的状况有准确的把握,并综合分析社会经济中的相关因素,以此形成相应的财税法政策和财税法制度,从而实现其再分配功能。差异性分配的提出,可以整合分配领域的诸多问题,从而为财税法再分配功能的实现提供统一的理论视角和政策维度,进而使我们更好地认识财税法的制度构成和制度原理,从而改善其制度设计。

(2) 形成经济法的新范畴。范畴的形成需要满足很多条件,实践经验的积累、理论知识的拓展、研究成果的总结等,在此基础上,才能提炼出具有一定抽象性和普适性的理论范畴。而差异性分配这一范畴的形成就是立基于我国长期的市场经济实践和分配经验,通过总结目前分配领域的问题和理论研究的现状而提炼出来的,这一范畴契合经济法的精神气质和制度诉求,从而可以串并起经济法的制度形态,为经济法理论的完善提供新的理论资源。

(3) 拓展经济法的新领域。经济法是因应社会经济问题而出现的新的法律形态,其研究领域和研究范围需要根据经济社会条件的变化作出相应的调整,由此才能凸显经济法的时代价值。而差异性分配问题的引入,可以拓展经济法的研究范围,使经济法从对经济价值的追求中解放出来,将社会价值纳入制度考量。这种制度变迁的结果不仅仅会在经济法内部发生量变,也有可能导致新的学科体系的形成,比如,社会法的兴起就是对经济法研究的补充,可以弥补经济法研究范围和制度价值的缺漏。社会法基于对社会公平的追求,对收入分配问题同样有其制度关切。所以,对差异性分配的研究可以拓展经济法的研究领域,甚至可以使经济法制度产生裂变,形成新的法律形态。

(四) 差异性分配的政策意义

政策设计需要基于对社会经济运行状况有准确的把握,在此基础上提出具体的政策方案。除此之外,更重要的问题是需要基于政策的体系性和连贯性,促进不同政策之间的契合和协调,提高政策效能。在我国目前的收入分配改革中,存在很多具体的政策措施,但这些措施只是局部的改革方案,缺少政策体系性考量,并且,很多政策措施不能着眼于长远,导致制度频繁变动以适应于当下的政策诉求，其中以个人所得税的改革最为典型。所以，应当通过差异性分配这一范畴统筹目前的收入分配制度改革，通过制度之间的协调与体系化完善我国的财税法律制度。

我国目前的改革方案强调总体规划和顶层设计，这一政策形成模式可以有效解决政策方案之间的不协调，实现整体的政策效果。收入分配领域的很多政策措施具有不同的政策效应，对最终分配结果的影响存在差异。差异性分配的提出，可以统和收入分配领域不同的政策议题，将关乎收入分配的制度纳入一体考量，从而减少不同政策之间的抵消效应。基于差异性分配的理论视角，可以将关系到收入分配的所有政策议题纳入议程设置，求取政策之间的最大公约数，实现整体意义上的制度绩效。所以，差异性分配在目前的总体改革模式下具有重要的政策意义。

差异性分配的提出不仅具有重要的理论意义，还具有很强的实践价值。经济转型与社会变迁强化了收入分配改革的重要性，而收入分配改革的推进和实现需要相应的理论指导，差异性分配的提出为我们认识收入分配问题提供了新的认知视角，在此基础上作出的制度设计可以为改革实践提供政策参考，从而保证改革方案的可行性和操作性。

二、差异性分配的阐释维度

差异性分配与我国的经济体制、社会阶段、发展战略、政策取向等因素有关，具体表现为权利失衡、城乡分裂、产业分化等，如果将影响差异性分配的因素予以类型化处理，可以从主体、空间、时间三个方面展开论述。这三个维度是我们观察制度的重要视角，可以满足制度的涵摄性和体系的统一性，不仅仅是差异性分配可以从这三个维度展开阐释，经济法中的很多制度都是围绕着这三个维度展开的。

（一）主体维度的差异性分配

制度是基于规范主体行为的需要而产生的，而不同的主体具有不同的制度地位，对制度产生不同的影响，所以，主体是制度的重要认知维度，通过对主体地位、权利、行为等方面的分析，可以判断制度的优劣以及可能的改进方向，从而更好地调整主体行为，实现制度目的。就差异性分配而言，可以通过诸多主体之间收入分配的对比，明确不同主体在收入分配中的地位和权能，并根据不同主体之间的差异，构建收入分配模式，调整收入分配结果，在兼顾公平与效率的基础上实现与主体地位和权能相匹配的收入分配格局。

市场中的主体包括生产者、经营者、消费者、劳动者等不同的类型，在这些类型之下还可以作更进一步的划分，从广义上看，生产者、经营者、消费者[1]、劳动者等都是收入分配差异化中的主体，因此，主体维度的差异型分配主要表现为不同生产者、经营者、消费者、劳动者等主体之间收入分配的差异。

影响不同主体获得收入的因素是多种多样的，“竞争的市场并不能保证收入和报酬必然会分配到那些最需要或最应得的人的手中。……在市场经济下，收入和消费的分配不仅反映了劳动者的工作努力、聪明才智和技术娴熟等因素，同时也反映其初始继承的财富和其他各种因素，如种族、性别、地点、努力、健康和运气等问题。”[2]主体维度的差异性分配除了与不同主体之间的资源禀赋、素质能力等因素有关外，还和经济体制、社会结构、政策导向具有直接关联。比如，企业与劳动者之间的差异性分配是主体维度的重要差异之一，它反映资本与劳动者之间在利润分配方面的不平等，与我国的产业结构、劳动者供求状况等有关系。而由于经营管理能力的不同，企业与企业之间的盈利能力也存在一定差异，同样形成主体维度的差异性分配，这是市场优胜劣汰的必然结果。在诸多主体差异的收入分配中，不同类型劳动者之间收入分配的不公平是最为突出的，这种差异既有劳动者自身素质和禀赋的原因，也受企业所有制结构、垄断地位等因素的影响，甚至这些因素主导了不同劳动者之间的收入分配，其影响远远超过不同劳动者基于自身素质对收入水平的决定意义。

1978年以来，我国不同行业的劳动者在收入水平排行榜中的位置发生了较大的变化。在20世纪90年代以前，职工收入水平最高的行业中，传统产业占的比重较大，但在90年代以后，新兴产业及带有垄断经营特征行业位于收入水平的前列。近年来，随着知识经济的兴起和科学技术的发展，信息传播、计算机服务和软件业、金融业、科学研究等成为我国收入水平最高

---

① 从广义上看，经营者与消费者之间的关系也可以纳入差异性分配的范畴，因为，经营者与消费者之间存在利益博弈，博弈的结果会在不同主体之间产生成本和收益，从而在经营者与消费者之间具有再分配效应。只不过，这种再分配的制度矫正中，财税法所能发挥作用的空间有限，而没有将其纳入收入再分配的领域予以研究。

② 〔美〕保罗·萨缪尔森、威廉·诺德豪斯：《经济学（第十八版）》，萧琛主译，人民邮电出版社2008年版，第209页。

的几个行业，而收入最低的几个行业依然集中在农林牧渔等行业。[①] 行业收入差距实质上是不同劳动者之间的收入差距，这是由经济发展、产业结构变迁等因素所引起的。在特定的经济发展阶段和产业背景下，不同行业劳动者的收入差距是正常的，有利于发挥比较优势，促进产业结构调整和产业迭代，发挥劳动者禀赋。不仅不同行业的群体劳动者存在收入差距，由于个体劳动者素质、资源禀赋等因素的差异，同一行业的普通劳动者与技术人员、高级管理人员的收入也存在较大差距，这种差距同样具有一定的合理性，它体现了知识经济时代的劳动力之外要素的重要性，是劳动理论和价值创造理论的重大变革。

除了由行业特性、劳动者素质等因素决定的收入分配差异外，在我国市场化变革过程中，还存在由于行业垄断造成的收入差距。比如电力、能源、电信等垄断性行业的收入远远高于居民一般收入水平，这类收入没有反映劳动者的贡献和行业的经济效益，而只是其凭借垄断地位获得的，加剧了收入分配不公现象，无助于调动劳动者的积极性和提高企业的经济效益，必须通过进一步的改革和相应的制度调控消除这类收入不公平。

主体维度的差异性分配为我们观察当前的收入分配格局提供了直观的视角，使我们比较准确地理解和把握目前的收入分配状况，并分析其存在的原因，在此基础上提出可行的政策建议，从而促成制度变革。

（二）空间维度的差异性分配

制度是在一定的空间范围内运行的，不同的空间产生差异化的制度后果，因此，制度的空间运行是判断制度效果的重要维度。就空间维度的差异性分配而言，其主要表现为不同地域之间的收入分配差距。地区发展不平衡会导致收入分配差距，而中国城乡分割在收入分配上形成了制度性的历史遗留，所以，空间维度的差异性分配可以分解为收入分配的地区差距和城乡差距。

中国经济改革伴随着区域发展不平衡，发展战略上强调一部分人和一部分地区先富起来，先富带动后富，所以，在发展速度和发展质量上，东部地区的发展远远领先于中西部地区，这样的区域发展战略必然会影响不同区域的居民收入状况。职工平均工资最高地区与最低地区的差距较大，并且

---

① 龚益鸣主编：《平权论：中国收入分配制度改革的探讨》，湖北人民出版社 2011 年版，第 22 页。

高收入居民多集中在中东部沿海地区,中西部地区的居民收入普遍较低。这一问题对我们认识收入分配差距具有重要的政策意义,我们应当从区域发展不平衡的角度去理解收入分配的现状,并在此基础上形成解决这一问题的政策措施。

城乡二元分割、农村经济基础薄弱、城市优先的发展导向是城乡收入分配差距扩大的制度因素、经济因素和政策因素。我国的工业化道路对农村发展非常不利,为了支撑国家的工业化,通过工农业产品的价格调节,使农业为国家的工业化提供支持,农产品价格长期以来被人为压低,农村居民利益受到严重损害。据估算,1952 年至 1989 年,国家通过工农业产品价格“剪刀差”和税收,从农村汲取资金 700 多亿元(同期国家支农资金约 3000 亿元),约占农业新创造价值的 1/5,超过当时国有工业企业固定资产原值。[①] 长期压低农产品价格和征收农业税对农村地区收入分配造成的负面影响较为直接。城乡二元结构对农村地区收入分配有负面影响,地区发展不平衡背景下财税法制度的不合理拉大了这种差距。农业税一直是我国的主要税种之一,通过考察农业税的历史发展,可以发现财税政策对农民收入造成的影响。即使在取消农业税后,其政策遗留仍然影响着农村地区的收入增长,对城乡收入分配有着不良的后续效应。

(三) 时间维度的差异性分配

时间维度的差异性分配主要体现为社会保障的代际公平、对利益受损群体的跨时点补偿、货币的时间价值等方面,它也是观察差异性分配的重要维度。

由于我国人口规模、劳动力状况、产业结构等因素发生变化,社会保障体制不能适应目前的社会状况和经济状况。社会保障体制的长期缺位和之后的双轨制,使我国的社会保障资金存在较大缺口,加之即收即付,基本养老保险个人账户处于“空账化”,存在社会保障体制和保障资金难以持续的问题。随着人口老龄化时代的到来,社会保障中的代际公平问题日显突出,这一问题实质上也是差异性分配问题。社会保障是再分配的手段之一,如何改革现行的社会保障体制,实现制度的可持续性,是解决我国收入分配不公的重要路径之一。因此,需要从时间维度出发,考虑社会保障的代际公

① 龚益鸣主编:《平权论:中国收入分配制度改革的探讨》,湖北人民出版社 2011 年版,第 19 页。

平,从而维护制度的代际正义。

改革开放之初,我国采取了“先富”政策,鼓励一部分人、一部分地区先富起来。在政策执行中,“先富”政策是以损害一部分人的利益为代价的。比如通过户籍制度将农民束缚在土地上,减少人口流动而损害农民的就业机会,通过农产品“剪刀差”补贴城市居民以维持城市生活的低成本等,这也会形成时间维度的差异性分配。

通货膨胀、经济增长等因素都会造成货币价值的变动,从而导致一系列分配差异化问题。生活费用成本与通货膨胀的关联关系业已得到证明[①],货币随着时间而发生的价值变化也会形成差异性分配,这种维度的差异性分配与我国经济发展和宏观调控有关,需要通过宏观调控法的相关措施予以治理,是一个典型的经济法问题。

主体维度的差异性分配主要表征具体的群体,而空间维度的差异性分配主要表征主体的空间定位,时间维度的差异性分配体现了不同主体之间的代际公平,所以,不同维度的差异性分配都可以通过相关的主体予以体现,任何维度的差异性分配都会落实到相关主体,成为主体维度的差异性分配。

三、主体维度的差异性分配

任何制度都是关于主体的制度,制度运行对主体的权益产生影响,主体的行为模式也会影响制度效能,所以,主体是观察制度运行及其效果的重要视角。我国在计划经济时代,主体是高度同质化的,社会结构因主体身份而固化,缺少多元化的利益诉求。但在市场经济条件下,主体发育日益成熟,主体形态分散,主体诉求存在差异性,从而需要相应的制度调整以满足多元化的利益,所以,制度设计需要将不同主体纳入考量,从而实现制度的有机整合。

根据经济法的主体理论,经济法主体包括经营者、消费者、劳动者等,其中,经营者是经济法中的强势主体,而消费者与劳动者是经济法中的弱势主体。其中经营者与消费者之间由于经济能力、信息能力等方面的差异,消费者的权利会受到不良经营者的侵害,从而在经营者与消费者之间产生差异

---

① 〔美〕约瑟夫·E.斯蒂格利茨、卡尔·E.沃尔什:《经济学(第四版)》(下),黄险峰等译,中国人民大学出版社 2013 年版,第 509 页以下。

化分配的效果,但这种差异化分配不是本书意义上的分配模式,本书不对其作重点论述。而劳动者相对经营者而言,处于弱势地位,其工资收入、社会保障等水平的高低,直接关乎分配的结果,所以,本章主要关注作为弱势主体的劳动者的制度保护问题。

因此,这里所谓的主体维度的差异性分配是指受行业分布、产业政策、资源禀赋、劳动素质等因素的影响,不同行业、不同产业、不同所有制形式中的劳动者收入存在较大差距,从而形成主体维度的收入差异性分配。在我国经济转轨和社会转型过程中,由于机会、资源、禀赋的不平等,不同主体之间的收入差距更为明显。在社会转型和经济转轨的背景下,"社会资源的弥散型分配原则正在让位于一体化的分配原则。其结果是各种资源向同一个群体集中,而另外的一些群体则在各种资源的拥有上均处于劣势。"[①]这一趋势在劳动者群体中体现得最为明显,也是收入分配改革中需要着重关注的主体。

(一)劳动者弱势地位的生成

农民工的收入分配问题不仅仅牵涉到农民工的工资权益,针对农民工的制度歧视、农民工的职业安全等问题也属于分配性问题,因为这些问题间接影响收入分配的结果,所以,对农民工收入分配问题的讨论不仅仅关乎工资问题,同样离不开农民工的制度歧视、职业安全、劳动保护等问题。

1. 社会转型与劳动力构成的变化

"整个社会如同一个巨大的劳动力市场,基于社会分工将职位、报酬和人员匹配于一体,社会不平等就是这样一种市场性配置过程的结果。随着历史的发展,社会的需要不断改变,它所提供的职位和报酬系统也不断改变,从而推动社会不平等结构和形式的不断改变。"[②]在我国社会转型过程中,劳动力构成发生变化,农民工、职业经理人、垄断行业职工等都是伴随着经济转轨和社会转型出现的新群体,他们虽然都属于劳动者的范畴,但他们的经济地位、资源占有等方面的能力并不平等,所以,我国劳动力构成发生了较大变化,劳动者内部的分层现象日益明显。

我国收入分配不公平很大程度上与劳动者分层有关系,而劳动者分层

---

① 孙立平:《失衡——断裂社会的运作逻辑》,社会科学文献出版社 2004 年版,第 88 页。

② 冯仕政:《重返阶级分析?——论中国社会不平等研究的范式转换》,载《社会学研究》2008 年第 5 期。

又是由我国劳动者素质和产业结构决定的，因此，劳动者分层现象将会在我国劳动力市场上长期存在，并主导我国的收入分配格局。“由于专业的分割和地区的分割，我们看到的是多个劳动力市场，而不是一个劳动力市场。随着社会分工的深化，劳动力也是专业化的，每个专业都有自己特定的劳动力市场。”[①]比如，职业经理人是随着市场经济发展出现的新群体，他们虽然也是劳动者群体的组成部分，但由于他们具有较高的知识水平、资源禀赋，从而赋予他们在劳动力市场上很强的谈判能力，表现出与其他劳动者明显的差别地位，职业经理人的薪酬往往较高，体现出对他们专业能力的报偿。所以，他们并不是传统弱势意义上的劳动者。农民工作为劳动者群体中典型的弱势群体，其收入问题备受关注。

随着经济体制转型和社会变迁，农民工成为劳动者的重要组成部分。农民工的跨地域流动为我国工业化进程提供了大量廉价的劳动力，为我国在国际经济体系中的分工提供了比较优势，并在较短时间内实现了产业发展和经济增长。与此相对的是，农民工的经济地位和社会地位并没有随着经济发展得到同等幅度的改善。现实中，农民工权益被侵犯的现象时有发生，工资微薄、权利缺失、制度歧视等使农民工群体成为社会中庞大的弱势群体之一，并且成为劳动者群体中独特的组成部分。对此，国务院《关于解决农民工问题的若干意见》(2006年)曾指出，当前农民工面临的问题仍然十分突出，主要包括工资偏低，被拖欠现象严重；劳动时间长，休息权不能保障；安全卫生条件差，职业病和工伤事故多；社会保障缺乏；培训就业、子女上学、生活居住等方面存在诸多困难；其他经济、政治、文化权益得不到有效保障。上述问题至今仍不同程度地存在着。所以，农民工问题的有效解决将会是长期的制度过程，需要更深层次的制度调整和制度建设。

随着经济发展，城乡一体化进程的加快，越来越多的农民转变身份，成为城市劳动力市场上的重要组成部分；但农村劳动力并非无限供给，人口政策的调整影响我国人口红利，经济模式转型是必然趋势；面对产业结构调整，劳动者总体素质的短板效应逐步显现，通过各种途径提高劳动者素质的要求也越来越迫切。在劳动力构成、经济水平、社会结构变动发生变化的情况下，应当作出适当的政策调整，构建农民工权益保障的制度体系。

农民工收入分配问题与劳动者权益保障法律的实施绩效、农民工的就业保障、农民工的歧视问题、农民工的职业安全、农民工工资权益保障等问

① 张维迎：《经济学原理》，西北大学出版社2015年版，第208页。

题具有密不可分的联系,通过维护劳动者权益提高普通劳动者的收入水平,是收入分配改革的重要内容和着力点,农民工问题与我国的经济政策和经济发展模式互为支撑。"在农村劳动力流动进入城市的情况下,维持户籍的身份歧视,是中国外向型经济发展战略下的一个重要制度安排,一个重要的目的是长期维持劳动力的低成本优势。"①因此,根据劳动力结构和劳动力市场的变化,我国的劳动者保护问题很大程度上是农民工权益保护问题,不同劳动者之间的收入分配差距主要是由于农民工在劳动力市场上的弱势地位予以体现的。因此,通过研究劳动力流动背景下的农民工权益保护问题,可以探索劳动者收入分配差异的制度路径。

2. 产业结构变动与劳动者收入水平的变化

不同产业的分离组合、交替演进是长期的历史过程。畜牧业和农业的分离、农业和手工业的分离、商人阶层的出现、近代产业革命及新科技带来的现代产业变革说明产业是逐步发展和演变的,因此,产业政策也必然契合产业发展演变的阶段特征而呈现动态性。现代社会的产业种类不断细化,产业形态日益成熟,产业体系日趋完善,随着人类经济环境、生活环境的变化和新科技变革,会出现越来越多的新兴产业,而更多夕阳产业也会逐渐消亡。在这个过程中,产业发展观念会随之更新,产业政策也会随之演变,所以,变易性和时代性是产业政策的重要特征,无论长期产业政策还是短期产业政策,它们都是阶段性和历史性的。

产业政策的演变与执行会影响劳动者分层和劳动者的就业状况,从而对劳动者收入分配产生重要影响。我国目前的产业结构不合理,制造业在产业体系中占比较大,主要产业处于全球产业链的低端,容易受到原材料等成本变化的影响,难以抵御较大经济波动的冲击。随着经济进一步发展,我国面临产业转型和产业结构优化升级的迫切需求。但在产业转型升级过程中,由于受制于我国资源禀赋、劳动者素质、产业发展规律等各种因素,产业升级并没有达到预期的效果,低端制造业仍然主导我国的产业格局。同时,作为第一产业的农业还有相当数量的从业者,收入增长极其缓慢。

从我国的产业政策实践看,产业政策具有经济赶超的政策意蕴。同时,我们又面临技术变革和产业升级的要求,因此,我国产业政策的目标是多重的:既要发挥比较优势,通过承接传统产业转移实现经济赶超,又要促进产

① 郭郁彬、彭刚:《从农民到农民工:经济发展战略下的制度变迁分析》,载《广东社会科学》2012年第1期。

业优化升级，增强自主创新能力；既要鼓励企业做大做强，发挥规模优势，又要维持自由竞争，保护消费者利益；既要通过产业政策“鼓励一部分地区先富起来”，又要通过国内产业转移缩小地区发展差距，实现城乡一体化和区域协调发展。所以，我国的产业政策有较多的公权因素，产业政策的内容和重心随着经济发展阶段和转型实现程度而变动。

受制于我国的经济发展阶段、发展战略、劳动力状况、资源禀赋等因素，我国产业结构极不合理。从改革开放之初吸引外资起，作为低端产业的制造业蓬勃发展，占据我国产业结构的主流。无可否认，这一产业模式对解决我国就业的重要作用，充分发挥了我国的比较优势，极大地促进了经济发展。但我国产业结构过于单一，不能为经济发展提供持久的动力，面对产业发展瓶颈，政府提出产业转型升级的战略，以应对劳动力构成和经济发展条件的变化。但受制于发展惯性和制度瓶颈，产业转型升级并不顺畅，制造业在我国的产业体系中仍占较大比重，第三产业和高科技产业的增长乏力，虽然针对高科技企业出台了相应的税收激励，但成效并不明显。在目前的经济形势下，制造业仍然占据主要地位，高新技术产业、服务业等多种产业并存，但产业结构不合理，中国的产业结构调整和升级仍面临着艰巨的任务。

我国的经济发展是从积极承接国际产业转移开始的，对国际产业转移的承接具有区域差别，这种经济发展战略决定了区域发展的不平衡性。邓小平指出：“沿海地区要加快对外开放，使这个拥有两亿人口的广大地带较快地先发展起来，从而带动内地更好地发展，这是一个事关大局的问题。内地要顾全这个大局。反过来，发展到一定的时候，又要求沿海拿出更多力量来帮助内地发展，这也是个大局。那时沿海也要服从这个大局。”[①]由于区域发展水平的对比变化，产业转移和产业优化升级在目前的产业发展中交替演进，共同主导着我国目前的产业发展。

中国传统的制造业不需要过多的技术投入，只需要较多的低廉劳动力，这正是中国的比较优势所在。所以，在制造业发展初期，居民收入增长明显。但随着经济的进一步发展，劳动者收入的增长遭遇瓶颈。较长时期内，劳动者的收入增长缓慢，特别是占劳动者大多数的普通劳动者，收入水平较低，并难以改善，这与我国的产业政策和劳动力供求状况有关。一方面，产业政策要鼓励产业转型和优化升级，另一方面，难以舍弃大规模的制造业，否则便会出现严重的失业问题。从总体上看，目前的产业结构变动主要是

① 《邓小平文选》(第三卷)，人民出版社1993年版，第277—278页。

横向变动，即产业的跨区域转移。因为产业升级需要一定的产业基础、经济投入和教育科技等经济性和体制性支撑，即使在发达地区，实现产业升级也存在相当的难度。更重要的是，产业升级周期较长，其政策效果需要很长时间才能显现出来，而产业转移是资本的跨地域流动，当资本与转入地的劳动力等要素结合起来时，就会产生直接的经济效益和明显的政策效果，比如拉动地方就业、增加地方财政收入等。中西部地区产业基础薄弱，而产业转移是实现经济快速发展的重要手段，产业发展和产业升级具有一定的规律性，产业发展的规律性决定了产业升级的难度，产业升级建立在成熟的产业基础之上，并有较强的经济实力作为支撑，而这是产业基础薄弱的不发达地区所不具备的。因此，产业转移不可避免地成为地方政府产业政策的核心内容。

我国目前的产业结构处于产业转型升级未完的状态，多样化的产业结构决定我国劳动力分层，从最低级的产业工人到高级管理人员，构成了我国劳动者的多样化分布。目前的产业结构调整会在多方面影响居民收入水平，使新兴产业与传统产业、知识密集型产业与劳动密集型产业等不同产业之间的收入差距拉大，从而在居民收入分配方面带来负面影响。

同时，在我国产业结构中存在的垄断问题，会导致我国收入分配体制中的差异性分配问题。不同行业在国民经济中的集中程度、发展规模、所有制状况等因素都会对收入分配造成比较大的影响，其中，传统行业中的劳动者收入处于较低水平，而垄断性行业的工资和福利较好，国有企业中的劳动者享受较高的工资待遇，并且能够享受到相应的福利等各种各样的隐性补贴，从而拉大了不同劳动者之间的收入差距，加大了收入分配改革的难度。

3. 制度歧视对劳动者权益的影响

从西方劳动力市场看，劳动力市场歧视通常可以分为以下四种类型：工资歧视、就业歧视、职业和工作歧视、人力资本投资歧视[①]，这种制度性歧视通过立法和政策对劳动者应该享有的权利进行排斥、限制，造成了对某些劳动者的差别对待。诸如缺乏劳动力市场信息、不完全信息和劳动力的非流动性等市场缺陷，构成了市场歧视的主要来源。一些人接受低工资（这些工资低于他们可以在其他就业机会中所能挣得的工资），是因为他们不知道还有其他工作机会。更好地获取工作信息，可以使得一个人在一个类似的工

---

① 〔美〕坎贝尔·R.麦克南等：《当代劳动经济学（第七版）》，刘文等译，人民邮电出版社 2006 年版，第 295 页。

作中接受低工资的事情不太可能发生。[①] 从我国产业结构、劳动力构成、制度歧视等方面看，不同劳动者的经济地位、资源禀赋、谈判能力存在较大差异，从而形成不同层次劳动者的收入差异性分配，这种差异性分配既有合理的因素，也有基于经济水平、劳动力构成、社会变迁等因素加以改进的地方，从而制度化地保护劳动者权益，矫正收入分配中的不公平。

在我国劳动力市场上，除了以上歧视，还有很多制度性的歧视，比如户籍歧视。从目前的制度构成看，户籍制度是造成劳动者歧视问题的重要表现形式之一。很多大城市在户籍准入条件的设定中，将收入水平、社会保险缴纳等作为准入门槛，将大多数低收入群体过滤掉，收入较低但数量庞大的农民工群体被排斥在城市之外。这种户籍制度降低了农民工融入城市的可能，使其身份处于游离状态，不利于稳定劳动关系的建立，降低了农民工职业的稳定性和职业发展的可能性，加之户籍制度上附着的各种隐性福利，缺少户籍的农民工在分配制度上承受更大的不公平，进一步强化其弱势地位。并且，在目前的就业体系中，劳务派遣制度是针对农民工的比较严重的就业歧视制度，劳务派遣的劳动者中，农民工占大多数，他们不能获得同工同酬的待遇，并且职业发展存在较大的不确定性。由于针对农民工的制度歧视使农民工的权益得不到有效保障，因而他们在收入分配中处于不利地位。

农民工职业安全的制度保障，是与农民工收入分配有重要关系的又一种制度安排。在劳动力分化的背景下，不同劳动者的职业安全保障体系差别较大，特别是农民工的职业安全保障体系漏洞较多，并且在目前资本优先的发展话语下，农民工的职业安全受到极大忽视，职业病等问题频发，而制度性的救济渠道很难有效发挥作用。由于对农民工职业安全的制度保障也是分配制度改革的重要内容，特别在目前劳动力流动的背景下，加强对农民工的职业安全保障在分配制度改革中具有重要意义。

（二）劳动者的权益保护

劳动者权益保护状况会影响收入分配的结果，因此，为了矫正劳动者的收入分配差距，需要通过制度手段保护劳动者权益，避免由于劳动者权益受损而影响其收入状况。所以，在具体的制度设计和制度供给中，应当根据劳动者实际享受的劳动权益离法律规定的要求之间的差距，运用多种理论和

---

① 〔美〕安塞尔·M. 夏普等：《社会问题经济学（第十八版）》，郭庆旺译，中国人民大学出版社2009年版，第158页。

方法解释这种差距，对我国劳动者的每一种实体权利实施机制的有无、好坏、优劣等展开分析，揭示制度、市场和个体等因素对劳动者权益的具体影响程度，并据此提出相应的对策建议。

1. 劳动者工资权益的制度保障

劳动者的工资权益是与分配制度直接相关的问题。工资包括直接工资和间接工资，直接工资主要表现为以货币形式获得的收入，间接工资表现为劳动者的社会保险、医疗保险等隐性收入。

劳动者的工资问题主要包括构建科学的劳动者工资水平决定机制以保障工资合理增长的制度路径、完善劳动者工资支付保障制度以解决欠薪问题的制度设计和劳动者工资债权的救济制度等，这些都与分配问题密切相关。

我国目前劳动者的工资整体上处于较低水平，这与我国劳动力供求状况、劳动者素质、产业结构等多种因素有关，与之相应的工资增长机制不健全，工资增长较为缓慢，且工资拖欠现象较为严重。在劳动密集型产业结构、城乡分割的户籍制度、劳动者素质较低等因素长期存在的背景下，普通劳动者工资较低的问题将会长期存在。在目前的制度体系中，可以从以下三个方面作出相应的制度安排，切实保障劳动者的工资权益：

(1) 工资水平决定机制的构建。市场经济体制中，工资水平主要由最低工资标准、劳动合同和集体合同决定。最低工资标准是最为基础的工资决定机制，很多地方政府根据经济发展速度、物价变动等因素调整最低工资水平，使之与居民基本消费水平相适应，但一些地方政府并没有随相关因素的变化作动态调整，导致很多地方的最低工资标准落后于经济现状和社会现实，不能有效保护劳动者利益。同时，对农民工这样的弱势群体，集体合同形成工资水平应是我国提高劳动者工资水平的长效机制，但目前的制度实践不能根据劳动关系状况和中国社会阶层变化改变目前的劳动关系调整模式，使劳动维权处于分散状态，而不能建立有效的集体协商和工会维权途径，使劳动标准与劳动关系复杂化的现实相脱节，使工资权益成为最为突出的问题之一。

在工资调整中，很多地方由于制度设计不严谨，工资调整机制被企业规避，没能起到保护劳动者权益的目的。根据目前的劳动标准，很多城市在考量当地的发展状况、生活成本等因素的基础上，为劳动者设定了最低工资标准，但很多地方的最低工资标准仍然难以维持基本生活，所以，在劳动关系实践中，企业遵守最低工资规定，但最低工资不能满足劳动者基本生活水平，必须超时加班才能获得相对可观的劳动报酬，从而使超时加班获得某种程度的合理性，或者提高劳动者的名义最低工资，但对原本免费的住宿、就餐收费，这些现象成为目前劳动力市场的常态存在。任何导致企业生产经营成本上升的政策都被企业的机会主义行为抵消其效力，企业会通过政策的替代执行来规避政策的强制性要求。在工资水平决定机制的构建中，应当考虑到这一问题，避免良好的政策不能得到有效的执行。对劳动者的收入水平而言，工资水平处于劣势的原因还在于补偿性工资差异，造成补偿性工资差异的主要原因，源于不同工种在工资之外的其他方面存在差异。这些差异具体包括工伤和死亡的风险、附加福利、工作的社会声誉、工作地点、工作保障、收入规律性、增加工资的前景等。[①] 由于劳动者的职业稳定性、职业声望、社会保障等都处于劣势地位，进一步恶化了劳动者工资权益的保障水平。

根据本国在产业链上的位置、劳动力供求状况、发展中的比较优势的不同，应当结合中国国情和已有的经验积累，对我国工资水平决定机制作出合理的制度安排，以保障劳动者工资水平能够随着 GDP 增长而增长，实现社会分配公平。

(2) 工资拖欠保障。在我国目前的劳动力市场中，工资拖欠的现象并不鲜见。工资拖欠可分为个人拖欠和集体拖欠，前者可通过劳动监察和司法救济途径解决，而后者涉及社会风险，必须建立工资社会风险保障机制。针对我国工资拖欠群体性事件较多的事实，广东等地建立了欠薪保障法律制度，强制性要求企业在登记注册时交纳一定数额的欠薪保障金，防止企业恶意欠薪逃匿。针对企业破产中的欠薪问题，应当对破产程序中的工资债权优先性予以强调，包括工资债权的权利位阶、作为优先债权的工资构成等。

(3) 劳动者工资债权的司法救济。劳动者工资债权的司法救济是保障劳动者工资权益的另一条途径，也是最终保障。基于劳动者的经济弱势，针对劳动者的司法路径也应该以便捷为基本原则。我国《劳动争议调解仲裁法》充分考虑了普通劳动者的利益诉求，在程序、费用、时间等方面作出了很大的制度调整，比如该法第 53 条规定："劳动争议仲裁不收费。劳动争议仲裁委员会的经费由财政予以保障。"劳动争议仲裁不收费，可以有效减轻劳

---

① 〔美〕坎贝尔·R. 麦克南等：《当代劳动经济学(第七版)》，刘文等译，人民邮电出版社 2006 年版，第 213 页。

动者的经济负担。同时该法还规定了较短的审理期限,并且部分案件可以一裁终局等。如果能遵守上述规定,则有助于保证劳动者的工资权益落到实处。

2. 劳务派遣制度的改革

劳务派遣制度是我国目前劳动力市场中广受诟病的制度之一。这一制度的目的是为了降低用人单位的劳动力成本,但由于制度操作中的不规范,不适当地扩大了劳务派遣制度的适用范围,导致很多劳动力雇佣都是由劳务派遣实现的。由于劳务派遣的特殊性,使这些劳动者不能享有与服务单位正式劳动者相同的劳动权益,造成同工不同酬现象。并且,劳务派遣制度会导致劳动关系处于不稳定状态,影响被派遣劳动者的工作预期,所以,劳务派遣制度在降低用人单位劳动力成本的同时,损害了普通劳动者的权益,不适当地造成收入差距问题。

由于认识到了劳务派遣制度的弊端,劳动部门已经开始着手规范劳动派遣制度在劳动力市场中的运用,特别强调要控制劳务派遣制度的适用范围,避免通过劳务派遣损害劳动者的合法权益。通过减少劳务派遣制度的适用,保障劳动者的同工同酬权利,进而提高其收入水平。

(三) 主体差异性分配的财税法矫正及其制度局限

保护劳动者权益的制度设计有很多,除了社会保障制度、工资保障制度等,还可以通过财税法的制度设计提高普通劳动者的收入水平。

1. 劳动者收入的财税法调控

(1) 个人所得税的完善与收入分配改革。财税法对劳动者收入的调控首先表现在个人收入所得税法领域,通过设定合理的个人所得税税前扣除标准,减轻普通劳动者的税负,从而保障其收入水平。

为了减轻个人的纳税负担,我国多次修订《个人收入所得税法》,但目前的个人收入所得税制度仍不完善,应当建立分类综合所得税制,并逐渐向以家庭为单位征收过渡,建立个人所得税税前扣除标准调整与相关因素的关联机制等。

(2) 城乡居民消费的财税法关联。由于我国社会转型尚未完成,经济水平、社会阶层、消费模式等都呈现出多样性。以消费模式为例,受制于收入水平,农村地区的消费与城市地区的消费就表现出较大的差别。农村地区收入较低,主要的消费品仍集中于生活必需品,而城市地区的消费内容已大大扩展,消费品的构成发生了重大变化,以基本生活为需求的消费不占重要部分,这一现象与我国的税制结构有重要关系,并且此类税制结构又会进一步影响到居民收入之间的分配。

从我国目前的税收收入看,增值税在我国税收收入中占有重要比重,而增值税主要是对普通商品征收的一种税,在目前的消费市场上,在普通商品的消费者中,中低收入者占有很大比重,所以,增值税的税负主要由中低收入者负担,这不利于通过税收体制实现调节收入分配的功能。收入分配差距导致不同收入群体的消费动机和消费行为存在重大差别,因此,“在收入分配失衡背景下,应对不同收入人群消费需求做好目标定位,并采取差别化的税收政策措施来刺激不同收入人群的消费需求的有效增长。”[①]除了可以解决收入分配差异问题,也能够促进经济增长。

(3) 针对特定弱势群体的税收减免。针对农民负担过重问题而免除农业税,是收入分配改革领域最为典型的税收优惠措施。由于就业也会影响收入分配,为推动下岗职工、残疾人等就业,针对这些群体也应实行相应的税收优惠。由于这类税收优惠是针对特定的弱势群体,通过消极的利益让渡以改善其收入分配,因而作为典型的“特惠”措施,应当根据经济条件和社会形势的变化,适时调整享有这类优惠措施的主体,扩大税收优惠的覆盖面,将其他适格主体纳入税收优惠措施的制度体系。

2. 财税法对矫正主体差异性分配的制度局限

财税法制度具有重要的收入再分配功能,可以有效调节收入分配差距。但是,财税法制度的调整是对存量利益的调整,无论是税法还是财政法,都是对现有收入的再分配,而不能直接提高劳动者的增量收入,所以,财税法在调节收入分配方面存在一定的制度局限。而要真正实现劳动者收入的增长,应当拓展劳动者就业渠道,完善最低工资制度,建立合理的工资增长机制,提高劳动者收入。同时,加强劳动者的职业培训,提高劳动者素质,以实现与产业结构转型和产业升级相匹配的劳动力供给。这是单纯的财税法制度所难以做到的,需要通过多种制度的综合调整予以实现。

同时,还应当看到,由于财税法制度设计的漏洞,即使对存量收入的调整,财税法也存在一定的制度局限。例如,在要素市场领域,“政府对要素市场的干预要多于对产品市场的干预”[②]。财税法对由要素参与分配而实现的收入,难以实现很好的调控。所有制形式、就业形式、产业结构等的多样化

① 洪源、肖海翔:《收入差异、消费特征与税收政策的有机匹配》,载《改革》2009年第10期。

② 张维迎:《经济学原理》,西北大学出版社2015年版,第227页。

共同决定了目前要素分配形式的多样化，要素分配形式的多样化导致收入分配的群体性差异。“越是有效的市场，越是维持市场最初开始运作的收入分配状况。资源禀赋的差异，决定了市场机制不能在收入分配中发挥有效的作用。政府通过课税改变资源禀赋分布格局，能够促进社会公平。”[①]而通过税收政策缩小通过要素分配产生的收入差距，对于缩小整体收入分配差距具有重要意义。针对目前中国的要素形式多样化，党的十六大报告指出：“确立劳动、资本、技术和管理等生产要素按贡献参与分配的原则。”确立了要素分配的基本形式。党的十八大报告指出：“完善劳动、资本、技术、管理等要素按贡献参与分配的初次分配机制。”各种要素带来的收入分配日益重要，比如科技成果、知识贡献等带来的收入分配差距越来越明显，股息、红利等要素分配也在收入分配中占有重要地位，对于通过股息、红利等方式获得收入的，收入分配中存在的差距就更为明显。这些收入分配方式都是符合现行法律和政策的，并且，在效率优先的政策话语中，这些分配方式都是得到鼓励的。

按要素分配符合市场规律和市场经济运行的基本要求，但它不可避免地会拉大收入分配差距。重要的问题是，针对这些收入差距，财税法制度如何才能发挥有效作用，使通过要素分配获得的收入维持在合理的水平，以保证收入分配差距的可控性。比如，不同群体在要素占有和变现方面的权利并不均等，而产权缺失会严重影响分配[②]，农民占有大量土地，但在城市化进程中，由于权属模糊，权利的边界不清，农民的谈判地位很弱，土地参与分配或变现的可能很小，不能对农民的收入增长有实质性帮助。农民在土地方面的权利缺失导致要素市场存在很大的不均衡性，农民很难从土地增值中获得足够的补偿和收益。所以，我们会看到，“收入差距继续扩大的主要原因是资源和资产的分配不公，……过度依仗在劳动报酬为主的常规收入分配上的再分配，而并不能触动不合理地大规模占有资源的群体，反而伤害中等收入者。与此同时，这种政策含义的缺失，还会引导政策忽视资源分配严重不平等所造成的弊端和潜在的更大风险。”[③]针对这些问题，财税法也难以发挥作用，而需要相关制度的变革才能规范要素参与收入分配的格局。

---

① 杨志勇、杨之刚：《中国财政体制改革 30 年》，格致出版社、上海人民出版社 2008 年版，第 133 页。

② 常修泽：《对中国分配问题的深层思考》，载《学习月刊》2012 年第 1 期。

③ 蔡昉：《如何认识中国收入分配改革现实：一个求同存异的分析框架》，载吴敬琏主编：《比较》（第五十九辑），中信出版社 2012 年版，第 22 页。

收入分配的差异化也与我国的投资体制有关。后发型的经济发展模式需要强大的资本驱动,因此,在收入分配中,存在对资本的无限让渡,而忽视了劳动者的利益,使劳动者的收入长期在低水平徘徊。这种收入分配格局同样难以通过财税法制度予以规范,而只能改革目前的经济发展方式和投资体制,在维护资本权益的同时,提高劳动者的收入水平。

四、空间维度的差异性分配

空间维度的差异性分配是不同地区收入分配方面的差异,虽然它主要也是由不同地区的居民收入水平予以体现的,但它属于宏观层面的收入分配问题。空间维度的差异主要包括收入分配的城乡差异和地区差异。

(一)空间分配性差异的表现

1. 城乡二元结构与城乡收入分配差异

城乡二元结构是我国最大的现实,"城乡二元结构的产生和发展,与国家的'区别式'的治理方式(即国家对城乡所实施的不同政策和制度)有关。"[①]这种结构的形成既有历史原因,也有现实原因,二元结构对我国的经济发展均衡度和贫富差距等问题具有重要影响。由于长期以来实行城乡分割的发展政策,农村地区的发展水平和农民的收入增长落后于城市,从而造成城乡之间发展差距的拉大和农民收入在低水平徘徊。

由于我国的特殊国情和发展阶段,在整个国家的发展战略中,城乡分割的问题一直存在并且至今仍未得到有效解决。这一问题给农村地区的经济发展带来了体制性制约。随着农业税取消和农业补贴政策实施,农村地区发展缓慢的状况有所改善,但相比城市而言仍有较大的差距。中共十七届三中全会指出:"我国总体上已进入以工促农、以城带乡的发展阶段,进入加快改造传统农业、走中国特色农业现代化道路的关键时刻,进入着力破除城乡二元结构、形成城乡经济社会发展一体化新格局的重要时期。"但弥合城乡发展差距并非短期内所能完成,影响农村地区发展的原因是多方面的,既有制度原因,也有历史因素和资源约束等,在制度化地解决城乡分割问题上,应在历史分析的基础上,对农村地区的发展过程予以探究,动态看待农村地区的发展趋势。

---

① 张守文:《经济法理论的重构》,人民出版社2004年版,第39页。

从我国1958年颁布《农业税条例》，到2006年1月1日该《条例》被全国人大常委会决议正式废止，农业税一直作为农村地区的主要税种，起着筹集资金的作用。由于农村的特殊性和农民收入的不连续，农业收入征税一直作为特殊的税种单独征收，并没有被纳入个人所得税的征收体系中。这一征收体制在相当长一段时期内可以起到筹集资金、保障供给和维护稳定的作用，但却以对农民的长期剥夺为前提，并且随着经济发展和税收来源多样化，征收农业税越来越得不偿失，成本过高而收益过低。同时，作为一种实物税，税收征收体制的不严谨会影响税负公平和税收的及时征缴，对实物的保存也会提高征税成本。取消农业税也基于缩小城乡发展差距、促进城乡一体化和农民增收的考虑，从这一政策的实施效果看，农业税的取消确实减轻了农民负担，对农民的收入增长有一定的拉动作用，加上农业补贴政策的效应，农民的收入有了一定幅度的提高。不过，任何政策的生成和取消都不是没有溢出效应，并且，政策作为一个过程，它的影响并不会随着政策的取消而立即终止。农业税虽然已经取消，但它对农村地区的经济发展和收入增长还有很大的后续影响，最主要的影响表现在农业税的征收对农村造成的长期的制度性伤害，并没有改变城乡分割的局面，如果没有其他措施，而是仅仅依赖于农业税的政策效应，难以改变城乡收入分配差距变大的问题。

另外，受制于农村消费水平和消费结构，目前的税制结构和税收体系对农村居民的影响也比较大。由于农村居民消费主要以基本生活消费品为主，附着在基本生活消费品上的税收制度加重农民的消费负担，从而影响城乡之间的收入差距。从目前的财税体制看，财政转移支付体制的不健全，也影响了通过财税体制矫正贫富差距功能的实现。所以，农村地区的贫富差距和收入不均衡是由多种因素引起的，通过对农村地区收入分配不均衡问题的考察，可以发现差异性分配在地域方面的突出体现。

2. 我国的区域发展政策与地区收入分配的差异

收入分配的地区差距是我国收入分配领域中另一个重要的问题。由于我国长期实行不均衡的区域发展政策，导致我国的区域发展水平存在较大差距。东部沿海地区相比中西部地区而言，其市场完善程度、经济规模、居民收入水平等都遥遥领先。不可否认，差异化的区域发展政策对我国经济发展具有明显的推动作用，有利于经济发展的区域带动和示范引领，但这是以损害其他地区的经济发展机会为代价的，这种区域发展政策不可能长期维持。所以，针对区域发展不平衡问题，中央先后提出了西部大开发、振兴东北老工业基地、中部崛起等区域发展战略。这些政策对于弥合地区发展差距、促进落后地区经济发展具有重要的作用，但目前区域之间的收入分配差异并没有得到有效改善。

除了居民收入水平的差异，在基本服务、教育资源、医疗资源等公共资源的分配方面也是极不均衡的，这也属于收入分配的范畴。

基本公共服务均等化是基础性分配领域，也是惠及最大多数人的收入分配问题。近年来中央采取了一系列支农惠农措施，提出城市反哺农村的城乡统筹发展战略，农村合作医疗体制和农村养老保险体制的建立、农业补贴等措施使农村地区的发展取得明显成效。但从我国目前公共服务配置状况看，公共服务存在明显的城乡差距和地区差距。

公共服务的质量差异由于测评的难度而容易被忽略，这种公共服务的差异存在严重的信息不对称，接受服务的群体难以测知，其隐蔽性遮盖了不平等状况的存在。比如，新型农村合作医疗制度虽然为农民提供了一定的卫生保障，但这一制度掩盖了城乡卫生服务质量不均等的事实。医疗资源分配关乎人们的基本权利，是另一个与收入分配领域密切相关的问题。多年来，虽然我国进行了医疗卫生体制改革，但民众看病难、看病贵的问题还是较严重地存在。这一问题的解决是一个系统工程，涉及我国医疗卫生资源的公平配置和医疗、药品等管理体制问题。在目前的医疗资源配置中，良好的医疗资源主要集中在城市地区，特别是集中在大城市，从而造成医疗资源分配不公。

教育问题关乎个人的发展，会影响到未来的收入变化。经济改革过程的不同阶段，对收入分配结果影响的因素存在差异，但归根结底的影响因素还是教育机会和教育水平的差异。[①] 根据世界银行1991年的估算，每增加一年学校教育，在韩国能使人们的收入增加6%，在马来西亚能使男性收入增加16%，使女性收入增加18%；每增加一年初等教育，在泰国能使男性收入增加17%，使女性收入增加13%；每增加一年中等教育，在印度尼西亚能使男女收入分别增加8%和12%，在泰国则使男女收入分别增加7%和25%。[②]

教育公平已经成为中国社会的焦点问题，也与收入分配密切相关。从

---

① 〔日〕奥岛真一郎等：《经济改革对中国城市收入不平等的影响》，载周艳辉主编：《增长的迷思：海外学者论中国经济发展》，中央编译出版社2011年版，第116—119页。

② 赖德胜：《教育与收入分配》，北京师范大学出版社2001年版，第95页。

目前教育资源的分布和质量状况看,农村地区和西部地区教育水平处于下游,难以支撑这些地区的发展;在很多偏远地区和农村,九年制义务教育没有得到实现,教育基础设施和师资难以得到保证,这种公平的缺失对农村的可持续发展带来严重损害;而受制于户籍制度的限制,进城农民工子女在接受教育方面也与城市学生存在严重差别;高等教育资源集中趋势明显,造成教育资源分布的地区差异和受教育权的不平等;由于劳动力总体素质低下,严重阻碍了农村劳动力的转移,政府对农村教育投入不足,教育设施落后,师资力量欠缺,严重制约了农村人口素质的提高。据统计,2001 年农村劳动力中初中及以下程度劳动力比重高达 83.6%,受过职业教育和培训的仅占 12%。[①] 教育影响劳动力素质和可持续发展,同时,教育质量问题关系代际公平,落后的教育是不平等机会的代际再生产[②]机制,影响落后地区的经济发展和居民收入增长。中国的收入不平等对于发展机会特别是教育机会、人力资本投资等产生的负面影响比美国要严重。[③] 所以,中国收入不公平问题的解决存在更大的难度。人们能力结构的分布比税后收入结构更加公平,扩大教育机会的政策对于收入能力的均等化具有长期效应。[④] 作为影响收入分配的重要因素,应当着力解决教育公平问题,确保农村地区的教育资源投入,保证基本的教育公平;逐步取消户籍制度的限制,为进城农民工子女提供平等的教育机会。

受制于政策惯性、资源分配方式、体制机制的羁绊,城乡差异仍是我国最突出的问题,教育、医疗资源分布不均衡的现状没有实质性改善,公用事业、公共财政需要进一步向农村地区倾斜。农村地区的发展还有很长的路要走,保障和改善农村地区的收入分配问题仍是较长时期内的政策导向。因此,统筹城乡发展和促进基本公共服务均等化应当是今后收入分配改革的重点之一。

(二)影响空间维度差异性分配的因素

在对城乡发展历史考察的基础上,应当分析空间维度的收入差异性分配的历史因素和现实状况,研究影响农村地区收入分配改革的制约因素,理

---

① 傅道忠等:《中国财政政策的民生取向研究》,江西人民出版社 2011 年版,第 186 页。

② 〔西〕戈斯塔·埃斯平—安德森:《收入不平等与机会不平等》,周军华编译,载《马克思主义与现实》2007 年第 4 期。

③ 权衡:《中美收入不平等的效应比较及其理论含义》,载《世界经济研究》2004 年第 8 期。

④ 〔英〕E.J.米香:《经济增长的代价》,任保平等译,机械工业出版社 2011 年版,第 15 页。

清影响城乡收入和区域收入分配过程中着力解决的问题，在此基础上，提出统筹城乡发展的政策取向、制度路径和法律支持。从我国的历史和现实看，影响空间维度差异性分配的因素包括：

（1）发展战略。中央层面提出要统筹城乡发展，积极稳妥推进城镇化，加快推进社会主义新农村建设，促进区域良性互动、协调发展。但从制度实践看，我国的城乡和区域发展战略仍然受我国经济发展阶段的制约，农村地区和中西部地区的发展在整个战略体系中仍没有得到足够的重视。中共中央、国务院《关于加大统筹城乡发展力度进一步夯实农业农村发展基础的若干意见》（2009年）提出，要积极引导社会资源投向农业农村、提高农村教育卫生文化事业发展和农村社会保障水平等一系列推进城乡统筹发展和公共服务均等化的政策措施，但在农民的权利配置、制度保障等方面仍没有给予和城市居民同等的对待。而农村地区的公共服务水平、资源分配等相比较城市地区仍极为落后。针对区域不平衡状况，中央层面虽然提出振兴东北老工业基地、西部大开发、中部崛起等一系列区域发展措施，但在资源分配和政策倾斜中，东部沿海地区的发展仍然获得较多的政策倾斜和资源支持，区域发展战略所决定的城乡差距和地区差距并没有明显改观。

（2）制度惯性。制度变迁是一个缓慢的过程，制度变迁中的资源约束、路径依赖会延缓变迁的速度和程度，从而影响制度结果。目前的城乡分割、区域发展不平衡是在我国长期的制度实践中形成的，受制于我国的经济发展阶段、资源约束、社会治理模式等，制度变迁的意愿未必总能转化为制度变迁的可能。在目前的政策语境中，城乡发展和区域发展战略指导下的制度实践具有一定的制度惯性，资源配置仍然优先向城市配置，优势政策和优势资源仍流向发达地区，加上城市和发达地区的先发优势，城乡发展差距和地区发展差距难以在短时期内得以弥合，收入分配不公的状况也难以遽然转变。总之，制度实施的惯性将会在很长时间内制约城乡统筹发展和区域均衡发展。

（3）户籍制度。户籍制度是制约农村地区发展的主要瓶颈之一。由于资源的不公平分配，户籍制度附加很多额外的福利，同时，通过户籍制度对农村居民造成制度歧视，使其生存境况难以得到改善。虽然农民工进城务工不存在流动障碍，但受制于户籍制度，导致农民工进城打工形成收入增长“是一次性的”[1]，难以产生持久的收入分配改善效应。

---

① 黄亚生：《“中国模式”到底有多独特？》，中信出版社2011年版，第62页。

基于目前的社会治理模式和资源分配的不均衡状况，户籍制度改革难有作为，仍会在较长时期内影响农村居民的收入状况。“在目前的体制背景下，真正能自然走向户籍限制取消的只能是那些人均公共福利初始水平较低的中小城市，而就那些人均公共福利初始水平较高的大城市而言，其户籍政策的自然走向非但不会是户籍限制的降低和消失，反而会最终稳定在一个相当高的户籍限制水平上。”[①]但这可以为户籍制度改革打开可能的突破口。所以，如何设计合理的户籍制度，确定可行的户籍制度改革路径，避免其成为阻碍收入公平分配的不良机制，应当根据目前的发展状况、资源约束等因素作出合理的改革措施。

（4）土地制度。在收入分配领域，土地制度的最大问题是土地收益的合理评估和分配。目前的土地制度影响农村地区的经济发展，农村的土地、房屋等财产难以进入产权市场并形成资产，制约农民扩大再生产，难以形成集约化、规模化经营，只能维持现有的小农经济模式，阻碍农业发展。同时，在农村土地征收征用中，土地产生的大部分收益难以流入农民手中，造成农民在土地收益分配中的不利地位。“对社会地位最为低下，政府一再声明最想帮扶的广大农民，政府事实上仍然在实行制度性的歧视政策，排斥他们将自己的土地资产金融化。”[②]因此，针对目前土地制度存在的弊端，应当赋予农民在土地方面享有的权利，确定合理的土地收益分享规则，改变农民在收入分配中的不利地位。

（三）空间维度差异性分配的财税法矫正及其制度局限

财税法的再分配功能可以有效解决空间维度的差异性分配，因为这种差异性分配体现为宏观层面的分配差异，主要通过再分配的方式予以解决，而财税法，特别是财政法的规则设计可以产生直接的再分配后果。因此，应当加强财政资金的倾斜配置，在财政能力允许的情况下，将财政支出适当向中西部地区、偏远地区、农村地区倾斜，有利于缓解收入差距拉大的问题。

1. 财政收入的倾斜性分配

收入分配改革需要相应的财政投入，尤其需要梳理目前收入分配改革

---

① 汪立鑫等：《中国城市政府户籍限制政策的一个解释模型：增长与民生的权衡》，载《经济研究》2010年第11期。

② 文贯中：《吾民无地：城市化、土地制度与户籍制度的内在逻辑》，东方出版社2014年版，第90页。

中的财政税收制度，比如专项财政转移支付、采取与某些收入分配改革相关的税收减免和税收优惠等，研究这些制度在收入分配改革中的作用，分析制度的实施绩效及其缺陷；分析财政倾斜在收入分配中的理论依据、基本思路、制度框架等基本理论问题；通过研究与收入分配改革相关的财税政策，分析财税政策与相关收入分配问题的匹配度和制度效果；根据经济发展水平、财政收入规模、收入分配改革现状等因素，测算出合适的财政支出规模；根据收入分配问题的紧迫程度、对经济发展和社会稳定的影响等，确定收入分配问题财政的投向，研究财政支出在各个收入分配问题领域的投入比重；关注不同级次政府间财政关系和地方政府在收入分配改革中的责任，确定合适的财政主体，并加强财政的监督。

在收入分配改革中，应当确定合理的财政支出规模和投向，既要保证收入分配问题的改善，又要确保财政支出在收入分配问题领域的覆盖面。影响财政支出规模和投向的因素很多，具体包括：(1) 收入分配改革的财政支出以总体财政收入为基础，财政支出规模应当综合目前的财政能力，既不能因为过于向特定区域和群体倾斜而影响其他领域建设的财政投入，也要避免在收入分配改革领域投入不足而影响收入分配问题的改善。(2) 兼顾地域发展不平衡，财政支出应向中西部地区倾斜。经济发展政策和区域发展战略拉大了地区发展差距，根据“两个大局”的战略要求，在目前的收入分配改革中应当优先关注中西部地区，弥合地区之间的发展差距。(3) 优先解决覆盖人数较多的收入分配问题。把握“普惠式”财政支出与“特惠式”财政支出之间的关系，使更多民众享受到公共财政带来的收入分配问题的改善。应当合理测算财政支出的投向和支出规模，优化财政支出的具体项目。比如，应当加大医疗卫生体制改革，合理分配医疗卫生资源，加大政府在医疗卫生领域的财政支出，使所有民众都能负担得起基本医疗服务。(4) 注重财政支出的城乡均衡，弥合城乡发展差距。我国收入分配领域的城乡差异最为明显，应当在财政支出中向农村地区倾斜，保证农村地区享有基本的公共服务。比如，建立和完善农村地区的社会保障制度，使占人口大多数的农村居民在收入分配改革中受益。通过财政补贴等手段，引导教育、医疗资源向农村地区流动。

在收入分配改革中，要建立收入分配改革与财政支出的动态关联机制。随着经济发展和经济转型，收入分配问题的领域和范围也会发生变化，应当建立收入分配改革与财政支出的动态关联机制，使相关的收入分配问题及时纳入财政支出的覆盖范围。这种关联主要包括两个方面。第一，根据财政收入总量的增长,扩大财政支出的覆盖面。比如,农村社会保障体制的建立是财政收入增长的结果,虽然保障水平较低,但在农村地区的收入分配改革中具有重要意义。第二,随着财政收入总量的增长,提高相关领域的财政投入。以医疗投入为例,数据显示,上世纪90年代后,政府开始大幅减少财政支出中医疗卫生系统投入的比重。在卫生总费用中,政府预算支出占比从1990年的25.1%下降到2002年的15.2%。而根据财政部发布的《2010年全国公共财政支出基本情况》显示,2010年,我国医疗卫生支出总共才4804.18亿,占全国财政收入的5.3%。政府对医疗领域的投入不断减少与这一关联是相悖的。

在收入分配改革中,还应加强收入分配改革中的地方财政责任,完善财政转移支付制度,提高地方政府提供公共服务的积极性。地方政府在提供基本公共服务方面具有不可推卸的责任,但目前的财政税收体制影响地方政府对公共服务的提供,应当采取相应的措施,提高地方政府在基本公共服务方面的积极性。比如,在地方政府考核中,摒弃以经济增长为单一指标的考核模式,将公共服务等内容纳入考核体系,促进地方政府的作为。分税制改革重新塑造了中央与地方的财政关系,加强了中央的调控能力,但由于分税制改革的不彻底,地方的财政收入受到较大影响,与其承担的公共责任并不匹配,造成财权事权不对等的局面。在现有财政体制下,应当关注地方政府在收入分配中的职能,提高地方政府在公共服务投入方面的积极性。同时,针对地区间财政失衡,应当完善目前的财政转移支付制度。例如,规范转移支付标准,减少财政转移支付的盲目性和随意性,制度化中央与地方之间的博弈,提高转移支付的效率;增强财政约束,明确转移支付资金的投入方向,防止财政资金的随意使用而造成浪费;制定《财政转移支付法》,规范财政转移支付行为,提高财政转移支付资金的效能;加强相关领域专项经费的财政监督。

2. 财税法的制度局限

财税法有自身的运作机理和政策限度,不可能在收入分配改革领域发挥无限大的作用,它必然受到资源的约束和相关制度的掣肘,表现出自身的制度局限。

其一,资源约束。

收入分配区域差异的改善需要财政的大力支持,以满足再分配所需要的资源需求。财政支出的门类很多,但财政规模是有限的,这些都决定了财税法的资源限度。“政策方案实施所需的经济投入不能超出政府的财政支付能力,如果所需投入是政府财政难以承受的,或影响到政府对其他重要方面的投入,那么,这个政策方案就不是一个好的方案。经济与财政标准也包括两个方面的内容:一是某一备选方案占有和使用经济资源的可能性,进而实现政策目标的可能性;二是实施某一政策方案所花费的成本和取得的收益。"[①]事实上,由于财政资源的有限性,很多公共服务并没有达到理想的状态,财政能力制约基本公共服务的提供,很多公共服务在低层次上徘徊。比如,受制于资源约束,农村地区的基本设施建设处于落后状态、农村社会保障的保障水平较低,等等。这些问题的解决依赖于财政支出的调整和财政收入总量的增加,这构成财税法资源约束。

其二,制度制约。

制度不健全构成财税法作用发挥的另一个制约因素,其中最集中的表现是分税制改革不彻底导致的财政效能的低下。中央与地方对基本公共服务支出分担比例失衡造成中央与地方的财权和事权不对等,中央拥有大部分的财权而对基本公共服务所承担的责任却很少,相反,地方政府缺乏足够的财权却承担大部分的基本公共服务责任。严重的权责不一,增加了地方供给基本公共服务的难度,影响了地方基本公共服务的公平性,加剧了财政支出的分配不公,降低了财政效能。

其三,财税政策的传导机制不通畅。

政策之间是相互影响、相互制约的,一个政策要想发挥作用,很大程度上依赖于其他政策的支持,如果政策的传导机制不通畅,势必影响其政策效果。财税政策需要放在整个经济链条予以考察,如果没有有效的政策传导机制予以支撑,财税政策的效果就会大打折扣。

其四,财政政策执行的静态化。

我国的财政分配侧重于输血功能,通过对落后地区的财政支持,试图矫正分配不公问题,但这一财政政策带有明显的静态化色彩,仅仅注重财政投入规模的短期效果,不注重财政支出的质量和长期效果,影响财政资金的使用效能,不能形成支持落后地区发展的市场环境和制度环境,降低了财政政策的效果,而这一问题不仅仅依赖财税法予以解决,还需要区域发展政策、投资体制等相关制度的配合。

财税法在解决城乡收入分配和区域收入分配差距方面存在一定的制度局限,而这些制度局限可以通过替代性的政策措施予以解决。比如,促进农

---

① 牟杰、杨诚虎:《公共政策评估:理论与方法》,中国社会科学出版社2006年版,第239页。

村劳动力的转移，推动城乡劳动力平等就业，减少农业从业者人数，加强对农村劳动者的职业培训，提高农村劳动者素质；改革户籍制度，消除对农村劳动者的制度性歧视，在不能变革户籍制度的情况下，通过其他措施使农村居民也能享受到相应的公共服务；根据目前的经济发展阶段和劳动力流动状况，放开土地管制，通过合理的对价促进农村地区土地流转，促进农村的集约化经营，提高劳动生产率，推动农业产业化建设和农业机械化，发展农村合作组织；建立城乡一体的市场，完善城乡平等的要素交换关系，促进土地增值收益和农村存款主要用于农业农村；消除农村城市交易中的剪刀差现象，推动生产要素、资源在城乡之间双向平等流动。这都是财税法之外的政策替代措施，可以有效弥补财税法的制度缺失。

提供基本公共服务是政府的基本职责，但面对资源约束的现状，通过市场力量促进基本公共服务的有效供给也是一条可行的路径，所以，除了发挥政府在收入分配领域的主导作用之外，还应当发挥市场的力量，使市场参与收入再分配过程，形成市场路径与政府路径的有效结合，扩大收入分配改革的制度空间。但在收入分配领域改革的市场化取向中，应当把握市场与非市场的界限，防止过度市场化造成政策异变。

五、时间维度的差异性分配

时间维度的差异性分配主要包括社会保障的代际公平与社会保障制度的可持续性、"先富"政策和对利益受损群体的跨时点补偿、货币的时间价值等。由于时间维度的差异性分配具有一般性的制度表现，所以，可能会与其他维度的差异性分配存在竞合之处。

（一）时间维度差异性分配的表现

1. 社会保障的代际公平

社会保障以体现公平为主的收入再分配角色逐渐走上人类社会经济舞台，成为政府干预市场初次分配结果的一种工具。[①] 社会保障除了关系到同代人之间的正义，比如不同劳动者退休待遇的差异，还关系到代际公平，由于我国社会保障体制的特殊性，这一问题的表现更为明显。社会保障制度

① 高霖宇：《社会保障对收入分配的调节效应研究》，经济科学出版社2009年版，第6页。

是典型的因为“生命周期”而形成的“收入流动性”(income mobility)[①],成为观察收入分配问题的重要视角。

根据民政部公布的《2015年社会服务发展统计公报》,截至2015年年底,我国60岁及以上老年人口22200万人,占总人口16.1%。随着我国老龄化时代的到来,社保资金的规模成为我国社会保障体制运行中的重要问题。由于我国社会保障制度建立较晚,社保资金的积累不够,而养老金支出规模逐渐扩大,我国养老保险体系的发展不大平衡,加上养老双轨制的影响,目前的社保资金存在较大缺口。近十年来,我国对基本养老保险的财政补贴已经超过了1万亿元人民币。[②] 社会保障是隐性的分配形式,针对社保资金缺口,如何实现社会保障的代际公平成为我国社会保障体制的重大挑战之一。从现值的角度看社会保障是否还是一项好投资,要取决于很多关于未来情况的有争议的假设,包括缴纳比例、收益水平、资格规则等一系列因素。[③] 针对社保资金缺口和人口老龄化问题,有学者提出了延长退休年龄的建议。这些问题都牵涉到社会保障体制的代际公平,对收入分配也会有比较大的影响。罗尔斯曾认为,“代际关系虽然是一种特别的关系,但它并不会产生不能克服的困难。各代分布在时间中,而它们之间的实际上经济受益仅仅按一个方向发生,这是一个自然的事实。这种状况是不可改变的,所以正义问题不会产生。”[④]代际公平在我国社会保障制度中如何予以体现,需要放在具体的制度语境中予以考察。

2. 发展的优先性

改革开放之初,我国实行先富的发展政策,鼓励一部分人、一部分地区先富起来,然后先富带动后富,最终实现共同富裕。因此,在相关的政策取向中,就存在效率与公平的冲突,经济发展是通过对某些主体的利益剥夺而实现的,比如,在劳动者保护中,存在“重资本、轻劳工”的倾向,通过“低人权优势”对资本展开让渡,而忽视劳动者利益。这种经济增长方式在短期内可以促进国民生产总值的增加,这已为我国改革开放以来的经济成果所证明,

---

① 〔美〕罗杰·勒罗伊·米勒等:《公共部门经济学(第十七版)》,冯文成等译,中国人民大学出版社2014年版,第87页。

② 《保监会承认中国养老金缺口巨大》,载《新京报》2012年7月2日。

③ 〔美〕杰克·赫舒拉发:《价格理论及其应用:决策、市场与信息》,李俊慧译,机械工业出版社2014年版,第415—416页。

④ 〔美〕约翰·罗尔斯:《正义论(修订版)》,何怀宏、何包钢、廖申白译,中国社会科学出版社2009年版,第226页。

但这种经济增长方式也会带来一些社会问题。比如，单纯追求 GDP 的增长，漠视劳工权益，劳动者工资长期在低水平上徘徊；过于强调经济效率，对社会公平认识不足，贫富分化累积社会矛盾，社会不稳定因素增多。如果不矫正经济发展过程中出现的社会问题，社会问题会反过来制约经济发展，经济发展模式难以持续。由于社会保障制度不完善导致人们不敢消费，消费对经济的拉动作用不明显，因此，加快收入分配改革，通过制度手段实现财富的二次分配以实现社会公平仍然是今后社会建设的重中之重，这也是维系我国经济发展可持续长期的重要制度保障。比如，在新的经济发展阶段，重视长期被忽略的劳动者利益，针对利益长期被漠视的劳动者展开跨时点补偿。但从整个制度体系来看，目前的制度设计并没有对利益受损群体的状况给予足够的评估，也缺少完备的制度措施予以补偿，因而需要在以后的制度建设中继续完善。

3. 货币的时间价值

通货膨胀、经济增长等因素都会造成货币价值的变动，从而导致一系列分配差异。货币随着时间而发生的价值变化，这是时间维度的差异性分配。

由于我国处于经济高速发展的时期，货币政策受经济增长速度和发展模式的影响，政府有超发货币的冲动，导致通货膨胀成为经济发展中的伴生物，它相当于向民众征收了一种无形的税收。有研究表明，“一味追求经济增长而忽视通胀问题的货币政策导向，将致使中国家庭部门蒙受巨大的财产损失，并且进一步恶化家庭间的财产分布。”[①]因此，“我国货币当局在制定货币政策时应充分考虑通胀问题可能带来的诸如恶化财产分布状况等一些严重的后果。也就是说，中国人民银行在推行货币政策过程中，不能一味地仅仅追求经济增长目标，或受制于扩张性的财政政策，而应该借鉴美联储的经验，综合考量经济增长和由此可能引发的通货膨胀问题。”[②]通货膨胀的直接后果是物价的变动。由于经济能力的差异，通货膨胀给不同主体带来的经济后果也是不同的。“如果没有预期到通货膨胀，或者人们并没有因此调整他们的经济行为，那么，通货膨胀就会改变收入和财富的分配。对一些人来说，通货膨胀就像一种税收；而对另一些人来说，通货膨胀则像一种补贴。实际收入因通货膨胀而下降的人是那些赚取固定收入和以货币形式持有资

---

① 刘元春等：《中国通货膨胀新机制研究》，中国人民大学出版社 2012 年版，第 246 页。

② 同上书，第 248 页。

产的人。实际收入因通货膨胀而上升的人则是那些货币收入比物价上升更快的人以及持有价值升值比通货膨胀更快的实际资产的人。通货膨胀改变收入分配格局的任意性证明了这一断言:通货膨胀是不公平的。”[①]这是由通货膨胀引起的收入再分配效应。因此,当物价变动过于剧烈时,应当针对低收入群体启动临时性补贴等再分配政策。劳动者的最低工资水平也应当根据经济增长速度、通货膨胀率等因素适时作出调整,以确保劳动者在分配中的正当权益,分享改革发展带来的成果。

由于我国长期实行城乡分割的发展政策,造成城市化严重滞后,由此带来进城农民工的住房问题,这也是时间维度差异性分配的一种表现,针对这个问题,需要建立农民工的住房保障制度,维护他们的居住权。而对于农村的老年群体,则应当根据经济发展水平适时调整养老金数额,在普惠的基础上提高农村的社会保障水平。

分配或再分配政策都是针对某些主体作出的,任何维度的差异性分配最终都会体现为主体维度的差异性分配,时间维度的差异性分配也会通过具体的主体体现出来。在目前的经济社会背景下,收入分配改革方案的制定应当以主体标准为依据,使收入分配政策的效果最终都落实到具体主体,并获得公平的制度对待。

(二)时间维度差异性分配的后果

1. 社会保障制度的滞后性

我国目前的社会保障体制不健全、不统一,使社会保障体制应该起到的调节收入分配的职能未能有效实现。在很长的一段时期,占我国人口绝大多数的农民曾游离于社会保障体制之外,这是我国收入分配领域的一大缺失。在社会保障体制中,企事业单位的社会保障与政府机构的社会保障不统一,曾存在社会保障的双轨制问题,保障水平没有处于同一层次,违背公平原则。

农村的社会保障制度具有特殊性,而城乡一体化的社会保障制度改革问题也与收入分配制度改革密切相关。“农村社会保障制度作为协调社会不同阶层群体利益关系的重要制度,是衡量一个社会是否公正的标杆。它通过资金筹集和待遇给付可以把一部分高收入社会成员的收入转

---

① 〔美〕安塞尔·M.夏普等:《社会问题经济学(第十八版)》,郭庆旺译,中国人民大学出版社2009年版,第286页。

移到生活陷入困境的农民手中，从而重新配置一部分资源对农民给予保护，最大限度地实现城乡资源分配的公平合理，维护整个社会的公正。”[①] 2009年9月1日，国务院下发《关于开展新型农村社会养老保险试点的指导意见》，决定在全国10%的县试行农民社会养老保险，随着试点的结束，这一制度逐步在农村地区推行，形成新型农村养老保险制度。但由于我国的社会保障制度是不统一的，建立时间也是不一致的，农村社会保障制度相比较城市社会保障制度较为落后，保障程度不高，并且，从农村收入构成和城市收入的具体构成看，转移性收入的政策性最为明显，是政府最有条件和理由进行调节控制的。然而，恰恰是转移性收入的城乡差异最为突出，对城乡居民收入差距扩大起到了推波助澜的作用。这是城乡社会保障制度存在巨大差距的必然反映。[②]（见表2.1）所以，相对于城市的社会保障问题，农村的社会保障问题就成为时间维度的差异性分配的重要表现之一。

表　2.1

	城镇居民家庭人均收入		农村居民人均纯收入	
	2005年	2010年	2005年	2010年
合计	11321元	21034元	3255元	5919元
工资性收入	7798元	13708元	1175元	2431元
经营性收入	680元	1714元	1845元	2833元
财产性收入	193元	520元	88元	202元
转移性收入	2651元	5092元	147元	453元

社会保障的城乡一体化是社会保障制度改革的最终目标，实现这一目标需要长期的过程。应当根据当前城乡二元结构的实际情况，提出农村社会保障发展的序列目标，包括近期目标和长期目标。近期目标是继续推行并完善农村最低生活保障制度和农村合作医疗制度，这一目标已经基本完成。长期目标是形成以养老保险、医疗保险等为主要内容的覆盖全体国民的城乡一体化的社会保障网络，要实现这一目标还需较长时间。加强针对

---

① 葛庆敏、许明月：《农村社会保障体系建设中的政府角色及其实现的法制保障》，载《现代法学》2011年第6期。

② 中国（海南）改革发展研究院主编：《收入分配改革的破题之路》，中国经济出版社2012年版，第85页。

农村地区的财政转移支付和财政补偿制度，有助于矫正由于发展时间落差带来的差异性分配。

2. 农民工住房保障制度的缺失

随着住房商品化，我国房地产市场成为市场体系不可或缺的一部分，但房价的持续攀升使住房问题成为重要的收入分配问题之一，特别对低收入群体来说，住房困难问题更为严重。住房市场的建立和发展起步较晚，相对于住房市场中多样化的住房方式，保障房的建设更是落后。由于我国长期实行城乡分割的发展政策，错失了城镇化的良机，导致进程农民工成为住房问题的最大受害者，也是最容易被忽略的群体。针对低收入群体，我国实行住房保障制度，主要包括经济适用房、廉租房等。为此，国家提出要提高住房保障水平，强化各级政府责任，加大保障性安居工程建设力度，基本解决保障性住房供应不足的问题。同时，要多渠道多形式改善农民工居住条件，鼓励采取多种方式将符合条件的农民工纳入城镇住房保障体系。但在政策执行中，住房保障政策存在一定的缺失，集中表现为保障房资金紧张、房源稀少、分配环节不透明、地方政府积极性不高等，导致住房保障政策未能发挥预期功能。

保障房建设也是收入再分配的途径和领域之一，因此，可以在收入分配领域审视保障房制度的缺失和可能的改进方向。确定保障房享受主体的标准和范围，将进城农民工纳入享受保障房的主体范围，同时建立公开透明的保障房分配制度。目前，我国保障房分配环节问题突出，即使确定了合理的享受主体，但很多不合格主体通过分配环节不适当地攫取保障房利益。应当根据保障房的分配机理、分配规则，堵塞其制度漏洞，在资格设定、程序规则等方面予以完善，实现保障房的保障作用。保障房与商品房在运作机制、功能等方面存在较大差别，因此保障房的供给主要是政府的职责，而很难通过市场力量获得满足，要强化政府在保障房建设中的法定责任，拓宽保障房资金的筹资渠道，完善政府保障房建设责任的制度化考核机制和市场力量对政府责任的补充机制。

时间维度的差异性分配也要通过相关的主体体现出来，这些差异性分配会产生竞合问题，同一种差异性分配从不同维度予以观察，会给制度建构带来新的视角。收入分配问题关系到社会成员的生存权和发展权，是社会稳定和经济发展的基础。随着经济转型和社会变迁，收入分配问题的地位日益重要，单纯以经济建设为中心的发展模式弊端明显，需要通过以收入分配改革为中心的社会建设予以矫正，从而解决分配不公、城乡分裂、社会管理滞后等问题,实现经济的可持续发展。为此,国家强调要坚持把收入分配改革作为加快转变经济发展方式的根本出发点和落脚点,完善收入分配改革的制度安排,把促进就业放在经济社会发展优先位置,加快发展各项社会事业,推进基本公共服务均等化,加大收入分配调节力度,坚定不移走共同富裕道路,使发展成果惠及全体人民,同时,在产业转型升级、政府财政支出、投资结构优化等方面都要注重收入分配问题。

(三)时间维度差异性分配的财税法回应与制度局限

随着我国老龄化时代的到来,社会保障制度的短板越来越明显,社保欠账问题一直没有得到有效解决,这一问题的演化有可能会对经济发展和社会稳定构成阻碍;而随着城市化进程的加快,越来越多的农民工进入城市谋生,甚至定居下来,但高企的房地产价格已成为农民工落户城市的阻碍,影响城市化进程的推进,保障房的供应忽视了农民工群体,加上保障房供给不足,使农民工的住房保障问题成为城镇化进程的历史性存在;GDP至上的经济发展方式、不合理的经济结构等因素导致我国经济中的流动性问题越来越突出,通货膨胀成为一种重要的时间维度的差异性分配模式。针对这些问题,需要财税法、金融法、社会保障法等法律制度的综合调整。

时间维度的差异性分配在某种程度上可以通过财税制度予以解决,比如对社保制度的历史欠账,可以通过征收社会保障税的途径予以缓解;而对于历史形成的社会保障资金不足问题,则可以通过财政性资金解决历史欠账问题,从而维护具体社会保障的代际公平;对于农民工的住房问题,则需要通过政府投入更多的财政资金,加大保障房建设力度,使不能从市场中获得住房的低收入群体也能够公平地进入城市,享受城镇化带来的各项福利。这些都是可以通过财税法制度予以实现的。

但时间维度的差异性分配是多种原因造成的,很难通过单一的财税法途径予以解决。比如,社会保障资金的历史欠账是由我国的计划经济体制决定的,并且,由于积欠过多,仅仅依靠财政资金的补缺很难实现,将会带来沉重的财政负担,所以,有学者提出可以通过国有企业的利润提取予以弥补,这不失为一条有效的途径,但已经超越了财税法的制度范畴,需要通过国企改革等一系列的配套措施予以实现。对于农民工的住房保障问题,之所以将其视为时间维度的差异性分配,是因为这一问题的形成源于我国长期城乡分割的户籍制度和对农村劳动力流动的诸多限制,正是由于这些不当的制度限制,导致我国丧失了城镇化的最佳时机,现在的城镇化与房价问题、户籍问题等纠缠在一起，只能缓慢推进，所以，这一问题很难仅仅通过政府加强保障房建设所能最终解决，需要通过改革户籍制度，破除针对农村劳动力的不当限制和歧视，释放城镇化过程中的各种活力，制度性地实现对农村劳动者的利益补偿。通货膨胀问题更多的是金融问题，而不是财税问题，所以，财税法在解决这一问题上的制度局限也是明显的，需要改革我国的经济发展模式和金融体制，以化解通货膨胀对分配结果和居民生活带来的不利影响，维护社会稳定和经济的平稳运行。

财税法是解决分配不公问题的重要制度路径，可以产生直接的政策效果，但分配不公问题的成因是多种多样的，所以，在承认财税法可以有效解决分配不公问题的同时，还必须明白财税法的制度局限，同时辅之以关联体制变革和配套制度建设，这样才能有效解决差异性分配问题。

六、小结：差异性分配的结构性风险与制度性回应

差异性分配会给不同主体带来差异化的结果，从而使这种分配模式蕴含着内在的风险，给经济发展、社会稳定、制度变迁等问题带来影响，因此，需要在尊重合理的差异性分配的基础上，分析差异性分配的社会经济后果，并通过制度手段化解结构性风险。

（一）经济风险

“从稳定增长目标看，宏观经济的四大目标都与分配相关，只有解决好分配问题，才能实现稳定增长。”[①]所以，如果任由差异性分配存在下去，可能会对经济发展带来难以预料的风险。从我国目前的经济发展来看，收入分配不公已经产生了严重的经济后果。比如，由于收入分配不公，导致低收入群体消费能力缺乏，即使具有一定的消费能力，也由于社会保障制度的不健全、职业稳定性差等原因而不敢消费，导致我国的经济发展仍然是投资出口拉动型。由于区域收入分配的差异，导致劳动力的跨区域流动，不利于经济发达地区的产业结构调整和经济转型，低附加值的制造业仍然主导沿海发达地区的产业结构，为经济转型带来困难。所以，差异性分配蕴含着一定的经济风险。

---

① 张守文：《重视分配问题的经济法规制》，载《法制日报》2011年8月24日第12版。

（二）社会风险

收入分配差距扩大容易使低收入群体产生社会疏离感，影响社会稳定，降低社会活力。收入分配差距会固化目前的社会阶层分化，并通过代际传递挤压低收入群体的发展机会，同时，目前的制度体系中缺少有效的机制矫正这种社会阶层的固化，导致收入分配不公问题越来越严重。目前很多群体性事件是由收入分配不公问题引发的，越来越多的低收入群体通过非制度化的通道表达诉求，从而导致社会风险的生成。如果不对这些社会风险有足够的重视，并通过制度渠道予以化解，很可能会放大社会风险。

（三）财税法的回应及其局限

财税法的制度设计会影响收入分配的最终结果，并且，收入分配问题也会在财税法上形成制度累积，并给财税法带来结构性风险。所以，不仅要关注财税法的制度设计对收入分配问题的影响，也应该关注收入分配问题对财税法的反向作用。税法规范不同主体之间税收利益的分配，其通过自身的再分配功能矫正收入分配差距，但我们会发现在制度的运作中，这一功能越来越弱化而难以实现。由于收入分配不公问题的累积，导致财税法对很多分配问题无能为力，从而给财税法的变革带来制度风险。

事实上，很多问题是财税法无法解决的，需要通过整体的制度变革予以实现，但“我们在资源的分配上用于社会政策的资源太少，社会政策的力度太弱，无法形成经济政策与社会政策的平衡，无法实现经济发展与社会公平的平衡”[①]。如果不能通过相关政策有效解决收入分配不公问题，不仅会加大制度风险，也会影响财税法的制度设计，导致其在解决收入分配问题上的制度失灵。

财税法是调节收入分配的重要制度设计，它通过自身的再分配功能矫正不公平的收入分配格局，因此，在我国的收入分配改革中，财税法可以发挥很大的作用。从我国目前的收入分配改革方案来看，比较重视财税法的制度构建。比如，通过完善个人所得税法，减轻低收入群体的税负；通过加大财政转移支付力度，提升落后地区和弱势群体的财政能力。但是，财税法有其自身的制度局限，它不能有效应对所有的收入分配不公问题，并不是所有的分配问题都适合于用财税制度来解决。比如，“任何旨在进行收入再分

---

① 孙立平：《失衡——断裂社会的运作逻辑》，社会科学文献出版社2004年版，第109页。

配的税收或转移支付都会扭曲某种商品的价格，因此都会导致效率的损失。”[①]所以，需要基于问题的性质和财税法的机理等因素具体地分析财税法所能发挥作用的空间，准确识别财税法的制度功能，从而与收入分配问题有效匹配。财税法的制度设计和运作比较集中地体现了国家的治理能力，在我国提出实现国家治理能力现代化的背景下，探讨通过财税法的制度变革矫正差异性分配，化解社会风险，具有重要的现实意义。

一般情况下，收入分配关乎利益问题，但很多收入分配不公是由权利问题所引发的，而这一点往往容易被忽略。由利益问题引发的收入分配不公可以通过财税法制度予以解决，但由权利问题引发的收入分配不公却难以通过财税法制度予以化解。比如，地区发展不平衡导致的收入分配不公可以通过财政转移支付的方式予以实现，但由于财政转移支付仅仅满足了输血的需要，不能长久支撑落后地区的发展，财税法就存在制度局限。而对于劳动者权利不能得到有效保护的问题，则不能靠财税法予以解决，这个问题的解决只能依赖于转变制度导向，通过赋予弱势主体权利，从而提供公平的机会和环境，这是权利配置的路径，区别于利益给予的模式。

在强调政府作用的同时，也要注重发挥市场在收入分配中的作用，通过提高经济的市场化程度，减少政府行为所导致的不确定性，从而最大限度地减少收入分配的差距和收入不公。[②] 由于我国存在扭曲的市场机制，因此，对市场的收入分配功能的强调在我国的收入分配中具有独特的政策意义。况且，在市场和政府之外，还存在其他类型的分配模式，“如果我们将市场中的分配看作是首次分配，由政府通过行政手段进行的分配是再分配，由民间的方式进行的财富转移则应当看作是第三次分配。而且，我们知道，不论是哪一种关于收入和收入差距的统计中，都是无法将通过这个渠道重新‘分配’的财富或收入统计进去。”[③]因此，不能仅仅强调通过政府的再分配，而应当利用一切可能的手段，多元化地解决我国的收入分配问题。

总之，面对收入的差异性分配，财税法制度可以发挥作用，却也存在相应的制度局限。在财税法不能有效发挥作用的情况下，就要通过替代性的制度措施，转换政策导向，赋予相关主体以权利，为收入的公平分配奠定良好的制度基础。

---

① 〔美〕A. 米切尔·波林斯基：《法和经济学导论》，郑戈译，法律出版社 2009 年版，第 120 页。

② 张维迎：《市场的逻辑》，上海人民出版社 2012 年版，第 316 页。

③ 孙立平：《失衡——断裂社会的运作逻辑》，社会科学文献出版社 2004 年版，第 58 页。

第三章 我国收入分配财税法制的历史变迁:典型问题与制度成因

引 言

社会公正是经济发展尤其是可持续发展的根本。“以公平作为发展的中心,是通过对过去10—20年围绕市场、人类发展、治理和赋权的发展思想要点的提升和整合……通过确保所有人的个人权利、政治权利和财产权利得到制度上的保障,由此国家将能够吸引更多的投资者和创新者,并且大大提高为全体公民提供服务的有效性。从长期来看,增加公平是提高经济增长速度的根本。”①

相反,“社会两极分化消减了财产权与合同权利的安全性,进而通过这个渠道消减了经济增长。”②拉丁美洲地区在20世纪50—60年代的经济迅速发展之后由于未能妥善处理社会公正问题而陷入了“不平等陷阱”,导致了之后经济发展的停滞不前。因此,以社会公正为中心的发展是全面、协调、可持续发展的必由之路。

社会公正对于中国经济发展尤为特殊和必要。自改革开放以来,中国走出了一条经济市场化、政治民主化、社会法治化为导向、兼容对外开放的发展道路,取得了中国近代史上最大的经济成就,谱写了中华民族历史上波澜壮阔的辉煌篇章,也创造了人类历史上经济发展的伟大奇迹。但这种高速的经济增长是畸形的、失衡的、不可持续的,本质上是以社会公正为代价的。这是历史原因造成的,无可厚非,事实上也实现了经济的跨越式发展。但是在中国新的经济社会形势下,尤其自2008年金融危机以来,我国经济社会发展中“不平衡、不协调、不可持续问题依然存在”③,并愈发成为制约中

---

① 世界银行:《2006年世界发展报告:公平与发展》,清华大学出版社2006年版,第17页。

② Philip Keefer and Stephen Knack, Polarization, Politics and Property Rights: Links between Inequality and Growth, at http://ideas.repec.org/p/wbk/wbrwps/2418.html.

③ 如表现在:经济增长的资源环境约束强化,投资和消费关系失衡,收入分配差距较大,科技创新能力不强,产业结构不合理,农业基础仍然薄弱,城乡区域发展不协调,就业总量压力和结构性矛盾并存,物价上涨压力加大,社会矛盾明显增多,制约科学发展的体制机制障碍依然较多。

国经济社会全面、协调、可持续发展的瓶颈，由此凸显了转变经济发展方式的必要性、迫切性和重要性。

其实，发展方式转变早在“九五”期间即已提出，而迟迟难以有效转变的根源并不在于技术低下、创新不足、环境污染、结构失衡、农业落后、文化与社会建设滞后等表层现象，而在于社会基本结构——合理分配公民基本权利和义务、利益和负担/责任的主要制度——的不公正，这才是表象背后隐含的更深层次的根源。具体表现在长期实行的重沿海轻内陆、重工业轻农业、重城市轻农村、重外贸投资轻内需、重经济增长轻社会建设、重国有企业轻民营企业等方面的制度。例如自主创新的滞后源于资源占有、金融信贷、市场准入、投资机会、财政补贴、税收等特权与机会在大型国有企业与中小型民营企业之间配置的不公平，垄断企业依靠政策倾斜即可谋取超额利润，又何来技术创新的动力?[①]

改革开放巨大经济成就的光环下隐藏着巨大的社会危机：近半个世纪以来，从来没有像今天的社会分化与社会不公正如此强烈地撞击着国人善良的情感、拨动着国人敏感的心弦、挑战着国人朴素的心理底线，“穷二代”“压二代”“房二代”等网络新词更是直接凸显了社会不公正的代际遗传、复制机制。

因此，收入分配不平等与社会不公，俨然已经成为当前中国最大的经济社会问题。促进与保障收入公平分配则成为我国经济社会大转型时期亟须解决的重大战略性任务[②]，对于维护社会和谐、促进公平增长、保障基本人权、优化国家治理，具有重要的战略性意义。具体而言，“收入分配是民生之源，是改善民生、实现发展成果由人民共享的最重要、最直接的方式。”[③]

---

① 《十二五规划纲要》将“科技进步和创新”定位为“加快转变经济发展方式的重要支撑”。这是正确的。西方经济学家认为，垄断技术结构会降低技术创新过程，影响技术进步步伐，进而延缓经济发展，他们认为竞争市场能够带来技术进步，更好地促进技术创新。代表性观点可以查阅以下文献：See Harold Demstz, Information and Efficiency, Another Viewpoint, *Journal of Law and Economics*, Apr. ,1989, p. 1111;〔美〕乔尔·莫基尔:《富裕的杠杆:技术革新与经济进步》，陈小白译，华夏出版社 2008 年版；等等。

② 国务院 2013 年批转的发展改革委、财政部、人力资源和社会保障部《关于深化收入分配制度改革的若干意见》深刻地指出我国当前收入分配领域存在的突出问题：“也要看到收入分配领域仍存在一些亟待解决的突出问题，主要是城乡区域发展差距和居民收入分配差距依然较大，收入分配秩序不规范，隐性收入、非法收入问题比较突出，部分群众生活比较困难，宏观收入分配格局有待优化。”

③ 中共中央宣传部:《习近平总书记系列重要讲话读本》，学习出版社、人民出版社 2014 年版，第 114 页。

针对转型时期收入分配拉大的现实问题,中共中央《关于全面深化改革若干重大问题的决定》(2013 年 11 月)与国务院《关于深化收入分配制度改革的若干意见》(2013 年 2 月)均强调完善以税收、社会保障、转移支付为主要手段的再分配调节机制,加大税收调节力度。鉴于财税法是现代国家收入再分配的重要法律制度,具有再分配的重要职能,本章着重梳理我国收入分配财税法律制度变迁的历史,从中剖析我国收入分配不公的典型问题,以及造成收入分配不公的财税法制度成因,进而为后文的制度完善部分打下坚实的基础。

本章在“分配—政策—法制”的经济法变迁路径的基础之上[①],采取社会变迁与法制变迁的双向互动的分析框架。经济社会变迁与法律制度之间存在着双向互动关系。具体而言,一方面,特定时期的经济社会背景以及政治性的收入分配政策,必然外化为作为经济性政策的财税政策,影响相应的财税法的制度变迁。“财税法乃至整个经济法制度的形成,受经济活动、经济波动、经济政策等方面的影响是直接而巨大的。”[②]另一方面,特定时期形成的财税政策与财税法,也会进一步反作用于经济社会发展,既可能产生正向的积极效应,也可能产生反向的负面效应。在这一双向运动的分析过程中,可以有效地观察制度变迁的原动力,从制度的角度探寻经济社会问题的制度成因,进而为完善制度以引导经济社会更好的变迁打下基础。对于财税法而言,由于财税贯穿于政治、经济、社会、文化、历史等各个方面,是透视一国诸多问题的重要视角,因此,财政法的研究更需要从法律、经济、社会、政治等诸多视角展开关联性的研究。[③]

本章具体采取历史研究方法。经济法的历史研究方法,是社会科学方法在经济法领域的具体运用,具有独特的价值。“透过各国重要经济法制度的沿革,发现在制度流变过程中存在的问题,以及所蕴涵的规律,正是在经济法理论研究中所要解决和提炼的。”[④]因此,运用历史研究方法,梳理新中国成立以来的社会变迁与收入分配财税法制的变迁,有助于透彻理解我国

---

① 关于经济法“分配—政策—法制”变迁路径的具体分析,参见张守文:《贯通中国经济法学发展的经脉——以分配为视角》,载《政法论坛》2009 年第 6 期。

② 张守文:《财税法疏议》(第二版),北京大学出版社 2016 年版,第 93 页。

③ 参见张守文:《税制变迁与税收法治现代化》,载《中国社会科学》2015 年第 2 期;张守文:《财税法治国家:差距及其弥补》,载张守文主编:《经济法研究》(第 16 卷),北京大学出版社 2016 年版,第 18 页。

④ 张守文:《经济法原理》,北京大学出版社 2013 年版,第 110 页。

目前收入分配不公的典型问题与制度成因。[①]

本章的结构安排如下。首先,简要展开本章的分析框架,即社会变迁与财税法制变迁的双向互动;接下来,运用这一分析框架,依次分析我国计划经济时期、计划经济向市场经济过渡时期、社会主义市场经济时期的社会变迁与财税法制变迁,形成第二、三、四部分;之后,从历史变迁特别是近年来的社会现象中,归纳我国当前收入分配不公的典型问题,进而从财税制度角度剖析其制度成因,形成第五、六部分。最后是一个简要的总结与展望。

一、分析框架:社会变迁与财税法制变迁的双向互动

经济社会变迁与法律变迁之间的关系是一个颇有历史渊源的争议性问题,最早可以追溯到古罗马时代。法律是经济社会变迁的自变量还是因变量,抑或原因还是结果,一直是而且目前仍然是西方学术界争论的焦点,分别形成了"边沁学说"与"萨维尼学说"两种相互对立的学说。

杰里米·边沁(1748—1832年)生活于英国工业革命时期,这个时期英国的政治与法律制度越来越不适应工业社会发展的需要,改革已经成为英国举国上下关注的一个重要问题。边沁积极批判布莱克斯通《英国法释义》维护英国旧制度的理论。在工业化和城市化的初期,极富远见地预见到法律需要革新,强调通过政府实现"最大多数人的最大幸福"的功利主义原则,大力呼吁通过法典编撰实现法律变革,将法律作为功利主义改革的工具,以应对新的经济社会需求。"一种新的法律科学和改革将为现代的有序社会创造条件。"[②]在其看来,法律是社会变迁的推动力量,是社会变迁的自变量。

萨维尼出身于没落的封建贵族家庭,憎恨法国大革命,其法律理论有着浓厚的保守主义。在他看来,"法律绝非可由立法者任意故意的制定之产物。法律是内在地、默默的产生作用之力量的产物,它深深地植根于一个民族的历史之中"。强调法律就像语言一样,不是随意的、深思的意志之产物

① 经济法学研究中运用历史主义方法的典型研究成果,参见肖江平:《中国经济法学史研究》,人民法院出版社2002年版。

② 〔英〕韦恩·莫里森:《法理学:从古希腊到后现代》,李桂林等译,武汉大学出版社2004年版,第199页。

而是缓慢的、逐渐的、有机的发展之结果。[①] 在其看来,法律是社会变迁之产物,是社会变迁的因变量。

沿着这两条道路,西方关于法律与经济社会变迁之间关系的争论一直没有停止。多数学者认为,经济社会变迁与法律制度之间存在着双向互动关系。我们倾向于认为经济社会变迁是法律制度变革的原动力,或者说是最主要的动力。经济社会变迁导致法律变迁,而法律的变迁反过来亦会进一步影响到经济社会的变迁。

下面以美国社会转型时期为例,说明经济社会变迁与法律之间的这种双向互动关系。19世纪末与20世纪之交自由资本主义向垄断资本主义过渡的时期,美国托拉斯等大型企业组织的崛起,使得奠基于自由资本主义经济基础之上、以公法与私法的二元划分为支撑、以法律实证主义为法理基础、以个人权利为核心的形式正义为价值皈依、洋溢着浓郁康德自由主义灵魂的传统法律制度难以适应经济社会的剧烈变动,导致了实践中的不平等,扼杀了实质正义。经济社会的变迁催生了"对于形式主义的反叛"的法律现实主义思想,促进了美国法律制度的演进。反过来,这些思想潮流,"在20世纪前半叶美国从一个高度个人主义的社会逐渐转向一个集群主义社会的渐变过程中,发挥了至关重要的作用。"[②]

因此,经济社会变迁与法律制度之间存在着双向互动关系。具体而言,一方面,特定时期的经济社会背景以及政治性的收入分配政策,必然外化为作为经济性政策的财税政策,影响相应的财税法的制度变迁;另一方面,特定时期形成的财税政策与财税法,也会进一步反作用于经济社会发展,既可能产生正向的积极效应,也可能产生反向的负面效应。

经济社会变迁与法律制度变迁的双向互动关系,可以进一步丰富"分配—政策—法制"的经济法变迁路径。经济法的"分配—政策—法制"变迁路径包括三个环节:第一,分配关系的调整。分配关系的调整涉及改革的最初动因、制度安排的侧重,以及经济法制度变迁的动力。第二,政策变迁的路径。利益分配的政治性调整,会影响到作为经济性政策的财税政策。第三,法制变迁的路径。作为经济政策的法治化,经济性政策的调整会进一步传导到经济法制度。"分配—政策—法制"变迁路径有助于深刻揭示经济法

---

① 〔美〕Edger Bodenheimer:《法理学:法哲学与法学方法》,范建得、吴博文译,台湾汉兴书局有限公司1997年版,第378—379页。

② 〔英〕丹尼斯·劳埃德:《法理学》,许章润译,法律出版社2007年版,第313页。

变迁的原动力,以及经济政策与经济法制度之间的关系。

从经济社会变迁与法律制度变迁的双向互动关系分析,特定时期的法律制度也会反作用于经济社会变迁。在"分配—政策—法制"的经济法变迁路径中,法律制度的积极效应具有一定的时效性,超越时效之外,法律制度可能会成为阻碍经济社会良性运行的制度障碍。比如,我国在1994年进行的分税制改革,曾经有效地增进了中央政府财力,起到了促进经济发展的良好效果,但是在今天,其不足之处也日益显现。当法律制度超出时效性之外变为经济社会发展的阻碍因素之时,法律制度需要及时变革以回应新的要求,这就会反过来影响到政治性政策的新的利益分配,引发新的"分配—政策—法制"的变迁。

因此,本章运用这一分析框架,剖析我国当前收入分配不公的典型问题与制度成因。一方面,依循"分配—政策—法制"的变迁路径,依次考察计划经济时期(1949—1978年)、从计划经济向市场经济过渡时期(1978—1994年)、社会主义市场经济时期(1994—2012年)的社会变迁如何影响收入分配财税法制的变迁,另一方面也观察特定时期的收入分配财税法制对收入分配有什么影响,产生了什么样的社会效果。

在分析过程中,我们同时关注不同时期的转换期间,当法律制度超越其起积极作用的时效期间之外,法律制度是如何改革以回应新的经济社会发展的制度诉求。按照这一逻辑,我们着重分析当前我国收入分配不公的典型问题,以及这些典型问题背后所隐含的财税法制度成因,以为调节收入分配、促进和保障社会公正的财税法制度的新的变革,提供分析基础。

二、计划经济时期的社会变迁与财税法制变迁

(一)计划经济时期的经济社会背景

1. 经济背景

新中国建立初期,百废待兴,党和政府面临着国家发展道路与发展战略的选择问题。1952年,党中央按照毛泽东同志的建议,提出了过渡时期的总路线:要在一个相当长的时期内,逐步实现国家的社会主义工业化,并逐步实现国家对农业、对手工业和对资本主义工商业的社会主义改造。从1949年10月中华人民共和国成立到1956年,我们党领导全国各族人民有步骤地实现了从新民主主义到社会主义的转变,迅速恢复了国民经济并开

展了有计划的经济建设，在全国绝大部分地区基本上完成了对生产资料私有制的社会主义改造。[①]

从1957年开始，政府加快推行重工业优先发展的战略。重工业优先发展战略其实在1951年开始的"一五"计划中已经开始推行，但在1957年之后开始加速。重工业优先发展战略需要大量的资本，与新中国建立初期的现实情况截然相反，使得重工业的优先发展无法通过市场机制实现，需要政府层面作出相应的制度安排，人为地压低重工业发展的成本，即压低资本、外汇、能源、原材料、农产品和劳动力的价格，降低重工业资本形成的门槛。因此，计划经济时期，围绕着重工业优先发展战略，形成了扭曲产品和要素价格的宏观政策环境、高度集中的资源计划配置制度以及以国有化和人民公社为特征的毫无自主权的微观经营机制。

2. 社会背景

围绕着重工业优先发展战略，这一时期形成了以合作化运动为主的社会背景。

先来分析1952—1954年互助组制度。《关于农业生产互助合作的决议》(1951年)规定由4—5户农户按照自愿与互利原则组成互助组，发展农民劳动互助的积极性。互助组实施效果良好，原因如下：第一，在农忙时节，不同农户集中各自的劳动力、农具与牲畜，互帮互助，是中国农村长期存在的传统。互助组是对这一传统的确认。第二，社员激励方面。互助组不影响所有权归属，有利于完成需要集中大量人力的农活，带有某种规模效益。此外，在互助组中，贫农可以解决缺牲口与农具的问题，富裕户可以解决缺劳力的问题，他们自己协议好，互相交换，所以受欢迎。[②] 第三，有效的监督机制。互助组成员少且相互之间熟悉，能够有效地相互监督。此外，互助组组长的监督和会计的准确记录，使得互助行为更加规范，组员获利更加对等。这些克服了合作中的"偷懒"等搭便车行为。

受到互助组的鼓励，政府在1954年推行初级合作社。初级合作社实行入社自愿、退社自由原则，尊重农民私有财产权，集体劳动、民主管理，实行土地分红与按劳分配相结合的分配方式，在推行之初曾遭到富农的抵制。

---

① 《关于建国以来党的若干历史问题的决议》(1981年6月27日中国共产党第十一届中央委员会第六次全体会议一致通过)。

② 参见杜润生：《杜润生自述：中国农村体制变革重大决策纪实》，人民出版社2005年版，第47页。

因为私有的生产资料在初级合作社中被集体共同使用,客观上不利于富农,有利于贫下中农,带有一定的利益分配不均。整体而言,初级合作社实施效果较好。第一,社员方面。社员仍是耕地与农具的所有者,具有相应的激励与责任感。第二,社干部方面。为了吸引单干户入社,并防止既有社员退社,以及出于个人利益和政治抱负的考虑,社干部有着强烈的改善合作者劳动管理、集体财务、收入分配与农耕技术的激励。第三,相对有效的监督机制。初级合作社由20—30户人家组成,规模较小,社员相互之间非常熟悉,公众舆论有效地防止了集体生产的偷懒与玩忽职守。社员退社的权利与自由使得努力工作的社员可以以退社的方式威胁偷懒的社员,进而防止合作生产中的偷懒行为。不过,部分地方推行过于急躁,出现农民反对的现象。

高级合作社制度是一个转折点。政府在1956年开始推行"全盘集体化"的高级合作社道路。高级合作社废除农地私有制,推行农地集体公有公营,劳动产品归集体所有,在分配方面取消土地报酬及分红制度,改行工分制。"自从加入大社(即高级合作社),日子就不好过了。"[①]与互助组、初级合作社相比,高级合作社实施效果趋于变差,原因如下:第一,社员激励机制的缺失。社员丧失生产资料的所有权,积极性下降。此外,高级合作社作为基本核算单位,全社收入由社农户共享,不考虑分属的生产队。而高级合作社由150—200户农户组成,规模的扩大又使得社干部难以有效核算村民的劳动付出与工分。因此,社员的劳动付出与应得份额的关联度不断下降,集体劳动的激励也相应降低。第二,社干部激励约束机制的缺失。在高级合作社社员丧失退社权之后,社干部失去了维系良好干群关系的激励,在管理方面走向行政命令与强制,并控制着合作社派活、记工分、农产品分配及资金管理,不仅脱离生产,而且滥用特权,卷入渎职之中。第三,监督机制的失灵。高级合作社规模的扩大一方面使得社员之间的身份共识弱化,社员相互监督的机制趋于消失,一方面使得社干部的监督面临着严重的信息约束。

在高级合作社的基础之上,人民公社制度成为农业合作化运动的顶峰。1958年9月10日,《人民日报》公布《关于在农村建立人民公社问题的决议》,到10月底,全国70多万个农业生产合作社,被2万多个人民公社所取代,参加农户占全国总农户的99%以上。人民公社的主要特点是"一大二公":规模大、公有化程度高、实行免费供给制与工资制相结合的分配制度、组织军事化、行动战斗化、生活集体化。人民公社制分为大公社与人民公社

---

① 钱念孙:《龙抬头——"大包干"的前前后后》,江苏文艺出版社2008年版,第43页。

两个时期,其中,1958—1960年的大公社是“大跃进”的标志,造成严重的后果。鉴于大公社的难以推行以及严重后果,1963年开始的第二阶段是对第一阶段大公社的补救,延续至1983年。

人民公社制度实施绩效最差,主要原因如下:一是社员激励机制缺失。农地收益分配之前必须完成征、派购任务(包括农业税和政府的低价收购)。国家过度的粮食收购减少了生产队的留存与农民的所得。此外,农民劳动付出与收入分配的关联在人民公社中更为弱化。华裔学者李怀印根据对大跃进时期有关劳动报酬与收入分配的各项政策实际运作情况的调查,解释了其中的原因:“第一,大跃进初始阶段,政府废止了工分制,而以所谓的工资制代替(根据固定的工资等级或年终对全年劳动表现的评估来给村民支付酬劳),结果,社员每天的劳动数量与质量不再直接影响到他们的集体所得。第二,在国家恢复了工分制之后,工分又变得没有多大价值,因为集体已经几乎无粮可分,工分无法兑现为粮食,同时因为支付给少部分家庭的有限现金购买力也较低。第三,在免费供给制下,大部分口粮是按照需要免费分配给社员的。因此在大跃进时期,劳动投入和收入分配间的联系非常薄弱,村民也觉得没有理由为集体辛勤劳动。”[①]二是社干部激励约束机制的缺失。大队与生产队干部并非国家干部,享受不了政府薪金与福利,还要参加生产,缺乏足够的执法激励,反而利用控制合作社经济活动的权力谋取个人利益。三是监督机制的缺失。人民公社的强制推行,需要有效的监督。人民公社的规模更大,在大公社时期曾达到5000户,农业劳动的分散性也更强。社干部的监督面临严重的信息不对称约束,既难以监督社员偷懒的搭便车行为,也难以有效核算社员的农业劳动,使得社员劳动成果与绩效的关联度不断降低。

(二)计划经济时期的收入分配政策

计划经济时期的主流分配思想是马克思、恩格斯的收入分配理论,核心观点是生产决定分配,生产关系决定分配关系。分配是生产的产物,分配的结构取决于生产的结构。这里的按劳分配主要是指个人消费品的实物分配,由于马克思认为生产关系和生产资料的所有制结构决定分配方式,有怎样的生产关系和生产资料所有制,就有怎样的分配方式与之相适应,因此可以说这种分配方式是由社会主义时期生产条件的特点决定的。生产资料的

---

① 〔美〕李怀印:《乡村中国纪事:集体化和改革的微观历程》,法律出版社2010年版,第90页。

社会主义公有制使得劳动者联合，在全社会范围内或在一个集体范围内同生产资料直接结合，共同占有劳动成果。而在社会主义阶段，工农之间、城乡之间、脑力劳动和体力劳动之间的差别依然存在，因而不同的劳动者向社会提供的劳动也有明显差别。按劳分配即以劳动作为个人消费品分配的尺度，不仅可以保护劳动者不同的工作能力，也可以调动劳动者的积极性。

然而，计划经济时期的收入分配政策并非严格遵循按劳分配制度，而是在不同的阶段略有偏差。新中国成立之初，刘少奇分析了分配制度与生产力发展的关系，指出社会主义国家“必须按照按劳付酬的原则，公平合理地分配其劳动所创造的价值”。随着土改和没收官僚资本的完成，私营企业实行“公私兼顾、劳资两利”“低工资、多就业”和“劳动致富”的收入分配政策，规定工人的工资应由劳资双方协商解决。

1956年底我国完成对资本主义工商业的社会主义改造，使得所有制结构已经转变为几乎是单一公有制经济。在城市，主要存在的是以国营经济、集体经济为主体，包括少量个体经济的所有制结构，绝大多数就业居民变成了国家企事业单位的职工或集体企业职工，其收入完全被纳入国家统一规定的工资体系和级别中。因而在工资制度方面按劳分配也成为当时我国收入分配最为主要的形式。1956年国家对企业、事业和国家机关的工资制度进行了统一改革，确立以技术、职务、行业、地区这四个基本因素为参照标准的“按劳分配”制度，辅以实施一定程度的计件工资。这种建立在单一公有制基础上的按劳分配制度存在着一些问题，一是受到“平均主义”思想和政策的影响，分配水平过于平均化；二是分配形式过于单一，按劳分配以外几乎没有其他分配形式；三是分配结构和水平固定化。到1957年3月，国务院在一份批复中禁止任意辞退企业、事业、机关编余的人员，客观上使得城市职工得以端国家“铁饭碗”，这显然不利于劳动效率的提高。在农村，以家庭经营为特征的个体农民，经过合作化和人民公社化，形成了“三级所有、队为基础”的集体经济，农民作为集体经济的成员，也实行以按劳分配为主、兼顾平等的分配体制。社员在集体经济内部，实行大体平均的分配和有限的社会保障。

1966年到1976年的十一年间，随着“文化大革命”的开展，逐渐出现了对按劳分配原则的质疑，乃至之后该原则遭到了全盘否定，被斥为“产生资产阶级的经济基础”。因此，“文化大革命”期间，计件工资、奖励制度、定额管理、技术考核和职工升级等体现按劳分配原则的制度遭到废除，出现了严重的平均主义现象，城市居民的收入分配呈现单一化、固定化和平均化的特点,农村则由于合作化运动出现了“大锅饭”的平均主义分配。

综上,在计划经济时期,党和国家的分配思想带有浓厚的平均主义色彩,因此我国的分配政策在公平与效率之间,更加注重公平。这种思想始于整风运动及“反右”斗争扩大化,加剧于“大跃进”和“人民公社”。在城市,人们个人消费品的分配是平均的,不考虑劳动质量与数量的差别。在农村中表现为人民公社成为一种普遍化的制度,许多人认为人民公社可以消除由于社会分工导致的工农、城乡和脑力与体力劳动之间的差别。

(三)计划经济时期的财税政策、财税法制及其分配效果

1. 计划经济时期的财税政策

计划经济在我国历时多年,实行高度集中、统收统支的财政体制,一切收支都由中央统一调度,财政税收也势必成为政府进行宏观调控、发展重工业的关键手段。在这一时期,财税政策目标在新中国建立初期主要是统一全国财经,从根本上遏制当时的通货膨胀,克服当时的财经困难,平衡财政收支、平衡通货出纳、平衡物资供求。在经历“大跃进”“文化大革命”阶段财税工作的动荡之后,有财政工作人员深刻认识到坚持财政、信贷、物资的综合平衡的重要性。其中,财政收支平衡就是要求国家财政所集中的国民收入同分配使用这部分国民收入的平衡;信贷平衡则是银行动员资金和分配使用资金的平衡,而实现财政和信贷平衡是实现物资供需平衡的重要条件。①

2. 计划经济时期的财税法律制度

我国计划经济时期财税制度的基本框架形成于20世纪50年代,是仿照当时的苏维埃实践建立的。在该体系下,一切财政支出由中央决定,但日常的行政和社会公共服务职能,如教育(大学教育除外)、公共安全、医疗卫生、社会保障、住房和其他公共服务都由地方政府负责提供。中央政府则通过收入分配体系为这些服务提供资金,该体系中一切税收收入都归中央政府所有。当时财政收入主要来自工业利润,各地区负担极为不均衡。具体而言,我国计划经济时期的财税法律制度又可以大致分为如下两个阶段:

第一个阶段是1949年至1952年的国民经济恢复时期。

(1)财税收入法律制度。党和国家出台了一系列文件,逐渐建立起新中国的税收体制和公债系统。1949年底,中央人民政府委员会还提出了发

---

①　王丙乾:《中国财政60年回顾与思考》,中国财政经济出版社2009年版,第231—232页。

行人民胜利折实公债的议案并得到正式通过,公债对于弥补财政赤字、回笼货币、调节现金和稳定金融物价等起到了良好的作用。1950 年 1 月 27 日,政务院第十二次和第十七次会议审查通过了《全国税收实施要则》《全国各级税务机关暂行组织规程》《工商业税暂行条例》。其中《全国税收实施要则》是统一全国税收的纲领性文件,规定全国范围内统一征收十四种税,且明确了税收立法权限,规定了纳税义务、税务机关的任务和职权以及税务机构的组织领导。此后,政务院又陆续公布实施了货物税、工商业税、盐税、存款利息所得税、印花税、屠宰税和特种消费行为税的税收暂行条例。[①] 当时作为财政收入主要来源的税种,主要是农业税收、城市税收、企业收入、债务收入和其他收入,其中前两者为最主要的收入来源,农业税收以征收粮食为主,这种实物税制一直延续到 1985 年。城市税收则是全国统一征收十四种中央税和地方税,又以货物税、工商业税和所得税为主体税。[②] 1950 年 1 月,政务院还颁布了《关于关税政策和海关工作的决定》,从此我国有了关税立法,1951 年政务院还颁布实施了《海关进出口税则》及其《实施条例》。[③] 自 1950 年 6 月起,国家陆续出台了一些政策,调整工商业税和农业税,原则是巩固财政收支平衡,照顾生产的恢复和发展,要继续执行工轻于商、日用品轻于奢侈品的征收原则。具体的调整措施包括减少、合并税种,简化税目、降低税率,开征商品流通税等。[④]

(2)财税管理法律制度。根据《中国人民政治协商会议共同纲领》第 40 条"关于财政:建立国家预算决算制度,划分中央和地方财政范围,力行精简节约,逐步平衡财政收支,积累国家生产资金"的倡导,中央人民政府政务院规定了我国预算实行历年制、编制预算的具体方法和要求,建立起国家预算制度。随着全国财经工作的统一,中央政府决定变"高度集中、统收统支"为"统一管理、分级领导"的预算管理体制,将全国财政划分为中央、大行政区、省三级,并划分了中央和地方的财政收支范围。[⑤] 1949 年 12 月,在中央人民政府委员会第四次会议上,财政部部长薄一波作了《关于 1950 年度财政收支概算草案编成的报告》,这是新中国第一个财政概算,其基本精神是保证战争胜利,逐步恢复生产;原则是量入为出与量出为入兼顾;总的方向是

---

① 付志宇:《中国财政史》,对外经济贸易大学出版社 2011 年版,第 261 页。

② 同上。

③ 曲绍宏、白丽健:《中国近现代财政简史》,南开大学出版社 2006 年版,第 192—193 页。

④ 付志宇:《中国财政史》,对外经济贸易大学出版社 2011 年版,第 265 页。

⑤ 同上书,第 263—264 页。

开源节流。[1] 1950年3月3日,政务院在第二十二次会议通过和发布了《关于统一国家财政经济工作的决定》,基本内容是统一全国财政收支管理、物资管理和现金管理。[2] 在财政监察制度方面,新中国成立之初,财政部建立了专门的财政监察机构。1950年11月,政务院又发布了《中央人民政府财政部设置财政检查机构的办法》,规定了财政监察机构的组织系统、主要职权和基本任务,加强了财政监察工作。[3]

第二阶段,是1953年至1978年计划经济体制形成与发展时期。

1953年至1978年的26年是我国社会主义计划经济体制形成和发展的重要时期,这一时期取得的成就中,与计划经济体制相适应的财政体制发挥了一定的作用。从"一五"计划到"大跃进""文化大革命",国民经济几度出现大起大落,国家财政也出现了一些问题,财权也经历了集中与分散的反复变化。

(1) 财税收入法律制度。我国主要对农业税制和工商税制进行了一系列的改革。

第一,改革农业税制。1955年8月15日,财政部召开第五次全国农业税工作会议,提出稳定农业税负担,改进农业税征收办法。此外,随着"三大改造"的胜利进行,奠定了社会主义工业化的基础,1953年6月5日,政务院在《关于1953年农业税工作的指示》中规定了农业税的征收额。随着农业生产合作化运动完成,比较突出的矛盾是原来按户征税的办法同农业社统一经营的矛盾,1956年7月18日,政务院转批财政部《关于1956年农业税收工作中几个问题的请示》,规定初级合作社征税改为以社为单位征收,将农业税的纳税人由原先的农户调整为合作社。[4] 1958年6月,我国正式公布《中华人民共和国农业税条例》和《关于改进税收管理体制的规定》,统一实行比例税制,地方有权根据实际情况对农业税作出必要调整,全国统一的农业税制得以建立。1961年到1963年,国家对农业税进行了进一步调整,减轻了农民负担。

第二,改革工商税制。"三大改造"期间工商税制的基本改革思路是不

① 曲绍宏、白丽健:《中国近现代财政简史》,南开大学出版社2006年版,第191页。
② 同上。
③ 付志宇:《中国财政史》,对外经济贸易大学出版社2011年版,第263—264页。
④ 曲绍宏、白丽健:《中国近现代财政简史》,南开大学出版社2006年版,第206页。

断简化合并税种，1956年底，随着“三大改造”的完成，国家对工商业税进行补充和修订，简化了营业税率。1956年12月，我国第一个全国统一的关于农村工商税的规定《关于农村工商税收的暂行规定》由国务院颁布，这一时期我国工商税法规的特点是对农村企业进行照顾、保护，从宽、从轻征收。“大跃进”时期，我国工商税改革的主要原则是下放税收权力，合并、精简税种，简化税制，试行工商统一税，将《工商业税暂行条例》中的所得税更名为“工商所得税”。经济调整时期，国家又对工商所得税负担和征收税制进行了减并，使得原来的复税制基本上变为单一税制。[①]

(2) 财税管理法律制度。在财政管理体制方面，我国进一步完善了预算和收入分配体制，尤其对中央与地方财政支出关系问题给予特别关注。1953年8月，周恩来在全国财经会议上提出，国家预算由原来的中央、大行政区、省(市)改为中央、省(市)、县三级管理体制，划分中央和地方的收支范围，这样就在一定程度上下放了财政管理的权限。1954年，邓小平又提出了针对财政工作的“六条方针”，其中一条就是预算归口管理，即预算支出要按照系统(大口)分配指标和编制预算，不能有无人负责、无人分配的预算支出。

同年，我国又对预算管理体制作了进一步改进，主要包括预算收入实行分类分成，将国家预算收入划分为固定收入、固定比例分成收入和调剂收入三类；预算支出按照隶属关系划分；地方财政支出首先用地方的固定收入和固定比例分成收入抵补，差额由中央财政划给调剂收入弥补。[②]

1958年，我国开始转变“以支定收，一年一变”的预算管理体制为“以收定支，五年一变”，进一步扩大了地方的财政管理权限。但是这种体制未能长久维持，该年9月国务院颁布《关于进一步改进财政管理体制和改进银行信贷管理体制的几项规定》，决定从1959年起施行“收支下放，计划包干，地区调剂，总额分成，一年一变”的财政管理体制，简称“总额分成，一年一变”，适当地收缩了地方的财权，平衡了地方的财力，也为日后实行财政包干体制作了铺垫。

1961年4月20日，中共中央发布《关于调整管理体制的若干规定》，要求国家预算实行从中央到地方一本账，各级财政预算要坚持“以收定支，收支平衡，略有结余”的原则。“文化大革命”的十年，我国财政管理体制变动

---

① 付志宇：《中国财政史》，对外经济贸易大学出版社2011年版，第266—279页。
② 同上书，第274页。

最为频繁,前后变动共计七次,反映了中央与地方对财权博弈的矛盾和冲突,但总体上实行的都是“收支挂钩、总额分成”的办法。

1966 年至 1970 年,我国财政管理体制延续 1959 年的做法,核心都是“总额分成,一年一定”,1970 年增加了“定收定支”。1968 年,由于当时生产停滞、收入下降,为了保证地方的必要支出,实行了“收支两条线”的管理方法,中央进行统收统支。

1971 年,中央的大部分企业逐步下放到地方进行管理,国家预算体制也开始实行“定收定支、收支包干、保证上交(或差额补贴)、结余留用、一年一定”的管理体制。然而这种体制加大了中央补贴的压力,1972 年和 1973 年,中央提出“收入按固定比例留成,超收另定分成比例,支出按指标包干”的办法,但是由于收支不挂钩,又不利于调动地方增收节支和平衡预算的积极性。因此,1976 年国家又恢复了“定收定支、收支挂钩、总额分成、一年一定”的管理体制,相比 1959 年,扩大了地方的收支范围和管理权限。[①]

3. *财税政策与财税法制的分配效果*

计划经济时期的财税政策在一定程度上提高了经济效率。新中国建立之后,我国处于国弱民贫的状态,生产资料和资金都相对匮乏。仿照苏维埃建立起来的高度集中的财政体制,一方面通过计划和比例从各地方政府集中财政收入,另一方面根据国家的计划安排财政支出,支付日常的行政和社会公共服务支出。这种安排使得少量的经济资源迅速集中,有效地服务于优先发展重工业的发展战略,一定程度上提高了效率,初步建立独立完整的工业体系。但是这种体制长期存在,也对效率形成了一定的制约。在统收统支、高度集中的财政体制下,地方政府的利益诉求受到漠视,在指令性计划下,各地方的收入支出分配比例往往有不公,使得地方的自主性和积极性难以得到发挥。

在实现公平价值方面,计划经济时期的财税政策也有正反两方面的效果。从正向效果看,这段时期劳动者之间劳动报酬的差距比较小、收入分配比较均等,国家计划下的统收统支理论上可以通过在地区间的平衡协调,给各地方政府确定适当的财政负担比例,同时通过合理的公共支出安排,实现各行业、各地方的平衡协调发展。从这一角度看,计划经济时期的统收统支财政政策对实现经济效率和收入公平分配都是有利的。具体而言,造成这一状况的原因主要有:其一,生产力水平比较低,可供分配的个人消费品比

① 付志宇:《中国财政史》,对外经济贸易大学出版社 2011 年版,第 275—276 页。

较少;其二,社会分工和商品关系极不发达,不同的劳动者往往从事类似的工作,劳动贡献上的差别也未能显示出来;其三,由于“左”倾思想的干扰,按劳分配的原则受到了严重的冲击,特别是在1958年和1975年,出现了两次否定按劳分配的浪潮,造成劳动报酬和劳动贡献的严重脱节;其四,小生产者的平均主义传统观念在我国有着非常之深厚的社会基础。多方面因素,包括意识形态上的传统观念和政治上的干扰,使得我国当时在分配关系上采取了很多强行拉平的做法。[①] 然而,这种统收统支的政策对收入公平分配也产生了一定的负向效果。原则上,各个地方政府的财政分配比例是根据批准的支出一年一定,但是由于地方政府之间、地方与中央之间的博弈和谈判,实际上各地的负担是相当不均衡的,这就对收入分配公平的实现有所不利。

综上,从新中国成立到1978年期间,我国财税法制随着重工业发展战略几经变迁。在重工业发展所需的资本极为匮乏的情形下,政府通过汲取农业剩余的方式支持重工业优先发展战略,有助于初步形成独立完整的工业体系,但是在收入分配方面形成城市与农村之间的分配不公,以及农村内部表面上的平均主义掩盖下的分配不平等,也抑制了人们生产劳动的积极性,蕴藉着利益重新分配的内在诉求。总体而言,“在改革开放之前,我国的国民经济‘已濒于崩溃的边缘’,由此而产生的财政压力可想而知。由于企业活力不足,经济效益欠佳,企业利润的持续上缴苦难日增,从而使主要依赖企业上缴利润的国家财政体系岌岌可危,迫使国家必须进行改革。”[②]

三、过渡时期的社会变迁与财税法制变迁

(一) 过渡时期的经济社会背景

1. 经济背景

1978年之后,我国总结与反思计划经济时期政策的经验教训,大力推动市场经济改革,开启了计划经济向市场经济过渡的时期。在这一时期,我国逐步推行渐进式的双轨制的经济改革,通过一系列的制度设计,培育市场主体,构建市场机制,带动我国经济取得迅速的发展。

---

① 赵人伟:《紫竹探真——收入分配及其他》,上海远东出版社2007年版,第7页。
② 张守文:《分配危机与经济法规制》,北京大学出版社2015年版,第119页。

2. 政治背景

1966年至1976年是“文化大革命”的十年动乱时期。在这一时期,我国政治动荡,民主法制遭到破坏。1978年底,中国共产党十一届三中全会召开,对“文革”及其遗留的一系列制度、思想等问题进行了拨乱反正,恢复国家机器的作用,重建国家的民主法制以及各项制度。党的十一届三中全会以后,我国正式开始改革开放的进程,其中发展社会主义民主政治是改革的重要目标。1979年,党明确提出要改革和完善社会主义政治制度,这种改革是全面改革,包括政治体制改革。由于改革之初全面转型的压力巨大,中国的政治改革是分为不同的阶段进行的,在每一个阶段,改革的优先取向不同。从20世纪70年代末到21世纪初,我国的改革是以经济改革为主轴,政治改革和社会改革辅助性地展开,但是政治改革的重要性也是不言而喻的,它是中国政治发展的动力,经济体制改革及其发展必然要求政治体制的相应变革。邓小平就强调过,没有政治体制改革,经济体制改革也推行不下去。我国政治体制改革的目标,总的来讲是要消除官僚主义,发展社会主义民主,通过改革处理好法治与人治的关系、党和政府的关系。

邓小平认为,政治体制改革的主要任务,一是克服权力过分集中的弊端。理顺党政关系、实行党政分开,理顺政企关系、实行政企分开,实现权力下放、理顺中央和地方的关系。二是精简机构,克服官僚主义,发扬民主,使得决策逐步达到科学化和规范化,提高行政管理效率。三是健全社会主义法制,使得民主制度化、法律化。具体而言,我国的政治体制改革进程十分务实,是以国家制度建设为核心、以政府管理体制为重点,在政府改革的同时,也进行了人大制度及政党制度的创新、基层民主的发展、宏观调控、财税体制改革、现代企业制度建设、农村基本制度体系建设、分配制度改革和社会福利制度的建设、教育医疗等民生领域的制度建设、对外开放等方面的改革,形成了全面的国家制度建设。[①]

(二) 过渡时期的收入分配政策

党的十一届三中全会是我国改革开放的开端,为了激励生产、促进经济发展,党和国家在分配领域也进行了一系列改革,有了一些创见。在根据客观情况不断调整分配政策的过程中,逐渐形成了一系列丰富的分配思想。

第一,是“按劳分配为主体,多种分配方式并存”的思想。1979年到

---

① 陈蔚:《政治改革的中国经验》,载《中共南京市委党校学报》2011年第1期。

1992年党的十四大之间，党和国家采取了一系列过渡措施，重新肯定按劳分配，并逐步允许生产要素参与收入分配。改革的突破口首先是农村，在农村实行了家庭联产承包责任制。在城市，决定工资的自主权下放给企业，使得职工工资不再固定化，扩大工资差距。在国家机关和事业单位，实行以职务工资为主的结构工资制，工资同职务、责任和业绩结合。上述改革，开始打破平均主义的大锅饭，激发了劳动者的积极性。1984年，党的十二届三中全会首先指出要深化分配制度改革，进一步贯彻落实按劳分配的社会主义原则，同时作出了一些具体规定。1987年，党的十三大又指出社会主义不是要求分配上的绝对平均，社会主义初级阶段的分配方式也不应该是单一的。

第二，是“生产要素参与分配”的思想。1993年，党的十四届三中全会通过了《关于建立社会主义市场经济体制若干问题的决定》，允许资本等生产要素参与分配。1997年，党的十五大报告将“允许属于个人的资本等生产要素参与收益分配”发展为“把按劳分配和按生产要素分配结合起来，坚持效率优先，兼顾公平”。2002年召开的党的十六大又对完善以按劳分配为主体，多种方式并存的分配制度进行了进一步阐述。

第三，是“效率优先，兼顾公平”的思想。公平与效率的矛盾及其解决是贯穿我国改革开放过程的重大问题，在改革的不同阶段，对二者各有偏重。改革之初，邓小平提出在坚持共同富裕的目标下，可以鼓励一部分地区、一部分人通过诚实劳动和合法经营先富起来，先富带动后富，最终实现共同富裕。1984年党的十二届三中全会就深刻地指出了这一点。1987年，党的十三大提出了允许合法的非劳动收入，在促进效率的前提下体现社会公平。为激发大多数社会成员的劳动积极性和创造性，在初次分配的工资收入方面，党的十三大还提出在有条件的情况下，应当在严格质量管理和定额管理的基础上积极推行计件工资制和定额工资制。1992年，党的十四大明确提出，要运用包括市场在内的各种调节手段，既鼓励先进、促进效率，合理拉开收入差距，又要防止两极分化，逐步实现共同富裕，要求加快工资制度改革，逐步建立起符合企业、事业单位和机关各自特点的工资制度与正常的工资增长机制。[①]

第四，是统筹国家、集体与个人利益的思想。1978年，党的十一届三中

---

① 吴丰华、白永秀、周江燕：《中国共产党90年分配思想：阶段划分与成果梳理》，载《经济学动态》2011年第6期。

全会肯定了农村改革中提出的“缴够国家的，留够集体的，剩下都是自己的”思想。1992年党的十四大又正式提出“统筹兼顾国家、集体、个人三者利益，理顺国家与企业、中央与地方的分配关系。”[1]

（三）过渡时期的财税政策、财税法制及其分配效果

1. 过渡时期的财税政策

在过渡时期，我国财税工作的重点是恢复重建和完善我国的财政税收体系。改革开放初期，中国经济还相对封闭，随着改革开放的深入，对外贸易、外商投资逐渐增加，国内市场逐渐与国际市场相连接。在国内市场上，市场主体逐渐增加，市场机制的作用逐渐显现。因此，出现了一些原先高度集中的计划经济体制下不存在的问题。这一时期的财税政策，主要以放权让利、发挥市场作用为导向，解决计划经济的遗留问题。

2. 过渡时期的财税法律制度

第一，财政体系方面的法律制度。改革开放以后我国的财政体系主要经历了三次改革，一是1979年到1993年党的十一届三中全会以来，建立财政放权让利、“分灶吃饭”的包干体制；二是20世纪90年代前期构建中央与地方之间以划分税种为基础的适应社会主义市场经济体制的分级财政体制框架；三是1998年以后实施的以建立公共财政框架为取向的改革。其中第一次改革，就是本部分所要阐述的过渡时期的改革。

1980年以前，我国实行“总额分成，一年一定”体制，财权集中于中央，中央财政根据国民经济计划核定地方的收入数额，按照企业事业的行政隶属关系核定地方的各项支出，每年根据收支指标，核定地方的收入留成或者上解比例，以及中央补助数额。1980年到1984年，实行“划分收支、分级包干”体制，又称“分灶吃饭”体制，根据各种财政收入的性质和企业、事业单位的隶属关系，将财政收入划分为中央固定收入、地方固定收入和中央与地方调剂分成收入；按照企业、事业单位的隶属关系划分，由中央直接管理的，列中央财政预算支出，由地方管理的，列地方财政预算支出，中央还设置专项基金解决特殊问题。确定地方收入、支出的基数为1979年，保持5年不变。然而，这段时期的市场经济改革直接导致国有企业利润减少、国家财政收入尤其是中央收入锐减，故而1984年我国进行了“利改税”改革，对国有企业

---

① 吴丰华、白永秀、周江燕：《中国共产党90年分配思想：阶段划分与成果梳理》，载《经济学动态》2011年第6期。

征收企业所得税，以取代利润上缴制度。其后，在1985到1987年我国实行了“划分税种、核定收支、分级包干”体制，基本按照第二步利改税后设置的税种划分收支范围，以1983年为基数确定地方收支基数，5年不变。在实际执行中，将地方固定收入与共享收入加在一起，确定中央与地方的分成比例，进行总额分成。然而，这项改革遭到强烈反对，故在1986年，又为“合同”体系所代替。在合同制度下，企业签订了多年度的协议，具体约定了其上缴的利润。1986年以后，我国财政管理体制上的主要问题，是一些经济发展较快、收入上解比例较高的地区认为，1985年实行的体制存在着“鞭打快牛”的弊端，地方留成比例太小，不利于调动地方发展经济和组织收入的积极性。由于财政收入大幅减少且无力监督省级税收监管，1988年7月28日，国务院发布了《关于地方实行财政包干办法的决定》，其后出现了各种形式的包干体制，有收入递增包干、总额分成办法、上解额递增包干办法、总额分成加增长分成办法、定额上解、定额补助等。[①] 有国外学者认为中国1988年建立的这一财政责任制是更进一步的合同制度，中央政府与各省签订合同，约定每省向中央上解收入的总数，并约定每年的增幅，其余的收入都归各省所有。各省则有义务以剩余的收入来满足支出要求（对于落后省份中央将每年的转移支付金额固定在1987年的水平，由于1988年和1989年的通货膨胀，该数额实际减少了）。改革的结果是中国财政体系发生了根本变化：收入分配与支出需要脱钩，地方政府第一次需要自筹经费。[②]

第二，税收方面的法律制度。首先是逐步建立和完善了个人所得税制度。1980年9月10日，第五届全国人大第三次会议通过了新中国建立以来的第一部个人所得税法——《中华人民共和国个人所得税法》。1993年10月31日，第八届全国人大常委会第四次会议审议通过了《关于修改〈中华人民共和国个人所得税法〉的决定》。这次修改个人所得税法的主要内容之一是统一了我国的个人所得税税制，将个人所得税、个人收入调节税和城乡个体工商业户所得税合并为统一的个人所得税，同时规定了我国居民个人所得税的减除额为800元，这一减除额延续多年未有改变。此外，这次修改还改革了企业所得税制度，1991年4月，全国人大发布了《外商投资企业和外国企业所得税法》，同年6月，国务院公布了该法的实施细则，使得我国在涉

① 项怀诚：《中国财政通史（当代卷）》，中国财政经济出版社2006年版，第108、113页。

② Loren Brandt, Thomas G. Rawski, *China's Great Economic Transformation*, Cambridge University Press, 2008, p. 431.

外企业所得税方面实现了统一的税率、统一的税收优惠待遇和统一的税收管辖权原则。

此外,税收征管制度也得以完善。1992 年 9 月 4 日,第七届全国人大常委会第二十七次会议通过了《中华人民共和国税收征收管理法》,强化了税收执法权,完善了对税收执法的监督制度,强调了对纳税人合法权利的保护。1991 年 4 月 9 日,第七届全国人大第四次会议通过了《外商投资企业和外国企业所得税法》,同年 6 月,国务院公布了该法的实施细则,使得中国在涉外企业所得税方面实现了统一的税率、统一的税收优惠待遇和统一的税收管辖权原则。[①]

3. 财税政策与财税法制的分配效果

1978 年到 1992 年这段时期,是我国在思想认识上和国家制度上拨乱反正、恢复重建的时期,这段时期的一系列分配思想革新和经济政治改革,也为我国从高度集中的计划经济向社会主义市场经济体制过渡打下了坚实的基础。

20 世纪 80 年代末 90 年代初,我国收入分配中存在的问题和现象是非常复杂的,这些现象有些是体制转换中难以避免的,有些是改革不配套和管理上的缺陷造成的,有些则是历史遗留问题。其原因主要有以下几点:

第一,双重体制。新旧体制的过渡并非一朝一夕之功,当时我国正处在过渡时期,很多环节存在新旧体制并存的现象,如产品生产、物资供应、价格形成,都存在计划内外两套机制。这一点表现在收入分配上,就是计划外经济活动的收入明显高于计划内。

第二,机会不均等。改革开放之初市场机制和竞争机制都还很不完备,导致许多机会不均等的问题出现。所有制多元化改革中,不同所有制经济成分之间也出现不平等,如国营经济和私营经济相比,往往在价格和税收条件等方面处于不利地位,使得私营企业及其职工收入更高。

第三,变化无序。例如工资体制改革中没有体现让一部分劳动者先富裕起来的政策,而是进一步拉平,又如仍然存在不少补贴和实物供给的现象,无从体现通过分配来促进效率提高这一要求。[②]

从这种财政体制改革的正向激励效果而言,财政渐进的制度激励效果十分明显,体制的变革打破了高度集权的格局,放权让利扩大了地方配置资

① 项怀诚:《中国财政通史(当代卷)》,中国财政经济出版社 2006 年版,第 144—147 页。
② 赵人伟:《紫竹探真——收入分配及其他》,上海远东出版社 2007 年版,第 47—50 页。

源的权力，激发了各地的创造性，通过条块关系的变化，释放出了旧体制内部尚存的活力，也打破了对于市场的束缚，促进了多元化市场主体的形成和市场化价格机制的形成，逐渐萌生了传统体制边界上另一套微观经济运行系统。

财政体制的变革，使得传统体制失去了封闭运行的完整性，削弱了传统体制配置资源的能力，刺激新的资源配置方式形成，改革因此得以突破和获得持续的支撑。[①] 这种财政体制改革对于分配公平的积极作用在于，它一方面解放了生产力，使得生产效率大大提高，可供分配的社会产品愈加丰富。另一方面，它也打破了形式上的平均主义，而允许人们根据劳动供给和生产资料占有的不同获得不同数量的分配品，有利于实现实质公平。

但是另一方面，财政包干制也在一定程度上成为政府间财政分配关系不稳定的重要原因，在一定程度上导致财力分散，弱化了中央政府的宏观调控能力，也强化了地方利益机制，强化了地区封锁、地区分割，不利于结构优化调整和统一市场的形成。中央与地方的关系仍然缺乏规范性和稳定性，时常"包而不干"。此外，财政包干体制的形式也有不规范之处，基数核定方法也有不科学之嫌。[②] 因此，由于地区之间的发展不平衡，通过财政包干制和一系列相匹配的具体财政税收制度所进行的分配，在公平性方面也是有所欠缺的。

四、社会主义市场经济时期的社会变迁与财税法制变迁

（一）社会主义市场经济时期的经济社会背景

1. 经济背景

我国的市场经济改革经历过渡时期，到 1993 年左右，社会主义市场经济体制的序幕拉开。1992 年 10 月 12 日，党的十四大报告明确提出我国经济体制改革的目标是建立社会主义市场经济体制。这一提法解除了把市场经济等同于资本主义的思想束缚。1993 年党的十四届三中全会通过了《关于建立社会主义市场经济体制若干问题的决定》，提出要建立社会主义市场经济体制，就要力求在国家的宏观调控之下，由市场对资源配置起基础性作

① 项怀诚:《中国财政通史(当代卷)》，中国财政经济出版社 2006 年版，第 109 页。
② 同上书，第 115—116、150—151 页。

用，还要进一步转换国有企业的经营机制，建立现代企业制度。此后经过十年努力，市场经济改革取得进展，基本实现了从计划经济向市场经济的过渡。但是，渐进式的双轨制改革也出现了一些问题[①]：

一是金融结构的扭曲。我国当前的金融体系是从过去延续下来的，以四大国有银行为主，四大国有银行拥有的人民币资金占整个金融体系拥有资金总量的70%，其服务对象主要是国有大企业。此外，能够进入股票市场的也主要是大企业。这一扭曲的金融结构导致中小企业、农民得不到资金支持，形成融资难、融资贵的问题，同时也诱发屡禁不绝的民间借贷与非法集资问题。

二是资源价格的扭曲。在计划经济时代，资金、资源的价格被人为压低。改革开放以来，政府不断调整价格，但是有些调整完成了，有些调整还没有。20世纪90年代，为了保护和补贴国有矿产企业，资源税和资源补偿费加在一起只占资源价格的1.8%，且是从量计征，导致两个方面的问题：第一，资源税费收入并未随着资源价格的上涨而同步上涨，占资源价格的比例可能还不到0.5%。第二，民营企业或外资企业进入到原本属于国营的矿山行业，在较低的资源税费与较高的资源市场价格之间存在较大的利润空间，谁能取得采矿权就会变为巨富。在实践中，地方政府掌握着开采权的归属，使得一小部分人获得开采的机会与权利，不仅恶化收入分配，而且滋生寻租腐败。

三是行政性垄断。占据行政性垄断地位的大部分企业是国有企业，但是垄断性国有企业的垄断收益并没有进入到国库为社会民众所共享，而是在国有企业内部进行分配，导致收入分配的不平等。

2. 社会背景

随着经济的发展，我国的社会生活也发生着深刻的变革。生产资料所有制形式实现了多样化，社会阶层和社会分工进一步细化，社会思潮也愈发多样化。然而由于转型时期特殊政策的影响和各方面制度设计的偏颇，也存在着二元化结构加剧、贫富差距拉大的情形。事实上，早在20世纪60年代初就有人指出，根据我国的实际情况，劳动者之间的劳动报酬差距将有一个从缩小到扩大再到缩小的过程，即是所谓的“小大小”趋势[②]，而我国目前正处于贫富差距扩大的时期。

---

① 参见林毅夫：《解读中国经济》，北京大学出版社2012年版，第235—237页。

② 赵人伟：《紫竹探真——收入分配及其他》，上海远东出版社2007年版，第7页。

一方面，虽然贫困人口的绝对数在显著减少，但是反映贫富差距的基尼系数却明显上升。从1981年到2001年，中国日收入在1美元以下的贫困人口数从64%降至17%。日收入在2美元以下的人口从88%降至47%。世界银行的数据采用日收入1美元作为贫困线，认为中国城市贫困人口比例从1981年的2.0%下降到2001年的0.3%。中国农村1980年的贫困率是79.4%，而在2001年是26.5%，足见我国改革开放和市场经济改革对于消除贫困所起的巨大作用。然而不容乐观的是，20世纪80年代早期中国的收入分配是相对比较公平的，其基尼系数小于0.35，到了2000年，经历了十余年的经济高速发展之后，中国的基尼系数已经提高到0.45左右。[①]

另一方面，随着城市化进程的深化，我国传统的城乡二元化结构在总体消解的同时，某些方面也在加剧。如果剔除外来人员，中国城乡收入比目前大约是3.3，若将外来人口计算在内，该比例则降到3.0左右，这两项数值根据国际标准都是相当之高的。Eastwood和Lipton（2000年）给出了其他亚洲国家20世纪90年代的数据称，除了菲律宾达到2.17外，其他国家的收入比大约在1.3到1.8之间。Knight和Song也曾经给出20世纪城乡收入和消费比率的数据，在涉及的亚洲、中东和非洲国家中，中国的比率超过了除津巴布韦和南非之外的所有国家。地区间物价调整在一定程度上对中国城乡收入差距有缓和作用，Brandt和Holz（2006年）发现中国城市消费水平比农村要高35%—40%。[②]

2003年党的十六届三中全会发布了《关于进一步完善社会主义市场经济体制的决定》。以此为标志，我国社会主义市场经济体制已经基本确立。在这次全会上，党中央又提出了科学发展观，强调以人为本的全面、协调、可持续发展，由此，改革开放的重点转移到社会体制改革和社会建设上来，而社会改革的重点，又是就业、医疗、教育、社会保障等民生项目。这个阶段的改革大约需要15年到20年左右的时间，预计将在2025年左右基本完成。

社会体制的改革通过建立有效的社会基础设施，建立完善的社会保障、教育医疗、环保、稳定的社会结构、成熟的公民社会和社会组织等制度，一方面可以消除由经济改革带来的一些负面效应，同时也可以给经济改革和政

---

① Loren Brandt, Thomas G. Rawski, *China's Great Economic Transformation*, Cambridge University Press, 2008, pp. 44—46.

② Ibid., p. 43.

治改革创造好的社会基础和社会环境。[①]

3. 政治背景

在经济改革的同时，我国也在进行一系列的政治改革，不断贯彻民主法制和依法治国思想。改革开放以来，政府十分注重进行政治改革、发扬社会主义民主的工作，党的几代领导集体都提出了建设社会主义民主政治的目标。如党的十五大报告明确指出，发展社会主义民主是党始终不渝的奋斗目标，依法治国也被写入了宪法。[②] 在此期间，民主党派、社会团体日益活跃，在社会中发挥越来越大的影响，起到越来越大的作用。由于国民素质的提高和各种媒体、新媒体的发展，民众越发踊跃参与社会事件和关系国计民生的政治事件的讨论，舆论的力量在不断增强。

（二）社会主义市场经济时期的收入分配政策

第一，是"以按劳分配为主，多种分配方式并存"和"生产要素参与分配"思想。社会主义市场经济时期最主要的收入分配思想，是以按劳分配为主，多种分配方式并存，并且允许生产要素在一定条件下参与分配。社会主义市场经济时期，由于生产资料所有制形式的多样化，主流收入分配思想也转变为以按劳分配为主，多种分配方式并存。1992 年党的十四大提出，既要合理拉开收入差距，又要防止两极分化，逐步实现共同富裕。1993 年 11 月党的十四届三中全会通过的《关于建立社会主义市场经济体制若干问题的决定》亦指出，个人收入分配要坚持以按劳分配为主体、多种分配方式并存的制度，体现效率优先、兼顾公平的原则。劳动者的个人报酬要引入竞争机制，打破平均主义，实行多劳多得，合理拉开差距，允许资本等生产要素参与分配。1997 年，党的十五大报告将"允许属于个人的资本等生产要素参与收益分配"发展为"把按劳分配和按生产要素分配结合起来，坚持效率优先，兼顾公平"。2002 年召开的党的十六大又对完善以按劳分配为主体，多种方式并存的分配制度进行了进一步阐述，提出我国分配制度改革要以共同富裕为目标，扩大中等收入者比重，提高低收入者的收入水平，深化分配制度改革，确立劳动、资本、技术和管理等生产要素按贡献参与分配的原则。

不管如何阐述，其宗旨和邓小平对社会主义本质的概括中的"消除两级

① 陈蔚：《政治改革的中国经验》，载《中共南京市委党校学报》2011 年第 1 期。

② 吴丰华、白永秀、周江燕：《中国共产党 90 年分配思想：阶段划分与成果梳理》，载《经济学动态》2011 年第 6 期。

分化，最终达到共同富裕”是殊途同归的。有人从劳动价值论的角度为这种收入分配理论寻求马克思主义理论依据，提出新的理解，认为生产要素参与收入分配的原因是其在价值形成中发挥的不可替代的作用，虽然价值源泉是一元的，但其形成因素是多元的，因此土地、技术和管理等要素因其对价值的形成起着重要的影响，也应当作为收入分配的依据。

第二，是正确处理国家、企业、个人之间和中央与地方之间的分配关系思想。随着实践中开始出现一些贫富分化的问题，1993 年中共中央《关于建立社会主义市场经济体制若干问题的决定》中也对工资制度和工资增长机制改革提出进一步要求，强调要积极推进个人收入的货币化和规范化。1995 年党的十四届五中全会提出要在发展经济的基础上逐步增加城乡居民的收入，同时调节个人收入分配、防止两极分化也是一项全局性的大事。要求针对不同的情况采取措施，保护合法收入，取缔非法收入，调节过高收入，保障低收入者的基本生活。党的十五大又将这一问题概括为要正确处理国家、企业、个人之间和中央与地方之间的分配关系。[①] 1999 年底中央经济工作会议提出要完善政策，运用经济手段、法律手段和必要的行政手段，调节和规范收入分配。[②]

第三，是处理效率与公平关系的思想，从效率优先、兼顾公平到公平与效率兼顾，再到更加关注公平。1993 年党的十四届三中全会提出，个人收入分配遵循效率优先、兼顾公平的原则，并在党的十五大再次重申。但是随着社会经济的高速发展和经济效率的提高，效率问题在我国已经不是那么突出，反而是个人之间、地区之间的贫富差距拉大问题更加引人关注，因此进入 21 世纪后，党和国家更加关注社会公平，更加注重区域之间、城乡之间的协调发展。

2002 年，党的十六大指出，既要反对平均主义，又要防止收入悬殊。并提出初次分配注重效率，发挥市场的作用，鼓励一部分人通过诚实劳动、合法经营先富起来。再分配要注重公平，加强政府对收入分配的调节职能，调节差距过大的收入。

2005 年 10 月，党的十六届五中全会通过了“十一五”规划，要求着力提高低收入者收入水平，逐步扩大中等收入者比重，有效调节过高收入，规范

---

① 吴丰华、白永秀、周江燕：《中国共产党 90 年分配思想：阶段划分与成果梳理》，载《经济学动态》2011 年第 6 期。

② 同上。

个人收入分配秩序,努力缓解地区之间和部分社会成员收入分配差距扩大的趋势。注重社会公平,特别要关注就业机会和分配过程的公平,加大调节收入分配的力度,强化对分配结果的监管。

随后,2007 年党的十七大又提出要逐步提高居民收入在国民收入分配中的比重,提高劳动报酬在初次分配中的比重,初次分配和再分配都要处理好效率和公平的关系,再分配更加注重公平。2010 年 10 月,党的十七届五中全会又通过了"十二五"规划建议,提出要合理调整收入分配关系,实现城乡居民收入与经济发展同步,劳动报酬的增长与劳动生产率的提高同步。[①]

(三) 社会主义市场经济时期的财税政策、财税法制及其分配效果

1. 社会主义市场经济时期的财税政策

从 1993 年开始,我国出现经济过热现象,表现在从 1992 年起,固定资产投资高速增长,投资需求带动了消费需求,这两种需求的膨胀,加剧了商品供给的短缺状况。针对经济过热现象,党中央和国务院提出了"适度从紧"的财政政策。"适度从紧"财政政策的实施目标,是遏制通货膨胀。"适度从紧"的财政政策与适度从紧的货币政策相匹配,综合运用一揽子调控措施,总量从紧,结构调整,力求使经济运行"软着陆"。1993 年,我国开始实行"适度从紧"的财政政策。严重的通货膨胀到 1995 年开始得到抑制。

1997 年 7 月,泰国首先爆发了金融风暴,迅速席卷东南亚。到了 1998 年,金融危机更加深化,波及整个亚洲地区,使得中国所面临的内外形势更加严峻。一时间,外贸出口显著下滑,外商投资迅速下降,经济增长明显放缓,过去重复建设带来的结构不合理,如产业结构、产品结构和企业组织结构,以及城乡结构不合理、区域经济发展不平衡等深层次矛盾更加突出。同时,物价走低,通货紧缩,消费需求和投资需求增长都颇为乏力。

1998 年,针对亚洲金融危机,党和国家提出要转变"适度从紧"的财政政策,实行积极的财政政策,适度扩大财政举债规模和财政支出,增加投资、刺激消费,扩大出口,促进国民经济的增长。从 1998 年到 2004 年,是我国实施积极财政政策的阶段。主要举措有:一是增发 1000 亿元长期建设国债,全部用于基础设施建设。二是调整税收政策,增强税收调控功能。逐步下调关税税率,1999 年下半年起减半征收固定资产投资方向调节税,2000

---

① 吴丰华、白永秀、周江燕:《中国共产党 90 年分配思想:阶段划分与成果梳理》,载《经济学动态》2011 年第 6 期。

年开始暂免企业所得税,2004 年又对出口退税机制作了改革。三是调整收入分配政策,培育和扩大消费需求。提高了全国机关企事业单位职工的基本工资和奖金,1998 年对国有企业下岗职工实行基本生活保障制度,发挥社会保障自动稳定器的作用。四是完善财政管理体制,加大对中西部地区的转移支付力度。五是完善非税收入政策,扩大内需。2003 年,我国的经济已经逐步走出了危机,不再面临通货紧缩和需求不足的境况,积极的财政政策支持了国民经济的加速发展。

然而,长期的积极财政政策产生了体制复归的倾向,使人们产生了对财政支出的依赖,投资倾向于依赖政府的计划调节,投资体制有重新向中央集中的趋势。由此,我国开始从积极财政政策向稳健财政政策转变。2004 年 12 月 3 日召开的中央经济工作会议作出决定,要求实行稳健的财政政策。

这一要求也体现在我国 2005 年的预算安排和其他工作部署中,稳健的财政政策得以全面实施。主要措施有:一是控制赤字,但是不明显压缩,做到松紧适度,长期建设国债的规模也不作大幅度削减。二是调整财政支出和国债项目资金投向的结构,同时注重财政支出增量和存量的调整和优化。三是推进体制改革,在进行财政改革的同时,支持收入分配、社会保障、教育和公共卫生等制度改革。四是增收节支,既要强化收入征管,又要提高财政资金使用的规范性、安全性和有效性。①

2. 社会主义市场经济时期的财税法律制度

首先,是财政体制方面的变革。1994 年,我国财政体制发生了影响深远的根本性变革,开始进行"分税制"财政体制改革,以适应市场经济的发展和分税制财政改革的要求。这次改革是为了解决改革开放前十五年在"条块分割"行政隶属关系控制体系内由于"放权"、"让利"所导致的财政实力过弱、财政体制关系紊乱、中央财政调控能力严重不足等问题,构建分税分级财政体制,正确处理政府与企业的关系、中央与地方的关系。这次税制改革的指导思想,是以复合税制为基础,统一税法、集中税权、公平税负、简化税制,规范分配方式,理顺分配关系。1993 年 12 月 15 日,国务院发布了《关于实行分税制财政管理体制的决定》,根据该《决定》,分税制下的财政体制主要包含以下三个方面的内容:

---

① 项怀诚:《中国财政通史(当代卷)》,中国财政经济出版社 2006 年版,第 202—216 页;王丙乾:《中国财政 60 年回顾与思考》,中国财政经济出版社 2009 年版,第 736—751 页。

(1) 进行中央财政与地方财政的税收划分。

第一，根据事权与财权相结合的原则，将维护国家利益、实施宏观调控所必需的税种划分为中央税；把同经济发展直接相关的税种划分为中央与地方共享税；把适合地方征管的税种划分为地方税。第二，是根据事权与财权相统一的原则，对中央和地方的财政支出也进行了划分。第三，是确定中央财政对地方税收的返还额。对原先包干体制下的分配格局暂时不作变动，过渡一段时间再逐步实现规范化。具体而言，分税制财政体制的各项基数，均以1993年的实际数字为计算依据，税收返还额在1993年的基数基础上逐年递增，为了充分调动地方各级政府组织收入的积极性，中央对各省、自治区、直辖市和计划单列市分别核定了“两税”的收入增长目标。同时，还核定了资金调度的比例，实行减免税返还，改革了原体制下的中央与地方结算办法。从1994年1月1日起，我国还分设了中央税务机构和地方税务机构，国家税务局负责征收中央固定收入和中央与地方共享收入，地方税务局负责征收地方固定收入。[①]

与分税制改革相适应，我国于1994年也经历了一次重大的税收制度改革。1994年的税制改革，既是按照税种划分中央与地方收入的分税制改革，也是工商税制的重大改革，涉及改革增值税、设立消费税、统一内资企业所得税、统一个人所得税、改革关税、资源税以及农业税制等各个税种的全面结构性改革。这次改革的主要内容有：

第一，建立以增值税为主体的新的流转税制度。1993年12月，国务院发布了《中华人民共和国增值税暂行条例》，规定增值税实行13%和17%两档税率，进行价外计税。第二，对部分产品开征消费税。1993年12月，国务院公布《中华人民共和国消费税暂行条例》，确定在普遍征收增值税的基础上，对于生产、委托加工和进口的消费品征收消费税，共有十一个税目。第三，对营业税进行改革。1993年12月国务院发布《中华人民共和国营业税暂行条例》，对提供劳务、转让无形资产和销售不动产征收营业税，重新规定了营业税的征收范围、纳税人、税目和税率，统一适用于内外资企业，取消了对外商投资企业征收的工商统一税。第四，统一企业所得税。1993年12月13日，国务院发布的《中华人民共和国企业所得税暂行条例》取消了按照所有制形式征收企业所得税的做法，对于内资企业实行统一的企业所得税

---

① 项怀诚：《中国财政通史(当代卷)》，中国财政经济出版社2006年版，第152—155页；王丙乾：《中国财政60年回顾与思考》，中国财政经济出版社2009年版，第231—282页。

制度。但是同时，中外合资企业、中外合作企业和外商独资企业仍然按照《外商投资企业和外国企业所得税法》缴纳企业所得税。第五，简并个人所得税。1993 年 10 月国务院修改《中华人民共和国个人所得税法》，适用于有纳税义务的中国公民和从中国境内取得收入的外籍人员，过去的个人收入调节税、适用于外籍人员的个人所得税，以及城乡个体工商户所得税得到简并。第六，改革农业税。1994 年 1 月，国务院发布《关于对农业特产收入征收农业税的规定》，将农林特产农业税和工商统一税中的农林牧水产品税合并，改为农业特产税。第七，改革和调整了其他一些税收制度，如开征土地增值税，改革资源税、城市建设维护税、证券交易税等。[①]

(2) 改革税制。

在分税制改革之后，我国进行了一系列税收制度调整，也经历了一些全面的税制改革，如 2003 年党的十六届三中全会通过的《关于完善社会主义市场经济体制若干问题的决定》就掀起了新一轮的税制改革。这次税制改革被认为是 1994 年税制改革的进一步完善和发展，主要内容包括：改革出口退税制度，形成中央、地方、企业共同负担的出口退税新机制，增值税由生产型转为消费型，允许企业购进固定资产中所含进项税进行抵扣，完善消费税，统一内外资企业所得税，个人所得税由分类征收改为分类综合相结合。统一城乡税制，除了烟叶税，全面取消农业特产税，从 2004 年起，逐步降低农业税税率，平均每年降低一个百分点以上，5 年内取消农业税。其一，在个人所得税方面，多次提高了个人所得税的减除额。例如，第十届全国人大常委会第十八次会议于 2005 年 10 月 27 日再次修订了《个人所得税法》，主要是将减除额从 800 元人民币提高到 1600 元。2007 年 12 月 29 日，第十届全国人大常委会第三十一次会议再次表决，将这一数额自 2008 年 3 月 1 日起由 1600 元人民币提高到 2000 元。2011 年 6 月 30 日第十一届全国人大常委会第二十一次会议再次修订《个人所得税法》，将减除额提高至 3500 元人民币。目前为止我国个人所得税改革的主要方向，是根据经济发展状况，不断提高个税缴纳的减除额，减轻税负，并且逐步探索完善纳税人申报制度等。其二，在企业所得税方面，统一内外资企业所得税制度。其基本内容包括，一是实行统一的比例税率 25%；二是规范税前扣除，取消计税工资规定，提高折旧率；三是扩大税基，整顿和减少税收优惠。[②] 其三，在农业税方

---

① 项怀诚：《中国财政通史(当代卷)》，中国财政经济出版社 2006 年版，第 159—161 页。

② 参见安体富、王海勇：《新一轮税制改革：性质 · 理论 · 政策》，载中国税务学会学术研究委员会编：《宏观经济调控和税收政策研究》，中国税务出版社 2006 年版，第 52—55 页。

面，进行了农村税费改革，取消了中国延续了两千六百多年的农业税，进一步减轻了农民负担。2005 年 12 月，全国人大常委会以高票通过决定，自 2006 年 1 月 1 日起废除《农业税条例》，取消了除烟叶以外的农业特产税，全部免征牧业税。[①]

（3）完善预算管理制度。

实行分税制以后，中央财政对地方的税收返还列中央预算支出，地方则相应列收入，地方财政对中央的上解列地方预算支出，中央相应列收入。地方编制预算后，报财政部汇总成为国家预算。1994 年 3 月 22 日，第八届全国人大第二次会议通过了《中华人民共和国预算法》，使得我国预算管理有了重要的法律依据。这部《预算法》实行各级人大各自批准本级政府的预算和上一级人大约束下一级人大和政府预算的统一，未经法律程序批准，各级政府无权擅自进行预算调整，各级人大不仅拥有审批权和调整权，对政府预算行为的监督还贯穿预算、决算的全过程。

3. 财税政策与财税法制的分配效果

这一时期的市场经济发育尚未成熟，计划经济时期的制度残余在国民经济中仍然起着一定的作用。在这一背景下，财税政策与财税法律制度对收入分配公平方面产生的影响也多少打上了特定的时代烙印。例如在要素资源配置环节，我国仍然存在着计划经济体制下以行政手段配置资源的制度惯性，这种惯性同生产经营环节的市场机制相结合，反而对居民收入分配公平产生了不利影响。以企业间收入差距为例，在计划经济时代虽然凭借行政划拨的手段配置资源，但是由于同时存在着与之配套的统收统支财政体制，虽然要素资源在各个企业之间的配置并不平衡，企业利润却可以全部上缴国家，由国家集中大部分的生产者剩余，职工工资也严格地执行国家规定，并不会导致居民的收入差距。而在现今放权让利的财政改革思想指导下，企业对其利润是有绝对支配权的，受到行政划拨制度残余影响的要素资源可以直接转化为企业的超额利润，这种超额利润又可以通过工资等方式直接导致不同居民之间的收入差距，其他类似的情形，也出现于要素市场价格扭曲导致初次分配环节的分配不公中。[②]

---

① 吴丰华、白永秀、周江燕：《中国共产党 90 年分配思想：阶段划分与成果梳理》，载《经济学动态》2011 年第 6 期。

② 蔡跃洲：《财政再分配失灵与财政制度安排——基于不同分配环节的实证分析》，载《财经研究》2010 年第 1 期，第 79—80 页。

1994年的分税制改革在重新界定中央与地方财政分配关系、提高效率方面发挥了显著作用,但是也出现了一些问题。实际上,中国财政现今最大的问题是1994年分税制改革导致的各级政府之间支出与收入的不匹配,直接导致近年来地方政府通过各种合法、半合法甚至违法的途径增加收入。[①]此外,虽然我国正在遵循WTO规则,恪守国民待遇原则,实现内外资企业的一体化,但是出于种种政策和战略考虑,往往还是要对某些特定行业、地区实行财政税收方面的倾斜政策,相当于政府将自身获取的收入,让渡给这些行业或地区所属企业。这样一来,地区之间、行业之间的收入分配差别在倾斜政策的实施下就不得不显现出来。分税制和以流转税为主体的税制结构,又在客观上间接地推动了初次分配领域的扭曲。我国现行税制中,增值税占有极其重要的地位,根据收益划分原则,增值税属于中央地方共享税,对于增值税收入,中央可以分得75%,地方则可以分得25%。在此情形下,地方政府有着足够的动力,通过所得税方面的税收竞争来招商引资,从而增加本地的财政收入,增强其可控财力。[②]

可见在国民收入初次分配环节中,税收起到的作用是巨大的。初次分配主要是各个单位自主进行的微观层面的分配,生产税则是国家由于投入了社会资本而在初次分配中获取的报酬,亦是初次分配过程中政府唯一的调控手段。[③] 在我国的分税制体制下,税收还是各个地方政府之间、中央与地方政府之间进行税收竞争和税收博弈的重要手段,对我国的经济发展甚至政治格局都起着重要的作用。而在再分配过程中,各种财政税收制度则是政府的一种宏观调控手段,目前,我国的再分配体系中,长期的积极财政政策产生了体制复归的倾向,使人们产生了对财政支出的依赖,投资倾向于依赖政府的计划调节,投资体制有重新向中央集中的趋势。由此,我国开始从积极财政政策向稳健财政政策转变。

综上,1994年的财政体制改革基本奠定了我国现今财政体制的基本框架,在对从前高度集中的计划经济体制以及过渡时期的一系列财政包干制度进行改革的同时,也遗留了事权与财权不匹配等一系列问题。在具体的

---

① Loren Brandt, Thomas G. Rawski, *China's Great Economic Transformation*, Cambridge University Press, 2008, p.439,440.

② 蔡跃洲:《财政再分配失灵与财政制度安排——基于不同分配环节的实证分析》,载《财经研究》2010年第1期,第80—81页。

③ 刘扬:《对近年来我国国民收入分配格局的研究——兼论税收在国民收入分配过程中的作用》,载《税务研究》2002年第9期,第2页。

税制上,我国统一了内外资企业所得税,完善了企业所得税制度,提高了个人所得税的减除额,废除了中国延续两千六百多年的农业税,并且完善了税收征管体制,对于经济社会的发展起到重要的促进作用。但是,由于制度设计的不周延以及经济社会情势的变化,现行的财税法制也一定程度上导致收入分配不公的问题,比如宏观税负问题、土地财政问题等。

五、我国当前收入分配不公的典型问题

改革开放以来,我国经济社会发展取得了举世瞩目的辉煌成就,经济总量不断扩大,城乡居民收入和生活水平也持续提高。但是,与此同时,利益分配格局失衡的问题也不断凸显,导致当前我国经济社会发展似乎呈现出冰火两重天的局面:一方面是经济总量的不断扩大,一方面却是收入差距不断拉大,表现在资本所有者与劳动者之间、劳动者与政府之间、国有企业员工与普通民众之间等多个维度。2013 年 2 月,国务院批转的《关于深化收入分配制度改革的若干意见》指出:"收入分配领域仍存在一些亟待解决的突出问题,主要是城乡区域发展差距和居民收入分配差距依然较大,收入分配秩序不规范,隐性收入、非法收入问题比较突出,部分群众生活比较困难,宏观收入分配格局有待优化。"以下我们选取当前收入分配不公的四个典型问题,予以简要分析。

(一)宏观税负问题

宏观税负有不同的界定和统计口径。[①] 一般认为,宏观税负是指一定时期私人部门因国家课税而放弃的资源总量,衡量了一个国家的总体税负水平,用一定时期政府课税总额占国民生产总值的比重来反映。[②] 简单地说,宏观税负是指一国的税收总额与这一国家 GDP 的比例。宏观税负是财税政策的核心内容之一,反映着政府用于公共服务的可支配资金量。宏观税负的高低以及合理与否,对经济社会的发展,具有重要的影响。

宏观税负根据统计口径的不同,可以分为三种:小/窄口径、中口径、大口径。小/窄口径的宏观税负一般是指税收收入占 GDP 比重,中口径的宏观税负是指财政收入(税收收入和非税收收入)占 GDP 的比重,宽口径的宏

---

① 有关综述,参见张楠:《宏观税负问题研究:一个文献综述》,载《财经政法资讯》2013 年第 1 期。
② 同上。

观税负是指政府的所有收入占 GDP 的比重。在我国,政府财政收入包括公共财政收入、政府性基金收入、国有资本经营收入和社会保险基金收入。

1994 年财税体制改革以来尤其是近年来,随着政府财政收入不断提高,我国宏观税负问题引起社会的广泛关注,存在着税负过高、税负适中、税负仍有提升空间等不同的认识。比如,2014 年年初,中国社科院财经战略研究院发布《财政政策报告 2013/2014》,认为中国"人均税负过万"。消息一出,引发社会的极大关注。在 2014 年夏季达沃斯论坛上,国家税务总局原副局长许善达指出,2014 年政府财政收入占比 GDP 的 44%,明显偏高。表 3.1 展示了 1997—2013 年我国宏观税负的情况。

表 3.1　1997—2013 年我国宏观税负情况(单位:%)①

年份	小口径 (税收收入/GDP)	中口径 (财政收入/GDP)	大口径 (政府性收入/GDP)
1997	10.4	11.0	14.8
1998	11.0	11.7	15.7
1999	11.9	12.8	17.5
2000	12.7	13.5	18.3
2001	14.0	14.9	19.6
2002	14.7	15.7	21.2
2003	14.7	16.0	22.0
2004	15.1	16.5	22.7
2005	15.6	17.1	23.7
2006	16.1	17.9	25.1
2007	17.2	19.3	33.2
2008	17.3	19.5	28.7
2009	17.5	20.1	30.2
2010	18.2	20.7	34.5
2011	19.0	22.0	35.8
2012	19.4	22.6	35.8
2013	19.4	22.7	38.3
平均水平	17.6	19.5	30.4

注:1. 政府性收入 = 公共财政收入 + 政府基金性收入 +"五项"社会保障基金收入 + 国有资本经营收入;

2. 根据历年相关统计资料计算所得,受数据口径、采集困难等所限,个别结果不够精确。

---

① 《1997—2013 年我国宏观税负情况》,载《地方财政研究》2014 年第 4 期。2014 年的数据依次是 18.7、22.0、37.1。《1995—2014 年我国不同口径宏观税负情况》,载《地方财政研究》2016 年第 1 期。

从表3.1可以看出,从小口径统计数据来看,我国名义上的宏观税负的平均水平为17.6%,处于适中的水平。中口径尤其是大口径的统计数据则显示,我国宏观税负占比国民收入的比重比较高。这也说明,我国的宏观税负大部分来自于非税收入,如政府性基金收入、国有资本经营收入、国有资源使用收入、罚没收入、专项收入、贷款转贷回收成本金收入等。

对于我国宏观税负问题,应该予以理性全面的认识:第一,宏观税负具有一定的合理性与客观性。国家财政收入的增加与我国经济的发展、税源的扩大、征收效率的提高等客观因素密切相关,具有较大的同步性。此外,改革开放以来的发展历程,是我国经济发展初步起飞的时期,政府承担着推动经济起飞的任务,尤其是近年来公共服务职能的增强,客观上也要求我国政府需要具备较强的财政能力。

第二,宏观税负亦有不合理之处。我国纯粹的税收收入的增长,与我国经济的增长大致保持协调。宏观税负的不合理之处主要体现在政府收入结构的不均衡方面。如表3.1所述,我国宏观税负主要源于非税收入的大幅度增长。非税收入未能纳入有效的监管范围,规范性差,征收的随意性也比较强,容易侵害公民的财产权利,客观上造成国富民穷的利益失衡格局。

宏观税负的不合理,还在于税负分配的不公正。就财政收入而论,我国长期实行以流转税为主体的税制结构,税负容易转嫁到一般消费者身上;个人所得税调节收入分配的功能有限,人数众多的中产阶层成为个人所得税的主要缴纳主体。此外,遗产税、赠与税与社会保障税等有效调节社会收入分配的主要税种长期缺位。因此,宏观税负分配的不均,也是我国宏观税负的不合理之处,这涉及我国税制结构的不合理,是宏观税负问题的深层次成因,后文述及。

第三,宏观税负与社会福利的对应程度。其实,评判宏观税负水平高或低、合理抑或不合理的标准,并非仅仅在于外在的形式化的数字本身,而在于宏观税负与社会福利的对应程度。即使一国宏观税负比较高,但如果公民能够享有足够的社会福利,则宏观税负较高是公正的,也是可以接受的。反之,宏观税负高企而社会福利低下,则显然是不公正不合理的。这种从实质性标准而非单一的形式标准的认识,也是经济法实质正义理念的体现。

从宏观税负与社会福利水平的对应程度这一实质性标准进行衡量,我国宏观税负较为不合理。我国宏观税负相对高企的同时,公民尤其是农民等弱势群体并未享受到对应的社会福利水平,体现为财政收入、财政支出等不同的环节,这就不可避免地造成一定程度的“国富民穷”,加剧不同地区、不同阶层、不同行业之间收入分配的差距。

综上,宏观税负问题是我国当前经济发展中一个比较突出的问题,我们应该予以客观的、理性的与历史的认识。其中,宏观税负既有合理的一面,也存在不足之处。就经济平等、社会公正与收入分配而论,我国宏观税负确实存在不合理之处,尤其是在居民收入差距不断拉大的今天。因此,不论从藏富于民、维护社会和谐的社会角度,还是从促进经济平等、激发市场潜能的经济角度,或是从缩小收入差距、增进政府合法性的政治角度,我国均有必要进一步妥善解决宏观税负问题。

(二) 土地财政问题

土地财政,是指以政府为主体、围绕土地所进行的财政收支活动和利益分配关系。我国土地财政包括土地及其相关产业的税、费、租三种不同性质的收入:税收方面包括地方政府征收的房地产税、耕地占用税、建筑业的营业税(营改增以前)、土地增值税等;收费则是行政事业单位或代行政府职能的社会团体提供特定公共服务、准公共服务而取得的资金,如新增建设用地有偿使用费、耕地开垦费等等;租是与税收不同性质的公共收入类别,地方政府通过出让土地获得土地出让金和各种形式的年租金。①

随着我国城市化进程的迅速发展,土地财政问题引发广泛关注。由于地方政府事权与财权不对称、征地制度的不足、地方政府拥有土地资源配置权、现行土地收益分配机制等复杂因素,地方政府越来越多地依赖于从土地及其抵押、拍卖、出让中汲取财政收入,患上严重的土地依赖症。国土资源部在 2014 年 2 月 11 日发布的 2013 年全国土地价格统计显示,2013 年全国土地出让收入总金额达 4.1 万亿元,刷新 2011 年 3.15 万亿元的历史纪录。②

土地财政起到补充地方政府财力、促进地方城市化进程的积极效果,但也引发了诸多经济社会乃至政治难题。土地财政的负面效应主要体现在以下方面:一是浪费土地,造成农民失业;二是推高房价,加剧居民购房困难;三是积累财政、金融风险;四是加剧分配失调程度;五是提供腐败滋生的环

① 范方志、汤玉刚:《土地财政与收入分配》,载《宁夏社会科学》2013 年第 5 期。
② 周潜之:《四万亿卖地收入是“旱池抽水”》,载《光明日报》2014 年 2 月 13 日第 2 版。

境。[1] 更严重的是,地方政府靠卖地维持财政收入与经济增长,并不具有可持续性,从长远来看无异于旱地抽水与饮鸩止渴。[2]

就收入分配而言,"中国特色的土地财政模式也显著地改变了整个经济系统内的收入分配格局,派生出了一系列因收入分配不公而引发的社会紧张或冲突。"[3]具体而言,土地财政运行的征收、出让、开发的三个环节,均带有逆向收入再分配的效果,恶化转型时期的收入分配状况,影响到社会的稳定、经济的可持续增长与政府的合法性。

第一,土地征收环节。土地征收环节对收入分配的逆向调节,主要体现为土地征收的低价补偿,漠视农民权益,普通民众并未享受到土地增值的收益。我国《宪法》第 10 条规定:城市的土地属于国家所有。农村和城市郊区的土地,除由法律规定属于国家所有的以外,属于集体所有;宅基地和自留地、自留山,也属于集体所有。国家为了公共利益的需要,可以依照法律规定对土地实行征收或者征用并给予补偿。《土地管理法》第 2 条规定,国家为了公共利益的需要,可以依法对土地实行征收或者征用并给予补偿。国家依法实行国有土地有偿使用制度。但是,国家在法律规定的范围内划拨国有土地使用权的除外。

在现实中,土地征收补偿制度并未能有效保护失地民众的权益。首先,公共利益界定不清楚,成为地方政府低价征地的正当理由;其次,补偿金额由地方政府单方面确定,往往低于市场价格;再次,民众缺乏与政府博弈的足够的话语权,难以有效维护自身权益。所以,地方政府获取了土地征收的大部分收益,而失地农民作为最需要提高收入水平、改善生活状况的弱势群体,并未享受到土地增值的收益,反而"在被卷入城市化进程的起点上被赤裸裸地而又'合法'地剥夺了唯一的生产资料——土地"[4]。

第二,土地出让环节。土地作为地方政府招商引资的重要资源。在地方政府相互竞争的格局之下,地方政府一般通过优惠的土地价格吸引外来投资。在这一方面,地方政府很难获得直接的收益,甚至入不敷出。由于预算的约束,地方政府会通过提高非贸易产业用地的价格,来补偿低价引资所造成的财政损失,这就会导致商业、服务业、住宅等用地的价格远远高于社

---

① 参见岳桂宁、滕莉莉、王春花:《我国地方政府"土地财政"问题研究》,载《开放导报》2009 年第 3 期。

② 参见周潜之:《四万亿卖地收入是"旱池抽水"》,载《光明日报》2014 年 2 月 13 日第 2 版。

③ 范方志、汤玉刚:《土地财政与收入分配》,载《宁夏社会科学》2013 年第 5 期。

④ 同上。

会最优水平，也进一步形成贸易部门与非贸易部门之间用地价格的差异。“从消费者的角度来看，土地出让中的这种结构性土地财政再分配使得贸易品的价格被人为压低，而非贸易品尤其是住房价格被人为拉升，从而造成居民消费结构的失衡。”①

因此，土地出让环节中，不同产业或部门支付不同的土地使用对价，不仅导致贸易部门与非贸易部门、工业与非工业之间的分配不均，而且会抬高住宅商品房的价格，使得普通民众承担着房价上涨的巨大压力。这不仅无益于收入分配与民生发展，而且还会压制潜在的消费需求，不利于拉动内需与经济结构的转型。

第三，土地开发环节。土地开发环节对收入分配的逆向调节，主要体现在城市原有居民与新来居民之间的不公平。我国对居住类住房免征保有环节的房产税，使得城市原有居民在不支付对价的情况下享受着政府提供的城市基础设施与公共服务。而政府提供城市基础设施建设与公共服务的资金，有不少是来源于土地出让金收入，而土地出让金收入又来源于城市新来居民购买商品房的支出。这就导致城市原有居民与新来居民之间收入分配的不公平：新来居民在隐性承担政府土地出让金的前提之下，才得以享受到城市公共设施，而原有居民则可以不必承担土地出让金，直接享受到基础设施与公共服务。②

综上，土地财政模式在征收、出让、开发等环节均存在着收入分配效应，起到逆向的收入再分配效果。“在土地征用阶段，被征地农民与政府之间，收入分配明显偏向于政府；在土地出让阶段，贸易部门与非贸易部门之间，收入分配明显偏向于贸易部门；在土地开发阶段，老住户与新移民之间，收入分配明显偏向于老住户。”③因此，土地财政模式急需改革，以维护社会稳定，消除收入分配逆向调节的负面效应。

（三）国有企业问题

出于解决政策性负担以及执行政府战略性任务的考虑，国有企业一直享有各种经济特权，主要体现为以下方面：一是经营范围。国有企业的经营

---

① 范方志、汤玉刚：《土地财政与收入分配》，载《宁夏社会科学》2013年第5期。

② 这一部分的内容，借鉴了范方志、汤玉刚的研究成果。参见范方志、汤玉刚：《土地财政与收入分配》，载《宁夏社会科学》2013年第5期。

③ 同上。

领域,涉及石油、电信、能源等领域,多为垄断性经营,中小民营企业很难进入。二是财政补贴。国有企业相对于中小民营企业,一直享受着比较多的财政补贴,以政策性负担为由向政府寻求各种政策性补贴,甚至将经营性亏损也计入政策性补贴之内。[①] 三是银行贷款。国有企业可以通过低息贷款的方式从银行获取间接的资金支持。四是资源获取。国有企业可以低价使用国有土地,不支付地租,同时拥有国有资源的开发权。五是国有企业经营利润长期以来不上缴国库,或者很少上缴。

表 3.2　1978 年以来国有企业利润分配方式的演变[②]

时期	利润分配(分红)方式
1978—1983 年	企业收入(国营企业利润不分税利上缴)
1983—1984 年	国营企业所得税和企业收入
1984—1986 年	国营企业所得税、国营企业调节税(仅对符合条件的国营大中型企业征收)
1987—1993 年	利润承包(包括所得税承包),部分地区的企业实行税利分流改革试点
1994—2005 年	企业所得税,税后利润基本上不上缴,少数地方国有企业上缴一定比例的税后利润
2006 年至今	企业所得税,中央企业不同行业不同比例向国家缴纳税后利润

与国有企业的一系列经济特权形成鲜明对照的是,中小民营企业在诸多方面受到不平等的对待。中小企业在繁荣经济、活跃市场、带动就业、科技创新进而发展经济方面,扮演着非常重要的角色,甚至被称为中国经济发展的最大潜力。然而,中小企业在财政补贴、税收优惠、市场准入、投资机会、金融信贷等方面,一直受到“玻璃门”“弹簧门”的歧视,经济潜能受到压制。

国有企业相对于民营企业的经济特权,在特定时期具有一定的历史合理性,但是在中国深化改革的过程中,则产生一系列负面影响。比如,寻租与腐败。由于市场准入、经营范围的经济特权产生垄断性利润,必然产生寻租与腐败的现象。[③] 此外,阻碍公平竞争市场体系的形成。国有企业的经济

---

① 参见林毅夫、蔡昉、李周:《中国的奇迹:发展战略与经济改革》(增订版),上海三联书店和人民出版社 1999 年版,第 238 页。

② 参见杨志勇、杨之刚:《中国财政制度改革 30 年》,格致出版社、上海人民出版社 2008 年版,第 157 页。

③ 林毅夫:《解读中国经济》,北京大学出版社 2012 年版,第 181 页。

特权间接剥夺民营企业尤其是中小企业平等的经济机会，挤压中小企业的生存空间，阻碍公平的市场竞争体系的形成。这些负面效应其实是互相交织的，不仅有损社会和谐，更是抑制经济发展的活力。

就收入分配而言，国有企业对收入分配有着诸多负面影响，主要表现在以下方面：一是垄断性企业与竞争性企业之间的收入分配差距。一如前述，垄断性国有企业与中小民营企业在资源获取、财政补贴、金融信贷、市场准入、投资范围等方面，存在着诸多机会不平等。垄断行业通过独占资源与行政特权，排斥市场的正常竞争，获取超额利润，这必然导致垄断性企业与竞争性企业之间收入分配的差距。

比如，融资难、融资贵是中小民营企业发展的主要"拦路虎"，与金融资源配置不公有着莫大关联。我国金融结构主要以大银行与股票市场为主。大型企业尤其是国有企业从银行融资的可能性比较大，而占比国民经济60%、占比就业70%的中小型企业很难获得银行贷款。此外，在银行贷款的资金价格上，大型企业得到的价格是人为压低的，低于应有的价格。因此，银行贷款"嫌贫爱富"，实际上剥夺了中小民营企业贷款的平等机会，导致企业竞争的不公平与收入分配的差距。

二是垄断性国企员工与普通民众之间的收入分配差距。垄断性行业与竞争性行业之间收入分配的差距，必然进一步传导到垄断性国企员工与普通民众之间的收入分配。一些垄断性国企尤其是石油、电信、能源等资源性垄断国企，在依靠垄断地位获取大量收益之后，却将大量的利润以奖金、补贴等形式直接分配给员工，人为地扩大了垄断性国企员工与普通民众之间的收入分配差距。

垄断性国企员工与普通民众之间的收入分配差距，也得到一系列实证数据的验证。人力资源和社会保障部的资料显示，当计入工资外收入和福利待遇等收入，垄断行业与其他行业的收入差距实际上已经高达5—10倍。[①] 根据《中国薪酬发展报告(2011)》对2032家上市公司进行的职工薪酬水平分析结果显示，国有控股职工平均薪酬为8.55万元，比非国有控股职工平均薪酬高出近1.5万元。在13个行业中，8个行业的国有控股职工平

① 孙妍、吴江：《转型期国有企业收入分配问题及对策探讨》，载《现代经济探讨》2014年第3期。

均薪酬高于非国有控股职工平均薪酬。[①]

三是国有企业内部经营者与劳动者之间的收入分配差距。国有企业导致的收入分配问题,不仅仅出现在国企与民企、国企员工与非国企员工之间,甚至也出现在国企内部经营者与劳动者之间。虽然国有企业已经建立了公司治理结构,但难说完备。就薪酬制定而言,国企高管掌握了有关企业的筹资权、投资权和人事任免权等,操控董事会制定有利于自身的考核标准,完全由高管自己决定薪酬水平,由此出现"内部人控制"现象[②],导致国企高管与普通员工之间收入分配的差距。

国有企业问题已经引发了广泛关注,我国已经开始新一轮的国有企业改革。中共中央《关于全面深化改革若干重大问题的决定》指出:"国家保护各种所有制经济产权和合法利益,保证各种所有制经济依法平等使用生产要素、公开公平公正参与市场竞争、同等受到法律保护。"实践中,我国政府也在推进混合所有制、减轻中小微型企业税负、营改增、提高国企利润上缴比例等一系列改革。这些改革对于促进经济机会的平等,形成合理的收入分配秩序,具有积极的效应。

(四)劳动收入占比下降与资本暴利问题

当前我国收入分配中存在的一个非常突出的问题是,在政府、企业收入不断增加的同时,居民劳动收入占比反而持续下降,与此相对应的则是资本暴利问题。白重恩和钱震杰在其研究中发现,20世纪90年代以来国民收入中劳动收入所占比例降低,资本收入所占比例上升。[③] 龚刚的研究也表明,中国收入分配的不平等,在很大程度上表现为工资性收入占国民收入的比例越来越小,利润所占比例越来越大。[④]

具体统计数据进一步说明了居民收入相对政府收入、企业收入下降的幅度。依据收入法计算:1993—2007年,政府收入占GDP的比重由11.68%增至14.81%,增幅为3.13个百分点;企业的资本收益由38.83%

---

① 李燕、唐卓:《国有企业利润分配与完善国有资本经营预算——基于公共资源收益全民共享的分析》,载《中央财经大学学报》2013年第6期。

② 孙妍、吴江:《转型期国有企业收入分配问题及对策探讨》,载《现代经济探讨》2014年第3期。

③ 参见白重恩、钱震杰:《谁在挤占居民的收入——中国国民收入分配格局分析》,载《中国社会科学》2009年第5期。

④ 龚刚、杨光:《从功能性收入看中国收入分配的不平等》,载《中国社会科学》2010年第2期。

增至45.45%，增加6.62个百分点；而居民的劳动报酬占GDP的比重由49.49%降低至39.74%，降幅9.75个百分点。按照资金流量表核算：1992—2006年，政府收入增加2.02个百分点；企业收入增加5.01个百分点；而居民收入则下降7.08个百分点。[①]

劳动收入占比下降问题的成因是复杂的。就合理因素而言，经济结构转型、二元经济、农业在GDP份额中的下降等特定历史阶段的现象，都会客观上造成劳动收入占比下降。就不合理因素而论，劳动工资低、社会保障有待加强、劳工权益保护不够、行业垄断等，都会导致劳动收入占比的下降。尤其是垄断行业利润过高，是造成劳动收入占比下降的重要原因之一。

与劳动收入占比下降形成鲜明对照的是资本暴利。资本暴利体现在房地产、金融、能源等多个方面。以银行业暴利为例。根据2014年公布的上市公司年报，2013年，中国工商银行、中国建设银行、中国农业银行、中国银行和交通银行五大行净利润总计8627.23亿元，日均赚23.6亿元。这显示出尽管那一年面临降息、利率市场化、经济下滑等诸多挑战，国有银行仍保持较高盈利能力。早在2011年，民生银行行长发出了"赚钱赚得不好意思"的感慨。银行利润之高，由此可略见一斑。

银行业的暴利主要来源于存贷款利差与服务收费。一是存贷款利差。国有银行的垄断，借计划化存款利率与市场化贷款利率之差谋取暴利，存款"负收益"，贷款"高收益"，存款户和贷款户利益都在合法化的外衣之下，被银行盘剥或向银行转嫁。据统计，2011年前三季度，16家上市银行的净利差收入就超过1.2万亿，占营业总收入的80%。[②] 二是服务收费。银行经营过程中存在各种服务性收费，占据银行利润的比例非常高。

再以私募股权投资行业的暴利为例。私募股权投资简称PE，是通过私募形式募集资金，对私有的非上市企业进行的权益性投资，推动企业价值增长，最终通过上市、并购、管理层回购、股权置换等方式出售持股套现退出的一种投资行为。A股上市公司2011年年报统计显示，2009年7月A股首次公开募股(IPO)重启之后，共有50家PE机构的65个投资项目在二级市场完成上市后减持，占291个已获解禁投资项目的22.3%，涉及51家上市公司；获得减持套现金额合计129.9亿元，除去初期投资成本后实际盈利

① 李丽辉：《劳动收入占比为何持续下降》，载《人民日报》2010年5月17日。

② 谭浩俊：《加大金融改革力度是消除银行暴利唯一途径》，载《上海证券报》2012年2月7日。

118.2 亿元,平均回报率达到 12.55 倍。因此,PE 暴利已经成为金融领域一个突出的问题。

劳动收入占比下降与资本暴利问题,严重影响着收入分配。劳动收入占比下降与资本暴利凸显了政府、企业、居民之间收入分配格局的不平衡。我国国民收入分配格局发生了巨大的变化,居民部门的比重逐年下降,而企业和政府部门的占比逐年上升。[①] 劳动收入占比下降与资本暴利,严重违背按劳分配的基本分配制度,降低了劳动的积极性,同时助长了不劳而获的思想。

综上,改革开放以来,我国在取得巨大经济成就的同时,收入分配差距也不断扩大。我国自古有着不患寡而患不均的传统观念。收入差距的不断扩大,严重冲击着人们朴素的情感,不仅不利于社会的和谐稳定,阻碍民生发展,而且压抑了消费潜能,不利于消费型社会的形成与经济结构的转型。因此,不论是从经济平等、社会公正角度,还是经济转型与长期可持续发展角度,我国都有必要进一步加大收入分配调节力度,形成合理的收入分配秩序。

六、收入分配不公的制度成因——财税法的视角

以分配—政策—法制的分析框架衡量,目前我国收入分配存在的问题,有着深刻的制度成因。客观、理性地分析当前收入分配不公的制度成因,有助于为促进与保障收入公平分配的制度改革,提供分析的基础。从财税法的角度分析,收入分配不公的制度成因主要体现为四个方面:财税法价值的偏离、财政收入制度的局限、财政支出制度的局限和财政管理制度的局限。财税法价值的偏离进而导致财政收入制度、财政支出制度、财政管理制度的相应失衡。

(一) 财税法价值的偏离

财税法价值的偏离是导致当前我国收入分配失衡的重要原因之一。一般而言,财税法具有公平与效率的两种价值,公平与效率的均衡是财税法价值的最优化。从 1978 年至今的经济发展,是我国经济的起飞时期,经济效

---

① 白重恩、钱震杰:《谁在挤占居民的收入——中国国民收入分配格局分析》,载《中国社会科学》2009 年第 5 期。

率与经济增长被作为国家发展战略的首要目标,"让一部分人先富起来"。财税法制度的安排自然服务于这种大的国家发展战略,这就使得财税法制度以效率为主要目标,对公平价值的关注相对有所不足。

表 3.3 改革开放不同时期效率与公平的模式组合[①]

时期	效率与公平的模式组合
1978—1984 年	克服平均主义倾向,以提高经济效益为中心
1984—1992 年	效率第一,公平第二
1992—1993 年	兼顾效率与公平
1993—2006 年	效率优先,兼顾公平
2006 年至今	初次分配和再分配都要处理好效率和公平的关系,再分配更加注重公平

从表 3.3 可以看出,1978 年到 2006 年,我国主要推行效率优先、兼顾公平的经济发展战略。在经济总量非常低的情况下,只有坚持效率导向,才能充分调动人们的积极性,才能尽快地实现经济的增长和社会财富总量的扩大,这也是我国改革开放以来经济迅速增长、人民生活水平不断提高的原因之一。因此,效率优先的发展战略在一国经济起飞时期,具有历史合理性。

效率优先的发展战略会对收入分配产生负面影响。由于人们之间在禀赋方面的天然差异,自然会传导到收入分配层面。此外,效率优先的发展战略,必然会要求财政、金融、产业等政府政策优先向一部分人、一部分产业、一部分地区倾斜,导致不同阶层、不同产业、不同地区之间发展机会的差异,进而会进一步拉大市场竞争中本来即存在的收入分配差距。

财税是政府参与分配、促进经济发展的重要手段,本身也存在着效率与公平的抉择问题。一般认为,兼顾了公平与效率的财税结构才是最优的。效率型财税政策与财税法制更能促进经济增长,而公平型财税政策与财税法制则更有益于社会公正与社会稳定。直接税通常用以调节收入分配问题,间接税更能体现政府的效率目标,双主体的税制结构有助于实现经济效率与社会公平之间的平衡。

效率优先的发展战略自然会传导到财税政策与财税法之中。改革开放以来,我国财税政策与财税法制的取向与我国"效率优先,兼顾公平"的经济

① 时期划分与模式组合,参见刘承礼:《30 年来中国收入分配原则改革的回顾与前瞻——一项基于公平与效率双重标准的历史研究》,载《经济理论与经济管理》2008 年第 9 期。

发展战略是基本一致的,但"兼顾"的结果往往却是顾不到。在以效率为主导的财税政策与财税法制中,我国财税法制的公平价值受到潜在的压制,财税法调节收入分配的功能未能有效发挥。

比如,财政收入方面,为了调动更多的资源发展经济,我国更为关注财政的汲取。在税制结构方面,我国长期推行以间接税为主、直接税为辅的效率取向型税制结构,对于能够有效调节收入分配的个人所得税、遗产税、赠与税、社会保障税则关注不足。再如,财政支出方面,我国的财政支出长期向基础设施建设等经济性领域倾斜,教育、医疗、社会保障、住房、卫生等社会公共服务领域的投入比较少。

(二)财政收入制度的局限

通过对不同群体收取不同累进程度的费用或税收,间接调节收入与财富分配,是现代国家再分配的重要机制。我国在财政收入制度层面的不足,已成为当前收入分配不公的制度成因之一,表现在财政收入结构不合理、税制结构不公平、公共收入累进性不足等方面。

1. 财政收入结构不合理

公共收入可分为公共权力收入和公共产权收入两大部分。前者是依据国家权力无偿取得的收入,包括税收收入、政府性基金、罚款和捐赠收入;后者则是依据国家是公共产权所有者代表的身份而取得的收入,包括国有资产收益、政府性收费和特许权收入,是政府非税收入的重要来源。公平的收入结构是实现社会正义的重要条件。

我国公共权力收入长期高于公共产权收入。这种财政收入结构,意味着我国财政收入的大部分来自税收,而垄断行业的国有资产收益等公共产权收入则很少上缴,不仅导致公共产权受到侵害,以及国有资产的流失,而且严重地损害了经济平等与收入的公平分配。

比如,公共产权收入的流失包括:依据公共产权应取得的收入没有获取,转化为开发商的收益;虽然政府取得了收入,但这些收入却流失在政府的各个部门和企业,然后又流入个人手中。暴富人群主要与前一种情况相关,行业收入差距悬殊主要与后一种情况相连。[①]

公共产权收入的流失,与我国非税收入管理制度的缺失是密切相关的。一方面,我国缺乏专门的管理非税收入的规范性制度,导致大量的公用产权

---

① 刘尚希:《莫让公共产权收入成暴富之源》,载《财经时报》2006年10月30日。

收益很少上缴国库;另一方面,在公共产权的结构化、市场化过程中又滋生了大量的腐败、权力滥用与国有资产的流失等问题。此外,对公共产权收入的忽视,导致财政压力向公共权力收入转移,客观上也造成我国宏观税负加重的问题。

2. 税制结构不公平

我国当前以间接税为主、直接税为辅的效率型税制结构与我国经济起飞时期"效率优先,兼顾公平"的发展战略是一脉相承的,对于保障政府财政收入的持续增长,回应我国经济增长的财政需求,具有历史合理性。但随着经济总量不断扩大而收入分配差距拉大,现行税制结构的负面效应也逐渐凸显出来。"我国现行税收制度总体上推动国民收入由低收入阶层流向高收入阶层,对收入分配'逆向调节',造成分配差距持续扩大,具有显著的负面社会效应。"①

第一,税负容易转嫁。在间接税为主体的税制结构中,税负容易转嫁,低收入者承担大部分税负。比如,我国大多数商品和劳务需要缴纳增值税,在商品劳务需求弹性较低或劳动力供给相对充足时,企业会将税负转嫁给普通居民,造成国民收入分配格局的失衡,即政府、企业收入较高,而居民收入占比下降,同时,间接税让穷人的税负高于富人。"在我国流转税收入占2/3以上的税收收入格局下,占人口绝大多数的中低收入阶层必然成为税收负担的承担主体,造成越富有的阶层负担流转税比例越低,贫困的阶层越要为政府税收做贡献的'反向调节'局面。"②

第二,个人所得税调节功能有限。个人所得税是发达国家调节收入分配的重要税种之一,然而,在我国,个人所得税并未能有效发挥调节收入分配的应有效果。从制度层面来看,我国个人所得税的制度设计,存在如下问题:一是分类征收的所得税并不能反映纳税人的实际负担水平;二是个人所得税对基本养老保险费、基本医疗保险费、失业保险费以及住房公积金的扣除,诱导高收入行业员工多缴纳上述费用,以获得更多的个税扣除额度;三是针对利息、股息、红利所得,我国长期采用比例税率,对个人转让股票所得长期实行免税政策。这不仅有违按劳分配原则,更是进一步拉大收入差距。

统计数据也证实了个人所得税调节功能的有限性。有学者利用微观住户调查数据考察1997年以来我国个人所得税的收入分配效应,研究发现:

---

① 国家发改委经济研究所课题组:《我国宏观税负研究》,载《经济研究参考》2014年第2期。
② 同上。

1997—2005年,在税制保持不变而居民收入增长时期,个税累进性逐年下降,但是由于平均有效税率上升,个税的收入分配效应仍在增强;在2006—2011年,在税制改革时期,恶化了收入分配效应。与发达国家相比,我国个税累进性较高,但平均税率偏低导致个税政策调节收入分配的作用有限。①

第三,遗产税、赠与税与社会保障税的缺位。直接税特别是累进的个人所得税、社会保障税以及遗产税和赠与税具有较强的收入再分配功能。在我国,遗产税、赠与税与社会保障税等调节收入分配、调节财富积累效应的主体税种,长期以来是缺位的,这不仅不利于税制结构的优化,而且必然会影响税制公平收入分配功能的正常发挥,影响我国社会经济全面、协调、可持续发展的进程。

3. 公共收入累进性不足

累进税制是实现社会正义、调节贫富差距的优良方案,而累退税制则会恶化收入分配。"税收的收入分配效应,通常以税收累进(退)性衡量。税率随收入上升而提高的税收,为累进性税收,反之则为累退性税收。税率与收入无关的税收为比例税收。累进性税收改善收入分配,累退性税收恶化收入分配。而比例税收对收入分配不产生任何影响。"②我国虽规定了税收累进性,如个税的累进制,但制度本身存在局限性,在实践中也未能起到有效调节收入分配的效果。

有学者测度我国整体税制的收入分配效应。根据传统税收归宿分析方法,使用具有全国代表性的住户调查数据和资金流量表,计算每个家庭承担的税负总额,观察它与收入水平之间的关系,结果显示:中国税制整体是累退的,个人所得税等累进性税收,在一定程度上减弱了间接税的累退性,但因其规模小,不足以完全抵消间接税的累退性。有效税率与收入之间的关系在城乡之间存在明显的差异,税收的累退性在农村较城镇更为明显。③

(三)财政支出制度的局限

现代国家公共支出是影响公民生存与发展的直接因素,也是调节收入分配的重要杠杆。公共支出的结构、额度、方向、重点以及公正与否,都会影

---

①　参见徐建炜、马光荣、李实:《个人所得税改善中国收入分配了吗——基于对1997—2011年微观数据的动态评估》,载《中国社会科学》2013年第6期。

②　岳希、张斌、徐静:《中国税制的收入分配效应测度》,载《中国社会科学》2014年第6期。

③　同上。

响到公民收入以及分配的公正性。我国财政支出领域存在着两个方面的突出问题：

1. 公共支出结构不利于收入公平分配

表3.4展示了政府支出规模与构成的跨国比较。横向比较方面，我国用于民生发展的社会支出比其他国家要低；纵向比较方面，我国社会支出远远低于经济事务支出。这种支出结构在经济发展的初级阶段，有利于资本积累，加速经济增长，具有历史合理性。

但是，随着我国总财力的增强，社会支出不足会直接影响公民享有国家提供生存保障、能力扩展的物质资料的机会，进而不利于收入的公平分配。此外，行政支出比例过高。由于政府职能转型不到位，且政府权力缺乏有效约束，"三公消费"支出比较严重，浪费了宝贵的公共财政资源，侵蚀了民生发展、收入再分配的物质基础。

表3.4 政府支出规模和构成的跨国比较

（按占GDP百分比计，中国为2008年数据，其他国家为2007年数据）①

占GDP比例	高收入国家	中等收入国家		中国
	OECD	中高收入	中低收入	
总支出	41.6	33.1	36.1	25.7
一般公共服务	5.6	5.6	5.5	2.9
国防	1.6	1.5	2.2	1.3
公共秩序和安全	1.6	2.0	2.6	1.3
经济事务	4.2	5.3	6.1	7.9
环境保护	0.7	0.5	0.3	0.5
住房和社区设施	0.8	1.2	3.0	1.9
医疗卫生	6.3	3.3	3.1	1.0
娱乐、文化和宗教	1.2	0.8	1.0	0.5
教育	5.4	3.9	5.4	3.7
社会保障	15.2	9.0	6.9	4.7
备注：除社会保障和医疗以外的总支出	20.1	20.8	26.2	20.0

① The World Bank, Development Research Center of the State Council, P. R. C. China 2030, Building a Modern, Harmonious, and Creative High-Income Society, The World Bank, 2012, p. 97.

2. 公共支出的不公平

"不患寡而患不均。"公共支出不平等是当前最为严重的问题，突出地表现在区域之间、城乡之间、产业之间等。典型的如社会保障支出，占我国人口大多数的农村人口，长期未纳入基本社会保障体系之内，或者农村社会保障的覆盖面、保障水平远远低于城市人口水平。以中国居民医疗支出为例，"就中国整体而言，医疗补贴不成比例地补贴给了富裕人群而不是穷人……这种不公平性根源在于中国城市与农村居民医疗支出严重失衡，城市居民的平均医疗支出几乎是农村的 6 倍，换句话说，医疗支出方面的公共资金大都集中于发达的城市医疗部门。"①

财政转移支付制度进一步加剧了公共支出的不公平。转移支付是政府公共支出的重要内容，包括政府对居民的转移支付与政府之间的转移支付两种。政府对居民的转移支付，除了前述城乡之间的不公平之外，还涉及垄断行业的巨额补贴。比如，石化三强的净利润占到央企总利润的三成以上，但中石油、中石化每年仍获得巨额财政补贴，形成最具争议的补贴。② 这必然进一步加剧垄断性行业与竞争性行业之间收入分配的差距。

政府之间财政转移支付制度加剧了不同地区之间的不平等。1993 年的税制改革，以 1993 年为基数确定税收返还额、保留原体制补助等方式承认既有的地方利益分配格局，未能有效顾及到不同地区之间经济发展的差异。因此，发达地区得到的税收返还多，贫困地区则比较少。"不均衡的地区税收优惠和激励性税收返还使地区差距和贫富差距相互交织，是我国税收制度制造收入分配差距以及地区结构失衡的特殊机制。"③

（四）财政管理制度的局限

财政管理制度主要涉及管理财政收入与支出的法律制度，主要涉及公共财政管理权力在中央与地方、权力部门与行政部门、政府与公民之间的配置，涉及一国的财政体制问题。一部完整的宪法，也会对其财政制度进行完备的规定。财政管理制度是财政收支制度的基础。反过来，财政收入制度、财政支出制度的不足，与财政管理制度有着重要的关系。比如，财政支出中

① 魏众、B. 古斯塔夫森：《中国居民医疗支出不公平性分析》，载《经济研究》2005 年第 12 期。

② 李春莲：《最具争议的补贴：两大油企是最赚钱公司亦是补贴大户》，载《证券日报》2011 年 11 月 29 日第 D02 版。

③ 国家发改委经济研究所课题组：《我国宏观税负研究》，载《经济研究参考》2014 年第 2 期。

的问题,与财政监督不到位、民众参与度低等,有着密切的关系。我国现行财政管理制度还存在着进一步完善的空间:

1. 中央与地方财政关系

中央与地方的财政关系是一国财政体制、财政管理制度的重要组成部分。科学地确定中央与地方的财政管理体制,是提高财政资金效率、均衡地方公共服务能力、促进经济增长的重要保障。我国现行的中央与地方财政关系,是根据1994年的分税制改革所确立的。

国务院发布的《关于实行分税制财政管理体制的决定》,规定了分税制的原则和主要内容:"按照中央与地方政府的事权划分,合理确定各级财政的支出范围;根据事权与财权相结合的原则,将税种统一划分为中央税、地方税和中央地方共享税,并建立中央税收和地方税收体系,分设中央和地方两套税务机构分别征管;科学核定地方收支数额,逐步实行比较规范的中央财政对地方的税收返还和转移支付制度,建立和健全分级预算制度,硬化各级预算约束。"

分税制改革起到了积极的历史作用。分税制改革的背景是地方财力增加,而中央财政收入不断下降。分税制的改革确实极大地提高了中央政府的财政汲取能力,有利于中央政府进行统一的宏观调控,集中财力,更好地促进经济的发展。"1994年的财税体制改革,总体上已经为我国建立起了适应市场经济发展的财税体制框架,实际运行基本也'利大于弊'。"①

不过,随着分税制的深入运行,以及我国经济社会发展情况的变化,分税制财政体制在中央与地方关系方面,也出现了一些亟须完善的问题。比如,分税制改革的推进,是以承认地方既得利益为前提的,对地区之间差距的问题关注不足,这直接导致现行财政转移支付制度的不公平。再如,分税制对中央、地方事权与财权的规定并不十分清晰,同时出现财力上浮中央而事权下沉地方的情况,这也导致地方政府财力不足,对土地财政产生严重的依赖。

2. 人大与政府的财政关系

人大与政府的财政关系,或曰权力机关与行政机关、立法机关与执法机关的关系,本质上涉及财政法定主义。"由于财政活动直接关系到国家的财政权和国民的财产权等宪法层面的基本权力和基本权利,因此,它要求一切财产活动,包括财政立法活动和财政执法活动、财政的收入和支出等,都要

---

① 国家发改委经济研究所课题组:《我国宏观税负研究》,载《经济研究参考》2014年第2期。

依法进行。"[1]财政法定原则包括收入与支出法定、内容与形式法定、实体与程序法定等内容,并具体体现在预算法、税法、国债法等具体的子部门法上。

我国《立法法》第8条明确规定财政、税收的基本制度只能制定法律。从这一规定来看,我国初步确立财政法定原则。不过,《立法法》第9条进一步规定了立法授权制度。"本法第8条规定的事项尚未制定法律的,全国人民代表大会及其常务委员会有权作出决定,授权国务院可以根据实际需要,对其中的部分事项先制定行政法规"。1984年全国人民代表大会常务委员会《关于授权国务院改革工商税制和发布试行有关税收条例(草案)的决定》,以及1985年全国人民代表大会《关于授权国务院在经济体制改革和对外开放方面可以制定暂行的规定或者条例的决定》,均授权国务院拟订税收条例。

从实践中来看,立法机关对政府财政权力的约束,需要进一步地完善。立法机关约束不足,主要表现为:

(1)《预算法》形同虚设。我国现行《预算法》较为原则和空泛,可操作性较差,以致许多现实财政收支管理活动都游离于《预算法》规定之外,严重影响了《预算法》的权威性,形成大量违法的预算外资金、制度外资金,导致国家分配秩序的混乱,国家财政流失。[2] 前述公共产权收入的流失,与公共产权收入没有纳入预算进行严格管理监督,也有着密切关系。

(2)税法刚性不足。虽然我国《立法法》规定财政、税收的基本制度只能制定法律,但由于授权立法以及违法的转授权的存在,我国实践中的大量税收立法主要采取了行政法规、部门规章而非法律的形式,税收立法层次相对较为低下,税法刚性明显不足。[3] 正是由于税法刚性的缺失,导致实践中出现非税收入、滥用税收优惠、税收逃避、过度征税等诸多违反税法的行为,不仅扰乱税收秩序与经济活动,而且也影响到收入的公平分配,加重民众宏观税负。

(3)转移支付制度不规范。规范的转移支付制度是均衡地区之间公共服务水平、调节收入分配秩序的重要保障。我国实行分税制改革以来,转移支付制度几经变迁,但是在转移支付的目标、分配标准、分配方法、监督机制等方面,始终缺乏规范性、法定性。由于预算法的不完善,一般性转移支付

---

① 张守文:《财税法学》,中国人民大学出版社2011年版,第34页。
② 张守文:《财政危机中的宪政问题》,载《法学》2003年第9期。
③ 同上。

虽纳入预算,但并未受到有效监督。专项性转移支付更是长期缺乏有效的监督,不仅造成专项转移支付本身分配的不公平,而且滋生不少寻租与腐败。

3. 政府与公民的财政关系

我国《宪法》第2条规定,中华人民共和国的一切权力属于人民。人民行使国家权力的机关是全国人民代表大会和地方各级人民代表大会。人民依照法律规定,通过各种途径和形式,管理国家事务,管理经济和文化事业,管理社会事务。我国《立法法》第8条明确规定财政、税收的基本制度只能制定法律。我国《宪法》与《立法法》的规定,从形式和程序上保证了人民参与财政事务的民主性,构成对政府公共财政权力的民主约束。

公众的财政民主权利包括知情权、参与权和监督权。公众有权知道税款征收多少,征收是否公平,财政资金的支出方向,以及国家是否提供了与财政收入相适应的公共物品,等等。这些对于公共财政真正做到取之于民、用之于民具有非常重要的规范与约束作用。整体而言,我国公民的财政知情权、参与权与监督权正在不断增强,但也存在着参与不足的问题,公民利益的表达渠道仍有待于进一步畅通。

七、小结:公平分配与财税法制的改革

财税法制的变迁深受不同时期的社会背景、分配政策的影响,并反过来对特定时期的经济社会变迁产生正向或者反向的作用。我国当前的财税法制结构既是实行社会主义市场经济以来社会发展的产物,又会反过来影响经济社会发展,具有不容否认的重要的历史作用。但是,随着我国经济社会发展到新的阶段,当前的财税法制结构在财政收入制度、财政支出制度、财政管理制度方面均存在着不同程度的缺陷,阻碍了财税法制调节收入分配、实现社会正义的功能发挥,并体现为宏观税负、国有企业、土地财政、劳动收入占比下降与资本暴利等一系列收入分配失衡的典型问题。因此,我国财税法律制度需要进一步贯彻财政法定主义,以回应新的经济社会发展的制度诉求,引导新的经济社会变迁。整体而论,为了促进与保障收入公平分配,实现公平发展,财税法律制度需要从以下方面进行完善:

(一)财税法价值的重构

在市场化改革进一步深化的情况下,我国需要着力解决收入分配不公

的问题，进而为市场经济的良性健康运行，打下坚实的社会基础。“越是有效的市场，越是维持市场最初开始运作的收入分配状况。”[①]就财税法而言，应该从之前的效率优先、兼顾公平的价值目标，转换为更加注重公平，促进收入的公平分配，藏富于民，促进以社会公正为中心的经济发展。

事实上，从 2006 年以来，我国也已经开始逐步调整经济发展战略，以及收入分配政策，这些都将加强公平目标在我国财税政策、财税法中的比重。党的十八大报告指出，发展成果由人民共享，必须深化收入分配制度改革，努力实现居民收入增长和经济发展同步、劳动报酬增长和劳动生产率提高同步，提高居民收入在国民收入分配中的比重，提高劳动报酬在初次分配中的比重。国务院《关于深化收入分配制度改革若干意见》亦指出，要继续深化收入分配制度改革，优化收入分配结构，初次分配和再分配都要兼顾效率和公平，初次分配要注重效率，再分配要更加注重公平。完善以税收、社会保障、转移支付为主要手段的再分配调节机制，加大税收调节力度。建立公共资源出让收益合理共享机制。

（二）财政收入制度改革

针对前述公共收入制度之不足，可依次从以下方面改革：(1) 适度降低公共收入增速及总量，实行结构性减税，藏富于民，间接改善民生，调节分配秩序。(2) 优化收入结构。完善以税收为主的公共权力收入，规范并加大公共产权收入，尤其是国有资本收益与国有资源使用/出让收入，不仅能够维护社会公平正义，而且能够保障政府财政能力，进而更好地进行再分配。(3) 优化税制结构。完善现有的所得税与财产税，开征遗产税、赠与税、社会保障税等调节收入分配的税种，同时加强对弱势群体的税收优惠力度。(4) 增强公共收入累进性，加强征管技术，确保公共收入方面公民负担的实质公平。

公共收入制度方面，一个重大的改革应是土地、矿藏、森林等公共产权保护制度的完善。当前最突出的是土地，尤其是农民的土地权益，需要严格保护农民土地财产权。完善土地承包经营权权能，依法保障农民对承包土地的占有、使用、收益等权利。在依法自愿有偿和加强服务基础上完善土地承包经营权流转市场。推进集体林权和国有林区林权制度改革，完善草原

---

① 杨志勇、杨之刚：《中国财政制度改革 30 年》，格致出版社、上海人民出版社 2008 年版，第 133 页。

承包经营制度。

再如国有资本收入制度的完善。国有资本收益是经济法财产结构中的公共产权收入。国有资本收入应为全民所有并公正分配,这也是我国《宪法》的规定。但现实中国有资本收入上缴比例过低,实践中甚至不缴,程序上征缴不规范且未纳入预算进行透明管理;其分配也存在着严重的不公正,需要对国有资本收入制度从实体与程序方面进行改革。

(三)财政支出制度改革

公共支出制度改革,整体思路应是按照财政法定主义的要求,加强财政支出尤其是转移支付的法定化、制度化与规范化,推进基本公共服务均等化。把基本公共服务制度作为公共产品向全民提供,确保公民尤其是弱势群体享有实质平等的受益权,以调节收入差距,增进社会公正。针对前述公共支出之不足,可依次从以下方面改革:

(1)优化公共支出结构。为促进和保障收入公平分配,改善民生,保障公民享有公平的社会机会,应大幅度提高政府公共服务支出占公共支出的比重,加大对教育、医疗、卫生、就业、社会保障等社会方面的支出。此外,应严格控制行政支出。这既是节约公共财政、促进民生发展、维护社会公平的需要,也是转变政府职能、提高政府效率、打造服务型政府的要求。

加强财政对社会支出的投入力度,不仅能够保障与改善民生,调节收入分配,而且有助于提高劳动力技能与素质,一方面提高公民自我发展能力,一方面为经济可持续发展积累坚实的人力资本。因此,财税法调节收入分配,并非单纯的为分配而分配,而是通过公平分配促进生产,兼顾公平与效率,实现生产与分配、经济效率与经济正义的均衡,妥善解决后发国家生产发展与分配公平的矛盾,避免陷入福利陷阱。

(2)保证公共支出分配公平。公共支出应充分体现现代国家社会救济的责任,尤其要注重向贫困地区、弱势群体倾斜,保障其最低限度的生存条件,避免公民陷入绝对贫困的状态。这是增进公共支出累退性的要求。近期,我国在公共支出制度改革方面迈出了一定的步伐。如从土地出让收益中提取教育资金[①],再如从地方债券收入、房产税收入、国有资本经营收入、

---

① 《关于进一步落实从土地出让收益中计提教育资金相关政策的通知》,财政部网站 http://zhs.mof.gov.cn/zhengwuxinxi/zhengcefabu/201202/t20120201_625397.html,2017 年 3 月 10 日访问。

城市维护建设税、城镇公用事业附加费、城市基础设施配套费等中安排保障性安居工程的财政资金。[①]

（四）政府财政权的理性行使

收入再分配的关键在于国家财政权的理性行使。收入分配追求的实质正义与社会公正，必然赋予国家财产分配权以更大的自由裁量空间，进而为国家财政权的规制带来很大困难，因为“既要防止专断，同时又要对具体情况、不同的案件进行适当的分析，这是十分困难的”[②]。但取消政府规制与福利亦不现实。“我们仍然生活在一个本质上通过政府干预那些保持当今权力和财富分配的权利所建立的社会中。因此，我们不应丢弃福利权利概念的激进性质；它构成一个中央透视镜，透过它理解所有根本权利的附带性和分配性后果。”[③]更重要的是，社会福利国家不仅是调和自由主义内部基本矛盾——自由与平等矛盾——的重要机制[④]，而且其兴起之后，尽管有所回潮，但是再也没有停止发展的脚步。

因此，现实的路径是设计一套引导国家财产分配的正当行使的法律制度。这一方面是为了防止瑞奇（Reich）最先提出的新财产理论的内部断裂，即有可能滑向瑞奇憎恨的政府管制的梦魇，一方面是为了回应戴雪、哈耶克等自由主义者对现代国家规制与福利主义的批判。西方国家工业革命以来百余年历史表明，扩大了的政府财产分配裁量权能够与福利国家兼容，使现代社会实质正义所诉求之扩大化的自由裁量权得以满足的同时，又能符合古典自由主义法治之严格限制公权力的内核：“一个多世纪以来，西方社会证实社会福利国家的确能够与形式合法性联姻。行政自由裁量权能够被控制在立法命令与程序要求施加的限制之内……只要政府官员的取向在调整规则存在之时依然受规则约束，那么，赋予政府官员推进政策目标的自由裁

---

① 《关于切实做好2012年保障性安居工程财政资金安排等相关工作的通知》，财政部网站http://zhs.mof.gov.cn/zhengwuxinxi/zhengcefabu/201202/t20120206_626030.html，2017年3月10日访问。

② 〔英〕彼得·斯坦，约翰·香德：《西方社会的法律价值》，王献平译，中国法制出版社2004年版，第112页。

③ 〔美〕露西·威廉斯：《福利与法律权利：贫穷的社会根源》，载戴维·凯瑞斯编辑：《法律中的政治——一个进步性批评》，信春鹰译，中国政法大学出版社2008年版，第413页。

④ 〔美〕布雷恩·Z.塔玛纳哈：《论法治——历史、政治和理论》，李桂林译，武汉大学出版社2010年版，第49页。

量权并不必然成为滑向目无法纪的压迫之起点。”①

财税法应在引导国家财政权的合理行使中发挥重要作用。一方面在于财产及其有关权益本质上是宪政问题，而财税法与宪法内在契合；一方面由于财税法将实体性规则与程序性规则融为一体，可以从宪法控制、实体性限制与程序法保障三个方面回应财政权理性行使的制度诉求：

(1) 宪法性规则。国家权力配置涉及政府自身的改革，涉及经济法重要的财税、金融、竞争等“体制法”。② 具体到财政法领域，“横向分权，主要涉及相同级次国家机关之间的财政权的划分。尤其是财政立法权、预算审批权、国债发行权的划分；而纵向分权，则主要涉及不同级次国家机关之间的财政权划分，在形式上尤以财税收益权的争夺令人瞩目。”③分述如下：

一是立法与行政的横向权力配置。现代国家的发展是行政权作用日益凸显、立法权约束力减低的趋势，也挑战了古典三权分立理论。但财政权力的合理配置对于权力制衡还是必需的，也是财政法定主义的要求。如财政税收等基本法律制度应专属于立法权，对其细节及具体执行则可委诸行政权。

二是中央与地方的纵向权力配置。中央与地方关系是当前政治体制改革的重中之重。合理的中央与地方关系在于“集分均衡”，也在于相互合作，进而有助于高效地完成现代国家必须承担的广泛的社会义务。针对现行的财权上浮事权下沉、地方政府财力不足的困境，需要进一步明确地界定中央与地方事权、财权的划分，同时加大地方政府的财力，确保其财政收益权，适度加大地方经济性分权的力度，保证地方政府提供基本公共服务的能力。“尽管在2013年中共中央《关于全面深化改革若干重大问题的决定》中，特别强调深化财税体制改革，并将中央与地方的事权划分同相应的支出责任承担提到了相当的高度，但至今仍无实质进展。”④

(2) 实体性规则。实体性规则主要有两个方面：

一是经济法基本原则。国家财政权的原则限制，主要包括“法定、适度与绩效”三原则。⑤ 其中主要是法定原则与适度原则中的比例原则。法定原

① 〔美〕布雷恩·Z.塔玛纳哈：《论法治——历史、政治和理论》，李桂林译，武汉大学出版社2010年版，第127页。

② 张守文：《经济法总论》，中国人民大学出版社2009年版，第59页。

③ 张守文：《财政危机中的宪政问题》，载《法学》2003年第9期。

④ 张守文：《财税法疏议(第二版)》，北京大学出版社2016年版，第228页。

⑤ 张守文：《经济法总论》，中国人民大学出版社2009年版，第76—78页。

则要求财产分配权的实体内容与程序规范均要法定,除非有明确授权,本质上是前述立法与行政横向分权问题,兹不赘述。比例原则,系指政府再分配对私人财产权的调制应合乎比例,即财产承担社会责任的程度与其公共性成正比。"一个财产客体越具有服务于福利、生态或者其他公共利益的义务,则立法者规定财产权的内容和限制的权限就越大;越涉及财产保障个人自由的功能,则立法者规定财产内容和限制的权限就越小。"①

二是经济法责任规则。责任机制是保障国家财政权合理运作的机制之一。国家与公民之间的财产关系是公法上的信托关系,国家承担着公共财产受托责任,即国家代为行使公共财产的筹集、管理与分配,必须要接受公民的制衡,必须代表公民的意志,必须对财产使用负责。因此,这是一种公共责任、社会责任。而公共受托责任的有效承担则依赖于国家预算制度与政府会计制度的完备。因此,我国应进一步完善预算制度、政府会计制度,规范政府的公共受托责任。

(3)程序性规则。程序是规范国家财政权,实现公平正义的重要路径之一。如美国合理地确立了告知、回应、听证、对峙、诘问等正当程序的一些宪法原则,而"正当程序所确立的宪法原则一直是影响公共行政司法化的一个重要因素。近年来,负责福利、公共住房、社会安全、执业执照等事务的政府机关已经开始着手修改其行政程序,以适应宪法价值的要求。"②而"福利、公共住房、社会安全、营业执照"正是调节收入分配的重要方面。

程序上的再一个重要规则是将政府财政权纳入议会预算控制之中,确保"再分配政策立足于借助预算的、较透明的税收手段和转移手段"③。现在国家有向"预算国家"发展的趋势,通过预算,确保公共财政真正"取之于民,用之于民",既是防止公共财政资金被"三公浪费"的现实需要,也是实现前述国家公共受托责任的要求。因此,预算法改革对于促进和保障收入分配至关重要。

此外,经济法程序中的公民参与非常重要。"实现参与式民主(participatory democracy)是马克思一生全部政治设想的基础……民主是解决所有

---

① 〔德〕罗尔夫·施托贝尔:《经济宪法与经济行政法》,谢立斌译,商务印书馆 2008 年版,第 200 页。

② 〔美〕戴维·H. 罗森布鲁姆、罗伯特·S. 克拉夫丘克:《公共行政学:管理、政治和法律的途径(第五版)》,张成福等译,中国人民大学出版社 2002 年版,第 536—537 页。

③ 〔德〕柯武刚、史漫飞:《制度经济学:社会秩序与公共政策》,韩朝华译,商务印书馆 2008 年版,第 373 页。

宪政谜题的答案,因为只有民主构制才是'人类自由创造的产品'。"[①]公民参与,确保公民有权参与攸关其生存与发展的政策制定过程之中,进而使得公民对其现代财产受益权有一种实际上的控制。"人们不必在传统(自由)意义上拥有那些起保证最低限度自主作用的资源,必要的是,人们应拥有对这些资源的控制权。这意味着允许他们接近使他们成为自主的人所必需的那些资源,并对这些资源拥有决定权。足够的保健、教育、食品和住房之类供应必须是个人可得到的,以保证他们最低限度自主。"[②]

国家财产分配权行使过程中的公民参与,不仅有助于引导国家财政权的理性行使,进而保障民生,有效调节收入分配,而且有助于实现人民当家做主,推进政治领域更加民主化。因此,收入公平分配与民生发展呼唤人民民主,而人民民主的发展亦可反过来推动并保障民生,有效调节收入分配,进而实现民生与民主的互动。

综上,"经济法不同于传统的行政法,它不是单纯地强调要限制政府的权力或国家的权力,而是要通过适度分权,以及适用合理的程序,按照经济规律的要求,努力实现既定的经济目标和社会目标。"[③]财税法能够通过宪法规则、实体性规则与程序性规则,引导国家财政权的合理行使,有助于收入的公平分配,促进民生发展,推动财税体制的改革,而公民参与也有助于推动财政民主的发展。

---

① 〔英〕伊恩·沃德:《法律批判理论导引》,李诚予等译,上海三联书店2011年版,第150页。

② 〔美〕克里斯特曼:《财产的神话:走向平等主义的所有权理论》,张绍宗译,广西师范大学出版社2004年版,第173页。

③ 张守文:《经济法总论》,中国人民大学出版社2009年版,第13页。

第四章　我国财税法制度的价值重构

引　言

我国的经济体制仍处于转轨时期，社会发展阶段决定了收入分配的阶段性演化，多种分配方式仍将长期存在，并影响最终的分配结果，收入分配改革需基于对这一问题的有效认知。“政治决策制定者运用多个维度去理解任何给定的问题是可能的。任何政治问题都能够在多个维度上被判断；所有政治问题从根本上说都是多维度的。”[①]因此，在调控收入分配的制度设计中，将会面临不同价值之间的权衡和不同利益之间的取舍，需要对财税法制度的诸多价值展开分析，在此基础上提出可能的价值判断，进而选取合适的收入分配改革路径。收入分配与公平正义、经济效率等价值取向密切相关，需要对分配制度与社会公平、效率、安全等价值之间的关联进行研究；收入分配也与经济水平、社会结构等客观情势有内在关联，也需要基于我国国情，厘清分配制度变革中应当考量的经济因素、社会因素、制度因素等，在此基础上，才能对分配改革的政策导向、价值选择、制度路径、利益分享模式、公权作用等问题有比较明确的把握。

一、我国收入分配问题的制约因素与演化趋势

我国的收入分配突出地体现为城乡收入差距悬殊、地区和行业收入不均衡、企业内部收入差距大等，分配不公问题严峻，这与我国多方面的特殊因素有关。因此，对我国收入分配问题的理解和发展趋势的预判也应当建立在对这些因素准确把握的基础上。

我国的收入分配问题与我国经济转轨和社会转型相互关联，随着经济体制变革，我国收入分配方式经过了重大的调整。在我国收入分配方式的调整中，逐渐形成了中国特色的分配方式。

---

① 〔美〕布莱恩·琼斯：《再思民主政治中的决策制定：注意力、选择和公共政策》，李丹阳译，北京大学出版社 2010 年版，第 145 页。

（一）我国收入分配问题的制度背景

“在库兹涅茨事实的基础上，影响收入分配变化方向的因素多种多样，并且依一个国家的经济体制、发展阶段、政策取向不同，可能发挥主导作用的因素也不尽相同。”[①]因此，“观察发展中国家的收入分配与经济增长关系，应该遵循一个主线，即与二元经济发展阶段相关的基本市场力量。要想理解如何创造条件迎来中国的库兹涅茨转折点，需从中国经济的基本特征出发，在更加广阔的层面着眼。”[②]可见，应当从我国的具体状况出发，具体化地理解我国收入分配面临的现实约束。

1. 经济转型的阶段性带来的多元分配机制并存

经济转型是我国目前经济运行的重要特征，这一转型具有长期性。由于经济转型带来的体制转变，我国目前的分配方式日趋多元化，即使在初次分配中，也是多种分配模式并存。总体上讲，这些分配模式有利于刺激相关市场主体的积极性，提高劳动生产率，促进经济增长。但过于多元化的收入分配模式拉大了收入差距，并且这种差距很难简单通过再分配方式予以矫正，导致初次分配和再次分配都没能缩小收入分配差距，分配不公问题日益突出。

由于经济转型和体制转轨的不彻底性，我国以往的分配体制中，带有严重计划经济色彩的分配方式仍然存在，例如，过去在某些政府机关和个别企事业单位，“大部分收入是通过非常规性的渠道分配的，而不是通过常规性的渠道分配的。现在看来，这不仅导致了收入分配的不规范，而且制约了市场需求的形成，也为腐败现象的产生埋下了隐患。”[③]福利化的收入分配方式，作为收入分配的一种形式，存在监管和折算的困难，不能得到法律的有效调节，成为分配体制中的漏洞。

随着经济发展，各种要素都参与进分配中来，这进一步导致分配模式的多样化。劳动、资本、技术、管理等生产要素都参与分配过程，但劳动收入在收入分配中越来越不占有重要比重。经济转型带来的收入分配方式多样化是不可避免的，也对促进经济转型起到了重要作用。但是，这种多样化的分

---

① 蔡昉：《如何认识中国收入分配改革现实：一个求同存异的分析框架》，载吴敬琏主编：《比较》（第五十九辑），中信出版社 2012 年版，第 6 页。

② 同上书，第 6—7 页。

③ 孙立平：《断裂——20 世纪 90 年代以来的中国社会》，社会科学文献出版社 2003 年版，第 58 页。

配模式影响收入分配格局，如果缺少相应的矫正机制，收入分配不均衡问题将会长期伴随经济转型而存在。

2. 发展战略带来的地区间分配差距在短期内难以改变

由于资源的有限性，我国改革开放初期采取了不均衡的地区发展战略，在地区发展上，给予沿海地区较多的政策倾斜和资源支持。“沿海地区要加快对外开放，使这个拥有两亿人口的广大地区较快地发展起来，从而带动内地更好地发展，这是一个事关大局的问题。内地要顾全这个大局。反过来，发展到一定的时候，又要求沿海拿出更多力量来帮助内地发展，这也是个大局。那时沿海也要服从这个大局。”[①]在两个大局战略的主导下，中西部地区的发展远远落后于东部发达地区。东部地区较快地完成了产业集聚、经济转型和制度转轨，而中西部地区的发展放缓。受到这一发展战略的影响，中西部地区居民收入也落后于东部地区，从而形成收入分配上的地区差距。这种差距是由宏观上的政策导向造成的，并且，这种差距很难在短时间内得到消除。

随着经济发展和政策调整，中西部地区的发展纳入全国整体的发展战略中来，西部大开发、东北老工业基地振兴、中部崛起等相继上升为国家战略，在这些发展战略的带动下，地区间发展差距拉大的速度有所放缓，随着产业向中西部地区转移，落后地区的发展水平有所提升。但由于发展的长期性，地区间收入差距过大的问题并没有得到有效解决。由于人力资源等成本的上升，产业向中西部地区的转移，虽然内地劳动者拥有了更多的就业机会，但劳动报酬仍然处于比较低的水平，收入分配差距扩大的趋势并没有得到根本扭转。

3. 所有制形式的多样化导致分配模式的差异

我国从单一制的公有制过渡到公有制为主体、多种所有制共同发展的所有制形式，也带来了分配格局的较大调整。在传统的公有制形式下，分配模式比较单一，大锅饭体制下的分配更多强调公平，收入分配差距较小。随着所有制形式的多样化，分配方式也随之多样化，但也出现了收入差距拉大的趋势。我国实行“以公有制为主体、多种所有制经济共同发展的社会主义基本经济制度”，现实中的很多公有制企业处于实质上的垄断地位，这些企业的职工工资往往高于社会平均工资，并且享受各种隐形的福利待遇，而处于传统制造业中的产业工人，由于数量庞大，加之地区之间对资本的争夺，

---

① 《邓小平文选》(第3卷)，人民出版社1993年版，第277—278页。

导致这类企业中的劳动者没有得到很好的保护，最低工资水平处于低位，超时加班等问题极其严重。如果考虑到社会保障体制不健全带来的收入效应，不同所有制形式中的劳动者的收入差距更加严重。

所有制形式的多样化是市场经济的题中之意，也是促进经济发展的重要政策措施，它可以有效提升劳动者的积极性，提高劳动生产率和企业效益，所以，所有制形式的多样化将会长期存在，我国收入分配方式的多样化也将长期存在。但差异化的分配模式必将进一步拉大收入差距，关于分配和再分配的政策措施必须对这个背景有足够的认识，以求在制度设计中予以矫正。

除了以上因素，经济全球化也对我国的经济发展和收入分配具有重要影响。有学者研究表明，参与经济全球化对我国的收入分配利弊并存。从有利方面看，我国具有劳动力的比较优势，而且随着经济全球化的发展，这一优势可能会进一步增强，从而有利于扩大就业，加快农村工业化、城镇化的步伐；由行业垄断导致的收入差距将随着市场化进程加快而被拉平；宏观要素配置和劳动力市场配置的机制趋于合理，过多的行政配置资源和劳动力市场分割状况将得到改善；加快非市场性的歧视政策的修正，形成平等的竞争机制。而从弊端来看，劳动力市场的分层化速度加快，高素质劳动力的收入增长快，低素质劳动者收入水平停滞，在产业调整中失业的可能性加大；沿海和内地、发达和不发达地区的差距仍将拉大；受世界经济波动的影响加大；产业保护等政府调节政策将受到限制，国际分工会加大就业结构的变动，引起摩擦性失业。[①] 因此，应当综合评估全球化的影响，利用其积极作用，促进我国收入分配改革。

由于发展阶段的不可超越性，目前的收入分配问题受多种因素的制约，这些因素的特殊性不但使分配公平难以实现，也会影响后续制度的改革方向和改革力度。这是我国收入分配问题的制度背景。

（二）我国收入分配不公问题的制约因素

收入分配不公问题的解决与政府能力、财税体制、社会结构等多种因素有关。并且，分配问题涉及民众生活的方方面面，外延宽泛，随着经济转轨和社会转型的进一步深化，收入分配不公问题波及更广。因此，应当通过相

---

① 魏众、张平：《经济全球化对各国居民收入分配的影响》，载《人民日报》2003 年 6 月 13 日第 9 版。

应的政策分析,关注目前的分配形式和分配机制,预测我国收入分配不公问题的发展趋势。

库兹涅茨曲线主要从分析经济增长对于不平等的影响出发,认为由于传统农业部门和现代工业部门之间的结构性差异、城市化和与政治权力的关系以及随后的制度安排、社会保护等因素影响,在经济增长的初期阶段,收入不平等会逐步上升,而随着经济的进一步增长,不平等会逐步减少。这一理论已被多国的经济发展所证明。当前我国分配差距过大的程度仍未达到库兹涅茨"倒 U 曲线"的顶点,未来分配差距仍将扩大,越过"拐点"之后方渐趋公平,因此财税法的制度设计要分阶段,兼顾当前与长远。但任何抽象的理论都无法涵盖所有的具体情况,"库兹涅茨曲线显然是不稳定的。它不能稳定地阐释所有不平等历史。"[①]尽管库兹涅茨后来通过实证分析为这个假说找到了依据和经验支持,但是这个模型因为无法解释后来许多发达国家在获得了经济高速增长之后不平等依然上升的事实,而受到了许多发展经济学家的质疑和挑战,所以关于经济增长对收入不平等究竟产生何种影响,目前仍然在争论中。[②] 应当结合具体的经济情势和社会状况历史地理解库兹涅茨曲线。我国收入分配差距过大是我国发展过程中将长期存在的客观现实,需要逐步加以解决,因此,财税法对分配差距的矫正幅度很重要,财税法的制度变革要留一定的空间和余地,并且在越过倒 U 曲线的拐点之后,财税法可能还需要适当降低对分配差距矫正的幅度,这也是财税法"变异性"的体现。

"没有任何一种政策或制度是完全外生的:即没有任何一个组织或者政策理念的应用可以在纯技术的基础上得以实施。"[③]在制度设计和实施中,应当根据相应的制约因素,提高政策的执行效果。在此,有必要梳理我国的收入分配问题发展史,并运用法学、经济学、社会学的方法和视角评估其绩效,揭示其规律,发现其问题,预测其基本走向,对我国收入分配问题基本走向的研究将在已发现的收入分配问题的基础上,综合考虑我国具体的经济、社会、意识形态、制度等背景性因素。

---

① 〔英〕安东尼·B.阿特金森、〔法〕弗兰科伊斯·布吉尼翁主编:《收入分配经济学手册》(第1卷),蔡继明等译,经济科学出版社2009年版,第199页。

② Francisco H. G. Ferrerra, Inequality and Economic Performance: A Brief Overview to Theories of Growth and Distribution, World Bank, 1999.

③ 世界银行:《2006年世界发展报告:公平与发展》,中国科学院—清华大学国情研究中心译,清华大学出版社2006年版,第22页。

我国在改革开放前，收入分配问题具有特殊的时代背景，受制于当时国家的经济水平、政治局面等因素，未能建立起完备的收入分配制度，但当时的制度实践仍然可以为今天的收入分配问题提供经验和背景性因素。改革开放以来，发展经济被当作最大的收入分配问题，国家在发展战略上强调经济建设，经济的快速发展提高了城乡居民收入，改善了生活水平，这是收入分配问题领域的最大成就之一。但单纯强调发展经济，忽视社会建设，拉大了城乡差距、地区差距和不同阶层之间的收入差距，并且随着目前经济政策的延续，我国的基尼系数继续走高，收入分配不公问题日益严重，如何通过收入分配问题缩小发展差距、解决分配不公成为当前重要的政策取向之一。

随着我国将收入分配问题定位为重要的政策取向之一，近年来我国收入分配问题改革取得了较大成就，公共服务水平得到有效提升，教育改革和医疗卫生改革逐步推进，农村社会保障制度建立并逐步完善，财政支出向收入分配问题领域倾斜，等等。但受制于我国经济水平、社会阶段、制度缺失等因素，收入分配问题还有较大的改善空间，其中，影响我国收入分配问题的经济因素、社会因素、制度因素还比较突出。

(1) 经济因素。我国经济发展阶段滞后，在目前的经济水平下，难以确立过高的收入分配标准。因此，基本公共服务体系虽然初步形成，但标准较低，并且公共服务的分布极不均衡；劳动者权益在优先发展经济的政策背景下仍被漠视，利益遭受损害时维权困难；劳动者最低工资虽然逐步提高，但仍处于较低水平；初步建立了农村社会保障制度，但保障水平不高等。这些问题与我国的经济发展阶段密切相关，并且仍将制约以后的收入分配问题。

(2) 社会因素。改革开放以来的社会变迁，使我国出现严重的社会阶层分化，社会流动加速，资源集聚趋势明显，这一系列社会变动给我国收入分配问题带来新的挑战。阶层分化严重导致利益多元和社会诉求多样化，在收入分配问题的制度建设中难以统和这些诉求，增大了制度设计的难度，延缓了制度供给。社会流动加速，劳动力迁移成为常态现象，在条块分割的管理体制下，缺少全国统一的社会保障制度，加上非正规就业问题，使流动中的劳动者常常处于未保障状态。资源向大城市集中，农村空心化带来的留守问题引发一系列恶果，危害农村稳定，并给城乡一体化建设带来困难。“在传统社会中具有资源分配均等化功能的社会安排，如礼物交换、宗教祭祀以及家族关系，已经失去其大部分的社会保障功能。随着市场扩展，传统的方式越来越难以管理那些人们必须规避的风险。”[①]诸如此类的社会问题，给我国收入分配带来新的理论挑战和实践困境。

（3）制度因素。相对于经济建设，收入分配问题领域的很多制度建设滞后。财政转移支付制度不健全，影响财政资金的有效配置和使用效率；税制结构不合理，难以通过税收调节收入分配差距；个人征信系统不完善，不能为个人所得税制改革提供制度支持等。尽管近年来城乡收入差距有所缩小，但是我国过大的城乡收入差距将会依然存在，因为导致城乡收入差距的制度因素没有任何实质性改变，如社会保障体制、户籍制度等。[②] 政府强制介入收入分配存在一定的弊端，事实证明，任何一个国家的收入分配问题不是能够通过政府干预得到解决的，“那种试图通过剥夺富人财产使收入平等的方式，最终使每一个人都受到了伤害。通过禁止企业的私人所有权，政府降低了由于财产收入多而引起的不公平，但工作、资本积累以及创新的积极性被降低，破坏了这个‘按需分配’的激进实验，并使得整个国家贫困化。”[③]这是政府主导制度设计的必然结果。

“在分配正义原则里，历史是决定性的因素。不考虑历史，就没有分配原则可言。”[④]基于以上经济、社会、制度等因素，可以认为，收入分配不公问题仍将会在我国较长时期内存在，制度惯性会影响收入分配问题的改革进程，并且，中国问题的复杂性使制度变革的时点难以精确确定，可能会延缓制度变迁速度。“旨在平衡财富的收入再分配法律导致了一系列负面结果，这些结果很少被制定法律的人所预见，而它们不可避免地要破坏、阻碍和影响再分配的开展。”[⑤]收入分配改革涉及利益的调整和再分配，不可避免地会损害既得利益者，如果不能对其对策行为有足够的考量并通过制度予以化解，可能带来改革风险。因此，我国的收入分配改革应当给予多重价值取向的考量，评估不同主体的利益，在综合权衡的基础上设计可行的方案。

---

① 〔美〕丹尼·罗德里克：《相同的经济学，不同的政策处方》，张军扩等译，中信出版社 2009 年版，第 149 页。

② 中国（海南）改革发展研究院主编：《收入分配改革的破题之路》，中国经济出版社 2012 年版，第 53 页。

③ 〔美〕保罗·萨缪尔森、威廉·诺德豪斯：《经济学（第十九版）》，萧琛主译，商务印书馆 2013 年版，第 303 页。

④ 〔美〕查尔斯·K. 罗利编：《财产权与民主的限度》，刘晓峰译，商务印书馆 2007 年版，第 304 页。

⑤ 〔美〕罗格·I. 鲁茨：《法律的“乌龙”：公共政策的意外后果》，刘呈芸译，载《经济社会体制比较》2005 年第 2 期。

二、财税法制度的多元价值及其协调

现实中不存在价值无涉的制度形态，作为制度性的存在，财税法也必然具有一定的价值导向。财税法制度承载着很多公共职能，其价值目标是多元的。实施财税法的首要目的在于组织收入，但在组织收入过程中还会对经济发展、社会公平造成一定影响，从而体现出财税法制度的价值取向。以税法为例，“无论是税法学的理论建构，还是税收法律制度的完善与发展，其价值目标的设定与追求，主要都是围绕着公平与效率这两个价值目标所进行的权衡与取舍。”[①]而财政收入的投向和规模也会反映出不同价值之间的取舍。总体上，财税法制度的价值导向主要表现在以下方面：

第一，财税法制度要服务于经济建设。分税制改革、税收建设都是为了加强国家对经济的管控能力，具有明确的效率导向。财政税收手段是宏观调控和市场规制的重要工具。分税制改革就是为了调动地方政府积极性、促进经济发展而实施的财税法领域重要的制度变革。我国启动的分税制改革就是通过财税法的制度设计刺激地方政府的积极性，从而更好地解决公共物品提供问题，也为经济增长带来一定的积极意义。所以，财税法制度可以作为宏观调控和市场规制的手段，并最终服务于经济建设的目标。在财税法制度中，以效率为导向的制度措施表现最为明显。比如，在经济发展低迷时期，政府通过扩大政府投资，为经济发展注入新的增长动力，这本身就是重要的财政措施。而在税收体系中，通过税收手段促进产业结构调整、产业优化升级等也是最常用的制度措施，比如，政府利用财税政策促进经济增长，给予高新科技企业相应的税收优惠，是财税法效率价值的具体体现。

第二，财税法制度要确保实现社会公平。亦即通过财政税收本身的制度设计发挥其再分配职能，通过再分配确保实质公平的实现。初次分配和再分配都不是均衡性的公平分配，但二者结合起来可以实现总体意义上的公平，财税法制度就是二者重要的结合点之一。财税法是实现再分配、确保实质公平的重要手段之一。以财政措施为例，政府通过各种财政手段对低收入人群予以补贴，比如利用财政性资金建设廉租房和经济适用房、根据物价变动补贴低收入人群等，从而实现实质公平。而税收手段也可以实现再分配，比如通过个人所得税制度来弥合不同群体之间收入分配的差距，避免

---

① 王鸿貌:《税法学的立场与理论》,中国税务出版社 2008 年版,第 7 页。

收入差距过大问题的发生。所以，公平是财税法制度重要的价值取向之一，它体现着财税法制度的终极目的和意义。

第三，财税法制度要保障社会安全。现代社会风险无处不在，对安全的需求更为迫切，保障安全也是财税法制度的重要目标之一。财税法制度的安全价值，可以通过财税法的效率价值和公平价值来加以实现。比如，通过财税政策保护中小企业利益，可以维护经济稳定，确保劳动者就业，从而实现社会安全；通过财政收入的再分配，保障低收入群体的基本生活和其他弱势群体的利益，可以实现社会稳定，从而达到社会安全的目的。但安全价值也是财税法的独立价值之一，因此，财政法要通过财政收入的安排，确保公共安全、国防等方面的支出，从而确保社会安定和国家安全。

所以，总体来看，财税法制度具有多元价值，而这些多元价值之间存在着一定的矛盾，比如公平与效率之间的内在紧张。阿瑟·奥肯认为，政府试图为实现平等化目标而采取的规制市场收入以及再分配政策等会影响对生产者、消费者以及劳动者的有效激励，从而减少经济效率，因此，他提出必须对平等和效率进行权衡利弊的判断和分析，即不能为了获得其中的一个而过分牺牲另一个。[①] 在制度设计中，如何协调多元价值成为财税法制度运行中的首要问题。“对各种价值之间的替换往往难以评估，因为，它们因环境而异，并且存在着如此之多的相互依赖性。”[②]价值冲突的解决需要制度手段，通过制度的替代执行等方式化解价值冲突。制度的替代性执行可以减少原有制度的执行压力，通过政策转化实现同样的制度目标。在政策运作中，很多政策具有相似的制度功能，其区别在于价值取向、政策强度、运作机理等方面存在较大差异，但在政策执行过程中，可以针对某些政策采取替代性的措施，从而规避某些政策的弊端，或消解政策之间的价值张力，从而实现同样的政策效果。

上述政策执行方法在财税法制度中同样可以采用。比如，为了鼓励高新技术企业的发展，可以针对高新技术企业采取财政资金补贴和税收减免等政策，财政补贴与税收减免制度的功能相似，但政策强度和制度机理存在差异，如何针对不同企业的状况，实施不同的财税政策，从而实现效率与公

---

① 转引自权衡：《中美收入不平等的效应比较及其理论含义》，载《世界经济研究》2004 年第 8 期。

② 〔德〕柯武刚、史漫飞：《制度经济学：社会秩序与公共政策》，韩朝华译，商务印书馆 2000 年版，第 87 页。

平的调和，在具体制度设计中应当重点考虑。但要注意的问题是，在制度的替代执行中，可能存在制度规避的情形，特别是牵涉到不同层级政府的替代执行中，制度被规避的情形更为常见，因此，应当防止通过制度的替代执行实现制度规避的行为，确保制度的功能得到有效发挥。

很多财税法制度的功能具有互补性，针对某一问题，不同的财税法制度可以达到不同的制度目标。某些看似冲突的财税法政策，通过制度之间的合并执行可以实现比较好的制度绩效。在现行的财税法体制中，整个制度就是价值调和的结果，导致财税法制度既关注效率，又注重公平，使财税法制度有效发挥其调节作用。在具体的制度构成中，不同的财税法制度的组合运用是制度运作的常态。以税收优惠制度为例，税收优惠是为了鼓励企业创新活动或其他政府导向的活动而作出的税收减免措施，它更能体现效率原则。而财税法制度要与经济发展水平、财税制度运行所需要的社会条件等因素相适应，如果过于超前，可能难以达到比较好的制度效果。所以，与当前社会条件和经济情势相冲突的财税政策，可以暂缓执行，以免造成价值悖反，从而损害制度本身的价值。

并非所有的价值在具体的制度设计和制度形成中具有同等的权重，通常是某种价值主导财税法制度的最终形态。比如，我国目前的财税法制度主要是偏重效率导向，因此，在财政分配上，财政支出向投资领域倾斜，而在民生建设等再分配领域的投入明显不足。在具体的制度设计中，受社会发展阶段、制度环境等因素的影响，财税法制度的价值偏好和主导价值存在较大差异。但随着社会条件和经济环境的变化，应当根据财税法的变易所作出价值调整，并基于社会发展，针对财税法作出相应的价值次序调整。但从总体上看，我国的财税法制度设计和制度实践需要有从效率导向到公平导向的制度变迁。

三、财税法制度变迁的域外经验与制度启示

（一）域外的经验

西方国家的收入分配问题与市场经济建设具有内在的关联，其中以美国最为典型。美国完整经历了从自由市场经济到国家干预的全过程，实施过各种各样的收入分配方式。比如，美国在自由经济阶段，强调市场在收入分配中的作用，但 20 世纪 70 年代中期以后，由于经济滞胀、高失业率、人口

老龄化等原因，收入分配均面临程度不同的困境，民生保障进入新的历史时期，政府的作用日渐突出。由于社会发展阶段的叠加，我国的分配问题更为复杂，如何通过制度手段有效化解收入分配不公问题变得极其迫切。由于美国经历了完整的市场经济过程，从自由市场的优势到市场弊端的显现，美国出台了一系列应对措施，所以，美国所展现出来的经验具有重要的借鉴意义。

美国促进收入分配公平化的措施始于20世纪初期的经济危机。为了应对经济危机，美国采取了一系列措施改善收入分配状况，比如美国政府于1935颁布了《国家劳动关系法》(The National Labor Relations Act)，规定了工人的集体谈判权，这一法案对收入分配问题有直接的影响。20世纪30年代的大萧条期间，美国通过了《社会保障法》(Social Security Act of 1935)，通过社会保障制度维护社会稳定和经济复苏。但技术进步、产业发展等原因又使不同劳动者产生分化，从而客观上造成不同阶层劳动者的收入差距，这种收入差距需要通过税收制度予以矫正，甚至需要通过教育制度的完善等来从根本上加以解决。

20世纪70年代初，美国的收入差距扩大现象日渐突出，并在80年代以后有加速发展的趋势。有数据显示，1970年至1990年，收入低于贫困线的全日制劳动者比例从11%上升到18%，美国收入不平等的趋势并没有完全消失，1967年美国的基尼系数为0.314，2001年增至0.419。[①] 但美国持续的自由市场政策为不同的市场主体提供了公平的机会，在自由市场经济中，收入分配差距逐渐得以弥合，同时，政府在收入分配中的作用也是不可忽视的。针对持续的收入分配不公，美国政府在20世纪50年代作了一系列的政策调整，使收入分配不平等的趋势得到矫正。在此过程中，政策调整的手段和幅度多种多样，“政府部门对于收入分配有着广泛的影响。规制、逆周期的财政政策、投资于教育或是交通、是否通过关税或配额来限制进口，抑或是否在县或联邦范围内为贫困老年人提供补助的决策，以及其他许多政策选择，都影响着收入分配和贫困率。政府政策对市场化收入分配工具的所有影响，恐怕将超出我们的想象。”[②]在这些政策中，很多手段都与财政或

---

① 〔美〕坎贝尔·R.麦克南等:《当代劳动经济学(第七版)》，刘文等译，人民邮电出版社2006年版，第352页。

② 〔美〕斯坦利·L.恩格尔曼、罗伯特·E.高尔曼主编:《剑桥美国经济史》(第三卷)，高德步等译，中国人民大学出版社2008年版，第193页。

税收有极大关联。所以，在收入分配不公问题上，应当同等重视市场和政府的作用，有效发挥市场的基础性作用，为不同的市场主体提供公平的竞争机会，同时，也要有效发挥政府再分配政策的作用。

拉丁美洲的一些发展中国家与我国面临着相似的发展问题，这些国家财税法变迁史所体现出来的公平、效率价值的次序变化及其规律性特征，对我国收入分配政策的制定和调整也具有重要的借鉴意义。一份研究拉丁美洲人口和城市化的报告表明，在拉丁美洲有75%的人口处在从传统农业社会向工业化/城市化社会全面转型的国家，15%的人群处在转型的高级阶段，只有10%的人群仍处在这一转型的早期和中期阶段。[①] 拉丁美洲的发展阶段和中国有很多相似之处。比如，拉丁美洲的城乡差别也比较明显。通过移民，传统的城乡二元结构的问题，逐渐演化成城市中的正式就业与非正式就业部门二元化的问题。[②] 所以，拉丁美洲国家也普遍存在城乡二元化和社会保障体制滞后的问题，助长了拉丁美洲的贫困化现象。拉丁美洲的社会保障改革以20世纪90年代的以私有化为导向的智利模式为典范。这一导向为发展福利体系的多元化和多层次的社会保障体制提供了合理化依据，缓和了社会保障基金运作的公共财政压力。[③] 由于我国也在实行多层次的社会保障制度，因而拉丁美洲国家的经验对我国有重要的比对意义。但在收入分配改革中，部分拉丁美洲国家存在福利赶超的现象，影响了其经济发展。其教训主要有三个方面：一是忽视发展阶段的经济赶超；二是忽视财政限制的福利赶超；三是忽视市场机制的政府主导。总结拉丁美洲民粹主义福利赶超的教训，对于当前我国发展的政策展示在于：(1) 要重视初次分配的重要性；(2) 提高社会保障水平应与发展阶段相适应；(3) 打造民生工程应尊重市场机制。[④] 在我国的收入分配改革中，这些经验都值得借鉴。

西方经济学家在过去几十年里提出了许多影响收入不平等的原因，主要包括工业衰退，就业向服务业倾斜扩大了收入不平等；进口竞争和工会化程度降低；对技术工人的需求增加，高收入工人将扩大其在收入分配中的数

---

① Draibe, Sonia and Manuel Riesco, Social Policy and Development in Latin America: The Long View, *Social Policy & Administration*, Vol. 43, No. 4, 2009, pp. 328—346.

② 林卡：《收入差距和社会公正：拉美国家社会保障体系的发展及其经验》，载《社会科学》2011年第10期。

③ Ruckert, Ame and Bienefeld, Manfred (eds), A Decade of Poverty Reform at The World Bank, *Special Double Issue of Labor, Capital and Society*, Vol. 42, No. 1&2, 2009.

④ 樊纲、张晓晶：《"福利赶超"与"增长陷阱"：拉美的教训》，载《管理世界》2008年第9期。

额进一步引起收入不平等的扩大;劳动力市场总供给的变化导致收入不平等的扩大等。[①] 这些观点都是从经济条件和劳动力本身的变化对收入不平等的原因和趋势展开分析的,事实上,收入分配不公的结果肯定不是某个单一因素造成的,而是很多政策综合作用的结果。市场化不足和政府的过度干预是最重要的两个原因。市场是公平的,也是最有效的,所以,在收入分配中,不能忽视市场本身的基础性作用,而政府是善于攫取的,在缺少约束的情况下,会产生过分逐利的行为,不但无助于遏制收入分配不公,甚至可能助长收入差异。所以,在收入分配过程中,应当综合平衡市场的作用和政府的角色。

发达国家和发展中国家的发展经验表明,随着经济条件的变化和相关社会因素的更张,财税法的制度构成和价值取向会发生变化以适应新的经济形势和社会结构。但在制度变迁的过程中,需要注意制度变迁的速度,把握制度价值的取向,确定制度转换的时点,并评估制度变迁的绩效以实时修正制度变迁的方向,在维护社会公平正义的基础上不损及经济效率,维护经济的长期发展和社会稳定。而对于中等收入国家的政策制定者来说,实现高收入的梦想本身不应该是最终目的,因为即使在高收入水平阶段,持续的技术和产业升级、结构转型仍然是改善福利、创造就业机会和促进社会稳定最重要的驱动力。[②] 所以,发展是持续的过程,收入分配改革的目的并不是为了达到某种收入恒定状态,而是通过收入分配改革实现社会公平,同时刺激社会财富的生产和经济效率的提升。

(二) 域外经验的制度启示:以公权在收入分配中的角色为中心

收入分配问题需要公权发挥作用,每种路径都与公权行为具有密不可分的联系。收入分配问题的制度设计和具体制度的实施都以公权的参与为必要。西方国家经历了完整的市场经济过程,尚且不能忽视公权的作用,而在我国政府主导的发展战略下,公权的作用更为明显。收入分配问题实质上是利益的再分配,这种分配不同于初次分配,很难通过市场机制完成,所以,需要公权的介入以引导再分配的实现。制度经济学认为,“可以用两种

---

① 〔美〕坎贝尔·R.麦克南等:《当代劳动经济学(第七版)》,刘文等译,人民邮电出版社2006年版,第353—355页。

② 林毅夫:《繁荣的求索:发展中经济如何崛起》,张建华译,北京大学出版社2012年版,第248页。

政策手段来尝试再分配:(a)一种是运用政府的强制权力来征税和分派转移支付,以弱化甚至消除竞争博弈的后果;(b)另一种是通过直接干预立足于私人产权的竞争基础,通过影响财务资本、物质资本和人力资本的积累,通过干预缔约自由,改变市场的运行。"[①]在收入分配问题中,公权应当恰当设定自己的角色定位,通过法制手段实现收入分配问题职能。

1. 公权能力、财政资源与收入分配的制度设定

利益的再次分配可以使收入分配问题产生直接的效果,通过分配实现社会公平和社会安全,但这会对公权的能力提出比较高的要求。

(1) 公权能力与财政汲取。由于分税制改革,中央层面的财政收入大幅度增加,中央政府的调控能力有所加强。特别是前些年,财政收入的增幅快于 GDP 的增幅,过分的财政汲取会给经济带来不良影响。如何平衡二者的关系?同时,在中央财政收入大幅度增加的同时,地方财政收入陷于困境,造成财权与事权不对等的局面,影响地方政府的能力和积极性。此外,财政收入增加是收入分配问题的前提,但如何确保适度的财政收入增长幅度,既确保公权在收入分配中不受侵害,也保证经济发展维持适当的水平,需要在收入分配改革中有所考量。

(2) 财税制度与收入分配。收入分配改革需要相应的财政投入,因此,需要根据经济发展水平、财政收入规模、收入分配改革现状等因素,测算出合适的财政支出规模。根据收入分配问题的紧迫程度、对经济发展和社会稳定的影响等,确定收入分配问题财政的投向,研究财政支出在各个收入分配问题领域的投入比重,关注不同级次政府间财政关系和地方政府在收入分配改革中的责任。在财政收入稳步增加的基础上,如何保证用于收入分配问题领域的财政资金的年度增长不低于 GDP 或财政收入的年度增长?这一问题需要在财政支出中予以考虑。针对收入分配改革中的新问题,应当调整财政支出结构,改革税收制度。在中央历年的财政支出中,社会事业支出占财政支出的比例一直偏低,据统计,前些年中国历年财政支出中,比重最大的是行政管理费,其次是经济建设费,而收入分配问题领域的文教、科学、卫生、社会保障支出所占比重最小。从 1982 年到 2005 年,文教、科学、卫生、社会保障支出增长了 36 倍,而行政管理费则大幅攀升 76 倍。随着经济发展,我国的财政收入增长明显,增强了政府的调控能力,并且随着

---

① 〔德〕柯武刚、史漫飞:《制度经济学:社会秩序与公共政策》,韩朝华译,商务印书馆 2000 年版,第 371 页。

对收入分配问题的重视，政府的财政支出结构也有了较大改善，逐渐向收入分配问题领域倾斜，但在目前的财政支出结构中，不合理的情况仍然存在，收入分配问题的地位没有得到应有的体现。以教育支出为例，早在1993年，中共中央和国务院颁布的《中国教育改革和发展纲要》就曾提出："逐步提高国家财政性教育经费支出占国民生产总值的比例，在本世纪末达到4%。"但直到2012年，财政性教育经费占GDP比重才首超4%。而对于其他收入分配问题投入，比如农村医疗卫生、文化体育等资源的配置，还有较大的缺口需要弥补。对于收入分配改革而言，如何测算合理的投入比重和投入规模，并使财政资金获得良好地配置和使用，应当是收入分配改革中着力解决的问题，也是其他收入分配改革的基础性制度。所以，收入分配改革的财税法建设也应当在收入分配改革中予以重点关注。除了财政支出，还可以利用税收法律制度解决相关的收入分配问题，通过调整课税要素减轻民众的税收负担，对收入分配问题领域的产业给予相应的税收优惠，引导资金向收入分配改革领域流动，比如鼓励教育投资和社会资金设立养老机构等。

2. 收入分配改革中的主体参与与公权约束

公权在收入分配改革中的主导作用不可否认，但收入分配改革涉及不同主体的利益调整，因此，需要多元利益主体的参与，以减轻制度变迁的阻力，同时，也必须对公权的行使行为予以法律约束，以免出现收入分配改革中的次生不公平现象。

(1) 多元利益主体的参与。收入分配改革涉及不同的利益主体，如果不能对这些利益主体的行为有足够的考量，可能会抵消制度的效力。"我们不仅应当承认存在着市场所不能满足的需求，而且还应当明确指出，政府绝不应当是唯一有能力提供不具物质回报的服务的机构，而且在此一领域也不应当有垄断，相反，应当允许尽可能多的独立的个人或组织运用其各自的能力去满足这些需求。"[①]政府主导型的收入分配改革也存在一定的弊端，可能导致政府被特定利益集团俘获，导致收入分配方案的偏私。当政府在面对市场力量时，其自身的弊端更为明显，可能在某些方面影响收入分配问题的解决。"政府的再分配无法完全说明不平等趋势的阶段性逆转。即使政府不改变再分配的累进税，要素市场的力量与经济增长也会导致收入不平

① 〔英〕弗里德利希·冯·哈耶克：《自由秩序原理》(上)，邓正来译，生活·读书·新知三联书店1997年版，第153页。

等出现类似的时增时减的年表。这里,居主导地位的因果力量是人口统计的变化、不平衡的技术进步以及收入效应。”[①]因此,在发挥政府主导作用的同时,应当正视并尊重多元化的利益主体,提高制度绩效。

(2) 政府收入分配职能的法治化。如何处理好经济增长和收入分配问题的关系是收入分配的首要问题,但由于缺少相应的制度安排,特别是缺少对公权的法律约束,这种关系的处理难以法治化。比如,虽然我们提出“构建和谐社会”和“以人为本”已经多年,单纯追求 GDP 的发展模式被摒弃,但在很多地方政府的行为模式中,普遍存在资本偏好,漠视劳动者权益,重视单纯的经济增长,更多地关注吸引外资的数额、固定资产投资增长额等生产性指标,而轻视各类收入分配问题。如何通过制度力量防止必要的收入分配问题让位于经济增长,应当确定收入分配问题与经济发展之间的关系,并通过法治化手段约束公权行为。

(3) 收入分配目标的分解对地方政府行为的约束。收入分配问题是一项系统工程,涉及民众生活的很多方面,并且,收入分配问题的政策效果是长期的,不如经济发展的指标那么明显,很难进入地方政府的决策偏好中,因此,需要在具体的制度设计中对收入分配问题目标予以分解,并通过制度化设计约束公权行为。“在资本可流动情形下,地方官员为了吸引资本,有额外的激励降低征税力度和加大基础设施建设投入。在资本可流动情形下,地区初始发展水平差距意味着地区吸引资本能力的差异,这可能导致地区发展差距比资本不可流动情形下更大。由于资本有更好的流动性,地方倾向于将财政压力施加到劳动所得上,从而导致初次收入分配中劳动所得份额偏低。”[②]以农民工保障为例,由于对 GDP 的偏好以及地方政府之间在政绩上的激烈竞争,政府容易被资本所要挟,一些法律,如保障农民工权益的法律,在实施过程中往往大打折扣。为此,可以考虑分解农民工保护制度的各项指标,比如将当地农民工社会保险的参保率等指标同样纳入地方政绩考核,改变地方政府的行为模式。在具体的收入分配问题中,通过分解制度目标,使一些涉及收入分配问题的内容有效体现在具体的立法和制度设计中,更有助于提高公权机构对解决收入分配问题的积极性。

---

① 〔英〕安东尼·B.阿特金森、〔法〕弗兰科伊斯·布吉尼翁主编:《收入分配经济学手册》(第1卷),蔡继明等译,经济科学出版社 2009 年版,第 160 页。

② 王贤彬、徐现祥:《转型期的政治激励、财政分权与地方官员经济行为》,载《南开经济研究》2009 年第 2 期。

(4) 降低公权机构在收入分配改革中的成本。作为再分配措施,收入分配问题不会在短期内产生明显和直接的经济效益,反而需要耗费资源和财富。收入分配问题直接涉及利益的分配,需要考虑如何降低公权机构产生的分配成本,提高资源的利用效率。为此,可以通过制度手段约束公权行为,比如完善收入分配问题财政监督和财政转移支付制度,减少财政支出的不当流失,提高收入分配问题财政的使用效率;也可以使提供某些公共服务的主体多样化,引导社会力量参与收入分配问题,比如对教育、医疗、养老领域的社会资金予以适当的财政补贴或税收优惠。但需要通过完善相应的制度设计,防止公权通过民营化等措施推卸自己在收入分配领域的责任,防止公共品提供不足。

四、我国收入分配改革的价值取向与制度路径

收入分配改革需要综合考虑和平衡公平正义、经济效率、社会结构等价值因素和客观情势,因此,需要对收入分配改革与社会公平、效率、安全等价值之间的关联进行研究,并基于我国国情厘清收入分配改革中需要考量的经济因素、社会因素、制度因素等,以建立具有较强普适性的分析相关问题的理论框架。在此基础上,对收入分配改革的政策取向、价值选择、制度路径、利益分享模式等问题展开分析,构建收入分配改革中的规制工具体系、保障程序、效果评价系统等,研究收入分配改革与公权行为之间的关系和弱者权利的保障机制。基于我国的发展阶段、分配状况、社会结构等因素,我国财税法制度有必要从效率导向转到公平导向,并且我国的财政规模也足以支撑这种制度转变,所以,在收入分配改革中,公平导向在财税法上的权利配置、程序设计等方面均应有所体现。

收入分配问题需要在各种价值之间权衡取舍,比如公平与效率、"普惠"与"特惠"等,收入分配问题需要综合考虑和平衡公平正义、经济效率、社会安全等价值因素。上述的价值取舍会影响制度设计并带来相应的经济后果和社会后果。我国的收入分配问题需要在发展经济的大背景下解决,如何处理好经济发展与收入分配问题之间的关系,兼顾公平和效率两方面的价值追求,是收入分配问题解决过程中需要正视的重大问题。

(一) 解决收入分配问题过程中公平与效率的辩证统一

"如果收入分配不可能是无成本的,效率和公平之间就可能发生冲突,

冲突是否发生取决于追求效率的特定分配结果以及关于什么才是公平收入分配的观念。”[①]就公平的促进与效率的提升而言,这一问题在收入分配改革中具有鲜明的体现。公平与效率二者不是对立的,而是相互统一、相互促进的。“在政策设计的过程中,忽视追求公平带来的长期收益才是问题所在。”[②]收入分配问题对社会公平、效率及社会安全具有促进作用,但对收入分配问题的投入可能会在短时间内影响经济增长速度,并且,“增长永远不能取代重新分配……在摆脱贫穷中的作用。”[③]因此,需要辩证地理解公平与效率的关系问题。市场体制下,收入和财富的不平均占有既是体制运行的前提,又是体制运行的结果,但收入和财富的分配不均严重到一定程度会影响一些主体的正常生存,影响市场机制的正常运行和社会稳定。如何创造繁荣?如何共享繁荣?这是两个既有联系又有区别、既独立又相关的问题,它直接涉及公平与效率的关系。分配并不是完全独立的,财富的生产与分配密切相关,不同的分配政策会导致不同的财富产出。所以,公平的提供也并不是无限度的,对公平度的把握是收入分配问题中重要的考量因素之一。“一个社会,如果为了追求结果的平等,而将平等置于自由之前,就既不会有平等也不会有自由。”[④]因此,应当将不同的价值纳入收入分配改革,展开综合考量,避免单一的价值取向造成的制度不公。“社会公平需要的是适用于打破阻止人们获得自我完善机会的障碍的制度安排和市场结构。”[⑤]只要满足机会的平等性,就可以实现有效率的结果,二者统一于制度实践过程。

(二)收入分配改革中的公平观

1. 需要矫正的不公平与可以容忍的不公平

“一个不犯任何错误的法律制度的运行成本将会高得无人问津,因此现实世界中最好的制度都会展示出大量法律结果的不平等。”[⑥]因此,并非所有

---

① 〔美〕A. 米切尔·波林斯基:《法和经济学导论》,郑戈译,法律出版社2009年版,第8页。

② 世界银行:《2006年世界发展报告:公平与发展》,中国科学院—清华大学国情研究中心译,清华大学出版社2006年版,第22页。

③ 〔美〕赫尔曼·E. 戴利:《超越增长——可持续发展经济学》,诸大建等译,上海译文出版社2001年版,第276页。

④ 〔美〕詹姆斯·L. 多蒂、德威特·R. 李编著:《市场经济:大师们的思考》,林季红等译,江苏人民出版社2000年版,第376页。

⑤ 〔美〕斯蒂芬·贝利:《公共部门经济学:理论、政策和实践(第二版)》,白景明译,中国税务出版社2005年版,第259页。

⑥ 〔美〕理查德·波斯纳:《法理学问题》,苏力译,中国政法大学出版社1994年版,第419页。

的不公平都需要通过制度化的手段予以解决，对不具有普遍意义的个案，可以通过其他途径实现正义。在解决收入分配问题过程中，我们必须研究什么样的不公平是需要抑制的，什么样的不公平是可以容忍的。追求公平是制度设计的终极目标，也是判断制度优劣的标准之一。比如，罗尔斯关于公平的第二个原则认为，如果不平等的设计是为了改善境遇最差阶层的状况，那么这种不公平是可以容忍的。"制度不应在无确切理由的情况下对个人和情境实施差别待遇。"[①]在目前的收入分配领域，很多不公平是需要矫正的，比如垄断行业获得的不合理的高工资。目前转型阶段的很多不公平源于市场的不完善，在这种情况下，"权力和财富的不平等转化为机会的不平等，导致生产潜力遭到浪费，资源分配丧失效率。"[②]这些不公平都是急需得到矫正的。但在我国的发展阶段和发展背景下，对公平的追求受到经济水平、社会发展等方面的诸多限制，很多不公平是由发展阶段所决定的。以区域发展为例，受资源约束、制度变迁等因素的影响，改革开放之初需要实施不平衡的区域发展战略，这一战略可以为制度变迁探索规律，避免整体的制度失败，为其他地区的经济发展带来示范效应，这种意义上的政策不公平具有某种程度的合理性。但在经济发展的现阶段，则应当根据"两个大局"的战略要求，通过适当的制度手段矫正政策不公平，加快中西部地区的发展，实现同步的收入增长和经济改善。所以，基于我国的发展战略和发展阶段，对收入分配问题要在公平和效率之间找到平衡点。

影响收入分配的因素不仅仅关乎公平价值，价值无涉的制度因素也会导致不公平的结果。所以，收入上的差别不太可能会消失。我们真正要面对的问题是，一个社会必要的或者值得要的究竟是什么程度的不平等？或者反过来说，一个社会在总体上能够承受什么程度的不平等？[③] 这是我们基于公平理念设计制度时需要考量的因素。

2. 实现公平的资源约束

实现公平除了要有相应的制度安排，也需要资源和成本投入，或者说，制度安排能否实现取决于资源约束等客观现实条件，这些约束包括公权的

---

① 〔德〕柯武刚、史漫飞：《制度经济学：社会秩序与公共政策》，韩朝华译，商务印书馆 2000 年版，第 148 页。

② 世界银行：《2006 年世界发展报告：公平与发展》，中国科学院—清华大学国情研究中心译，清华大学出版社 2006 年版，第 7 页。

③ 〔美〕戴安娜·M. 迪尼托：《社会福利：政治与公共政策（第五版）》，何敬译，中国人民大学出版社 2007 年版，第 84 页。

制度能力、财政资源等。收入分配问题领域的制度设计要以公平为价值取向，使发展成果尽可能惠及大多数人，通过制度性的再分配确保公平的实现。但在制度设计和制度实施过程中，要考虑到实现公平的制约因素，确定合理的、可行的公平限度，既不能使公平度不足而影响收入分配问题的效果，也不能因过度追求公平而影响发展的可持续，从而使公平更具有生活意义上的可行性和制度上的执行力。

3. 公平的多种实现路径

公平的实现具有多种路径，收入再分配只是其中之一。再分配是对存量利益的调整，再分配过程牵涉到不同的利益主体，许多因素影响再分配的效果，必须对这些因素有准确的判断和把握。“旨在平衡财富的收入再分配法律导致了一系列负面结果，这些结果很少被制定法律的人所预见，而它们不可避免地要破坏、阻碍和影响再分配的开展。”[①]因此，应当通过多种途径追求公平的实现，避免单一的再分配的弊端。我国的经济转型尚未完成，市场体制需继续完善，并且劳动力禀赋仍然处于比较优势地位，通过完善市场体制，提供公正的竞争机会和制度环境，激发市场主体的能动性和创造力来增加财富，同样可以改善很多市场主体的经济处境，并且这种改善方式比单纯的再分配更加具有可持续性。所以，在公平的多种实现路径中，不应当忽略发挥市场机制这一基础性制度的作用，而应当将制度导向转换与收入分配不公的政策性矫正建立在尊重市场规律和发挥市场机制作用的基础之上。

4. 对承受不公平的主体的跨时点补偿

“人类的财富是我们自己创造的，人在创造性能力上的差异意味着我们无法达到彻底的结果平等。当我们谈论结果平等的时候，我们一定是在给定的时点谈论的。”[②]在我国经济转轨和社会转型中，为了提高经济效率或提高制度的实施绩效，存在通过损害某些主体的利益来补偿另一些主体的情形，这种政策措施在具体的制度环境中有一定程度的正当性，但从制度的长期实施看，对社会公平和社会活力具有较大的损害。“如果补偿不是立即能够实现的而是潜在的，受损失的个人很可能不同意变化。如果把变化强加

---

① 〔美〕罗格·I.鲁茨：《法律的“乌龙”：公共政策的意外后果》，刘呈芸译，载《经济社会体制比较》2005年第2期。

② 姚洋：《中国道路的世界意义》，北京大学出版社2011年版，第249页。

在他们头上，则违背了方法论上的个人主义所倡导的个人至上的伦理观念。”[①]由于有悖于公平原则，这种方法在目前的政策设计中已较少采用，但在制度变迁之初，这一手段经常被采用，比如改革开放初期采取的区域不平衡的发展战略和“先富”政策。如果将这种手段作为提高效率的途径加以采用，则应当通过相应的制度设计对承受不公平的主体予以跨时点补偿。

目前政策体系中比较典型的承受不公平的主体是农民。新中国建立后为了发展工业，对农民采取了不合理的政策手段，严重损害了农村地区的经济增长和农村收入增加，在目前市场一体和财政充裕的背景下，实施减免农业税和农业补贴政策，减少了通过制度性歧视损害农民利益，并在农村建立了基本的社会保障制度，以补偿农民作出的利益让渡。即使承认特定情况下对某些主体的损害具有一定程度的正当性，并不意味着不需要针对这种不公平作出相应的制度矫正。由于制度性损害给农村发展带来的后遗症比较严重，在收入分配问题的制度设计中，应当继续向农村地区和农民保持一定的利益倾斜。罗尔斯提出有差异的分配原则，把分配的参照系变更为社会最弱势群体，使得获利偏向同人们占有的资源数量之间呈反比例变动。“差异原则”把社会各个成员的利益都纳入到政策制定的考量之中，并且在政策执行时使最不利群体收获最多，从而使那些处于社会不利地位的群体在分配的每一个环节都受到了补偿。[②] 所以，应当反思目前的发展政策，通过政策时点的改变或政策的变通执行来弥合不同主体之间的收入差距。

5. 公平的主观性

公平是一个主观的概念，它的内涵和表现形式会因时、因地、因人而异，所以，无法在所有的主体面前获得对公平的一致理解，“因为公平原则以利益的提供为中心，而利益是一个相当主观的概念，所以公平原则存在着一系列的问题。这些问题关系到如何确定一个人是否真的受益于某种物品的提供，如果真的受益，又如何确定利益的大小。”[③]这给制度建构带来了相当的难题，使制度的形成过程变为不同主体围绕着公平观念而产生的利益博弈过程。“当把贫困界定为‘不平等’之时，贫困问题就不太可能被全部解决。无论贫穷的个体和家庭生活以绝对的生活标准衡量是如何的富裕，总会有

---

① 〔美〕查尔斯·K.罗利编：《财产权与民主的限度》，刘晓峰译，商务印书馆2007年版，第285页。

② 参见周谨平：《基于机会平等的分配正义》，载《伦理学研究》2011年第2期。

③ 〔美〕乔治·克洛斯科：《公平原则与政治义务》，毛兴贵译，江苏人民出版社2009年版，第57页。

人口中最低的1/5存在,并接受着比总体收入的20%要少的一些东西。"①并且,公平是有具体语境的,比如包括机会的公平与结果的公平,"即使在每个人都具有相同的获取性收入能力和机会时,收入上的不平等也将存在。"②所以,不能将机会公平和结果公平等同起来,从而在公平性的理解上存在较大的差异。因此,在收入分配改革中,应当统和多元化主体的利益诉求,不能矫枉过正。比如,就企业与劳动者的关系而言,在强调对劳动者保护的同时,不能忽视企业的利益,"应在所有方面对政策结构进行评估,以达到在保护(所有工人)和为企业留出重组余地之间达到平衡,企业重组对保持经济增长活力和创造就业具有至关重要的意义。"③这是公平的主观性的必然要求。

(三)我国收入分配改革的制度路径

收入分配领域问题繁多,不同的收入分配问题有不同的解决路径,这些路径之间在制度起点、执行机制、制度效果等方面存在较多差异。但根据这些路径对应的收入分配问题领域、制度机理、政策手段等特征,可以将收入分配问题的制度路径予以类型化处理。目前我国在收入分配问题领域存在四种制度路径:宏观层面的发展政策导向转换、中观层面的权利配置以及利益分享、微观层面的市场规制。如果以上述四种制度路径为主要线索,选择最具代表性的制度展开研究,并适当顾及相关制度,则可以构建社会转型期收入分配问题的法制体系,并完善我国收入分配问题的理论框架。下面着重讨论前三种路径。

(1)发展政策导向转换。发展政策导向转换是收入分配问题中的重要路径之一,它通过政策供给改变目前的政策预期和制度运作,通过加强政策之间的协调和配合来实现整体发展。发展政策导向转换是宏观层面上的收入分配问题路径。比如,中央提出统筹城乡发展战略:"按照统筹城乡发展要求,加快推进农村发展体制机制改革,增强农业农村发展活力。"这是对传统发展政策的矫正。在落实这一政策以改善农村地区收入分配问题状况

---

① 〔美〕戴安娜·M.迪尼托:《社会福利:政治与公共政策(第五版)》,何敬译,中国人民大学出版社2007年版,第84页。

② 〔美〕尼尔·布鲁斯:《公共财政与美国经济》,隋晓译,中国财政经济出版社2005年版,第218页。

③ 世界银行:《2006年世界发展报告:公平与发展》,中国科学院—清华大学国情研究中心译,清华大学出版社2006年版,第15页。

时,并不必然需要政府投入相应的资源,可以只提出具体的政府规划以改变政策预期,尊重市场力量,形成城乡一体的市场,引导要素流动,促使良好制度的形成,从而实现农村地区的收入分配问题改善。在基本公共服务均等化问题上,政府也可以提出导向型的政策要求,引导社会资源解决收入分配问题。

需要注意的是,这一路径只是为制度演化提供政策支持,但制度效果不会在短时期内体现出来。比如统筹城乡发展、推进城镇化、促进公共服务均等化等都是比较长期的政策措施,需要相关制度的支持和配合,也有赖于经济的进一步发展。随着经济发展和社会建设步入新阶段,政府提出了一系列解决收入分配问题的政策,这些政策对维护社会公平、弥合发展差距具有重要意义,体现出我国政策导向的转换,即从单纯注重经济发展到经济发展与社会发展并重的转变。虽然很多政策属于宏观层面的,但仍可以通过政策导向的转变引导社会预期。因此,政策导向转换本身就是解决收入分配问题的重要路径之一。但在政策的执行中,需要注意防止政策过于粗疏化而影响制度效果,可以通过政策的法治化以增强其约束力。

(2) 权利配置。“发展中国家的贫困除了收入贫困和人力贫困以外,更重要的是权利贫困和能力贫困。收入贫困和人力贫困只是现象,而权利贫困和能力贫困才是实质,才是原因。”“森从能力的条件保障上,认识到能力离不开权利(entitlement),进而强调权利上的平等。权利特别是穷人和弱者的权利,既是关注贫困的实质性问题,又是分配正义的关键问题。”[①]因此,从制度的长远发展来看,赋予权利比分配利益更重要。权利配置路径通过赋予弱势主体权利、限制强势主体权利或增加强势主体义务等方式改变权利配置状况,从而改进法律所欲保护的主体的福利处境。

权利配置的路径又可以分为两种:权利倾斜性配置和赋予某些主体新的权利。权利倾斜性配置是在现有的权利框架内改变权利配置状况,保护弱者权利,或者限制强势主体的权利,或者增加强势主体的义务。而赋予某些新的权利则是通过创设新的权利形态改善他们的法律地位。“权利之争的结果是强化了这样的机制:任何能从未来受损者那里夺过来的东西都给予未来的受益者。”[②]以权利倾斜性配置为例,法律赋予企业更重的义务以保

---

① 孙君恒:《阿玛蒂亚·森的分配正义观》,载《伦理学研究》2004年第5期。

② 〔美〕查尔斯·K.罗利编:《财产权与民主的限度》,刘晓峰译,商务印书馆2007年版,第324页。

护农民工利益，虽然不涉及利益的直接给予，但同样可以达到保护弱者利益的目的。引入社会保障权和居住权并予以制度建构可以更好地保护民众在社会保障和住房方面的利益。权利配置的保护方式对制度设计提出了更高的要求，在目前的制度环境下，应当关注权利配置路径的实施效果，因为这种路径的最大问题是被规制主体可能以对策性行为减损制度绩效。任何制度的实施都会面对不确定的社会环境和制度环境，权利配置也不例外。

（3）利益分享。不同于权利配置，利益分享路径单纯表现为资源的再分配。比如对不发达地区的财政转移支付、税收减免措施以及针对某些群体的补贴等方式，都属于资源分享路径。但资源分享需要具备一定的前提，比如基于某种行为或地位而享受税收优惠、基于人道主义考虑给弱势群体提供补贴、根据区域发展战略实施财政转移支付等，并且，资源分享需要遵循相应的程序，防止资源的无效分配和耗散。利益分享一般牵涉到公共财政，所以需要加强对公权的监督，防止腐败现象的发生。利益分享路径的最大优点是面对问题本身，通过利益的直接给予较为有效地解决问题，但它需要较多的资源投入，而资源不是无限的，所以利益分享路径需要以经济发展水平和财政支付能力为基础。对不同的收入分配问题，权利配置路径和利益分享路径有不同的功能优势，需要找到不同情形下最佳的收入分配问题路径以实现两条路径的配合和互补。

其一，利益分享主体。确定合适的利益分享主体有利于提高资源的利用效率，确保弱势主体的利益得到改善。在制度设计中，应当关注如何保证可分配利益真正到达目标群体中。现实生活中出现很多利益分享主体不适格的问题，严重影响公平原则和制度的实施效果。比如，富人申领保障房、一个村仅有几个村干部能领取低保金的现象等。而在税收优惠制度中，税收优惠设定不当也会影响其激励功能，所以，确定适当利益分享的主体并通过制度设计保障他们的利益是收入分配问题中重要的问题。

其二，利益分享模式。利益分享模式主要有利益给予和负担豁免两种。这两种模式各有其运作机理和特征，应当根据所面临的收入分配问题的领域、解决问题的紧迫程度等因素，确定合适的利益分享模式。应当根据这两种模式设计收入分配问题中的财政税收制度，比如专项财政转移支付、针对与某些收入分配问题相关的税收减免和税收优惠等。利益给予是积极的分享模式，它主要通过资源的再分配改善弱势群体的经济处境。利益给予主要包括财政收入的再分配、财政转移支付、财政补贴等。目前实行的农业补贴、义务教育中的补贴、对不发达地区的转移支付等都属于这种分享模式。

而负担豁免是消极的利益分享模式，它通过减轻或免除某些群体的负担来改善其福利待遇。这种分享模式主要是通过税收政策实现的。比如，为了提高农村居民收入而取消农业税，为了引导某些市场主体的行为而针对某些行业或产业实施的税收减免等。

五、小　结

“分配不均是一个能有效地促进财富产生的制度的必然结果。”①所以，收入分配改革是一个系统工程，因此不能仅仅进行单一的制度改革，而需要展开财税制度和其他相关制度的“系统调整”，包括优化税制结构，建立综合的税收调节体系；对符合可税性要件的收入课税；完善税式支出制度和财政分权制度；规范转移支付，加强预算监管；完善第三次分配的相关财税制度等。财税法承担着再分配的功能，其自身的制度原理和制度结构可以促进和保障收入分配问题的有效解决。因此，在转换制度导向的过程中，确立收入分配改革的公平取向，基于我国的国情，阶段化地实现制度变革，逐步扭转收入分配差距扩大趋势。并且，在收入分配改革中，注重发挥法律的作用，政策性的措施应当纳入法律的框架，增进其规范性和约束力，同时有助于提升财税法的位阶及其稳定性。

收入分配改革必须在法律的轨道上进行，法律制度除了可以为收入分配提供制度保障外，“让每一个人都有权利把自己赚取的收入置于保护之下，无论这份收入大小如何，这符合每个人的利益。这是为人们提供生产动机，并因而使得对于每个人（无论富人还是穷人）来说一种很高并且不断上升的生活水平有可能实现所必需的。”②所以，不应当狭义地将收入分配问题视为公权机构的职责，而应当从经济制度和经济运行出发去认识收入分配问题的市场成因。西方的发展已经证明，“适当地被建造起来的市场最有希望在为过去一直处于无权地位的人们提供服务以及发展他们作为普通公民应有的能力方面获得长期的政策成功。”③市场经济并非收入分配不公的罪

① 〔美〕詹姆斯·L.多蒂等编著：《市场经济：大师们的思考》，林季红等译，江苏人民出版社2000年版，第356页。

② 〔美〕布里安·P.辛普森：《市场没有失败》，齐安儒译，中央编译出版社2012年版，第255页。

③ 〔美〕海伦·英格兰姆、〔美〕斯蒂文·R.史密斯编著：《新公共政策——民主制度下的公共政策》，钟振明等译，上海交通大学出版社2005年版，第141页。

魁祸首,在中国,恰恰是不成熟的市场经济体制剥夺了很多个体的创富机会,消减了其获得财富的几率,从而造成制度性的分配低效,这在我国的收入分配问题研究中并没有得到应有的重视。“如果不对努力、认真、技能、责任和创新给予特别的报酬,就无法实现经济的显著增长,甚至还可能出现负增长。”[①]所以,重要的问题是,应当完善我国的市场体制,保护个体权利,激发个体意识,从而凝聚社会中蕴含的活力,从根本上消除分配不公的经济根源。这比通过公权实现的收入再分配更有效率,也更加持久。

在强调通过再分配实现分配公平的同时,不能忽视收入差异化的正面价值。分配差异具有经济激励的功能,单纯的再分配不创造财富,单纯的财富转移降低了人们的经济动机。收入具有自我增强效应,分配者(即把在市场中赚到收入者的收入拿出来给那些没有赚到者)给人这样的感觉:财富与收入没有来头,从而是没有原因的。[②] 这会导致整个社会创富能力的降低。所以,再分配的收入制度改革必须维持必要的经济激励,不损害整个社会的创富能力和再生产。“有三种壁垒对于建立和支持制度具有重要作用:把分散的利益组织在一起,……打造可信赖的承诺,……促进更广泛的包容性。”[③]在我国的收入分配改革中,应当将这一理念贯彻始终,在利益调整中实现社会和谐。

新旧收入分配问题的叠加给理论研究带来了新的挑战,如何通过制度建设有效促进收入分配改革已成为服务制度实践的理论研究的重要任务。“社会制度应当这样设计,以便事情无论变得怎样,作为结果的分配都是正义的。为了达此目的,我们有必要把社会和经济过程限制在适当的政治、立法制度的范围内。”[④]收入分配问题是一个关系经济发展、社会建设的大问题,体系庞杂,制度繁多,因此,收入分配改革涉及经济法、行政法、民法等多个法律部门,也有赖于社会学、经济学等多个学科的知识和角度,通过学科视域的融合,可以为收入分配问题的解决提供新的思路。

---

① 〔英〕阿瑟·刘易斯:《经济增长理论》,郭金兴等译,机械工业出版社2015年版,第338页。

② 参见〔美〕布里安·P.辛普森:《市场没有失败》,齐安儒译,中央编译出版社2012年版,第251页。

③ 世界银行:《2003年世界发展报告:变革世界中的可持续发展》,本报告翻译组译,中国财政经济出版社2003年版,第48页。

④ 〔美〕约翰·罗尔斯:《正义论》,何怀宏、何包钢、廖申白译,中国社会科学出版社1988年版,第255—256页。

第五章　公平分配与个人所得税法的完善

引　言

经济法制度中，个人所得税法在保障公平分配方面大有可为。但关于个人所得税法的分配功能与分配机制的理论创新尚很不够，也缺少从个税法变革域外经验的特殊性来考察上述两方面问题的系统研究。为此，本章试图对这两个问题进行分析，并提出基于分配能力总体均衡的个税法分配机制和解决中国问题的个税法完善两个主要观点。

分配是国民经济的重要环节。20 世纪 90 年代以来，我国的国民收入分配格局在消费与投资、国际收支、货币供给与实体经济三个方面出现结构失衡。[①] 分配结构失衡，导致了分配差距过大和分配不公等影响经济与社会良性运行和协调发展的分配问题。党的十八大报告提出了调整国民收入分配格局，着力解决收入分配差距较大问题，更加凸显出收入公平分配对于政治稳定、经济发展和社会进步的重要意义。[②] 2013 年 2 月，国务院《关于深化收入分配制度改革的若干意见》(下称《意见》)，提出了完善收入分配制度，解决分配问题的原则性要求和政策目标。[③] 2013 年 11 月，中共十八届三中全会通过并发布了《关于全面深化改革若干重大问题的决定》(下称《决定》)，提出了缩小分配差距、完善分配机制、规范分配秩序，形成合理有序收入分配格局的深化改革方案。[④]

党的十八大报告、《意见》和《决定》提出了关于调整收入分配关系的原则性要求和政策性目标，为我国收入分配关系的调整提供了重要的政策依

---

① 参见白重恩、钱震杰：《谁在挤占居民的收入——中国国民收入分配格局分析》，载《中国社会科学》2009 年第 5 期；吴建军、刘郁：《国民收入分配格局对中国经济失衡的影响》，载《财政研究》2012 年第 2 期。

② 参见《坚定不移沿着中国特色社会主义道路前进 为全面建成小康社会而奋斗》，中国共产党第十八次全国代表大会报告，2012 年 11 月 8 日。

③ 参见国务院批转国家发改委、财政部、人力资源和社会保障部：《关于深化收入分配制度改革的若干意见》，载《人民日报》2013 年 2 月 7 日第 2 版。

④ 参见中共中央《关于全面深化改革若干重大问题的决定》，载《人民日报》2013 年 11 月 16 日第 1—2 版。

据。而具体的制度运行机制、权利义务配置、法律责任等内容,需要经济法制建设来实现。故仍有必要具体地分析影响收入分配关系的法律制度,发现解决我国现阶段分配问题的关键机制,以使政策和法律有效发挥作用。

收入分配问题是经济学中最富争议的领域之一。早在19世纪,就有学者总结出,竞争缺失、财富继承是导致收入分配不公平的可能原因,而更加公平的分配有助于总体经济福利的增长。[①] 但市场并不必然能够带来公平的收入分配,却可能产生巨大的收入差距,收入差距的代际传承,会使分配不公进一步恶化。“看不见的手”无法保障收入和财富的公平分配,就产生了外部性问题,需要政府通过税收、转移支付和规制等政策工具来履行经济职能,解决分配问题。[②]

相对于市场对收入和财富的初次分配调整,政府通过法律手段和法治化的经济政策手段,承担收入的再分配调节职能,是经济法调整分配关系的重要表现。我国当前收入分配格局中,政府收入占比显著上升,居民收入占比显著下降,一方面说明经济法在调整财政分配关系上有效发挥了作用,另一方面也说明,经济法在调整国民收入分配关系方面仍未发挥其应有作用。

目前经济法学者讨论分配关系的法律调整问题,有三种主要研究路径:

一是研究分配关系的经济法调整问题。例如,漆多俊教授认为,经济法是国家调节调整利益资源再分配关系之法,在市场调节初次分配的基础上,运用国家之手进行社会利益关系的调整和再分配,价值取向偏重于社会总体效率和社会公平。[③] 张守文教授认为,国民的收入分配和国家的财政分配是我国改革开放的直接动因,经济法领域各类实体法规范,也是随着市场经济发展,法律不断调整两类分配关系的结果。[④] 李昌麒教授认为,经济法在资格及资源配置、平衡不同主体经济利益两个层次上发挥分配功能,其中第二个层次体现为经济法通过调整初次分配和再分配阶段的分配关系,以公平性为导向,影响不同主体收入。[⑤] 还有学者论述分配权的配置模式和运行

---

① See Paukert Felix, Income Distribution at Different Levels of Development: A Survey of Evidence, *International Labour Review*, Vol. 108, No. 2 1973, pp. 97—125.

② 参见〔美〕保罗·萨缪尔森、威廉·诺德豪斯:《经济学》(第十八版),萧琛主译,人民邮电出版社2008年版,第209、279页。

③ 参见漆多俊:《经济法再分配功能与我国收入分配制度改革》,载《中共中央党校学报》2008年第2期。

④ 参见张守文:《贯通中国经济法学发展的经脉——以分配为视角》,载《政法论坛》2009年第6期。

⑤ 参见李昌麒、岳彩申主编:《经济法学》,法律出版社2013年版,第129—130页。

机制，认为分配关系的法律调整机制关键在于确保分配权的合理配置和规范行使，实现分配方式的多元化。[①]

二是分析财税法对分配关系、分配结构和分配价值的调整作用。例如，张守文教授认为，差异性分配的结构性风险是导致分配结构失衡的主要原因，容易引发分配问题，需要财税法从社会财富分配公平的角度加以规制[②]；而各类特定法律制度安排，直接影响分配结构中各类具体结构的形成，解决分配问题的关键在于改变收益分配权配置，优化各类分配结构，保障经济公平和社会公平。[③] 刘剑文教授认为，财税法经由税收、财政支出等途径改变社会整体财富的分配状况，发挥其组织收入，调节收入分配的作用。[④] 财税法从价值、功能到结构与分配正义的内涵——分配公平相契合，而分配正义是引领收入分配与财税法制创新的共同价值目标；财税法需要体现分配正义观，与收入分配改革互动。[⑤] 葛克昌教授认为，社会法治国理念要求租税国家以税收为中介，保障人民经济自由，并借助累进税率与社会给付承担社会财富分配秩序的重分配功能。[⑥]

三是对具体法律制度的分配功能进行价值分析。例如，施正文教授认为，我国分配问题源于初次分配格局失衡、再分配调节机制缺失、第三次分配调节功能有限以及税制和征管原因，导致个人所得税法再分配功能无法有效发挥，现行《个人所得税法》存在公平性缺失，需要通过功能定位和税制转型，才能有效发挥收入分配调节作用。[⑦] 朱大旗教授认为，解决我国分配问题应当从完善税制、改进与规范征管以及着力调节收入分配等方面构建个人所得税法的指导思想，而调节功能应作为修法的主要价值目标，同时需要解决纳税人范围和税种归属问题，在课税模式、税率结构和费用扣除上精

---

① 参见孟庆瑜：《分配关系的法律调整——基于经济法的研究视野》，法律出版社 2005 年版，第 261—313 页。

② 分配差异由于要素分配能力差异客观存在，并表现为分配的主体差异和时空差异，形成差异性分配这一分配类型。参见张守文：《差异性分配及其财税法规制》，载《税务研究》2011 年第 2 期。

③ 参见张守文：《分配结构的财税法调整》，载《中国法学》2011 年第 5 期。

④ 参见刘剑文：《调整财税法促收入分配改革》，载《检察风云》2013 年第 7 期。

⑤ 参见刘剑文：《收入分配改革与财税法制创新》，载《中国法学》2011 年第 5 期。

⑥ 参见葛克昌：《所得重分配——国家任务与团结和谐社会》，载刘剑文主编：《财税法学前沿问题研究》，法律出版社 2012 年版，第 4—8 页。

⑦ 我国现行《个人所得税法》存在分类所得税模式先天不足、费用扣除未遵循量能课税原则、税率结构不合理、征管能力不足和效率低下等缺陷，导致其分配功能无法有效发挥。参见施正文：《分配正义与个人所得税法改革》，载《中国法学》2011 年第 5 期。

细设计。[①] 陈少英教授认为，调节收入分配是财产税法社会功能的重要表现，存量财富对收入差距的影响更大，财产税法介入收入分配具有正当性和现实需求，而我国财产税法的制度缺陷影响其分配功能的发挥，需要在财产税规模、构成要素和体系上加以完善。[②]

梳理上述文献，可以发现研究分配关系法律问题比较清晰的两条思路：系统论和价值论。本章拟在前人研究的基础之上，从整体与个别、抽象与具体相结合的视角，以个人所得税法为例，研究经济法或更为具体的财税法的分配机制，并试图解答个人所得税法在保障公平分配的财税法系统中，通过怎样的机制有效发挥其分配功能的问题。

一、系统论视角下的经济法分配机制

经济法系统是由一系列存在着互赖互动关系的要素所组成的有机整体，其对分配关系的调整，也具有整体性、动态性和层次性。由构成经济法系统的各子系统及其所包括的法律规范系统共同地承载着经济法的分配功能，故分析个人所得税法的分配功能与分配机制，系统论是十分有益的视角。[③] 在本章，我们运用系统分析方法，基于经济法调整分配关系的整体性与层次性，分析经济法系统、子系统及其法律规范系统调整分配关系的不同方面，最后总结出个人所得税法通过设定分配规则，影响主体分配能力，促进分配能力的总体均衡，来实现收入分配调节目标的观点。

（一）分配关系与经济法的分配法属性

分配首先作为一种经济现象，表现为社会财富和利益的移转以及特定主体对一定社会产品的分取和占有；分配关系则是基于分配现象而形成的一种国家、社会集团以及社会各成员之间的社会关系，分配对象一般包括社会产品和国民收入。[④] 马克思主义经济学主要从生产要素分配和社会产品

---

① 参见朱大旗：《关于完善个人所得税法若干重大问题的法律思考》，载《法学家》2001 年第 3 期。

② 参见陈少英：《论财产税法收入分配调节功能之强化》，载《法学》2011 年第 3 期。

③ 关于运用系统论分析经济法理论问题的基本方法，参见张守文：《经济法理论的重构》，人民出版社 2004 年版，第 71—103 页。

④ 参见孟庆瑜：《分配关系的法律调整——基于经济法的研究视野》，法律出版社 2005 年版，第 2—9 页。

分配的视角研究分配关系，认为分配关系是生产关系的组成部分，且体现着生产关系的基础（所有制关系、阶级关系、生产过程中人与人之间的关系）；其他经济学者主要从分析工资、利润、利息、地租等要素价格对产出的影响，以及税收、公债、预算、规费对分配的作用，来分析国民收入的初次分配和再分配关系。[①]

经济学主要研究不同生产要素及经济调节手段如何作用于分配的经济规律，法学则主要研究法律如何调整基于分配现象产生的分配关系，经济法的分配法属性也主要体现为法律调整特定阶段的分配关系而形成一定的分配法律关系。由于分配关系属生产关系之一部，因此分配法律关系既有物质关系的特征，也有思想关系的特征[②]，前者决定了不同主体对资源、财富和收入的分割及占有，后者决定了分配关系的价值属性，二者在法律上分别表现为分配法律关系的权义关系和调整目标或宗旨。分配法律关系首先是一种抽象的法律关系，需要经过经济法的各个子系统及其法律规范系统转化为具体的、特殊的法律关系，并决定着不同法律关系要素的差异性，这也是差异原理的重要表现。[③]

从法律实践的角度看，处理好不同主体利益的取予关系，解决好分配问题，是改革开放以来我国经济法制建设的一条主线，主要表现为确立不同主体之间分配权力、权利的规则，而权利和权力直接与利益相关联。简言之，抽象的分配法律关系主要调整的是不同主体之间的利益关系，而利益关系具体地体现为设置不同主体的权利和权力，其价值取向则是分配公平。

就分配功能而言，经济法的各子系统几乎都直接涉及分配关系的调整，涉及在相关主体之间如何分配权力、权利及利益。[④] 作为整体的经济法系统具有一定的层次性，由财税法、金融法、产业政策法、竞争法、消费者保护法等子系统支撑，构成体系性的经济法结构，各子系统在实现分配功能方面各有其侧重点。具体到财税法子系统而言，作为整体的财税法系统同样具有层次性，由财政体制法、财政收入法、财政支出法等具体的法律规范系统支

---

① 参见〔英〕约翰·伊特韦尔等编：《新帕尔格雷夫经济学大辞典》，经济科学出版社 1996 年版，第 942—948、952—961 页。

② 参见张文显：《法哲学范畴研究（修订版）》，中国政法大学出版社 2001 年版，第 100 页。

③ 差异原理是经济法学的基本原理，与结构原理、均衡原理构成分析经济法理论问题的基础。参见张守文：《经济法原理》，北京大学出版社 2013 年版，第 7—10 页。

④ 如财税法涉及财税收支分配，金融法涉及货币供应量的分配，竞争法涉及竞争权益的分配，等等。参见张守文：《贯通中国经济法学发展的经脉——以分配为视角》，载《政法论坛》2009 年第 6 期。

撑其财税法结构,而不同的法律规范系统在实现财税法分配功能方面又各有其侧重点,分别由具体的法律制度——如企业所得税法、个人所得税法、转移支付法等——所承载。

因此,分析各法律规范系统中各实体法所承担的分配功能,有必要具体地分析其所调整的特定分配结构,理清其分配机制,提出改进对策和制度创新建议。

(二)分配结构与财税法分配功能

相对于经济法主要调整抽象分配关系而言,财税法更加具体地调整不同主体之间财富和收入的分配关系。分配收入是财政最原始、最基本的职能,在初次分配和再分配阶段均发挥着重要的作用。财政分配本质上是资源由私人主体向国家转移,再由国家流向特定私人主体的过程,包括了公共经济领域以及公共经济与私人经济之间的分配类型。理论上,分配差距、分配不均等分配问题源于分配失衡,与分配失衡直接相关的则是主体组合、客体组合及权义组合的结构性风险,财税法主要通过调整各类分配结构,防止各类结构失衡出现,来实现对分配法律关系的调整。[①]

基于纵向的主体差异,"调制主体与调整受体"的主体组合,是经济法主体结构特殊性的表现,并承担经济法的调制功能。[②] 经济法理论并非单纯主张纵向的主体组合理论,而是从差异原理出发,关注那些影响经济法调整目标的各类二元结构,其中也包括基于横向差异的主体组合。[③] 同样地,财税法基于不同类型的纵向和横向差异,对各类分配结构进行调整,以实现分配公平的价值目标。

从主体角度看,横向差异主要表现为作为私人主体的企业或居民之间的差异,纵向差异则表现为作为公共主体的国家与作为私人主体之间的企业或居民之间的差异。基于横向差异和纵向差异,分别形成了企业或居民之间以及国家与国民的分配结构。财税法通过税法、转移支付法等具体法律制度,实现对两类分配结构的调整,并经由权利和权力配置,解决分配问题。

税法调整分配结构的表现,一是通过设置税权,在国家与国民之间分配

---

① 参见张守文:《分配结构的财税法调整》,载《中国法学》2011年第5期。

② 参见张守文:《经济法原理》,北京大学出版社2013年版,第125—130页。

③ 例如,"劳动者"与"资本等要素拥有者"、农村居民与城镇居民等基于横向差异的二元结构,也是经济法理论关注的主体组合。参见张守文:《分配结构的财税法调整》,载《中国法学》2011年第5期。

财产，为国家与国民的税权"定分止争"，实现对私人财产的"公共财产法"保护；二是通过税权的配置，发挥对国民收入的调控职能。税法调控是税收调控机制的法治化，通过权利配置和程序限制从生存权保障和分配公平的角度调整社会财富的再分配。依法设立不同税种，影响个人可支配收入、实际收入水平和收入积累水平，即是税收调控机制的再分配功能。[①] 从分配法角度，税法是财税法调整分配结构的基础法律制度。

财政转移支付制度分为两类，一是政府间的财政转移支付，侧重于解决地区财政差异和地区不公平问题，二是政府向企业和居民的财政转移支付，这是解决社会阶层收入不公平的主要途径。[②] 故转移支付法同时调整中央与地方政府[③]和国家与国民之间的分配结构，承担财政平衡和提供公共物品两项主要职能，后者通过将财政资金投入到科教文卫、就业再就业服务、社会保障、公共基础设施建设等领域，可以增加居民的转移性收入，具有明显的分配调节功能。

分配问题也与财税法对分配结构的调整失衡有关。一段时间里，我国经济体制改革主要着眼于经济效率和国家财政分配能力的提升，与此相对应，经济法制建设主要关注并调整有利于促进经济效率和国家财力的纵向分配结构，相应地忽视了有利于促进分配公平的横向分配结构。中央与地方为改革利益划分反复博弈，尚未达成一致，中央与地方财政关系问题依旧，导致确保公平分配的公共物品提供也受到很大影响。[④] 调整失衡在法制建设上表现为税制结构失衡，以及财政转移支付分配调节机制的缺失[⑤]，加剧了本就严重的各类分配问题。

---

① 税收调控机制是税法发挥调控职能的基础，税收在收入分配、使用、积累等多个环节上发挥调控作用，个人所得税、社会保险税在收入分配环节影响个人可支配收入；消费税、关税在收入使用环节影响实际收入水平（即收入的使用效率）；静态的不动产税和动态的遗产赠与税在收入积累环节影响财富积累及代际传承。参见罗涛：《税收调节居民收入分配机制研究》，武汉大学出版社 2009 年版，第 16—17 页。

② 参见徐阳光：《财政转移支付制度的法学解析》，北京大学出版社 2009 年版，第 117—123、201—202 页。

③ 从层级上看，中央政府与地方政府提供不同层级的公共物品，属于纵向差异，但二者共同地归属国家范畴，其分配结构又呈现出不同国家机关之间的横向差异。

④ 参见徐阳光：《财政转移支付制度的法学解析》，北京大学出版社 2009 年版，第 151—152 页。

⑤ 税制结构失衡表现为直接税比重过低、个人所得税分配机制失效以及具有调节收入分配功能的资源税、财产税缺失；因中央与地方财政关系尚未理顺，财政转移支付制度缺乏法律保障，无法发挥调节分配功能。参见俞光远：《深化收入分配改革，加快财税法制建设，合理调节收入分配》，载刘剑文主编：《财税法学前沿问题研究》，法律出版社 2012 年版，第 21—31 页。

(三) 分配能力与具体法律制度的分配机制

根据差异原理,"结构源于差异",表现为各类二元结构的现实差异突破了传统民商法"均质性假设"或"形式平等"的预设前提,以致主体的现实差异与其权利实现密切相关,并直接影响基本权利的实现,这就需要具有现代性的经济法来强调对各类差异型结构的调整和对实质正义的保护。这些差异,从自然属性来说,源于不同主体的能力差异;从社会属性来说,源于不同主体的权利差异。[①] 财税法调整各类差异性分配结构,是为了形成有效的分配机制,实现"分配正态"和分配均衡,其中收益分配权配置是关键。[②] 而分配差异与不同主体的能力差异密切相关,故表现为权利义务关系的分配机制,核心是主体的分配能力问题。收益分配权配置是制度形式,分配能力调整则是作用机制,反映收益分配权的法理正当性。总结而言,经济法的分配机制,是指具体法律制度,主要通过权利义务关系的配置,影响不同主体的分配能力,来实现分配能力的总体均衡,达到调整分配关系和分配结构,解决分配问题的目的。

为此,可以通过经济学和法学两个视角,从理论上证明这一观点。

兼顾效率与公平是经济法宗旨的内涵之一。效率与公平的价值选择,属于分配正义的范畴,而不同的分配正义观有不同的评价标准。[③] 其中印度学者阿玛蒂亚·森提出的以自我实现为中心的能力平等理论认为,相对于效用、优先的自由权和社会基本物品等标准,"能力"是更好地衡量分配正义的基础概念,他把能力定义为"一种个人实现各种可能的功能性活动的积极自由",这些功能性活动能够使人们过上有价值的生活。[④] 基于此概念形成

---

① 卢梭认为,人的自我完善能力是人类不幸的根源,正是这样的能力造就了人与人之间的差异,差异是走向不平等的第一步。基于自然属性的不平等因为基于社会属性的不平等而加剧,后者表现为法律对差异化权利(如私人所有权)的承认和保护,并建立了抽象的平等权利体系。参见〔法〕卢梭:《论人类不平等的起源和基础》,李常山译,商务印书馆 1997 年版,第 83—84 页。

② 参见张守文:《分配结构的财税法调整》,载《中国法学》2011 年第 5 期。

③ 功利主义以所有人的最大化效用或福利为价值标准;自由至上主义强调由法治权利保证的受最少限制的个人自由权利;公平主义立足于一套优先的自由权和差别原则来保障分配公平;资源平等论主张初始资源分配的平等和对残疾和缺乏能力的补偿;能力平等论主张把主体的能力而非效用、福利或资源作为衡量分配正义的标准。参见汪行福:《分配正义与社会保障》,上海财经大学出版社 2003 年版,第 54—168 页。

④ "功能性活动"则是亚里士多德在《尼各马可伦理学》中的概念,反映了一个人认为值得去做的各种事情或达到的不同状态。See Amartya K. Sen, *On Economic Inequality*, *Expanded Edition with a Substantial Annexe by James E. Foster and Amartya Sen*, Clarendon Press, 1997, pp. 196—203.

的能力方法，通过评定不同个体的功能性活动组合和能力来评价个体福利及主体间的不平等状况。[①] 能力平等理论认为，除了由市场决定的收入之外，还有许多非市场因素，影响到个体的能力，而且收入与能力存在相互影响的配对效应。[②]

从法学的角度，保障基本人权也是经济法宗旨的内容。作为实体权利的基本人权有狭义和广义之分，前者包括生存权、发展权、平等权、自由权和人身权；后者则把政治、经济、文化和社会权利也纳入其中。[③] 生存权是对自由权的补充和发展，被视为新一代经济基本权的基础[④]；其权利内容具体表现为国家负有保障人民生存能力、维持社会弱者生存，以及保障人民过上良好生活的积极作为义务，以维持公民的生存和基本生活水准。[⑤] 发展权则是指每个人参与、促进并享受经济、社会、文化和政治发展的基本权利[⑥]；其本原是主体内在素质不断外化的必然反映，是“作为目的本身的人类能力的发展”。[⑦] 考察基本人权的性质及其变迁，自由权、生存权和发展权的产生，都是为了保障和提高人的能力：自由权消除影响能力发挥的各种障碍；生存权保障所有人能力的实质平等；发展权则重视影响能力提高的经济、政治、文化和社会因素，并赋予国家积极作为义务，以提高所有人的能力。

因此，“能力”概念的提出是有效和可能的，分配能力的总体均衡应当作为衡量分配公平的标准。各种差异性分配结构是分配不公的外在表现，而其中的主体结构差异，关键是不同主体分配能力的失衡，民商法强调不同主体的均质性，故无法调整主体分配能力，只能诉诸规则的公平性，以交换正义来弥补；而经济法基于“差异—结构—均衡”的基本原理，可以对不同主体收益分配权配置加以调整，通过均衡分配能力，达到实质分配正义状态。

---

① 功能性活动(functionings)和能力(capability)是该方法的核心概念，前者指个体实现或达到某些活动或状态——良好健康，舒适居住条件，自由迁徙或者良好教育——的能力，后者是派生概念，反映个体具有潜在可能实现或达到的各种功能性活动，影响个体选择不同生活方式的自由。See Wiebke Kuklys, *Amartya Sen's Capability Approach: Theoretical Insights and Empirical Applications*. Springer, 2005, pp. 9—10.

② 参见〔印度〕阿玛蒂亚·森：《以自由看待发展》，任颐等译，中国人民大学出版社 2002 年版，第 86 页。

③ 参见韩德培总主编：《人权的理论与实践》，武汉大学出版社 1995 年版，第 376 页。

④ 参见徐显明：《生存权论》，载《中国社会科学》1992 年第 5 期。

⑤ 参见韩德培总主编：《人权的理论与实践》，武汉大学出版社 1995 年版，第 379 页。

⑥ 参见张晓玲主编：《人权理论基本问题》，中共中央党校出版社 2006 年版，第 186—187 页。

⑦ 参见汪习根：《法治社会的基本人权——发展权法律制度研究》，中国人民公安大学出版社 2002 年版，第 108—110 页。

综上,我们归纳出了实体经济法制度的分配机制,推论出分配能力作为经济法分配机制的核心概念,反映了收益分配权的法理本质的观点,并借助经济学理论论证了能力作为一种分配正义观的评价标准的有效性,同时通过人权理论论证了能力作为法学概念的可行性。以分配能力为中心的分配机制理论,主要回答了"收益分配权为什么是分配机制的关键"的问题,指出收益分配权的配置可以影响不同主体的分配能力,实现分配能力的总体均衡。经济法具体法律制度的分配功能正是经由这样的机制得以发挥。

二、影响分配能力的因素及其制度检视:以个人所得税法为中心

在这一部分,我们以个人所得税法为例,运用上述提炼的经济法的分配机制理论,分析影响不同纳税主体分配能力的因素,探讨其在个人所得税法制度中的表现,并针对影响分配能力总体均衡的具体规则提出改进建议,以检验理论的有效性。

(一) 分配能力概念的建构

在进行具体制度分析之前,有必要比较和分析"分配能力"与"支付能力"的联系与区别,后者是税法理论中已经存在的概念。根据税法理论,支付能力是用于衡量税收公平原则定义中的经济能力或纳税能力标准的概念。[①] 但反映支付能力的标准是什么,是又一重要问题,学界已有财产、消费和所得三种观点。[②] 目前普遍采用的是经济学中海格—西蒙斯标准定义的所得概念作为衡量支付能力的标准,即"净增值说"。[③] 但海格—西蒙斯标准定义的所得概念并非完全适用于税法理论,因为该概念"最初是用于国民经济核算目的,而非所得税目的","仅用于估算纳税申报单上少报的数额,并非衡量综合所得税制中'所得'的规范模型"。[④] 不过国外税法学者的共识

---

① 关于税收公平原则的内涵,参见张守文:《经济法原理》,北京大学出版社 2013 年版,第 301—302 页。

② 参见各国税制比较研究课题组编著:《个人所得税制国际比较》,中国财政经济出版社 1996 年版,第 4—5 页。

③ 参见刘剑文:《国际所得税法研究》,中国政法大学出版社 2000 年版,第 49—50 页。

④ See Joseph A. Pechman, Comprehensive Income Taxation: A Comment, *Harvard Law Review*, Vol. 81, No. 1, Nov., 1967, p. 64.

是，该概念通过精确方法衡量源于所得的支付能力，其严格程序将会实现税负的“理想”分配，但仍需考虑税收政策的经济和社会目的，保留绝对必要的例外规则和特殊条款。[1]

瓦格纳在税收理论中，主张衡量税收公平性的标准从绝对公平发展为相对公平，认为征税要考虑纳税人的纳税能力，这被称为衡量税收公平的能力理论。能力理论的核心概念是纳税能力，支付能力原则是纳税能力标准的“客观说”，考虑纳税人的牺牲或负担被称为纳税能力标准的“主观说”。牺牲平等被作为衡量纳税能力的公平标准，约翰·穆勒完全地放弃了能力的概念，坚持认为唯一衡量税收公平的标准就是牺牲平等。[2] 能力说的演进及变迁存在以下两个趋势：

第一，能力概念的内涵不断扩张。起初，英国《济贫法》和北美殖民地法令中的能力（ability/faculty）相当于财产（property），后来在此基础上进而表示国家财政收入和个体所得，“能力”一词被用来指代“利润或收益”，与可见的不动产或财产相对；而法国大革命时期新宪法中的“能力”（faculty）用以指代与财产或财富相对的“所得”[3]。一开始衡量能力的标准为所得，但所得内容逐步改变，从最初的全部收益或所得，演变为超出满足个体必要需求的所得部分。只有对所得中超过满足个体生存需要的部分予以征税，且征税额与该部分成比例，才具有正当性。

第二，评估能力的视角出现了从产出或收益，到需要或消费的变化。能力由此具备了两层含义：一方面指个体基于其天赋、技能，获取一定数额收益的能力；另一方面指个体消费其收益，以满足需求的能力，其中需求在逻辑上具有不同的强度（如绝对必要需求、舒适生活需求、轻度奢侈需求、极度奢华需求等），个体用于消费以满足必要需求的所得部分，被认为应当予以豁免课税。

从以上梳理可知，作为衡量税收公平的基本原则，支付能力事实上只考虑了影响纳税主体经济能力的因素，不能完全涵盖分配公平的内容，需要把影响纳税主体能力的其他因素纳入衡量标准。

我们认为，分配能力能够满足此要求，它是指主体在社会分配系统中获

---

① See Boris I. Bittker, A Comprehensive Tax Base as a Goal of Income Tax Reform, *Harvard Law Review*, Vol. 80, No. 5, 1967, pp. 981—983.

② See E. R. A. Seligman, Progressive Taxation in Theory and Practice, *American Economic Association Quarterly*, 3rd Series, Vol. 9, No. 4, 1908, pp. 1—334.

③ Ibid.

得收益,并满足必要需求的能力。分配能力概念基于印度经济学家阿玛蒂亚·森建构的能力(capability,或译作可行能力)概念,系从分配公平的视角考察能力概念而形成的。我们首先关注那些影响主体能力提升的不同因素,如市场与非市场因素、显性与隐性因素、直接与间接因素,进而分析它们对分配公平的影响,考察其在法律制度中的表现,确定它们与具体法律规则之间的涵摄关系。

与能力一样,分配能力的权利基础是实质的权利和自由,它决定着个人首创性和社会有效性。[①] 从建构阶段的角度,分配能力可初步分为影响个体能力提升的因素和影响分配公平的因素。从个体功用价值角度,分配能力又可划分为获得自我生存的能力和参与社会的能力。分配能力的优势在于,把影响主体能力的非市场因素、间接因素和隐性因素纳入调节分配公平的衡量范围。

阿玛蒂亚·森认为,对个体能力起建构性作用的是实质的权利和自由,起工具性作用的则是包括个体所享有的政治自由、经济条件、社会机会、透明性保证和防护性保障等工具性自由,后者能够促进人的自由并提升其整体能力。[②] 罗尔斯认为,正义原则指出不同主体之间的那些与决定权利和义务有关的联系和差异,确定利益划分的适当规则。而一个社会体系的正义,本质上依赖于如何分配基本的权利义务,依赖于在社会的不同阶层中存在着的经济机会和社会条件。[③] 因此,以分配正义为考察标准,从个体角度看,天赋、健康、收入或财富、知识技能、初始权利,是影响个体能力的根本因素,决定着不同主体之间差异的形成。从社会角度看,个体所拥有的工具性自由,又属于影响个体能力提升的重要因素。个体和社会两方面差异,是导致分配不平等的主要原因——那些导致从属或束缚的差异即不平等,而从属或束缚本质上是对自由的剥夺。

(二)影响分配能力的市场与非市场因素

收入主要由市场决定并表现为要素收入,是决定个体分配能力最主要

---

① 参见〔印度〕阿玛蒂亚·森:《以自由看待发展》,任颐等译,中国人民大学出版社2002年版,第13页。

② 同上书,第30—33页。

③ 参见〔美〕约翰·罗尔斯:《正义论》,何怀宏、何包钢、廖申白译,中国社会科学出版社1988年版,第6—7页。

的因素。[①] 因为收入决定着主体能够从事什么样的活动，而收入不足往往意味着主体能力的被剥夺。[②] 财富则是个体一定时期收入的存量表现（即收入的积累），当财富可以转化为要素形式的资本时，个体可以获得新的资本要素收入。故决定个体分配能力的市场因素主要是收入，收入差距则是分配能力差异的市场化表现。

个人所得税法的累进税率制度，通过调控个体收入水平来调整分配能力的差异。就我国《个人所得税法》的修改而言，一些学者主张根据个人所得税法的国际趋势，通过扩大累进级距、减并累进级次和降低最高边际税率来优化累进税率。[③] 究竟降低最高边际税率是否合适？从分配能力的视角考察，我们认为值得商榷。

主张降低最高边际税率的观点，其理由主要有：一是增加高收入群体的投资能力；二是提高高收入群体的纳税遵从度；三是提高本国税制的国际竞争力。[④] 该观点主张借鉴美国等国外个人所得税制改革的成果。如果仔细地结合经济学思想、税收理论和我国国情加以扬弃，还会得出不同结论。事实上，受不同流派经济学思想的影响，不同税收理论对累进税率有不同观点，这些观点也影响到特定历史时期的个人所得税制。对一国个人所得税法改革而言，关键是要立足本国经济法治实践对政府与市场关系如何调整这一前提，结合本国经济的发展阶段，在理论间审慎选择。否则，单纯主张借鉴某国制度，可能会出现“南橘北枳”的结果。

供给学派提出降低最高边际税率的观点，乃基于萨伊定律形成，更注重分析税制对生产要素供给和利用的效果。累进税制中边际税率是决定生产要素供给和利用效率的关键因素。边际税率过高，会抑制投资动力和劳动供给，从而影响经济发展效率。基于此，供给学派倾向于限制税率的累进性，从而提出了降低最高边际税率的主张。从理论演进来看，反对累进税的依据主要有三个：一是认为累进税的实质是以累进税率来弱化财富集中趋势，均衡社会财富分配，具有抑制财富创造的效应，但无法在不同主体能力

---

① 从经济学角度，个体收入直接决定其购买力水平，具体分为工资性收入、财产性收入、经营性收入和转移性收入，其中除转移性收入外，其他三类收入均由市场决定并表现为要素收入。

② 参见〔印度〕阿玛蒂亚·森：《以自由看待发展》，任赜等译，中国人民大学出版社2002年版，第60页。

③ 参见丛中笑：《我国个人所得税法工薪累进税率的优化——扩大级距、减并级次和降低税率》（《当代法学》2010年第2期）；施正文：《分配正义与个人所得税法改革》（《中国法学》2011年第5期）等论文。

④ 参见施正文：《分配正义与个人所得税法改革》，载《中国法学》2011年第5期。

不同的条件下实现制度所欲达成的正义状态,而沦为“劫富济贫”的简单法则,危及私有财产权保护的根本原则。二是认为即使适度的累进税率,也不足以实现正义和平等的良好愿望,因为它不能限制富人在满足需要方面达到和穷人同等的程度,“除非税制能使所有人达到同样的经济水平,否则就不存在真实的平等或正义税制。因为拥有财富并不能给任何人带来任何好处,相反对国家、人民乃至财富的拥有者而言却是一件危险的事情。那么,如果要实行累进税,就应当真正地平等。”三是基于对社会主义原则的意识形态恐惧。①

上述两条实质性依据都提到了分配公平能够有效实现的前提基础,即不同主体的能力和需要,前者描述侧重于创造和获取财富的能力;后者描述侧重于生存和发展的能力,即获得有尊严的生活条件满足发展需要的能力。财政收入法领域对分配公平的调节,也应当考虑到这个前提,把分配能力的总体均衡作为调节分配的目标,才能使税制的分配公平理想得以有效果。

从美国的经济发展和税法实践来看,供给学派在上世纪70年代提出降低最高边际税率观点的合理性在于,此前受凯恩斯税收社会政策调控思想的影响,美国的所得税法制度在个人宽免额、费用扣除等方面规定了许多税收优惠制度以实现其社会政策目标,这些制度的主要受益者多为低收入群体和普通民众,而高收入群体无法受益,且受到累进税制的调控,不同收入群体分配能力方面出现了失衡状态,以致投资动力和劳动供给减少而影响经济效率。因此,出于均衡不同主体分配能力的考虑,降低最高边际税率通过影响收入而提高高收入群体的分配能力,同时配套实施削减基于社会政策的税收优惠,可以恢复不同收入群体分配能力的均衡状态,进而增加投资动力和劳动供给,促进经济效率。

反观我国当下的经济阶段和税法实践,一方面经济发展使社会出现了较为严重的财富分配不均状况;另一方面,过去的税法制度注重汲取财政收入而忽略了对横向分配差异的调节,同时基于征税效率而实行源泉课征制度,导致对税收遵从度较高的工薪阶层征收了过多的税,基于社会政策税收优惠极少,而高收入群体因为征税手段的落后存在严重的逃避纳税情况。结合这两方面,我国不同主体分配能力呈现出另一个角度的失衡,即高收入群体分配能力由于经济发展和税法缺陷得以增强,而普通工薪阶层分配能

---

① See E. R. A. Seligman, Progressive Taxation in Theory and Practice, *American Economic Association Quarterly*, 3rd Series, Vol. 9, No. 4, 1908, pp. 1—334.

力却因税收遵从而降低，低收入群体分配能力因为税收优惠制度付之阙如和社会保障建设不足而无法提升。因此，从分配能力总体均衡的角度，我国的个人所得税法改革重点，应当在增强累进性和增加基于社会政策的税收优惠制度供给方面，而非降低最高边际税率。否则，税收法制会与经济社会现实背道而驰。

收入是影响分配能力的主要因素，但并非唯一的因素。除市场因素外，影响个体分配能力的因素依个体的自然和社会属性分为天赋、健康和知识技能、初始权利。阿玛蒂亚·森认为，以收入和商品作为衡量福利的物质基础，这是在否认主体差异性的前提假设下得出的结论，而收入与个体分配能力实现之间的这种差异性决定了不同主体的福利水平。他归纳出了影响不同主体福利水平的五种差异：个体的异质性、环境的多样性、社会氛围的差异、人际关系（更类似于社群关系）的差别和家庭内部的分配。[①] 从分配的角度，个体异质性和家庭差异性即是影响个体分配能力的非市场因素。

个人所得税法对非市场因素的调整，主要体现为通过减免税、课税宽免、费用扣除、税收抵免等基于社会政策目的的税收优惠制度，经由衡平效应和激励效应在再分配环节抵消非市场要素所导致的分配差距，以实现不同纳税主体分配能力的总体均衡。衡平效应是指对特定类型所得予以减免征税，获取此类所得的主体一般存在基本生存能力的不足，或者征税可能影响其基本生存能力，故税收优惠制度具有衡平不同主体分配能力的效应。[②] 激励效应是指考虑主体的天赋和行为目的，对特定类型所得予以免征或者减征，或者对应纳税额予以扣除，因其天赋有利创新，其行为有利社会分配公平，故税收优惠对此类情形加以激励。[③]

影响分配能力的非市场因素中，家庭内部的差异性导致不同纳税主体支出负担的差异性，进而导致分配能力的差异。对那些收入总额相等，但支

---

① 例如，残疾人、病人、老人、怀孕妇女等自然禀赋的弱者会需要更多的收入来治病；污染和其他环境问题会影响个体的生活质量；教育和培训使个体具有把收入转化为能力提升的可能性；个体需要一定程度的收入水平才能在其所属特定社区过上有尊严的生活；家庭中如何用收入满足不同成员的利益和目标也对个体的分配能力起到重要作用。参见〔印度〕阿玛蒂亚·森：《以自由看待发展》，任赜等译，中国人民大学出版社 2002 年版，第 59—60 页。

② 例如，我国《个人所得税法》规定对福利费、抚恤金、救济金等所得类型免税，对残疾、孤老、烈属及因严重自然灾害受重大损失的个体所得适度减征，即考虑了主体基本生存能力不足的因素；而对军人转业费和复员费、职工安家费、退休工资和离休补助金等所得免征，对工薪所得予以一定额度宽免，则是基于征税可能危及获得这些所得主体的基本生存能力。

③ 例如，我国《个人所得税法》第 3 条第 3 项规定稿酬所得按应纳税额减征，第 4 条第 1 项规定的奖金所得免予征税，第 6 条第 2 款规定个人对公益事业捐赠额从应纳税额中予以扣除；等等。

出负担各异的主体课征等额税收，将导致分配能力的失衡。因此，如何选择纳税单位，是把个体当作自然人来课税，还是将其当作社会人，考虑家庭关系对其纳税能力的影响，是个人所得税法的重要问题。[①] 家庭是构成中国社会的基本单元，而我国个人所得税法以个人为纳税单位，无法考虑家庭内部的差异性，不能应对基于家庭内部差异的主体分配能力失衡问题。[②] 世界范围内个人所得税课税单位大致分为个人制、夫妻制、家庭制和包括个人制与夫妻制的混合制四类，其中家庭制比较符合我国的家庭观念，而且同分类与综合相结合的个人所得税课税模式的改革要求相一致，能够体现税负公平，也可以调节不同主体基于家庭内部差异性的分配能力失衡问题，应当成为我国个人所得税法未来的改革方向。[③]

但是，以家庭制为我国个人所得税纳税单位，其可行性还取决于税制模式和税收征管效率等影响分配能力的间接要素，因其直接反映了一国个人所得税再分配效应的强弱。我国个人所得税法施行家庭制课税单位还存在税制模式和征管水平方面的现实障碍，需要通过收入电子货币结算、纳税身份证和家庭信息登记等制度创新加以解决。[④]

(三) 影响分配能力的直接与间接因素

根据“净增值说”的所得定义，应税所得是个体总体消费和积累之和。个体总体消费更多是会计上的概念，不具有可操作性，往往用实际消费的物品和服务来替代。故决定个体经济能力的应税所得，可以从积累（收入）和消费（支出）两个视角来加以评价：前者是指个体能够获得一定收益的能力，简称收益能力；后者是指个体能够消费其收益用于满足必要需求的能力，简称消费能力。

收入和必要需求的强度构成影响个体分配能力的直接因素。个人所得税法制度，就是通过影响收入和必要需求强度来调节不同主体的分配能力，具体而言，减免税和累进税率制度调节不同主体的收益能力，费用扣除制度

---

① See Boris I. Bittker, Federal Income Taxation and the Family, 1975, *Faculty Scholarship Series*, Paper 2291, at http://digitalcommons.law.yale.edu/fss_papers/2291.

② 以个人为纳税单位，会导致同等收入总额、同等家庭负担的不同家庭税负的差异性，也无法对同等收入，但家庭负担更重的家庭税负进行调节，从而导致税负不公平。参见陈茂国等：《我国个人所得税课税单位改革探究》，载《法学评论》2013 年第 1 期。

③ 参见同上。

④ 参见同上。

调节不同主体的消费能力。就我国现行《个人所得税法》而言，对纳税主体收益能力和消费能力两方面的调整都存在不同程度的失衡问题，前者表现为劳动所得税率高于非劳动所得，非劳动所得税收优惠较多，后者表现为基于社会政策目的的费用扣除制度不完善，导致征税剥夺了低收入群体满足必要需求的能力。上述"两个失衡"，导致高收入群体获得了较多的税式支出收益，分配能力得到提升，而低收入群体的分配能力因纳税遵从和费用扣除制度不完善受到抑制，导致失衡加剧。出于均衡分配能力的考虑，我国现行《个人所得税法》需要在征税范围、减免税项目、税率结构和费用扣除等制度上加以修正和完善。

在征税范围方面，我国《个人所得税法》实行分类所得课税模式，仅就法定的 11 种所得进行课税，导致对具有收入多元化特征的高收入群体的收益能力调控不足。根据可税性理论，只要具有收益性和营利性的收入，都应当予以课税。[①] 对高收入群体而言，附加福利课税是调节收益能力的重要方向。就我国而言，附加福利不是主要由普通劳动者享有、为改善劳动条件和生活水平的保障性福利，而是更多地与身份、级别挂钩，由企业高级管理人员等高收入群体享有的名目繁多的享受性福利，导致其收益能力剧增。对附加福利课税的理由在于，附加福利不归属法定的 11 类所得，且存在被滥用以逃避纳税的情形，严重地侵蚀个人所得税的税基，解决这方面的"贫富差距"更有现实意义。[②] 因此，应当对那些旨在改善劳动条件，提高劳动基准的保障性福利予以免税，对那些由少数人享有，与身份、级别挂钩，具有特权性质的享受性福利按公允价值进行征税。

我国现行《个人所得税法》规定的资本利得税，如证券投资所得税，借鉴西方税制实行税收优惠，以激励投资。但有学者指出，西方各国资本所得减税、轻税理论及相关税制，导致不同阶层分配能力严重失衡，不利于社会公平，也影响经济发展，近年来各国相继推出对富人增税法案加以纠偏，以削减财政赤字，遏制国债规模，缓解贫富差距恶化情势。[③] 我国《个人所得税法》应当借鉴这一趋势，考虑不同收入群体资本利得收益能力差距（这比工薪收益能力差距要大得多），纠正过于宽松的资本所得税优惠制度，以实现

---

① 参见张守文：《论税法上的"可税性"》，载《法学家》2000 年第 5 期。

② 参见宋生瑛等：《论对附加福利的课税——我国个人所得税完善的一个重要方向》，载《涉外税务》2001 年第 10 期。

③ 参见王诚尧：《西方资本所得减税理论评析》，载《国际税收》2014 年第 1 期。

对高收入群体收益能力的调节。

作为要素收入的一种，劳动者在初次分配阶段主要依据效率原则获得分配，相对于资源、资本、管理和技术等其他要素而言，其收益能力较低，这就需要再分配阶段对劳动所得课以比非劳动所得更低的税率，以均衡不同要素的收益能力。但我国《个人所得税法》中劳动所得税率高于非劳动所得税率，税率设计不合理，劳动收入在国民收入中的比重过低，不同要素收益能力明显失衡。[①] 我国 2011 年修订《个人所得税法》时，虽然将最低税率由 5%降到 3%，并扩大了最低两档税率的适用范围，但仍然规定了不同来源的劳动所得适用不同税率，导致高收入群体人通过变更所得性质、适用低税率避税，其收益能力并未受到调控。因此，对于劳动所得，除基于天赋和鼓励创新考虑允许税收优惠之外，应当实行统一累进税率，而不考虑其所得来源；对于非劳动所得中导致不同主体收益能力严重失衡的财产转让所得、资本利得，应当取消目前税收优惠，实行较高累进税率，以实现对不同主体收益能力的整体调控。

单独从税负的视角观察，费用扣除和减免税都具有减轻税负的制度效果，区别并不明显。而从分配能力视角观察，减免税主要是为了提高主体的收益能力，费用扣除则是为了保障主体满足必要需求的消费能力。根据量能课税原则，仅有财产增值部分才足以作为衡量税收负担能力的基础，与获得收入相关的必要耗费和支出不应作为个人所得税的征税对象。[②] 同时，分配能力不仅要求个体具备获得一定收益的能力，还要求个体能够消费其收益，满足必要需求，故只有个体收入中超出满足其必要需求的部分，才属于应当课税的净所得。另外，根据税式支出理论，国家为实现特定社会政策目的，可以设置特别扣除条款，对特定纳税人提供税收优惠。因此费用扣除制度存在的合理性，是基于量能课税实现税收公平。

费用扣除的内容因能力概念的不断扩张而增多。能力说建构了应税所得两个构成要素包括收益和消费，早期的消费概念仅承认对必要成本和满足必要需求的费用扣除的合理性，但随着牺牲或者负担概念的引入，“消费”

① 参见陈业宏等:《个税法劳动所得和非劳动所得税率的反思与重构——以按劳分配原则为视角》,载《法学评论》2013 年第 3 期。

② 参见刘剑文:《对个税工资薪金所得费用扣除标准的反思与展望——以人权保障为视角》,载《涉外税务》2009 年第 1 期。

内涵扩展使得需求水平不断提高。[①] 一般而言，与获得收入相关的必要成本扣除是出于纯经济目的考虑，符合税收中性原则；而为其他政策目的实施的特别扣除属于例外条款，其本质是对理想税制的偏离，应当尽量减少。[②] 从均衡纳税人的分配能力视角观察，特别扣除条款具有分配调节功能，其核心问题在于，在界定个人消费概念时，是否有合理理由，把特定物品和服务消费从可扣除的支出额中排除出去。[③] 因此，对费用扣除条款进行制度检视，关键是审查特定消费支出项（如医疗支出）应否纳入个人消费概念之中，这取决于该支出是否与公平分配税负的本质目的相关。总结而言，基础扣除和特别扣除是决定分配能力均衡的扣除项目，前者由最低生活水平决定，后者由特殊群体需求决定，二者共同决定了必要需求的水平。

国内学者关于费用扣除制度的论述，集中于基础扣除标准及其指数化调整机制和特别扣除内容及其扣除原则两个主要问题。建立扣除指数化调整机制，根据通货膨胀水平公布当年扣除标准，确立最低生活费用不课税原则，已成为学界共识。我国历次《个人所得税法》修订，都会引起学界对基础扣除标准的讨论。关于费用扣除的定位，有两种不同观点：一种主张依据对国民基本消费支出的统计调查和科学测算，确定适当的扣除标准[④]；另一种主张根据经济发达程度，不同地区适用 6000—10000 元不等的扣除标准。[⑤] 但是第一种观点也主张借鉴域外确立“健康且富有文化”的最低生活水平，考虑满足基本文化需求的支出列入基础扣除。特别扣除方面，基于衡量真实赋税能力和保障生存权原则，对赡养支出、子女教育支出、社会保障支出的特别扣除为大多数学者所主张；另有学者主张对劳动所得与非劳动所得扣除实行区别对待，以实现分配调节[⑥]；也有学者主张对艰苦地区和危险职

---

① See E. R. A. Seligman, Progressive Taxation in Theory and Practice, *American Economic Association Quarterly*, 3rd Series, Vol. 9, No. 4, 1908, pp. 1—334.

② See Boris I. Bittker, A “Comprehensive Tax Base” as a Goal of Income Tax Reform, *Harvard Law Review*, Vol. 80, No. 5, 1967, pp. 981—983.

③ See William D. Andrews, Personal Deductions in an Ideal Income Tax, *Harvard Law Review*. Vol. 86, No. 2, 1972, pp. 309—385.

④ 参见施正文：《分配正义与个人所得税法改革》，载《中国法学》2011 年第 5 期。

⑤ 参见李怀：《中国个人所得税问题研究：基于法与经济学的思考》，载《经济与管理研究》2011 年第 1 期。

⑥ 参见陈业宏等：《我国个税项目扣除问题研究》，载《法律科学（西北政法大学学报）》2010 年第 6 期。

业岗位提高扣除标准。[①]

上述争论反映了税收中性与税收调控两种不同理念的冲突。税式支出理论认为，对特定纳税人的税收优惠，实质是倾斜性财政支出，仍然是国家财政负担，故税收优惠应当控制在适度范围之内。仅出于填补支出缺口考虑、过于宽泛的费用扣除，将使国家背上沉重的财政负担。从汲取财政收入能力视角观察，费用扣除会侵蚀税基，影响个人所得税的收入规模——而这是其发挥分配调控作用的前提。[②] 因此，我们认为，费用扣除应当控制在合理范围内，审查一项支出是否应予扣除的合理理由有两个，一是该支出是否为满足最低生活水平所必需，二是该项扣除是否对特定纳税人的收益能力有激励效应。据此，基础扣除应当以必要成本和基本生计费用为限，超出此范围的其他支出不应纳入个人消费能力衡量标准。从税式支出的视角，特别扣除相当于以政府购买的形式为特定纳税人提供公共物品和公共服务，在我国统一的社会保障体系尚未完全确立的情形下，经由特别扣除条款为有迫切需要的纳税人提供补充性的公共物品，具有合理性，但其标准应当以满足基本公共服务水平为限。此外，对不同要素收入的再分配调节，应当建立在市场调节机制基础上，只有对那些市场机制无法调节的，才能以税收再分配手段加以均衡，而且不能重复调节。因此，我们认为，如果确立劳动所得相对于非劳动所得的低税率制度，就不宜在费用扣除制度方面再予以区别对待，应当确立统一的基础扣除标准；同时，艰苦地区纳税人收入普遍低于其他地区，确立统一基础扣除额，实际上就是一种税收优惠，提高其扣除标准反而会导致局部地区出现“劫富济贫”，违反纵向公平原则；市场调节机制已经为危险职业提供了远高于同行的收入水平，其差价就是危险性的风险溢价，故不宜在再分配阶段增加特别扣除标准。

与减免税和费用扣除制度直接影响个体收益或消费能力不同，课税模式和征税效率影响不同主体分配能力的均衡状态，是影响分配能力的间接因素。

总体而言，根据对所得的不同界定方式和税率是否统一，个人所得税可分为综合所得税、二元所得税和分类所得税三种课税模式。典型的综合所得税对所得实行单一界定，对所得类型不作区分，并经由允许扣除而对净所

---

① 参见刘佐：《个人所得税制度改革“十一五”回顾与“十二五”展望》，载《财政研究》2011 年第 10 期。

② 参见王绍光、胡鞍钢：《中国国家能力报告》，辽宁人民出版社 1993 年版，第 9—13 页。

得根据单一的累进税率表征税；纯粹的分类所得税对所得无单一界定，而对不同类型所得分别界定和征税，不同所得适用不同确定规则和税率。[①] 典型二元所得税将不同来源所得分为资本所得和劳动所得两部分，作为个人所得税的两个独立税基，对前者按比例税率、后者按累进税率征税。[②] 一般认为，综合所得税因其所得综合界定、统一累进税率，且能够实现对必要费用的科学扣除，具有良好的衡平效应，被认为是最符合税收公平的理想税制。而分类所得税则因其所得分类界定和源泉扣缴征税，被认为最能保障一国财政收入的有效汲取。[③] 二元所得税为克服综合所得税的缺陷而产生，其优点在于纠正累进税率导致对资本所得的扭曲，以比例税率来抑制资本外逃，同时保留累进税率对劳动所得的分配调节效果，并规范各种基于社会政策的税收优惠。[④] 不同课税模式的着眼点，乃是纠正不同主体分配能力的失衡状态，其目的仍然是实现分配能力的总体均衡。

就我国个人所得税法改革而言，确立分类与综合相结合的课税模式，得到了学界和官方政策的一致肯定。但仍需要立足我国收入分配现状，从均衡分配能力的视角确立以下基本观点。

其一，二元所得税和单一所得税模式，均与我国收入分配现状不符。二元所得税模式总体上对资本所得持轻税态度，意图靠比例税率、消除双重增税来刺激资本投资，维持经济增长。单一所得税的本质是放弃税收调控作用，完全主张税收中性。因此，二者均无法实现均衡不同主体分配能力的目的，无益于我国收入分配现状的改善。故而一些学者主张“平税制”的激进观点值得商榷。

其二，高收入群体收益能力强于低收入群体，降低税率只会导致不同主体分配能力的进一步失衡，无助于调节分配公平的税法目的。因此，确立分类与综合相结合的课税模式，应当使税法反映其本质，即实现所得的分类界定和统一的累进税率。故而一些学者倡导的降低最高边际税率，增强本国税收竞争力和高收入群体纳税遵从度的观点，也与我国收入分配现状不符。

---

① 参见〔美〕维克多·瑟仁伊：《比较税法》，丁一译，北京大学出版社2006年版，第234页。

② 参见崔志坤：《个人所得税改革的国际趋势、典型实践及对中国的启示》，载《税收经济研究》2012年第5期。

③ 例如，英国至今仍保留某种形式的分类所得税制和源泉扣缴征税方式，其主要理由即在于国库的财源经由源泉课税而得到保障。参见〔美〕休·奥尔特等：《比较所得税法——结构性分析（第三版）》，丁一、崔威译，北京大学出版社2013年版，第136—137、144—146页。

④ 参见崔志坤：《个人所得税改革的国际趋势、典型实践及对中国的启示》，载《税收经济研究》2012年第5期。

其三，分类与综合相结合的课税模式确立了统一累进税率，是为了有效均衡不同主体的收益能力，倘若对劳动所得另行规定一套累进税率，则会分别导致资本所得者和劳动所得者的收益能力扭曲，衡平效应因此而丧失。因此，在分类与综合相结合的课税模式下，实现对劳动所得课税的区别对待，只能考虑勤劳所得抵免制度，增加影响劳动所得者消费能力的抵免额度。故而一些学者倡导的对劳动所得实行低于非劳动所得税率的观点，也与分类与综合相结合的课税模式的本质不符。

导致我国目前收入分配失衡的一个原因，是纳税遵从加剧了分配能力的失衡状态。我国现行《个人所得税法》对工薪所得实行源泉扣缴征税制度，工资支付信息化和电子化使得属于低收入群体的工薪阶层纳税遵从度较高。同时，由于高收入群体所得来源的多元化特征，源泉扣缴制度只能对其中部分所得进行有效课税，其他非工薪所得存在严重的逃避纳税情形。加上申报纳税制度还不完善，高收入群体的纳税遵从度反而低于低收入群体。因此，我国个人所得税征管效率导致的分配能力失衡问题比较严重，而解决此问题的根本办法在于从制度设计上提高高收入群体的纳税遵从度。

基于税痛感和利益考虑，纳税人都希望税负尽可能低而使税后收益最大化，因此天然倾向于尽量避免一切可能减少其所获利益的行为。因此，经济利益是诱发高收入群体纳税不遵从行为的内在驱动力，也是影响其纳税遵从度的重要因素。国外有基于税负理论的实证研究也发现，高税率会导致纳税遵从度降低。[①] 因此我国一些学者认为，在税收征管水平有限的条件下，降低最高边际税率可以提高高收入群体纳税遵从度。[②]

然而，这种办法无助于缓解不同收入群体分配能力的失衡状态，高收入群体因获得税收优惠而收益能力增加，失衡状态反而因此加剧。我们认为，解决我国高收入群体纳税遵从度较低的问题，应该针对影响纳税遵从度的其他因素进行制度设计。除了税负之外，一些文化因素，如诚信纳税的社会准则，对纳税遵从度有更强的影响，一个凝聚力强的社会中，如果诚信纳税被奉为社会规范，则纳税遵从度就会比较高。[③] 基于此，合作治理就是一种

---

① See Charles T. Clotfelter, Tax Evasion and Tax Rates: An Analysis of Individual Returns, *Review of Economics and Statistics* Vol. 65, No. 3, 1983, pp. 363—373.

② 参见伍晓亮等:《对个人所得税调节收入分配作用的再认识》，载《税务研究》2013 年第 1 期。

③ See Eric A. Posner, Law and Social Norms: The Case of Tax Compliance, *Virginia Law Review*, Vol. 86, No. 8, Symposium: The Legal Construction of Norms 2000, pp. 1781—1819.

很好的思路。同时，在自行申报纳税制度中，引入信息规制，建立对高收入群体纳税申报的信息报告制度，也是一种提高纳税遵从度的有效办法。[①] 此外，其他影响纳税遵从度的重要因素，如纳税申报表审计规则、奖励诚信声明等等，也应当受到制度设计的关注。[②] 从博弈论的视角看，每年一度的纳税申报，相当于纳税人与税收执法机构的重复博弈，申报的重复性，决定了审计规则的有效性。有关个人所得税申报制度的域外经验，也考虑了奖励诚信声明对纳税遵从度的积极影响，例如，日本对个人所得税申报实行分色管理，自行申报规范者获得蓝色申报单，并享受部分扣除优惠；英国则给予主动申报纳税者更多扣除额。[③] 相对于降低最高边际税率而言，附加威慑或者激励机制的税收优惠制度，对提高高收入群体纳税遵从度有更加积极的意义。当然，除了个人所得税法本身的制度完善之外，还要解决非法收入课税问题，因为有关地下经济动因的一种标准解释就是逃避纳税。

(四) 影响分配能力的显性与隐性因素

上文中，我们已经讨论了影响分配能力的市场与非市场因素、直接与间接因素。基于自然属性的非市场因素和基于社会属性的市场因素和制度因素，分别对主体的收益及消费能力以及不同主体分配能力的均衡状态产生显性影响。然而，除了这些显性因素外，还存在个人所得税法应当考虑的、影响分配能力的隐性因素。典型的例子是教育，它会影响到个体分配能力的提升，但相对于收入、先天禀赋和征税效率等因素而言，其影响是潜在的，通常需要经过一段时期之后才会体现出对分配能力的作用。

教育是决定人力资本的重要因素，具有对受教育者的私人效益，也具有实质的外部社会效益，前者表现为教育与劳动者工资水平的正相关关系，后者则表现为教育与社会生产率的正相关关系。[④] 对个体而言，教育不仅可以增加个体本身的人力资本水平，而且还会激励其子女一代人力资本水平的

---

① 国外有研究发现，信息报告要求与纳税遵从度呈正相关，而增加刑事制裁规则对纳税遵从度的提高没有显著影响。See Ann D. Witte, and Diane F. Woodbury, The Effect of Tax Laws and Tax Administration on Tax Compliance: The Case of the US Individual Income Tax," *National Tax Journal*, Vol. 38, No. 1, 1985, pp. 1—13.

② See James Alm, Isabel Sanchez, and Ana de Juan, Economic And Noneconomic Factors In Tax Compliance, *Kyklos*, Vol. 48, No. 1 1995, pp. 3—18.

③ 参见黄泽勇：《个人纳税主动申报制度的困境与生成》，载《社会科学》2007 年第 1 期。

④ See Fabian Lange, and Robert Topel, "The Social Value of Education and Human Capital," *Handbook of the Economics of Education*, Elsevier 2006, pp. 459—509.

提升。[①] 教育还是收入分配的公平性判断的重要标准之一。[②] 相对于收入补贴、基本生活保障等政策工具而言,政府的教育支出可以有效地提升主体的分配能力,对保障公平分配、实现经济平等具有更重要的意义。[③]

教育被视为个人有权接受的基本公共服务,我国宪法也明文规定了公民的受教育权。然而,由于我国还没有实现政府财政支出的法治化,预算法对于教育领域的财政支出保障并不充分。在这样的条件下,保障公民的受教育权,促进其分配能力的提升,诉诸个人所得税法中的税收优惠制度,也可以起到一定的作用。从税式支出角度看,个人所得税法中考虑纳税人教育支出目的的费用扣除、税收抵免等优惠制度,实际相当于国家对教育的财政支出,从而弥补了政府教育支出的不足。这种给私人教育支出实施税收优惠的制度设计,可以有效避免财政支出偏离预算法规定的目的以及资金层层拨付过程中的渗漏效应,而且产生了对纳税人能力提升的激励效果——扣除或抵免可视为一种鼓励方式,激励人们用值得奖励的形式运用其所得,鼓励其在可产生正外部效益的项目进行支出。[④]

因此,我国个人所得税法的完善,还需要在费用扣除制度中考虑对纳税人教育支出的扣除,尤其是为获得劳动技能培训、接受高等教育而支出的费用,应当予以优先考虑。有关税收中性与税收调控的争论中,即使主张恢复个人所得税法组织收入的基本职能,削减基于社会政策目的的税收优惠,也不应当削减基于纳税人教育支出的费用扣除。诚如有学者所言,对于税收,倘若集精力于财富不平等的再生而忽视其创生,将会是个错误。[⑤] 从本质上而言,教育影响纳税人能力的提升,能够促进其通过自身努力获取更多的收益,个人所得税法应当予以鼓励。

---

① See Oded Galor, and Daniel Tsiddon, The Distribution of Human Capital and Economic Growth, *Journal of Economic Growth*, Vol. 2, No. 1, 1997, pp. 93—124.

② 有实证研究发现,收入的公平性判断涉及获得正规教育的程度、职业成就、性别、婚姻状况、家庭收入的知识含量等一系列的标准。See Guillermina Jasso, and Peter H. Rossi, Distributive Justice and Earned Income, *American Sociological Review*, Vol. 42, No. 4, 1977, pp. 639—651.

③ 东亚国家早期经济增长的不平等程度相当有限,其原因即在于这些国家重视更广泛的教育投入。参见〔美〕本杰明·M. 弗里德曼:《经济增长的道德意义》,李天有译,中国人民大学出版社2008年版,第403页。

④ 马斯格雷夫认为税收优惠只能建立在激励基础上,才能避免优惠侵蚀税基的效率损失。参见〔美〕理查德·A. 马斯格雷夫、佩吉·B. 马斯格雷夫:《财政理论与实践(第五版)》,邓子基、邓力平译校,中国财政经济出版社2003年版,第356—358页。

⑤ 〔美〕斯蒂芬·芒泽:《财产理论》,彭诚信译,北京大学出版社2006年版,第324页。

三、个人所得税制度与分配公平：比较法的观察

发端于20世纪80年代、以美国为首的经济发达国家掀起的全球性税制改革，几乎影响到了每一个国家。[①] 这波改革浪潮冲击了整个20世纪90年代，并随着国际性的金融危机持续地影响到了新世纪的税法变革，但20世纪90年代和21世纪初的变革趋势与20世纪80年代呈现出一定程度的差异。总体而言个人所得税法（以下简称个税法）变革呈现出降低税率、拓宽税基、简化税制、税制指数化和强化税务管理的基本特征[②]；20世纪90年代以来各国税制改革改变了单纯的减税政策，变为有增有减，税收制度越来越呈现求同存异的新特点。[③]

20世纪80年代以来的税制变革，有着深刻的经济社会背景。由于大量逃避纳税情形的存在，各国普遍认为既有个税法的高边际税率不能实现限制或减轻收入和财富分配不公的社会经济目标，并且越来越担心高边际税率造成对经济的扭曲以致效率损失，同时通货膨胀率的提高和财政赤字的加剧使各国愈发认为既有税制有改革的必要。[④] 同时，减少政府对经济的干预、放松规制和促进自由竞争的经济观念也对税制变革产生了影响。21世纪初世界范围内经济危机频发，也使各国加快了税制改革的步伐。

出于纠偏的目的，这波税制改革以公平、简化作为目标，但资源配置的效率却被放在了首位，税收中性的改革意图与早期的税制改革形成了鲜明对比。以美国为例，自第二次世界大战结束后直到20世纪80年以前，美国税制受凯恩斯主义影响，更倾向于扩展旧有税制，引入高度累进税率和较多

---

① 几乎所有西欧国家都声称进行了税制改革，美国税制改革反映在其1981年《经济复兴税收法案》、1982年《税收公平和财政责任法案》、1986年《税制改革法案》之中，其中最后一部法案涵盖了变革的核心内容。此外，加拿大、日本、澳大利亚、新西兰等发达国家，俄罗斯和其他原苏联加盟共和国等原社会主义国家，牙买加、印度尼西亚、马耳他、津巴布韦和中国等发展中国家也进行了税制改革。参见〔英〕锡德里克·桑福德：《成功税制改革的经验与问题》（第1卷 成功的税制改革），张文春、匡小平译，中国人民大学出版社2001年版，第11—12页。

② See Sabirianova Peter, Klara, Steve Buttrick, and Denvil Duncan, Global Reform of Personal Income Taxation, 1981—2005: Evidence from 189 Countries, *National Tax Journal*, Vol. 63, No. 3, 2010, pp. 447—478.

③ 参见夏杰长：《21世纪世界税制改革的背景、困境与对策》，载《世界经济》2000年第5期。

④ 参见〔英〕锡德里克·桑福德：《成功税制改革的经验与问题》（第1卷 成功的税制改革），张文春、匡小平译，中国人民大学出版社2001年版，第18—22页。

的税收优惠制度来实现收入公平的经济和社会目标。[1] 然而,“20 世纪 80 年代的税制改革旨在使税收扭曲最小化,取消或减少市场(包括产品市场和生产要素市场)自由运作的税收障碍。”[2]

20 世纪 90 年代以来,我国的国民收入分配格局在消费与投资、国际收支、货币供给与实体经济三个方面出现结构失衡[3];同时存量财产的不平等程度高于流量的收入不平等,而且一直呈加剧变化趋势。[4] 中共十八大报告、《关于深化收入分配制度改革的若干意见》以及中共中央《关于全面深化改革若干重大问题的决定》等官方文件也明确意识到了分配结构失衡、分配差距过大和分配不公等影响经济与社会良性运行和协调发展的分配问题,并提出了完善收入分配制度,解决分配问题的原则性要求、政策目标和深化改革方案。[5] 经济社会现实和官方文件确立的改革目标,突出地说明了我国当下所要着力解决的分配问题。因此,个税法改革的目标和内容,理应围绕分配问题的解决展开,这就决定了我国个税法改革与域外实践在税制改革目标和意图上的差别。

税制变革目标的差异,决定了中国个税法变革在借鉴域外经验时,有必要具体问题具体分析,以契合于中国问题的解决。令人遗憾的是,近年来国内一些关于个税法变革的比较研究并未意识到此问题,以致研究结论与中国当下个税法变革所要解决的保障公平分配问题并不匹配。究其原因,一是既有研究存在方法论上的缺陷,二是比较研究单纯主张借鉴域外经验,忽视了对中国问题的把握。

---

① See Joseph A. Pechman, Tax Reform: Theory and Practice, *The Journal of Economic Perspectives*, Vol. 1, No. 1, Summer, 1987, pp. 11—28.

② 〔英〕锡德里克·桑福德:《成功税制改革的经验与问题》(第 1 卷 成功的税制改革),张文春、匡小平译,中国人民大学出版社 2001 年版,第 23 页。

③ 参见白重恩、钱震杰:《谁在挤占居民的收入——中国国民收入分配格局分析》,载《中国社会科学》2009 年第 5 期;吴建军,刘郁:《国民收入分配格局对中国经济失衡的影响》,载《财政研究》2012 年第 2 期。

④ 根据北京大学中国社会科学调查中心发布的《中国民生发展报告(2014)》,1995 年我国财产的基尼系数为 0.45,2002 年为 0.55,2012 年我国家庭净财产的基尼系数达到 0.73,顶端 1%的家庭占有全国三分之一以上的财产,底端 25%的家庭拥有的财产总量仅在 1%左右。参见人民网报道:《报告称我国顶端 1%的家庭占有全国三分之一以上财产》,at http://society.people.com.cn/n/2014/0725/c1008-25345140.html,2014 年 7 月 26 日。

⑤ 参见《坚定不移沿着中国特色社会主义道路前进为全面建成小康社会而奋斗》,中国共产党第十八次全国代表大会报告,2012 年 11 月 8 日;国务院批转国家发改委、财政部、人力资源和社会保障部:《关于深化收入分配制度改革的若干意见》,载《人民日报》2013 年 2 月 7 日第 2 版;中共中央《关于全面深化改革若干重大问题的决定》,载《人民日报》2013 年 11 月 16 日第 1—2 版。

既有研究或是从总体上介评个税法变革的国际趋势，或是就其中具体问题进行比较研究，论述域外经验对我国的借鉴意义，一方面并未具体地分析特定国家制度选择的经济社会背景，另一方面并未结合我国当前的经济背景进行分析，因而理论价值及说服力有限。例如，一些学者主张根据个人所得税法的国际趋势，通过扩大累进级距、减并累进级次和降低最高边际税率来优化累进税率，其理由却与域外经验所确立的减少税收扭曲的目标一致，这种制度借鉴与我国当下所要解决的收入分配不公问题可以说是南辕北辙。这也说明，特定时期域外经验对中国的参考价值是有限的，只有立足中国制度变革当下所要解决的分配问题，具体分析各国税制改革的特殊经验，及其对分配问题的影响，才能析出其中对我国确实有借鉴价值的内容。

与既有研究通常选取的宏观视角不同，我们主要从微观视角逐一梳理具体国家的税制改革实践，论述各国个税法变革的特殊经验、问题及其深层次原因，通过对改革方案的目标、内容进行考察，来分析改革对公平分配的影响。最后，针对保障公平分配的主题，为我国个税法的改进与完善提供实质性的对策建议。

通常，根本性税制改革是围绕着税收制度的以下三个主要方面的变化来开展的：税基、可从税基中扣除的各项扣除以及税率。[①] 在本部分，我们将考察世界范围内主要国家在20世纪80年代、20世纪80年代到21世纪初和2008年金融危机之后三个典型时期的个人所得税法变革，梳理其在税基、税率结构及税收优惠（扣除、抵免和免税额）三个要素上的变化，对一些进行了税务行政改革的国家，还梳理了纳税遵从和征管效率的变化，并分析这些变革对其本国分配公平的影响，以为我国个人所得税法的完善提供典型参照样本。选取样本国家的标准，主要考虑一国个人所得税法改革具有典型特征，同时在地域和经济发展水平上具有代表性。因此，我们选择了影响世界范围内所得税法制度的英国、美国、德国三国和兼受不同税制模式影响的日本、以间接税为主的法国与巴西、进行了独特二元所得税改革的北欧国家、尝试平税制（或译为统一税）改革的经济转型国家俄罗斯以及曾经严重依赖石油部门税收的发展中国家印度尼西亚。

---

① 参见〔美〕亨瑞·J.艾伦、威廉姆·G.盖尔主编：《美国税制改革的经济影响》，郭庆旺、刘茜译，中国人民大学出版社2001年版，第3页。

(一) 英国

英国个人所得税法实行分类税制,1988 年《所得税与公司税法案》是最主要的税收立法,后来主要通过 2003 年《所得税(工薪和养老金)法案》(ITEPA)、2005 年《所得税(营业和其他所得)法案》(ITTOIA)和 2007 年《所得税法案》(ITA)三个法案进行了重述,同时通过年度税收立法和财政法案对个人所得税法进行修订。[①] 从英国个税法的变革历程看,其在 20 世纪 80 年代、20 世纪 90 年代到 21 世纪初,以及金融危机之后都呈现出明显的变化。

(1) 税基。主要的应税所得形式包括雇佣所得、自我雇佣及非公司经营所得、求职津贴、养老金、产权收益、银行及建房互助协会利益和股份分红所得。大多数经过经济情况调查的社会保险利益所得免纳所得税,许多未经经济调查的社会保险利益是应税的(例如国家基础养老金),但也有一些是免税的(明显例子如儿童补助金)。[②] 对国民储蓄券和个人储蓄账户等储蓄产品的收入也不课税。1984 年取消投资所得附加税;按物价指数提高个人减免额和高税率的起征税率;1988 年通过立法对丈夫和妻子单独征税。金融危机之后,学生打工收入低于 6475 英镑者,不需缴纳任何税。[③]

(2) 税率结构。20 世纪 80 年代初,个人所得税基本税率从 33%降低为 30%,最高税率从 83%降低为 60%,此后直至 1993 年,起始税率削减为 0。20 世纪 80 年代中期和末期,基本税率分阶段降低为 25%[④];最高税率在 1988 年削减至 40%。截至 1992 年,英国个人所得税法形成三档税率:获得税收宽免的约占 5%的纳税人,起始税率为 0;25%的基本税率适用于 95%的纳税人;40%的高税率适用于一小部分高收入纳税人。[⑤] 从 1993 年及之后的整个 20 世纪 90 年代,个人所得税起始税率增至 20%,基本税率呈下降

---

① 参见〔美〕休·奥尔特等:《比较所得税法——结构性分析(第三版)》,丁一、崔威译,北京大学出版社 2013 年版,第 145—148 页。

② See Adam, Stuart, and James Browne, A Survey of the UK Tax System, Institute for Fiscal Studies (2006), p. 27, at http://discovery.ucl.ac.uk/14872/1/14872.pdf.

③ 参见中国国际税收研究会编:《世界税收发展研究报告(2009)》,中国税务出版社 2010 年版,第 36 页。

④ 1986 年从 30%减至 29%,1987 年减至 27%,1988 年减至 25%。See Giles, Christopher, and Paul Johnson, Tax Reform in the UK and Changes in the Progressivity of the Tax System, 1985—1995, *Fiscal Studies*, Vol. 15, No. 3, 1995, pp. 64—86.

⑤ See Adam, Stuart, and James Browne, A Survey of the UK Tax System, Institute for Fiscal Studies (2006), p. 27, at http://discovery.ucl.ac.uk/14872/1/14872.pdf.

趋势，从25%逐渐降至23%，高税率维持在40%；21世纪以来的十多年，起始税率在2008全球金融危机之前降为10%，之后则削减为0，基本税率维持在22%。金融危机之后，基本税率降至20%，同时年收入超过15万英镑者须承担50%的高税率[①]；股息红利税率也增加了。

(3) 扣除、抵免和免税额。20世纪80年代大规模削减税收减免和税收优惠(取消了对新保单的人寿保险金减免、住房装修贷款的减免、除慈善捐赠合同之外的新捐款合同的税收减免；抵押贷款利息减免限额为3万英镑；废止多种抵押减免；对一次性免税支付额规定了限额，对退休金的减免额规定了最高限额)[②]。基于鼓励慈善捐赠的税收目的，对注册登记的慈善组织的捐赠额可以从所得中扣除，雇主和雇员的退休金供款也可以扣除，但雇员社会保障(社会保险)缴纳捐款不可扣除。[③] 进入2000年后，取消了对60岁以下已婚夫妇的宽免额。金融危机之后，对资本利得或股息所得实行减免税，以鼓励私人投资[④]；同时逐步取消了对净收入超过10万英镑高收入群体的个人免税额，但不断提高中低收入群体个人免税额。[⑤] 2003年之后，特定纳税人如儿童看护者、单亲家庭或低收入家庭享受儿童抵税额和工作抵税额两项税收抵免。[⑥]

20世纪80年代的大规模减税(尤其是个人所得税税率的削减)使英国的财政收入降低到了无法维持的低水平，经济衰退使得公共部门借款需求剧增，且有失去控制的危险。同时，20世纪80—90年代以效率为导向的个税法变革，却在总体上加剧了英国的收入不平等。有学者测算，英国税制改革后的基尼系数上升了，并认为原因在于改革使得英国个税法从直接税转向了间接税的趋势，从累进性税制变成了累退性税制，从而对不同收入个体

---

① See Various Tolley's Income Tax. See also the HM Revenue and Customs website, at http://www.hmrc.gov.uk/rates/it.htm.

② 参见〔英〕锡德里克·桑福德：《成功税制改革的经验与问题》(第1卷 成功的税制改革)，张文春、匡小平译，中国人民大学出版社2001年版，第27—31页。

③ See Adam, Stuart, and James Browne, A Survey of the UK Tax System, Institute for Fiscal Studies (2009), p.5, at http://storage.globalcitizen.net/data/topic/knowledge/uploads/20100426132222302.pdf.

④ 中国国际税收研究会编：《世界税收发展研究报告(2008)》，中国税务出版社2009年版，第17页。

⑤ 参见中国国际税收研究会编：《世界税收发展研究报告(2009)》，中国税务出版社2010年版，第36页。

⑥ 参见〔美〕休·奥尔特等：《比较所得税法——结构性分析(第三版)》，丁一、崔威译，北京大学出版社2013年版，第143—144页。

产生了消极影响。[1] 另有学者认为,20世纪80年代废除投资附加税和夫妻分别课税都有利于高收入阶层,导致高收入群体所获税前收入的增加,福利制度的削减则使低收入群体丧失了更多的收益,税制和福利变化加剧了不公平。[2] 1993年之后的英国个税法变革在总体上实现了增税,尤其是2008年金融危机之后对高收入群体课以较重的纳税义务,除应对财政赤字和调控经济之外,部分原因也是为了消除先前改革的副作用。

(二)美国

美国的根本性税制改革始于20世纪80年代,以1986年税制改革法案的通过为标志,彻底改革了高度累进税制,取消了大部分基于社会政策目的的税收优惠,转向以减少税收扭曲效应、促进经济效率、简化税制为目标的所得税制。进入20世纪90年代以后,尽管经历多次修订,基本税制要素仍未改变。

(1)税基。20世纪80年代,1981年经济复兴税收法案确立了纳税档次、个人免税额和标准扣除额按照通货膨胀率指数化调整;1986年税制改革法案取消了人均扣除100美元股息的规定、取消了对双职工夫妻10%的扣除额,对失业救济金全额征税,各种消极税收庇护发生的亏损,除了从其他消极所得中扣除外不得扣除,调整了个人退休账户,规定高收入纳税人获得福利金的限制条件。[3] 20世纪90年代,1990年综合性预算调节法案和1993年预算法案扩展了医疗保险和住院保险税的税基,适用于养老、遗属和残疾人保险,并取消了医保所得的上限。[4] 次贷危机以后,对个人免税额、应税所得累进区间、标准扣除及其他扣除进行了指数化调整,纳税人获得了更多的税基优惠,2009年失业救济金不列入征税范围。[5] 经过20世纪90年代以后的频繁修改,1986年税制改革法案确立的宽税基遭到了侵蚀,现在共和党及民主党都偏好某种形式的窄税基,这与消费税取代所得税的争

---

① See Giles, Christopher, and Paul Johnson, Tax Reform in the UK and Changes in the Progressivity of the Tax System, 1985—1995, *Fiscal Studies* Vol. 15, No. 3, 1995, pp. 64—86.

② See Johnson, Paul, and Steven Webb, Explaining the Growth in UK Income Inequality: 1979—1988, *The Economic Journal*, Vol. 103, No. 417, Mar., 1993, pp. 429—435.

③ 参见〔英〕锡德里克·桑福德:《成功税制改革的经验与问题》(第1卷 成功的税制改革),张文春、匡小平译,中国人民大学出版社2001年版,第119—122页。

④ See Eugene Steuerle, Tax Policy from 1990 to 2001, American Economic Policy in the 1990s, June, 2001, p. 6.

⑤ 指数化调整的结果是提高了免税额和扣除额,扩大了累进区间。参见中国国际税收研究会编:《世界税收发展研究报告(2008)》,中国税务出版社2009年版,第25页;中国国际税收研究会编:《世界税收发展研究报告(2009)》,中国税务出版社2010年版,第37页。

论有关。[①]

(2) 税率结构。20世纪80年代,1981年经济复兴税收法案在3年内将个人所得税边际税率降低23%,最高税率由70%降至50%,1986年税制改革法案用15%和28%的双税率结构取代了以前从11%到50%的14级个税税率档次,应纳税所得额的边际税率结构是15%、28%、33%和28%,没有人缴纳超过28%的联邦所得税,资本利得的最高税率为28%,强化了可替代最低税,税率为21%。[②] 1986年至2000年间,对预算赤字的关注左右了税收立法,最高法定税率经历了数次提高(最高为39.6%),替代最低税率也增至24%,此后实施了一系列减税法案,将个人资本利得和股息所得最高税率降至15%,个税最高税率在2009年降至35%。[③] 次贷危机以后,税率根据通货膨胀率作指数化调整,2011年工资税率下调至4.2%。[④]

(3) 扣除、抵免和免税额。1981年经济复兴税收法案对双职工夫妻引入新的扣除额;1986年税制改革法案分阶段提高了个人免税额,但取消了高收入纳税人的免税额,提高了已婚夫妻和单身者的标准扣除额,对个人的资本利得取消了60%的免税额,取消了对州和地方销售税的扣除和对用于私人消费贷款利息的扣除额,提高了可扣除医疗费的基数,限定商务用餐和娱乐费用扣除率为80%;限定工会费用、非报销性雇员业务费用可扣除总额。提高了勤劳所得抵免额及其最高抵免额。[⑤] 1990年和1993年预算法案在增税的同时,新增了多项个人税收抵免和扣除,但1997年和2001年的减税法案对之进行了调整,并新增了一些其他项目扣除。[⑥] 次贷危机以后,

---

① See Michael J. Graetz, Tax Reform Unraveling, *The Journal of Economic Perspectives*, Vol. 21, No. 1, Winter, 2007, pp. 69—90.

② See Joseph A. Pechman, Tax Reform: Theory and Practice, *The Journal of Economic Perspectives*, Vol. 1, No. 1, Summer, 1987, pp. 11—28.

③ 参见〔美〕休·奥尔特等:《比较所得税法——结构性分析(第三版)》,丁一、崔威译,北京大学出版社2013年版,第166页。

④ 中国国际税收研究会编:《世界税收发展研究报告(2011)》,中国税务出版社2012年版,第30页

⑤ 参见〔英〕锡德里克·桑福德:《成功税制改革的经验与问题》(第1卷 成功的税制改革),张文春、匡小平译,中国人民大学出版社2001年版,第119—122页。

⑥ 1990年法案增加的两项个人宽免和一项个人扣除,原本是1986年税制改革法案逐步予以撤销的项目;1997年法案新增对儿童享受每人每年500美元的宽免额,2001年法案将这一数额逐步提高至1000元,收入低于1万美元、不必为此支付任何所得税的纳税人还获得退税。此外,克林顿总统曾推动建立了高等教育奖学金抵免,2001年教育储蓄账户存款可获得额外扣除。See Eugene Steuerle, Tax Policy from 1990 to 2001, American Economic Policy in the 1990s, June, 2001, pp. 7—8.

2008年经济刺激法案给予每个纳税人一定额度的退税额,给予符合条件的纳税人子女一个税收抵免额,给予勤劳所得3000美元以上的纳税人一个税收抵免额,确定退税资格时,把社会保障退休金和残疾退伍军人报酬及养恤金计算在所得内。[①] 2009年美国复苏和再投资法案扩大了三项抵免额度的范围,并新增一项"工作"抵免。[②] 2010年减税法案为年收入低于25万美元的家庭永久延长减税政策。[③]

以效率为导向的美国1986年税制改革,对分配公平产生了积极的影响:一是普遍认为新税制的累进性不仅没有降低,而且有所提高。[④] 二是横向公平状态得到了改善[⑤],同时新税制的实施有效遏制了之前广泛存在的富人逃避纳税情形,"增加了人们对税收公正的感性认识"[⑥]。20世纪90年代以后美国1990年、1993年、1997年和2001年法案对个税法进行了频繁修改,最高税率的先增后减,对有利于经济增长的要素给予税收优惠,使美国个税法在20世纪90年代保持了累进性与增长目标之间的平衡。[⑦] 但新税收优惠制度导致了新的税基侵蚀,同时偏离了1986年税制改革法案确立的

---

① 中国国际税收研究会编:《世界税收发展研究报告(2008)》,中国税务出版社2009年版,第25页。

② 中国国际税收研究会编:《世界税收发展研究报告(2009)》,中国税务出版社2010年版,第36—37页。

③ 中国国际税收研究会编:《世界税收发展研究报告(2010)》,中国税务出版社2011年版,第38页。

④ 1986年税制改革法案的双倍个人豁免和标准扣除额的提高,以及指数化调整,使480万穷人免于纳税,同时给予工薪家庭更多的勤劳所得税收优惠,不仅消除了社会保障税导致的累退性,而且降低了低收入工人的税负,从而增加了累进性。See Joseph A. Pechman, Tax Reform: Theory and Practice, *The Journal of Economic Perspectives*, Vol. 1, No. 1, Summer, 1987, pp. 11—28. 但也有观点对此表示质疑,认为薪金税增税最高限度的规定使中低收入家庭税负增加比例更大,同时最高收入阶层的所得税下降幅度更大,这导致了累进性下降。参见〔英〕锡德里克·桑福德:《成功税制改革的经验与问题》(第1卷 成功的税制改革),张文春、匡小平译,中国人民大学出版社2001年版,第150—152页。

⑤ 有学者认为,美国1986年税制改革法案降低税率,对资本利得全额课税,拓宽税基,这些都表明所得分布于不同投资的家庭得到了更公平的对待。See Jane G. Gravelle, Equity Effects of the Tax Reform Act of 1986, *The Journal of Economic Perspectives*, Vol. 6, No. 1, Winter, 1992, pp. 27—44.

⑥ See Joseph A. Pechman, The Future of the Income Tax, *The American Economic Review*, Vol. 80, No. 1, Mar., 1990, pp. 1—20.

⑦ 在提高税率的同时,美国在20世纪90年代对首创精神、发明、努力工作、企业家精神和其他有助于经济增长的特殊要素给予税收扭曲(税收优惠),成功地维持了一种适度累进的税制。See Eugene Steuerle, Tax Policy from 1990 to 2001, American Economic Policy in the 1990s, June, 2001, pp. 9—11.

税制简化和稳定目标，税法的复杂性导致了新的不公平。[①] 尽管 2006 年的改革法案合并、简化了许多税收优惠制度，但之后的税制修改又增加了许多优惠，复杂性问题面对效率和公平时退居次要地位。

(三) 德国

德国个人所得税法在 20 世纪 80 年代以高税率和窄税基为主要特征，2000 年进行了根本性税制改革[②]，之后的税收优惠法案、税制改革法案和经济刺激计划持续地对个税法要素进行调整。

(1) 税基。20 世纪 80 年代对资本利得和储蓄给予税收优惠，个税税基较窄。[③] 1995 年至 2006 年期间伴随着个税税率降低的同时，税基在逐步拓宽，表现在对资本利得从免税到区分不同的资本利得种类部分征税。[④]

(2) 税率结构。20 世纪 80 年代末，原联邦德国降低个人所得税边际税率，但保留了 56%的最高档次税率；第二阶段减税使边际税率减少最高 5.5 个百分点(每个孩子额外减去 0.5 个百分点)；计划转变为一种“线性”累进税率，以使 20 世纪 70 年代由于税基攀升而大幅上涨的中等收入档次税率更加扁平化。[⑤] 20 世纪 90 年代末到金融危机之前，起始税率降至 15%，最高边际税率逐渐降至 42%，收入分配两端的边际税率下降幅度很大，但中等收入档次的税率下降较少。[⑥] 2008 年度税制改革法案规定，适用于最高所得范围的 3%额外附加同样适用于经营所得，导致应税收入超过 25 万欧

---

① 税制的多变性和税收优惠的复杂规则使得纳税人不得不依靠专业报税人员申报纳税，从而支付高昂成本，低收入群体遵从税法的额外成本可能抵消其从中所获之收益，高收入群体则有了操纵避税的新机会。参见美国联邦税制改革总统顾问团报告：《简化、公平、促进经济增长：美国的税制改革》，张学诞等译，中国市场出版社 2007 年版，第 2—9 页。

② See Michael Keen, The German Tax Reform of 2000, *International Tax and Public Finance*, Vol. 9, No. 5, September, 2002, pp. 603—621.

③ 20 世纪 80 年代德国认识到对投资和储蓄的税收激励造成了扭曲，但又担心加重税收将鼓励资本外逃。因此，即使意识到消除这些税收优惠将可以降低边际税率，他们也不愿意这样做。See See Joseph A. Pechman, Tax Reform Prospects in Europe and Canada, *The Brookings Review*, Vol. 5, No. 1, Winter, 1987, pp. 11—19.

④ 参见〔美〕休・奥尔特等：《比较所得税法——结构性分析(第三版)》，丁一、崔威译，北京大学出版社 2013 年版，第 68—71 页。

⑤ See Joseph A. Pechman, Tax Reform Prospects in Europe and Canada, *The Brookings Review*, Vol. 5, No. 1, Winter, 1987, pp. 11—19.

⑥ See Michael Keen, The German Tax Reform of 2000, *International Tax and Public Finance*, Vol. 9, No. 5, September, 2002, pp. 603—621.

元(配偶联合评估为50万欧元)的个税最高边际税率为45%。[①] 2009年经济刺激计划将个税起始税率降至14%,并调整税率适用区间进行税收减免,根据家庭情况规定不同的起征标准,同时降低强制性医疗保险缴款比率。[②]

(3) 扣除、抵免和免税额。20世纪80年代末给予寿险和住房储蓄的特别扣除额,对员工"资本形成金"的小额扣除,住宅建设的额外津贴,以及证券资本收益完全免税。[③] 20世纪90年代末以后,个人基础宽免额逐步增加,但适用最高边际税率的纳税人基础宽免额降低了。[④] 2008年度税制改革法案规定,自然人股票投资所获经营所得须按资本利得的60%纳税,其余40%部分免税,经济上,关联费用的60%可以扣除。[⑤] 2008年和2009年两套经济刺激计划提高了基本扣除额,父母对每个孩子获得一次性儿童补贴,提高了自雇个人为家庭修理提供服务的最大抵免额,购买环保型汽车将获得税收优惠和奖励。[⑥]

德国21世纪的根本性税制改革,本质上并无创新之处,仍是降低税率、拓宽税基的改革模式,其目标仍然是减轻税负,减少税制扭曲,实现持续性的经济增长,降低高失业率,而降低税率、资本利得免税的制度安排对那些拥有非企业经营所得的投资者更加有利。[⑦] 这次改革降低了税制的累进性,减少了财政收入损失,使每个纳税家庭的净收入有了显著增长,但同时高收入家庭获得相对更多的收益,收入分配不平等程度也增加了。[⑧] 2008年金

---

① 中国国际税收研究会编:《世界税收发展研究报告(2008)》,中国税务出版社2009年版,第22页。

② 中国国际税收研究会编:《世界税收发展研究报告(2009)》,中国税务出版社2010年版,第33页。

③ See Joseph A. Pechman, Tax Reform Prospects in Europe and Canada, *The Brookings Review*, Vol. 5, No. 1, Winter, 1987, pp. 11—19.

④ 基础扣除增加的幅度仅仅与通货膨胀水平相当,更像一种指数化调整手段。See Michael Keen, The German Tax Reform of 2000, *International Tax and Public Finance*, Vol. 9, No. 5, September, 2002, pp. 603—621.

⑤ 中国国际税收研究会编:《世界税收发展研究报告(2008)》,中国税务出版社2009年版,第22—23页。

⑥ 中国国际税收研究会编:《世界税收发展研究报告(2009)》,中国税务出版社2010年版,第33页。

⑦ See M. Smith, Proposed Tax Reform in Germany for 2001/2002, Corporate Finance, (2000), pp. 37—40. Retrieved from http://search.proquest.com/docview/210152762? accountid=13151.

⑧ See Peter Haan, and Viktor Steiner, *Distributional and Fiscal Effects of the German Tax Reform 2000: A Behavioral Microsimulation Analysis*, Deutsches Institut für Wirtschaftsforschung, 2004, pp. 17—19.

融危机之后的税制变革目标着眼于经济刺激和减免税，但总体上增加了税法的复杂性，产生了新的横向不公。

（四）法国

1960年，法国用累进的个人所得税（IR）取代了原先比例税与累进税共存的复合税制，之后分别在1991年和1996年开征新的附加个人所得税，即为社会保障体系筹集资金的一般社会供款（CSG）和社会债务偿付供款（CRDS）。[①] 它们虽然从名称和事实上似乎是属于社会保障税的范畴，但因其税基适用于所有类型所得，包括资本利得和所有自1998年起被征收所谓社会征收款的所得，故国际学者一般将它们作为法国个人所得税的一部分。[②] 法国个人所得税的总体特征是税负高、高度累进性，但税基比较窄，税制很复杂，税务行政成本很高。[③]

（1）税基。1960年实行单独的累进个人所得税之后，税基并没有变化（包括工薪所得、利息所得、养老金所得、失业和残疾福利所得，大多数资本利得和一些附加福利），只是按照综合所得税基的思路取消了八类所得之间的大多数差异，并在1976年增加了非经营性资本利得。[④] 综合所得适用累进税率，资本利得在一些情形下全部或部分地包括在应税所得中，其他情形下适用单独的统一税率。持有5年以上的不动产资本利得，税额随持有年限递减，持有15年以上者，可以彻底地获得免税。[⑤] CSG和CRDS对工资、营业所得、资本所得和利得、养老金和失业福利征收；CRDS和社会征收款对资本所得和利得征收。2010年开始征收碳税。[⑥] 2011年对高收入人群新

---

① 参见〔美〕休·奥尔特等：《比较所得税法——结构性分析（第三版）》，丁一、崔威译，北京大学出版社2013年版，第44—45页。

② See W. Leibfritz and P. O'Brien, The French Tax System: Main Characteristics, Recent Developments and Some Considerations for Reform, *OECD Economics Department Working Papers*, No. 439, OECD Publishing, 2005, p. 12.

③ Ibid., p. 5.

④ See R. P. Hagemann, B. R. Jones and R. Montador, Tax Reform in OECD Countries: Economic Rationale and Consequences", *OECD Economics Department Working Papers*, No. 40, OECD Publishing, 1987, p. 103.

⑤ See W. Leibfritz and P. O'Brien, The French Tax System: Main Characteristics, Recent Developments and Some Considerations for Reform, *OECD Economics Department Working Papers*, No. 439, OECD Publishing, 2005, p. 12.

⑥ 中国国际税收研究会编：《世界税收发展研究报告（2010）》，中国税务出版社2011年版，第30页。

征收一项特别的“高收入人群所得税”,并适用累进税率。[①] 2013 年财政预算草案提出了大规模增税和税基拓宽措施,重新开征净财富税并适用 6 级累进税率,取消多项资本利得的单一预提税并适用一般所得税累进税率,取消股息所得的免税额。[②]

(2) 税率结构。法国个人所得税最高边际税率在 20 世纪 80 年代早期超过了 70%,之后分阶段缓慢下降,2006 年起一直为 40%,在 1994 年以前实行 13 级累进税率,之后到 2008 年减为 5 级,纳税等级与通货膨胀挂钩进行指数化调整。部分资本利得适用统一税率,出售证券或股份获得的资本利得税率(18%)与对利息所得的源泉扣缴税率(16%)相协调(资本利得还要缴纳一般社会供款及相关的社会税,从 2005 年 1 月 1 日起适用 11%的总税率)。从 2004 年 1 月 1 日起,不动产资本利得不再纳入应税所得之中,而适用 16%的统一税率(加上 11%的一般社会供款,等等)。销售 1.5 万欧元以下所得除外(在社会税方面也是如此)。CSG、CRDS 和社会征收款分别适用 7.5%(最初为 1.1%)、0.5%和 2%的税率,但 CSG 对大多数退休年金和失业补助根据情况适用 6.6%、6.2%甚至 3.8%的低税率,对资本所得和利得适用 8.2%的税率;单一税率个人所得税的总税率自 2008 年以来达 12.1%。[③] 2009 年预算法案提高了所得税区间。[④] 2011 年提高了最高边际税率,新的“高收入人群所得税”起征点为 25 万欧元,适用 3%和 4%的累进税率。[⑤] 2013 年对年收入超过 15 万欧元者增设新的 45%的最高税率,并对超高收入实行 75%的临时超高税率。

(3) 扣除、抵免和免税额。法国个人所得税法具有较多的分类元素,每一所得类别都有其计算净收入和损失的具体规则。所得费用一般可扣除实际数额,但在一些情形下可按标准扣除额予以扣除。法国个税法税收优惠的典型特征是为有孩子的家庭提供包括扣除、抵免和免税在内的大量税收

---

① 中国国际税收研究会编:《世界税收发展研究报告(2011)》,中国税务出版社 2012 年版,第 26 页。

② 包括行使股票期权和无偿股份分配、证券交易资本利得、股息所得和利息所得。参见中国国际税收研究会编:《世界税收发展研究报告(2012/2013)》,中国税务出版社 2013 年版,第 35—36 页。

③ 参见〔美〕休·奥尔特等:《比较所得税法——结构性分析(第三版)》,丁一、崔威译,北京大学出版社 2013 年版,第 46—47 页。

④ 中国国际税收研究会编:《世界税收发展研究报告(2009)》,中国税务出版社 2010 年版,第 33—34 页。

⑤ 年收入超过 25 万美元至 50 万欧元的部分为 3%,超过 50 万欧元的部分为 4%。参见中国国际税收研究会编:《世界税收发展研究报告(2011)》,中国税务出版社 2012 年版,第 26 页。

优惠，对低收入家庭和孩子多的家庭给予更多的倾斜[①]；但20世纪80年代之后扣除转变为不可返还和可返还的抵免，因为抵免被认为比扣除更公平，成为常用税收激励手段。[②] 允许扣除项目包括与工作相关的费用支出、社会保险缴款、一些人寿保险缴款、儿童保育支出，工薪阶层依不同行业类别还可获得数额不等的勤劳所得扣除（一些情形可高达40%）；税收抵免包括一定比例的住房按揭利息及住房修缮贷款、部分人寿保险成本和节约能源支出费用。另外，一项相当于50%的对股息的税收抵免用于实质性地整合个人所得税和企业所得税。[③] 扣除、抵免和减免税的起点根据通货膨胀指数进行调整。2001年，法国引进了一项名为"就业奖励"的税收抵免，使800—1000万的低收入家庭受益。[④] 过去几年里，法国主要针对股票和证券所得给予新的减免税，同时减轻财富税的税负（根据税收庇护条款，纳税人不得缴纳超过其总收入50%的直接税）。[⑤] 2009年预算法案提高各种扣除额，对个人非经常性出售股票和有价证券所获低于25730欧元的资本利得给予免税，并大幅减轻低收入家庭的税负，给予更多税收优惠；2010年为减轻碳税带来的新税负，增加了一系列税收抵免和"绿色支票"制度作为补偿；2011年废除了对新婚和离婚夫妻的减免税计划。

法国个人所得税的变革趋势似乎一直在偏离税法理论所强调的理想税制，尽管学者一再建议降低税率、拓宽税基，但似乎未被采纳。[⑥] 法国个人所得税具有相当高的累进性（OECD国家中最高），存在大量针对低收入家庭和特定行业人群的税收优惠制度，因而也被学者评价为极复杂和不透明的税制。但20世纪80年代以来，税制简化从未成为法国税制改革的目标。

---

① See W. Leibfritz and P. O'Brien, The French Tax System: Main Characteristics, Recent Developments and Some Considerations for Reform, *OECD Economics Department Working Papers*, No. 439, OECD Publishing, 2005, pp. 11—12.

② 参见〔美〕休·奥尔特等：《比较所得税法——结构性分析（第三版）》，丁一、崔威译，北京大学出版社2013年版，第50页。

③ See R. P. Hagemann, B. R. Jones and R. Montador, Tax Reform in OECD Countries: Economic Rationale and Consequences, *OECD Economics Department Working Papers*, No. 40, OECD Publishing, 1987, p. 103.

④ Luigi Bernardi, and Paola Profeta eds., *Tax Systems and Tax Reforms in Europe*, Routledge, 2004, p. 98.

⑤ 参见〔美〕休·奥尔特等：《比较所得税法——结构性分析（第三版）》，丁一、崔威译，北京大学出版社2013年版，第45页。

⑥ See B. Égert, The Efficiency and Equity of the Tax and Transfer System in France, *OECD Economics Department Working Papers*, No. 1038, OECD Publishing, 2013, at http://dx.doi.org/10.1787/5k487n4jqqg5-en.

从公平性角度来说，法国个人所得税在横向公平方面明显有缺失，其税负只集中在最高收入的人群，而纵向公平的程度则相当高，大量税式支出收益的存在，甚至影响到劳动供给，减少了人们的工作意愿，实质上导致特定人群获得了特权式的税收待遇。法国个人所得税可谓"劫富济贫"的典范，但是，税法学者一直批评法国个人所得税导致的横向不公和低效率，认为即使累进性较高，由于近一半家庭免纳个人所得税，个税收入占税收总收入比重低，其调节收入分配的作用仍有限。①

（五）北欧国家

在20世纪90年代早期，北欧国家着手进行了一系列彻底的税法变革，这些变革具有两项典型特征：积极拓宽税率的制度安排和劳动所得与资本所得分别单独课税的二元税制。② 二元所得税是结合了对劳动所得和转移性所得课征累进所得税和对资本所得课征较低统一税率的一种特殊税制，相当于对总所得按统一税率课税而对劳动所得和转移性所得课以累进附加税，纯粹二元所得税中资本所得税率与公司所得税率及劳动所得的第一档税率一致。③ 典型国家为挪威、芬兰和瑞典，最早变革的丹麦，其资本所得仍适用一定程度的累进税率。

（1）税基。在北欧国家，居民所得被称为个人所得（丹麦和挪威）或勤劳所得（瑞典和芬兰），主要包括劳动所得、私人和公共养老金及其他政府转移性收入，资本所得主要包括利息、股息、应税资本收益和自我雇佣营业资产的估算收益，丹麦的资本所得还包括自住房屋的估算租金。④ 为了保证最大程度的税收中性，资本所得税的税基原则上包括来源于所有资产的所有资本所得类型，因而比其他混合所得税制度的税基要宽泛得多。⑤

---

① 也有学者指出，法国越来越多的收入来自所得税，加上CSG和CRDS，产生收入的能力很强。参见〔美〕休·奥尔特等：《比较所得税法——结构性分析（第三版）》，丁一、崔威译，北京大学出版社2013年版，第47—48页。

② See Peter Birch Sørensen, Dual Income Taxes: A Nordic Tax System, EPRU Working Paper Series, No. 2009-2010, March, 2009, pp. 2.

③ Ibid., pp. 2—3.

④ See Peter Birch Sørensen, From the Global Income Tax to the Dual Income Tax: Recent Tax Reforms in the Nordic Countries, *International Tax and Public Finance*, Vol. 1, No. 1 (1994), pp. 57—79.

⑤ See Robin W. Boadway, The Dual Income Tax System—An Overview, *CESifo DICE Report*, Vol. 2, No. 3, 2004, pp. 3—8.

（2）税率结构。丹麦、挪威、瑞典、芬兰在二元税制改革之前都遵循综合所得税的全球变革趋势，个人所得税率和资本利得税率都是典型的阶梯式累进税率结构，最高边际税率很高，且资本利得课税率很不均衡，企业所得税遵循与个税最高边际税率挂钩的原则，同样比较高，而在改革之后上述税率都有了较大幅度的降低，累进区间也缩小了。[①] 改革之后的税率结构具有典型特征，包括一个对劳动所得的累进税率和一个对资本所得的统一税率，后者一般都低于前者的最高边际税率。[②] 挪威在2006年对二元所得税进行了修订，引入对股息的单独征税，使股息的最高边际税率变得与劳动所得一致。[③] 芬兰在2008年对个人所获股息减按70%征税，税率相当于降至19.6%，2009年预算法案通过降低所得税税率和对累进征税区间进行指数化调整来减轻对勤劳所得征税。[④]

（3）扣除、抵免和免税额。挪威、芬兰和瑞典各自以不同的制度安排来限制对股息的双重征税，同时仅对劳动所得给予一定额度的免税，资本所得则不予宽免；但丹麦对二者都给予一定额度宽免。[⑤] 瑞典对资本损失给予完全的抵免，但芬兰和挪威规定只能在一定范围内获得抵扣。2008年和2009年，丹麦公布减税方案，提高中间和最高纳税档次的收入最大值，并增加就

---

① 丹麦个人所得税率和资本所得税率在1987年税制变革之前为48%—73%的累进税率，1987年改革后分别为50%—68%和50%—56%的累进税率，1994年改革后分别为38%—58%和38%—44%的累进税率，企业公司所得税率在上述三个时期分别为40%、50%和34%；芬兰个人所得税率和资本所得税率在1993年税制变革之前为25%—57%的累进税率，之后分别为38%—58%的累进税率和25%的统一税率，企业公司所得税率在变革前后分别为37%和25%；挪威个人所得税率和资本所得税率在1992年税制变革之前分别为26.5%—50%和26.5—40.5%的累进税率，之后分别为28%—41.7%的累进税率和28%的统一税率，企业公司所得税率在变革前后分别为50.8%和28%；瑞典个人所得税率和资本所得税率在1991年税制变革之前为36%—72%的累进税率，之后分别为31%—51%的累进税率和30%的统一税率，企业公司所得税率在变革前后分别为52%和30%。See Peter Birch Sørensen, From the Global Income Tax to the Dual Income Tax: Recent Tax Reforms in the Nordic Countries, *International Tax and Public Finance*, Vol. 1, No. 1, 1994, pp. 57—79.

② See ibid.

③ See Erlend E. Bø, Peter J. Lambert, and Thor O. Thoresen, Horizontal Inequity under a Dual Income Tax System: Principles and Measurement, *International Tax and Public Finance*, Vol. 19, No. 5, 2012, pp. 625—640.

④ 中国国际税收研究会编：《世界税收发展研究报告(2009)》，中国税务出版社2010年版，第34页。

⑤ See Peter Birch Sørensen, The Nordic Dual Income Tax: Principles, Practices, and Relevance for Canada, *Canadian Tax Journal*, Vol. 55, No. 3, 2007, pp. 557—602.

业税扣除，有利于工资收入获得者。[①] 芬兰2009年预算法案采用新的雇佣所得扣除办法，并提高扣除比率和最高扣除额，同时提高家庭税收抵免最高额和扩大抵免范围，提高退休金所得免税额，对文化艺术方面的赠券免税；瑞典2009年减税计划对在职人员给予纳税抵扣，对中高收入雇员给予一定抵免，2009年预算法案提高了个人雇佣所得扣除额和国内所得的免税限额。[②] 挪威2011年财政预算法案对养老金所得给予新的税收减免，以鼓励其参加工作。[③] 丹麦2012年提高个人所得加净所得最高为38.99万丹麦克朗的适用税率，降低健康缴款税率，提高就业扣除率和扣除最高限额；芬兰发布税收措施规划，推迟2013和2014年度税收级距调整，对超过10万欧元应税所得增加新的税收级距，提高对大额养老金征税，个人投资中小企业可获特别税收优惠；瑞典2012年税制改革增加个人公益捐赠扣除（比率为25%），提高通勤费的扣除额，并计划进一步提高免征额。[④]

北欧国家进行二元所得税改革的目的，是为了减少税制扭曲，鼓励投资和增加财政收入，仍然是以效率为导向的，几乎没有关注制度的公平目标。[⑤] 对改革予以肯定的学者，主要从考虑资本流动性和通货膨胀率、改善税收中性、减少纳税逃避和消除对储蓄的歧视性征税等方面来论证对资本所得单独课以低比例税率的合理性[⑥]：资本的高流动性决定了统一低资本所得税率有利于抑制资本外逃和资本所得税的实际执行（高边际税率下纳税人倾向于选择不实现其资本收益，而资本所得在实现之前无法课税）。资本利得在实现之前属于名义收益，受通货膨胀影响严重，对其按劳动所得最高边际税率课税会导致过度征税，反而违反税收公平原则，而统一低税率是解决此问

---

① 中国国际税收研究会编：《世界税收发展研究报告（2008）》，中国税务出版社2009年版，第22页。

② 中国国际税收研究会编：《世界税收发展研究报告（2009）》，中国税务出版社2010年版，第34—35页。

③ 中国国际税收研究会编：《世界税收发展研究报告（2010）》，中国税务出版社2011年版，第32页。

④ 中国国际税收研究会编：《世界税收发展研究报告（2012/2013）》，中国税务出版社2013年版，第35—39页。

⑤ 改革的动机和目的是为了减少累进资本所得税在通胀条件下的扭曲效应，增强对私人储蓄的鼓励，限制税收套利的范围，取消高边际所得税率下名义利息费用扣除导致的财政收入损失，防止金融全球自由化背景下的资本外逃。See Bo Nielsen, Søren, and Peter Birch Sørensen, On the Optimality of the Nordic System of Dual Income Taxation, *Journal of Public Economics*, Vol. 63, No. 3, 1997, pp. 311—329.

⑥ See Peter Birch Sørensen, The Nordic Dual Income Tax: Principles, Practices, and Relevance for Canada, *Canadian Tax Journal*, Vol. 55, No. 3, 2007, pp. 557—602.

题的实用方法。出于实践或政治上的原因，一些资本所得类型无法课税而导致税基侵蚀，低税率可以拓宽税基、减少扭曲而改善税收中性。企业所得税率与个人资本利得税率相同，可以消除纳税人借由差别税率实现税收套利的可能性。传统所得税制对储蓄课税，会使那些选择长期储蓄的纳税人税负高于那些同期选择少储蓄的纳税人，而统一低税率有助于缓解此歧视性课税问题。

但是，对资本所得课以低于劳动所得的税率的公平性受到了质疑。横向公平方面，二元所得税会导致新的纳税逃避问题(高收入者会设法将其应当课以高边际累进税率的劳动所得转变为低统一税率的资本所得)，同时使税制更加复杂(把小企业所得分为资本所得和劳动所得两个组成部分分别课税)。[①] 纵向公平方面，理论上劳动所得获得者相对于利息所得获得者面临着失业、疾病和劳动能力丧失的风险，风险负担能力弱，故勤劳所得的税率应当低于非勤劳所得，但二元所得税对资本利得反而课以更低的统一税率，而资本所得往往集中在高收入阶层手中，这违背了纵向公平原则。

事实上，关于北欧国家二元所得税的一系列实证分析显示，新税制的累进性确实降低了，而收入不公平程度增加了[②]；二元税率导致的再分配效应使工资所得者的经济状况相对于获得资本所得的富裕者会变得更加恶化。[③] 挪威 2006 年税法修订就是为了解决差别税率导致的横向不公问题，而其他北欧国家 2008 年之后的税法修订也多是提高税率，增加税收优惠，这与二元所得税本身的公平性缺失有关。

(六) 俄罗斯

苏联解体之后，俄罗斯通过“休克疗法”完成了从计划经济到市场经济的快速变革，并在西方专家的建议下转向了税法的建设。但 20 世纪 90 年

---

① See Bo Nielsen, Søren, and Peter Birch Sørensen, On the Optimality of the Nordic System of Dual Income Taxation, *Journal of Public Economics*, Vol. 63, No. 3, 1997, pp. 311—329.

② 收入不公是通过比较税前收入分配和税后收入分配的公平性来衡量的。See Thor O. Thoresen, Reduced Tax Progressivity in Norway in the Nineties: The Effect from Tax Changes, *International Tax and Public Finance*, Vol. 11, No. 4, 2004, pp. 487—506; Wagstaff, Adam, et al., Redistributive Effect, Progressivity and Differential Tax Treatment: Personal Income Taxes in Twelve OECD Countries, *Journal of Public Economics*, Vol. 72, No. 1, 1999, pp. 73—98.

③ See Peter J. Lambert, Thor Olav Thoresen, The Inequality Effects of a Dual Income Tax System, *B. E. Journal of Economic Analysis & Policy*, Vol. 12(1), 2011, pp. 1—17.

代的俄罗斯税法变革总体上失败了[①]，从而使其在20世纪初进行了新一轮富有特色的税法变革，即平税制（或译为统一税）变革，之后的税法修订都是在此基础上进行的。

（1）税基。平税制改革以前，俄罗斯个人所得税法中存在大量复杂的、承担特定政策目的的特别扣除和税收优惠条款，税基遭到了严重侵蚀，新税法简化了扣除项目，类型化为标准扣除、社会扣除、财产扣除和专业人员扣除四种，从而拓宽了税基。[②]

（2）税率结构。平税制改革以前，个人所得按照边际税率为12%、20%、30%的三档累进税率征税[③]；之后累进税制被禁止，13%的统一税率适用于绝大多数所得类型，例外情形是股息被课以30%的高税率；此外，彩票价值、赌博投机所得和利率超过中央银行再融资利率3/4的银行存款将被征收35%的代扣所得税（在未超过此水平的利率范围内，适用常规的13%税率）。[④] 改革之前对养老、医疗、就业和社会基金分别单独征收的社会保障缴款，被合并按统一税率征税（雇主为38.5%，雇员为1%），大幅降低了雇主的边际税率。[⑤]

（3）扣除、抵免和免税额。2000年以前，纳税人可享有标准扣除额和子女扣除等几项扣除。同时，对许多所得类型予以免税，特别是对政府债券利息不征税，其他利息所得若其的利率高于央行再融资利率，仅按15%的固定税率征税。[⑥] 平税制改革之后，只有标准扣除提供了一些间接的累进性；

---

① 有学者总结俄罗斯20世纪90年代税法变革失败的原因，认为一方面由于保留了旧有计划经济税制的许多特征，新税法并未解决必要的问题；另一方面，西方税制的引进忽视了行为模式和长期计划经济塑造的预期模式等非正式规则，导致新税法无法有效实施和频繁修改，税收行政部门的低效率、行政化和严重腐败，又导致更多新的制裁性规则出台，进一步恶化了税收执法部门与纳税人的关系。See Pogorletskiy, Alexander, and Fritz Söllner, The Russian Tax Reform, *Intereconomics*, Vol. 37, No. 3, 2002, pp. 156—161.

② See Anna Ivanova, Michael Keen, Alexander Klemm, Pierre Pestieau and Andrés Velasco-Source, The Russian "Flat Tax" Reform, *Economic Policy*, Vol. 20, No. 43, July, 2005, pp. 397、399—444.

③ See Alexander Pogorletskiy, and Fritz Söllner, The Russian Tax Reform, *Intereconomics*. Vol. 37, No. 3, 2002, pp. 156—161.

④ Ibid.

⑤ See Anna Ivanova, Michael Keen, Alexander Klemm, Pierre Pestieau and Andrés Velasco-Source, The Russian "Flat Tax" Reform, *Economic Policy*, Vol. 20, No. 43, July, 2005, pp. 397、399—444.

⑥ 引入这一对"过度"利息征税的特殊税制是为了防止广泛的逃避缴纳社会保障税的情形。See Alexander Pogorletskiy, and Fritz Söllner, The Russian Tax Reform, *Intereconomics*. Vol. 37, No. 3, 2002, pp. 156—161.

另一方面,取消了对股息的双重征税,对以股息形式分配的那部分利润征收的利得税,可以在个人所得税征收环节获得抵免,实际上只以个人所得税税率征收了一次税。[①] 2008 年金融危机之后,俄罗斯税法修订给予了更多的税收优惠:个人和雇主退休金储蓄缴款可以从毛所得中扣除,教育及医疗费、私人养老金和退休金储蓄缴款限额得到提高,个人住房津贴可获加倍扣除[②];雇主为雇员支付的教育费和抵押利息免除个人所得税和统一社会保障税,个人基础扣除额和子女扣除额得到大幅提高。[③]

俄罗斯平税制改革实现了直接目的——刺激经济增长和增加财政收入,并且没有以工作努力和纳税遵从度降低的代价,这段时期俄罗斯个税收入强劲增长,财政状况也得到了好转。批评者认为,平税制改革忽略了公平性,对不同纳税主体的制度安排也不符合纳税能力原则。[④] 但对这些批评的回应认为,累进税制并非税收公平的必然要求,俄罗斯的平税制改革至少没有导致新的不公平,对旧有税制缺陷的纠正反而解决了部分公平性问题。[⑤] 另有学者分析后认为,个税收入增长是由真实工资水平上升引起[⑥];高油价对经济增长发挥了重要作用。[⑦] 还有学者认为,俄罗斯和波罗的海国家的税制改革甚至不能算是"平税制"(或译为统一税),因其与霍尔—拉布什卡

---

① 以前,股息(毋宁说是被支付的利润)同时被课以利得税和个人所得税(没有任何抵免)。See Alexander Pogorletskiy, and Fritz Söllner, The Russian Tax Reform, *Intereconomics*, Vol. 37, No. 3, 2002, pp. 156—161.

② 中国国际税收研究会编:《世界税收发展研究报告(2008)》,中国税务出版社 2009 年版,第 23 页。

③ 中国国际税收研究会编:《世界税收发展研究报告(2009)》,中国税务出版社 2010 年版,第 14、33 页。

④ 13%的统一税率降低了高收入者的边际税率(之前按照累进税率征税),而增加了低收入者的边际税率(之前为 12%)。See Clifford G. Gaddy and William G. Gale, Demythologizing the Russian Flat Tax, *Tax Notes International*, ISSN 1048—3306, March 14, 2005, pp. 983—988.

⑤ 新税法解决了富人大量逃税的问题,同时,尽管统一税率是一种比例税,但对个人的税收优惠提供了累进性,同时避免了高边际税率对投资和劳动供给的消极影响。See Alexander Pogorletskiy, and Fritz Söllner, The Russian Tax Reform, *Intereconomics*, Vol. 37, No. 3, 2002, pp. 156—161.

⑥ See Anna Ivanova, Michael Keen, Alexander Klemm, Pierre Pestieau and Andrés Velasco-Source, The Russian "Flat Tax" Reform, *Economic Policy*, Vol. 20, No. 43, July, 2005, pp. 397、399—444.

⑦ See Benoit Bosquet, The Role of Natural Resources in Fundamental Tax Reform in the Russian Federation, World Bank Policy Research Working Paper, No. 2807, March 2002, pp. 47—49.

(Hall-Rabushka)模式少有相似性[①];经济增长始于改革之前而并非税制改革成果,纳税遵从度的显著提升更多是强化税收行政和税法执行及其他结构性变革的贡献,统一税率仅对劳动供给产生了影响。[②] 此外,对波罗的海国家税制改革的实证分析认为,统一税对收入再分配的积极影响并不明确,高收入者在新税制下的确缴纳更少的税,但统一税率高于之前累进税制最低税率,低收入者的低税负更多是由个人扣除和宽免产生的累进性实现的,俄罗斯的情况也是如此。[③] 从俄罗斯 2008 年以后的税法修订情况来看,税收优惠的大量增加,或许就是意图以累进性来弥补统一税率的公平性缺失。

(七) 日本

第二次世界大战以后,日本接受肖普代表团的建议建立了以公平和稳定为主要特征的现代税制,并使日本税制呈现出以直接税为主的特征。但从 1955 年到 1980 年的高速经济增长时期,日本的所得税法很大程度上偏离了肖普税制确立的目标。[④] 为了解决税制复杂化和不公平问题,日本受美国 1986 年税制改革法案的影响,在 20 世纪 80 年代着手进行了“根本性税制改革”,目标是“公平”“公正”“简化”“税收稳定”和“国际化”。[⑤]

(1) 税基。日本所得税为分类课税模式,劳动所得与资本所得分别课税,也不存在个人所得税与企业所得税的整合问题。[⑥] 应税所得被分为十类,除了利息和股息外,大部分所得类型都允许特别的扣除和抵免。[⑦] 20 世

---

① 纯粹的统一税尚未在任何一个国家实行,俄罗斯及其他波罗的海国家的税法变革只能说是广义上的“统一税”,因其除了单一税率所得税(包括个人所得税和企业所得税)之外,还存在增值税,以及个人扣除、宽免等累进税特征。See Deena Greenberg, The Flat Tax: An Examination of the Baltic States, *College Undergraduate Research Electronic Journal*, March, 2009 University of Pennsylvania, at http://repository. upenn. edu/curej/130.

② See Clifford G. Gaddy and William G. Gale, Demythologizing the Russian Flat Tax, *Tax Notes International*, ISSN 1048—3306, March 14, 2005, pp. 983—988.

③ See Deena Greenberg, The Flat Tax: An Examination of the Baltic States, *College Undergraduate Research Electronic Journal*, March, 2009, University of Pennsylvania, at http://repository. upenn. edu/curej/130.

④ 日本的所得税仅指个人所得税,其他国家的企业(公司)所得税在日本称为法人税。参见〔日〕金子宏:《日本税法》,战宪斌、郑林根等译,法律出版社 2004 年版,第 138 页。

⑤ 参见同上书,第 54—55 页。

⑥ See Thomas Dalsgaard, Masaaki Kawagoe, The Tax System in Japan: a Need for Comprehensive Reform, Economics Deparment Working Papers No. 231, Paris: OECD, 2000, p. 62.

⑦ (1) 利息所得;(2) 股息;(3) 不动产所得;(4) 经营所得;(5) 雇佣所得;(6) 退休金所得;(7) 山林所得;(8) 资本利得;(9) 偶然所得;(10) 杂项所得。See Hiromitsu Ishi, *The Japanese Tax System*, Oxford University Press, 2001, pp. 75—76.

纪80、90年代以及21世纪初的税法变革增加了许多纳税扣除和税收抵免制度，从而使所得税税基变窄了①；但2008年金融危机之后的税法改革限制了部分税收优惠的限额及适用对象，税基稍有拓宽。

（2）税率结构。为了解决通货膨胀导致的税级攀升和高税率对经济效率的扭曲问题，日本20世纪80、90年代的税法变革大幅削减了个税税率，扩大了每一纳税档次的累进区间，也降低了最高边际税率。② 雇佣所得和经营所得适用五档累进税率，累进幅度逐级递增10%；利息所得适用20%的最终预提所得税；资本利得适用26%的税率；股息所得分两种情况，大额所得计入雇佣和经营所得，小额所得适用20%或35%的预提所得税。③ 累进税率在历次税法变革中得到了永久性的削减：税收级次在1994年发生变化，并在1999年得到削减；1999年最高税率从50%减至37%。④ 2008年金融危机之后，日本提高了税率，2009年最高税率提高到40%⑤；2013年税法改革方案将应税所得4000万日元以上的边际税率提高到45%。⑥

（3）扣除、抵免和免税额。日本个税法允许基于特定的原因对不同来源所得适用多种纳税扣除和宽免：可扣除的项目包括意外损失、医疗费用、社会保险费、人寿保险费、火灾及其他意外保险费、地震保险费和公益捐赠款；免税项目包括基础免税、配偶免税及配偶特别免税、家属免税额、残疾免税、学生兼职免税和鳌寡免税。⑦ 其中，配偶免税额夫妻双方不能同时获得，配偶特别免税额在2004年被取消，因被认为会鼓励配偶不工作。由于日本把扣除和抵免作为降低纳税人税负的主要措施，从20世纪80年代到21世

---

① See Takeshi Miyazaki, and Yukinobu Kitamura, Redistributive Effects of Income Tax Rates and Tax Base 1984—2009: Evidence from Japanese Tax Reforms, *Institute of Economic Research of Hitotsubashi University Discussion Paper Series A*, No. 610, June, 2014, p. 6.

② 扩大累进区间主要是为了降低中等收入阶层因税级攀升导致的加重税负。See ibid., pp. 6—7.

③ See T. Dalsgaard and M. Kawagoe, The Tax System in Japan: A Need for Comprehensive Reform, OECD Economics Deparment Working Papers, No. 231, OECD Publishing, 2000, p. 62.

④ See Ken Yamada, Labor Supply Responses to the 1990s Japanese Tax Reforms, *Labour Economics*, Vol. 18, No. 4, 2011, pp. 539—546.

⑤ See Takeshi Miyazaki, and Yukinobu Kitamura, Redistributive Effects of Income Tax Rates and Tax Base 1984—2009: Evidence from Japanese Tax Reforms, *Institute of Economic Research of Hitotsubashi University Discussion Paper Series A*, No. 610, June, 2014, p. 41.

⑥ See Ministry of Finance, Official Cabinet Decision, FY2013 Tax Reform (Main Poinats), January 29, 2013, at http://www.mof.go.jp/english/tax_policy/tax_reform/fy2013/tax2013a.pdf.

⑦ Hiromitsu Ishi, *The Japanese Tax System*, Oxford University Press, 2001, pp. 76—77.

纪初，扣除和抵免的数目及额度一直在增长。[①] 与劳动所得不同，自营所得总额超过165万日元者适用从5%到40%的扣除率。1995年税法修改使个人纳税扣除，如基础扣除、家属扣除、配偶扣除和配偶特别扣除永久性增加3万日元；1994年、1995年、1996年税法修改临时引入15%或20%的个人所得税退税，称为特别税收削减，退税上限分别为200万日元、5万日元和5万日元，但到1998年，固定退税额被改为根据家属成员数量而成比例地给予。[②] 2008年金融危机之后，日本开始合并、简化和削减扣除、抵免和免税项目，并限定扣除和抵免的适用对象和额度。[③]

日本个税法变革有其独特性。基于兼顾效率与公平的变革目标，日本在借鉴国际趋势不断降低税率，扩大累进区间的同时，仍然保留甚至增加了大量的税收优惠制度。对日本1984—2009年税法变革的实证分析表明，这段时间税法变革导致日本个人所得税制的再分配效应总体上降低，从而导致税制累进性降低，原因是尽管降低税率提高了税率的再分配效应，但大量的扣除与免税降低了税基的再分配效应——税基萎缩可能导致了更加不公平的应税所得分配。[④] 其次，从税制结构来看，个人所得税法被赋予的保障公平分配的主要功能——保留和增加大量税收优惠，意在以之抵消引入间接税导致的纳税人税负上升和降低中等收入阶层的税负。此外，税制简化似乎在历次税法变更中并未被放在首要位置。但是，日本并未放弃个税法的效率目标，2013税制改革相关法案即希望以灵活财政政策刺激民间消费

---

① 1987年和1989年根本性税制改革，所有既有的扣除和抵免额度都得到了提高，并增加了新的扣除抵免项目，20世纪90年代继续扩大了扣除和抵免项目。See Takeshi Miyazaki, and Yukinobu Kitamura, Redistributive Effects of Income Tax Rates and Tax Base 1984—2009: Evidence from Japanese Tax Reforms, *Institute of Economic Research of Hitotsubashi University Discussion Paper Series A*, No. 610, June, 2014, p. 7.

② See Ken Yamada, Labor Supply Responses to the 1990s Japanese Tax Reforms, *Labour Economics*, Vol. 18, No. 4, 2011, pp. 539—546.

③ 例如，2009年取消了老年人免税项目，并降低社会保险费的扣除限额；2011年《日本税制改革大纲》将超过年收入标准的个人排除在税收优惠适用对象外，年收入568万日元以上者，除配偶、残障者、需要进行护理者和学生外，其他家属不列入被抚养家属，不在减税范围内，担任公司董事5年以下者的退职金取消减税优待；2012年社会保障和税收制度综合改革纲要取消上市股票交易的税收优惠待遇。参见中国国际税收研究会编写的历年《世界税收发展研究报告》中关于日本税制变革的内容。

④ See Takeshi Miyazaki, and Yukinobu Kitamura, Redistributive Effects of Income Tax Rates and Tax Base 1984—2009: Evidence from Japanese Tax Reforms, *Institute of Economic Research of Hitotsubashi University Discussion Paper Series A*, No. 610, June, 2014, pp. 20—21.

与投资，实现振兴经济的目标。[①]

（八）巴西

巴西20世纪80年代适用的是1965—1867年税制改革所设计的税收制度，基本上保持不变[②]，之后，国民制宪大会制定的1988年《宪法》促进了巴西的税制改革，并确立了巴西的现行税制结构。[③] 巴西所得税始于1922年，但根本性的改革发生于1962年至1965年，目的是通过扩大税基，增进对纳税逃避的控制来减少财政赤字，增加税收收益，同时把免税作为资本积累的激励手段。其中，个人所得税包括三个税目，即个人所得税、预提所得税和彩票、赌博及娱乐所得税。[④]

（1）税基。巴西个人所得税对所有来源所得征税，包括工资、债券、佣金、奖金和其他形式的报酬，住房支出和学费被归类为间接工资纳税。20世纪60年代的改革要求在纳税申报表附加资产清单，扩大预提税制度的适用范围，取消过去适用于特定行业类别的税收优惠，但出于鼓励资本积累的目的，股息不课征个人所得税。1988年《宪法》确立的税制结构中，个人所得税的税基包括工资及薪金、资本增值、奖金及彩票所得、娱乐及赌博所得及专业服务所得。[⑤]

（2）税率结构。20世纪60年代的改革重新形成了边际税率结构；1988年《宪法》和1999年税制改革法案确立了对个人所得税（IRPF）和预提所得税0、15%和27.5%的三级累进税率和彩票、赌博及娱乐所得30%的税率；2009年经济刺激方案将个人所得税税率增加了7.5%和22.5%两档税

---

① 参见曾文昕：《日本2013年租税改革方案简介》，载《当代财政》（台湾）2013年第25期。

② See Oliveira, José Teófilo, and Ana Carolina Giuberti, Tax Structure and Tax Burden in Brazil: 1980—2004, *Initiative for Policy Dialogue Working Paper Series*, October 2009, p. 3.

③ 除了实现中央、州和地方三级政府之间的税权和税收分配的改革目标之外，巴西现行的税制结构实质上是20世纪60年代的改革所确立的，而个人所得税在历次变革中几乎没有大的变化。See Ricardo Varsano, Tax Reform in Brazil: The Long Process in Progress, *Inter-American Development Bank*, No. 4339, 2003, p. 4.

④ See José Roberto Rodrigues Afonso, Julia Morais Soares, Kleber Pacheco Castro, Evaluation of the Structure and Performance of the Brazilian Tax System: White Paper on Taxation in Brazil, *Inter-American Development Bank Discussion Paper*, No. IDB-DP-265, 2013, p. 45.

⑤ See http://www.receita.fazenda.gov.br/Principal/Ingles/Versao2/default.asp.

率,并提高了各档税率的税基级距。[①]

(3)扣除、抵免和免税额。巴西个人所得税法允许全额扣除包括健康保险在内的医疗费用,有限扣除学费及其他教育支出[②];现金支付的赡养费;家属扣除;向各级政府缴纳的社会保障计划供款和补充社会保障缴款或私人退休基金缴款;向各级议会控制的儿童和青少年权利基金捐款;向根据全国文化支持计划的规定批准的、实际有利于文化项目的捐款;促进音像业的投资;已支付或代扣的税款;符合规定的国外纳税。[③]

总体上,巴西税制的公平性相当差,基本上废弃了量能课税原则。就个人所得税而言,由于穷人免纳个人所得税,医疗费用、学费及其他教育费用扣除带来的税式支出收益实际上变成了中上收入阶层所享有的税收特权,较低边际税率和较高扣除导致税制异化为累退性。[④] 由于1997年废除了对税率结构及扣除额的通胀指数化调整而采用年度调整,税级攀升效应导致许多低收入者成为纳税人,同时中等收入者承担了更多的税负。[⑤] 从总税负来看,人口中最穷的10%就其所得承担了32.8%的税,而最富的10%承担了22.7%的税,穷人从比例上比富人多缴纳45%的税,税制中间接税重于直接税,税负很容易转嫁到穷人身上——穷人必须购买维持生存的消费品,而间接税并未根据不同纳税人满足需要的能力加以区别对待,因此这种以间接税为主的税制结构就具有累退性并会危害收入分配。[⑥]

(九)印度尼西亚

印度尼西亚自20世纪70年代起税收结构严重依赖石油部门的税收收

---

① See José Roberto Rodrigues Afonso, Julia Morais Soares, Kleber Pacheco Castro, Evaluation of the Structure and Performance of the Brazilian Tax System: White Paper on Taxation in Brazil, *Inter-American Development Bank Discussion Paper*, No. IDB-DP-265, 2013, p. 46.

② See Ricardo Varsano, Tax Reform in Brazil: The Long Process in Progress, *Inter-American Development Bank*, No. 4339, 2003, p. 49.

③ See José Roberto Rodrigues Afonso, Julia Morais Soares, Kleber Pacheco Castro, Evaluation of the Structure and Performance of the Brazilian Tax System: White Paper on Taxation in Brazil, *Inter-American Development Bank Discussion Paper*, No. IDB-DP-265, 2013, pp. 46—47.

④ See Ricardo Varsano, Tax Reform in Brazil: The Long Process in Progress, *Inter-American Development Bank*, No. 4339, 2003, p. 49.

⑤ See Levy, Horacio, et al., Simulating the Impact of Inflation on the Progressivity of Personal Income Tax in Brazil, *Revista Brasileira de Economia*, Vol. 64, No. 4, 2010, pp. 405—422.

⑥ See José Roberto Rodrigues Afonso, Julia Morais Soares, Kleber Pacheco Castro, Evaluation of the Structure and Performance of the Brazilian Tax System: White Paper on Taxation in Brazil, *Inter-American Development Bank Discussion Paper*, No. IDB-DP-265, 2013, pp. 84—88.

入，直到20世纪80年代初由于石油黄金时代的逐渐结束才着手进行税制改革，直接目标是增加非石油税收收入，简化税法和提高税务行政效率，减少税收对资源配置的扭曲效应并实现经济中性。[①] 从1983年到2011年间，印度尼西亚实施了多次税制改革，分为根本性税制改革和零散的税制修正，也可以根据改革的对象分为税法规则改革和税务行政改革，其中1983年改革为根本性税制变革，1991年、1994年、2000年和2008年改革为税法规则的修正，2001年至2008年间实施了税务行政改革。[②] 表5.1给出了印度尼西亚1983—2011年历次所得税改革的目标，增加税收收入、实现税制的公平性和确定性在印度尼西亚历次所得税制变革中强调最多，其次为税制简化和税收激励，而税收中性和税收效率则比较少。

表5.1　1983—2011年印度尼西亚所得税变革的目标

目标	1983年	1991年	1994年	2000年	2008年	总计
税收收入	√	—	√	√	√	4
公平	√	√	√	—	√	4
确定性	√	—	√	√	√	4
税制简化	√	—	√	—	√	3
税收效率	—	—	—	√	—	1
税收中性	√	—	—	—	√	2
投资(税收激励)	—	√	√	√	—	3
总计	5	2	5	4	5	

来源：Eureka Putra, A Study of the Indonesian's Income Tax Reforms and the Development of Income Tax Revenues, *Journal of East Asian Studies* (Japan), Vol. 3, No. 12, 2014, pp. 55—68.

(1) 税基。1983年根本性税制改革废除了之前10类所得，适用综合税基，并将公务员纳入征税范围，拓宽了税基[③]；1994年扩大了应税所得的范围，引入一项使纳税人未申报收入中任何财富的增长得以课税的条款，并从

① 参见〔乌克兰〕威尼·瑟斯克编：《发展中国家的税制改革》，张文春、匡小平译，中国人民大学出版社2001年版，第180—181页。

② See Eureka Putra, A Study of the Indonesian's Income Tax Reforms and the Development of Income Tax Revenues, *Journal of East Asian Studies* (Japan), Vol. 3, No. 12, 2014, pp. 55—68.

③ 参见〔乌克兰〕威尼·瑟斯克编：《发展中国家的税制改革》，张文春、匡小平译，中国人民大学出版社2001年版，第186—189、200—201页。

综合税制逐渐转向了分类税制；2000年对某些交叉持股的股息课税；2008年税制改革将从印度尼西亚中央银行获得的结余款纳入应税所得，并使得单独课税的所得类别越来越多。现在仍有7类所得适用单独课税。[①] 但对由雇主提供的附加福利和津贴不视为所得而不课税。[②]

(2) 税率结构。1983年以前印度尼西亚对个人适用多达17级的累进税率，之后减并了大多数累进级次及税率。从1983年到2011年间，印度尼西亚曾数次降低所得税税率。个人所得税最高税率在1984年至1994年间为35%，1994年减至30%。2008年所得税法案将应税所得和税率累进级次从五级减为四级，最高税率仍为30%。[③]

(3) 扣除、抵免和免税额。1983年改革允许三类扣除，即基础扣除（自然人扣除额为96万卢比，已婚者可再扣除48万卢比）；劳动所得扣除（适用于与丈夫所得无关联的妻子的劳动所得，可再扣除96万盾）；抚养扣除（每个孩子48万卢比，不超过3人）。印度尼西亚历次税制变革都为贫困者提供基本免税额，个人所得税的起征点为5000万盾，对于有两位成人工作和两个孩子、年收入在4000万盾以下和只有一位成人工作、年收入在2600万盾以下的家庭免税。[④]

与许多国家一样，印度尼西亚个人所得税改革采取了削减税率同时拓宽税基的方法，这种方法被认为不仅可以增加所得税收入，而且可以提高纳税遵从度，简化税制而便于征管，也可以增进效率和公平。[⑤] 但是，印度尼西亚历次税制改革都是以增加税收收入，解决财政赤字和债务依赖问题为主

---

① 包括合作社支付给社员的利息所得、彩票价值、风险投资基金从合作伙伴公司股份转让中所获收益、建筑企业和房地产企业所获收益、土地及不动产租赁所得、债券利息所得、特定小微企业所获收益。See Eureka Putra, A Study of the Indonesian's Income Tax Reforms and the Development of Income Tax Revenues, *Journal of East Asian Studies* (Japan), Vol. 3, No. 12, 2014, pp. 55—68.

② See J. Arnold, Improving the Tax System in Indonesia, *OECD Economics Department Working Papers*, No. 998, 2012, OECD Publishing. at http://dx. doi. org/10. 1787/5k912j3r2qmr-en.

③ 中国国际税收研究会编：《世界税收发展研究报告(2008)》，中国税务出版社2009年版，第20页。

④ See J. Arnold, Improving the Tax System in Indonesia, *OECD Economics Department Working Papers*, No. 998, 2012, OECD Publishing. at http://dx. doi. org/10. 1787/5k912j3r2qmr-en.

⑤ See Ana Cebreiro, Choosing a Broad Base- Low Rate Approach to Taxation, *OECD Tax Policy Studies*, No. 19, Nov. 2010, OECD Publishing, Retrieved from http:/ I dx. doi. orgl10. 1787 19789264091320-en.

要目标，对公平性的保障主要体现为对低收入群体和贫困者的减免税和税收优惠。[①] 从累进性方面看，尽管实行具有显著累进性的税率结构，但实证研究表明，印度尼西亚个人所得税制对改善收入不平等的贡献是边际性的，原因在于对附加福利及津贴免税，而这些优惠通常由高收入群体享有。[②] 由于低收入群体免税，而高收入群体存在广泛的纳税逃避情形，从而纳税遵从度较高的工薪阶层承担了主要的税负，同时由于缺乏指数化调整机制，由高通胀带来的税级攀升效应，可能导致很大的横向不公平，同时也会影响纵向公平。印度尼西亚税制改革的主要成就在于，税务行政改革提高了税务当局的专业化水平和清廉程度，以及税收征管的透明性，这在一定程度上增加了纳税遵从度。但尽管如此，其所得税收入比例仍然很低，甚至低于许多其他东南亚国家。[③]

四、分配能力总体均衡与个人所得税制度的完善

目前我国国民收入分配面临着严重的问题，亟须经济法对分配关系加以调整和规制。既有文献研究了分配关系的经济法调整问题，分析了财税法对分配关系、分配结构和分配价值的调整作用，并对具体法律制度的分配功能进行了价值分析，但并未深入研究经济法的分配机制问题。我们力图研究并提出经济法的分配机制，并以个人所得税法为例，探讨其在保障公平分配的财税法系统中，通过怎样的机制有效发挥其分配功能的问题，进而以个人所得税法的分配机制理论为指引，结合个税法变革域外经验对分配公平的影响，就我国个人所得税法的制度完善提出具体的对策。

---

① 有研究发现，印度尼西亚所得税改革使得基尼系数代表的收入不平等程度轻微上升了0.003%，原因是个税法变革更有利于高收入家庭，但国家层面的贫困发生率则下降了14.14%，这表明政府给予贫困者和低收入家庭的免税和税收优惠待遇，确实有助于避免贫困者经济状况恶化。See Hidayat Amir, John Asafu-Adjaye, and Tien Ducpham, The Impact of the Indonesian Income Tax Reform: A CGE Analysis, *Economic Modelling*, Vol. 31, No. C, 2013, pp. 492—501.

② See K. Nugraha, and P. Lewis, Market Income, Actual Income and Income Distribution in Indonesia, paper Presented at the 40th Australian Conference of Economists, Canberra, July, 2011, at http://ace2011.org.au/ACE2011/Documents/Abstract_Kunta_Nugraha_Phil_Lewis.pdf.

③ 尽管印度尼西亚税收总收入逐年增长，但仅仅是名义总收入的急剧增长，消除了高通胀率和经济增长因素的影响之后，税收收入的增长有限，2011年所得税收入占比仅为5.81%。See Eureka Putra, A Study of the Indonesian's Income Tax Reforms and the Development of Income Tax Revenues, *Journal of East Asian Studies* (Japan), Vol. 3, No. 12, 2014, pp. 55—68.

(一)分配能力与个人所得税

从系统论的视角看,具有层次性的经济法系统、子系统及其法律规范系统在调整分配关系方面有其各自适用的特殊性。从宏观层面看,抽象的经济法系统主要调整不同主体之间的利益分配关系。从中观层面看,以财税法系统为代表的经济法子系统,主要是针对不同类型的差异性分配结构,来调整不同主体之间财富和收入的分配关系。从微观层面看,具体的法律规范系统,主要通过权利义务配置形成法治化分配机制。其中收益分配权的配置是关键,分配能力调整则是作用机制,也体现出经济法调整分配关系的法理正当性。

我们根据印度经济学家阿玛蒂亚·森提出的可行能力方法,建构了分配能力概念,并以此为中心,提出了经济法的分配机制理论。能力被用作衡量分配公平的一种有效标准,相对于构建理想的分配公平目标而言,能力标准致力于发现那些现实中存在的分配不公问题,并诉诸法律调整加以解决。从法学视角分析,能力可以基于人权理论得到论证——不同类型的人权,都是为了保障和提高人的能力。保障基本人权,又是经济法宗旨的重要内容。基于系统论和价值论的分析方法,我们认为,经济法的分配机制,是指具体法律制度,主要通过权利义务关系的配置,影响不同主体的分配能力,来实现分配能力的总体均衡,达到调整分配关系和分配结构,解决分配问题的目的。

此外,我们以个人所得税法为例,运用经济法分配机制理论,分析影响不同纳税主体分配能力的因素,探讨其在个人所得税法制度中的表现,并针对影响分配能力总体均衡的具体规则提出改进建议,以检验理论的有效性。

从分配能力的视角,影响分配能力的因素具体可分为市场与非市场因素、直接与间接因素、显性与隐性因素。市场因素主要指收入,非市场因素包括基于纳税主体的自然和社会属性而形成的差异性——个体的异质性和家庭,它们影响着分配能力的初始状态。收入和必要需求的强度构成影响个体分配能力的直接因素,它们影响着主体的收益能力和消费能力。间接因素是指影响分配关系的个人所得税法制度因素,包括课税模式和征税效率,它们影响着分配能力的均衡状态。隐性因素的典型例子是教育,影响着个体分配能力的提升。个人所得税法就是通过在制度设计中考虑这些不同因素,通过设计具有衡平功能和激励功能的权利义务规则,来影响不同主体的分配能力,目标是实现分配能力的总体均衡。

个人所得税法制度中,税率制度、征税范围涉及对收入因素的调整,减免税、个人宽免涉及对个体异质性的调整,纳税单位制度涉及对家庭的调整,费用扣除制度涉及对必要需求强度和隐性因素的调整,也涉及对个体异质性的调整,课税模式和征税效率涉及对间接因素的调整。

现有关于个人所得税法制度的研究,更多的是分析既有制度缺陷,从制度移植和建构的视角提出对策建议,忽略了制度背后的理论基础,对完善我国个人所得税法的价值有限,其中一些观点还存在"水土不服"的问题。

以调整收入因素的税率制度为例,一些学者主张借鉴国际趋势,降低最高边际税率的观点,与我国收入分配现状不符。从分配能力视角观察,美国的所得税法制度基于凯恩斯理论设置了多项税收优惠,受益者多为低收入群体和普通民众,而高收入群体受到累进税制的调控,其分配能力受到了限制。因此,出于均衡不同主体分配能力的考虑,需要降低最高边际税率,同时配套实施削减基于社会政策的税收优惠,恢复分配能力的均衡状态,以鼓励投资,增加劳动供给。我国当下经济发展使社会出现了较为严重的分配不均状况,同时过去税法制度注重汲取财政收入而忽略了对横向分配差异的调节,导致不同主体分配能力出现了反向失衡。因此,我国的个人所得税法改革,应当重点增强累进性和增加基于社会政策的税收优惠制度供给,而非降低最高边际税率。

从衡量分配能力的收益能力和消费能力两个方向来看,我国目前不同主体间的分配能力呈现出失衡状态,即高收入群体因其征税范围的有限性,获得较多税式支出收益,收益能力较高;相反,低收入群体和一般工薪阶层却因个人宽免和基于社会政策目的的费用扣除制度不完善,而导致其满足必要需求的消费能力较低。基于分配能力总体均衡目标的个人所得税法,需要解决附加福利课税问题,取消资本利得的税收优惠,以扩大征税范围,实现对高收入群体收益能力的限制;同时需要根据物价指数适时提高个人宽免额,细化费用扣除制度,以提升低收入群体和一般工薪阶层的消费能力。

从影响分配能力的间接因素来看,分类综合课税模式对分配能力的有效均衡,应当使税法反映其本质,即实现所得的分类界定和统一的累进税率。同时,解决高收入群体纳税遵从度较低的问题,不应该采用降低最高税率的"饮鸩止渴"方式,而是要在影响纳税遵从度的其他因素上下工夫,引入合作治理规范、信息报告和奖励诚信纳税制度,才能从根本上提升征管效率。

个人所得税法应当考虑对那些现实社会中存在的、影响分配能力的隐性因素，通过设计激励性的权利义务规则，鼓励纳税主体提升其分配能力。例如，教育具有积极的私人及社会效益，对纳税人及其下一代的人力资本提升有促进作用，有利于提升主体分配能力，并在一定程度上解决分配的代际公平问题。在目前预算法对教育支出保障不足的情形下，个人所得税法设计考虑教育支出的费用扣除制度，使纳税人获得此方面的税式支出收益，激励其提升自身分配能力。这些具有激励效应的调控机制，即使主张税收中性原则，也不应当加以削减。

分配不公的实质是部分主体能力被剥夺而导致的分配失衡。我们提出经济法的分配机制理论与分配能力总体均衡的个人所得税法目标，力求有助于解决我国当下存在的分配问题。诚如有学者所言，着眼于现实的视角更容易使人明白，消除显而易见的不公正比寻找完美的公正更重要。[①]

(二) 我国个人所得税法制度的局限性

20 世纪 80 年代和 90 年代世界范围内的税法变革，导致了实质性的边际税率和大多数扣除、抵免和免税制度的削减。尽管个人所得税法被认为是发挥再分配职能的首要制度工具，但我们发现，上述九个典型国家的个税法变革历程中，大多数国家个税法变革的首要目标并非是保障公平分配，而是偏重于增加个税收入，解决财政赤字，鼓励投资和企业家精神，刺激经济增长，以及增强本国税制在资本高流动性条件下的国际竞争力。从这个意义上来说，个税法变革的国际趋势，对我国个税法变革所欲解决的保障分配公平问题而言，其借鉴意义有限，盲目移植可能产生“南橘北枳”的结果。但从相反的角度来说，上述国家的个税法变革经验，有助于我们审视具体税制要素对保障分配公平的影响和作用，进而为我国个税法具体制度的完善提供一种有益参照。

就公平范畴来说，个税法变革的国际趋势要实现的是税制的公平性，主要是由富人避税和税制复杂化导致的横向不公问题；而我国个税法变革所要实现的是个税法的再分配调节，主要是由于收入分配格局和税法制度缺失导致的纵向不公问题。对公平问题的关注点不同，决定着我国个税法具体制度的变革不可能完全移植国际趋势中的具体做法。我国个税法变革只

---

① 参见〔印度〕阿玛蒂亚·森:《正义的理念》，王磊、李航译，中国人民大学出版社 2012 年版，第 17 页。

能立足于解决两个主要问题：首先解决税法制度缺失导致的分配不公问题，例如低收入家庭获得的税式支出收益极少，工薪阶层税负较重，高收入群体存在广泛的纳税逃避情形，等等；其次，完善的个税法制度还要实现对国民收入的再分配调节目标，使不同收入阶层的收入差距经由税法的调节而缩小到一个合理的范围之内。

从税基来看，我国个税法实行的是分类税制，即所得的分类确定、分别扣除和分别课税。相对于综合所得税基而言，分类税基在实现公平分配的程度方面存在不足。首先，所得分类的列举式确定，可能会遗漏一些对再分配调节起到实质影响的税基，例如附加福利。其次，分别扣除无法起到对收入分配格局的再分配调节作用。最后，分别课税并适用不同税率，会诱使纳税人通过避税措施变更所得类型而少缴税或者逃税，尤其是收入来源多样化的高收入群体更有利益动机实施此行为。

从税率结构来看，我国 2011 年个税法修订将工薪所得税率结构由九级减为七级，降低了最低税率，并对各级次税率对应的应纳税所得额区间进行了调整，仍然保持了相当高的累进性。理论上说，高累进性税率结构是有助于改善不同阶层之间收入分配状况的。但是，累进税制对需求满足的分配影响较小，而且在税收执法不力，诱发大规模逃税的情形下，隐蔽所得未纳入分配调节，累进税制无助于收入分配的改善，反而会加剧分配不公。[①] 我国面临着高收入群体广泛逃避缴纳个人所得税的情况，这导致累进税率的再分配调节作用极为有限。

从扣除、抵免和免税制度来看，我国个人所得税法仍存在制度性缺失。历次修订一再提高个人宽免额，尽管使中等收入者受益最大，但由于低收入阶层没有受益（税率保持为 0），中、高收入阶层的税负降低，总体基尼系数反而因之恶化。[②] 导致这种情形的原因有两个方面。从税式支出视角看，提高个人宽免额相当于国家对纳税人的间接财政支出，但由于只有收入在免征额以上水平的纳税人才能享有此项税式支出收益，低收入阶层受到了歧视性的对待；同时，由于我国财税法制度的不完善，预算法无法有效约束政府支出行为，确保其符合预算目的，导致保障基本公共物品的提供存在不

---

① See Denvil R. Duncan, Essays on Personal Income Taxation and Income Inequality, *Economics Dissertations*, Paper 62, 2010, Georgia State University.

② 参见徐建炜、马光荣、李实：《个人所得税改善中国收入分配了吗——基于对 1997—2011 年微观数据的动态评估》，载《中国社会科学》2013 年第 6 期。

足，故低收入阶层也未享受到直接支出收益，导致满足需要的生存能力被剥夺。此外，我国个税法只存在基础宽免，对具有特殊需要纳税人的纵向公平保障不足，例如，承担赡养义务或者较多抚养义务的纳税人，因提升劳动技能而支出较多教育培训费用的纳税人，等等。

税收征管能力的弱化。我国现行税收征管机制更多服务于间接税的征管，对个税的征管严重依赖源泉扣缴征税。尽管源泉扣缴征税制度有利于汲取并保证一定规模的财政收入，但却导致了工薪阶层承担了主要的税负，因为高收入群体的所得来源呈多元化分布，而其中仅有小部分适用源泉扣缴征税，许多所得类型如经营所得、财产租赁和财产转让所得等，因其地下经济特征而处于逃避纳税状态，并未受到再分配调节。[①] 现行个税法虽然规定了年所得 12 万元以上的纳税人应当办理自行申报纳税，但由于计划经济体制下普遍存在的"厌税"心理的持续影响，自行申报仍然存在申报不全、纳税不实等问题。税收征管法对这一问题的回应是加强处罚和制裁，但是在信息不对称的条件下，处罚和制裁的威慑效果是相当有限的，因为被发现的概率很低，纳税人只要成功逃过，就可以获得很大的收益。

我国个税法保障公平分配的程度不够，还与个人所得税收入的规模较小有关。从 1994 年到 2005 年，个税总额占国家总税收收入的比重从 1.42%增长到了 7.28%，占 GDP 的比重从 0.15%增长到了 1.14%，并且仍然保持着高于 GDP 年度增长率和税收总收入年度增长率的增长速度，按照税收规模排序，个税已是仅次于增值税、企业所得税和营业税之后的第四大税种。[②] 尽管如此，我国个税收入占税收总收入和 GDP 的比重仍然远远低于其他 OECD 国家。[③] 在以间接税为主的税制结构中，个人所得税收入占比较低，导致其发挥再分配调节的能力有限——个人所得税的收入规模是其发挥分配调控作用的前提。[④]

---

① 以住房租赁为例，实践中很多出租人拒绝将租赁合同登记备案，因此尽管拥有多套住房的出租人享有丰厚的租赁收入，但该项所得因其地下经济特征而很难被有效识别为应税所得，从而逃避了纳税。

② 参见徐建炜、马光荣、李实：《个人所得税改善中国收入分配了吗——基于对 1997—2011 年微观数据的动态评估》，载《中国社会科学》2013 年第 6 期。

③ 例如，1981 年至 2005 年期间，OECD 国家个税总收入占 GDP 的份额尽管一直呈小幅下降但仍维持在 9%至 11%的范围内；2002 年，OECD 国家中所得税收入占税收总收入比重平均值为 27.9%。See Sabirianova Peter, Klara, Steve Buttrick, and Denvil Duncan, Global Reform of Personal Income Taxation, 1981—2005: Evidence from 189 Countries, *National Tax Journal*, Vol. 63, No. 3, 2010, pp. 447—478.

④ 参见王绍光、胡鞍钢：《中国国家能力报告》，辽宁人民出版社 1993 年版，第 9—13 页。

综上，我国个税法之所以保障公平分配程度不足，既有税法要素缺失的原因，也有税收征管法不完善和税收执法弱化的原因，同时还与特定时期的宏观经济背景和社会文化背景存在关联。因此，着眼于发现现实的不公正问题及其成因，并提出针对性的解决方案，才是一种更加理性的做法。

(三) 个人所得税法完善的宏观思考

个税法变革的域外经验在以下方面具有高度趋同性：个人所得税法的频繁变革，法定最高边际税率的普遍下降，高收入群体实际边际税率和平均税率的下降趋势，税制简化，累进性降低，以及扁平化税率制度安排，等等。但是，由于税制本身与一国宏观经济运行情况密切相关，各国历次税制变革的目标并不一致，上述税制要素变革并非在这些国家都存在完全相同的趋势，基于本国税制改革目标，各国均对其有所取舍。各国个税法变革实践表明，并不存在一种指导个税法变革的标准模式——无论是理论模型还是制度实践。根据一国宏观经济形势，考虑所欲解决的问题，进而对影响该问题解决的税制要素进行针对性的变革，是各国普遍的做法。

针对我国个税法存在的制度缺失问题，上述九个典型国家的税制改革实践，对我国的个税法完善具有一定的借鉴价值。但是，由于税制改革目标的差异性，个税法变革的国际趋势并不能完全解决我国当下的分配问题。我国个税法的进一步完善，需要对这些经验加以鉴别和取舍，避免削足适履。

从宏观层面来看，上述典型国家的个税法变革涉及以下三个主要命题：一是效率与公平目标的协调性问题；二是税收中性与税收调控功能的优先性问题；三是税制复杂性程度与征纳效率的反复性问题。

1. 效率与公平目标的协调性

受到最优税制理论的影响，20 世纪 80 年代以来的个税法变革国际趋势，更关注效率目标，力求避免税制对资源配置和经济效率的扭曲，降低最高税率以鼓励投资，增加资本积累和劳动供给，从而实现经济增长。相反，对公平目标的追求止步于税制的公平性，即保障横向公平，使所有能力相同的纳税人获得同等的税收待遇，旨在实现分配公平的累进税制和宽免、扣除及抵免制度在历次变革中逐渐受到削弱。

但从大趋势中我们也发现了累进性和税收优惠制度的顽强生命力，尽管历次个税法变革均以效率为导向，许多国家仍然试图维持一定程度的累进性：在实行综合所得税制和二元税制的国家，累进税制依然被保留(尽管累进级次和税率遭到大幅削减),必要的基础扣除和特定目的扣除制度仍然保留,并在进入21世纪之后的个税法修订中得到强化,新增了扣除项目,并扩大扣除额;在实行统一税率的俄罗斯,类型化的扣除制度仍然被用于增强税制的累进性。

2. 税收中性与税收调控:个税法变革的回归区间

从规制的视角观察,上述九个国家的个税法变革都使其个人所得税制具备了某种调控功能,特定的税制要素变革是为了引导私人部门的经济活动朝着政府希望的方向发展——增加投资和劳动供给,促进经济增长。但这些国家在论述其个税法改革目标时,又声称改革的目的是为了恢复税收中性,避免税制对资源配置和经济效率的扭曲。标榜税收中性的结果是放弃了个税法的再分配调节功能,强调其筹集财政收入和刺激经济增长的功能。

从历史视角观察,样本国家的历次个税法变革对税收中性和税收调控的优先选择,并非绝对地偏执一端,而是存在一个相对稳定、与经济周期密切相关联的回归区间。在一国经济呈现出发展良好的增长态势的时期,个税法修订更倾向于强化税收调控功能,通过税制要素的变革来实现个税法的再分配调节功能。而在一国经济呈现出停滞或负增长趋势的时期,通常会进行比较大的个税法变革,具体制度设计更注重筹集财政收入,以解决财政赤字问题,同时更强调税收中性,避免征税对经济要素的扭曲,但并非没有调控的成分存在,特定税制要素的变革旨在刺激经济增长。

3. 税制复杂性程度与征纳效率的反复性

必要的税制复杂程度有利于保障分配公平,但税制的复杂性会影响个税法的公平性和筹集财政收入的能力。基于保障分配公平的社会政策目的,个税法会设置一些偏离理想税制的特殊条款,给予特定纳税人(主要是低收入群体)以税收优惠,形成了复杂多样的个人宽免、扣除和抵免项目。但是,复杂的税制设计会增加信息不透明程度,提高纳税申报成本从而影响纳税遵从——特别是高收入纳税人更容易利用税制的复杂性通过各种避税手段逃避纳税,而低收入群体若不求助于专业的纳税申报人员则无法享受到个税法给予的税收优惠,若求助于专业纳税申报则将付出较高的成本,从而抵消了税式支出收益。

样本国家中除法国之外,大部分国家历次个税法变革均声称以简化税制为目标。然而除了俄罗斯采用四种扣除类型之外,其他国家个税法经历着“简化—新增—复杂—再简化—再新增—再复杂”的循环往复过程,并且总体上并没有减少。这可能是因为，税率结构的变动一般会遇到巨大的阻力，而税收优惠项目变革一般通过年度修订即可完成，更容易受到立法者的青睐。相对于过去来说，如能做好税收征管的信息化建设，税制复杂性对征管效率的影响已经很小。但税制复杂性诱发高收入群体逃避纳税动机，仍然是立法者需要解决的问题。

(四) 个人所得税法完善的微观制度建构

从微观层面看，我国个税法仍然面临着基本的制度缺失问题，九个典型国家的个税法改革经验，不失为一种有益的参照。具体而言，域外经验对中国个税法制度完善的启示有以下几点：

1. 附加福利课税

印度尼西亚的经验表明，对那些主要由高收入群体享有的附加福利免税，个税法的再分配效应会受到影响，改善收入不平等的效果有限。拓宽税基，促进横向公平是 20 世纪 80 年代以来个税法变革的国际趋势，同时也有利于解决我国个税法的税制公平性问题。在我国，一些附加福利并非为改善基本劳动条件和劳动基准、无差别地提供给所有劳动者的保障性福利，而是与职务、地位紧密关联，主要由公务员或者企业高管群体获得的享受性福利，不纳入税基会导致收入不平等程度加剧。因此从税基的角度完善我国个人所得税法，应当建立对附加福利课税制度，对特定纳税人获得的享受性福利纳入应税所得，明确其法律内涵，以正列举加兜底条款的方式规定其外延，并设置单独税目课税。[①]

2. 对资本所得平等课税

九个典型国家的个税法变革都对资本所得实行了轻税或者免税制度——实行综合税制、分类税制、二元税制和统一税制的国家都是类似的制度安排。全球化条件下资本流动性高于劳动流动性，是资本轻税或免税制度的理论基础。出于鼓励投资，刺激经济增长，抑制资本外逃，增强本国税制竞争力的考虑，各国纷纷忽视所有纳税人应当享有同等的税收待遇的横向公平原则，对资本所得实行减免税，形成了对劳动所得的歧视性对待。[②]以所得税为主的发达国家，资本所得轻税或免税，无疑弱化了个人所得税的

---

① 参见陈少英：《附加福利课税是个人所得税法改革的突破口》，载《法学》2014 年第 5 期。

② 讽刺的是，只有俄罗斯对过高资本所得课以高税率，尽管该国实行统一税制，放弃了个人所得税的再分配调节功能。

再分配调节功能,对效率的追求,甚至使各国个税法改革违背了最古老的公平原则。

我国有些研究者对本国具体情况不加分析,将个税法变革的国际趋势奉为圭臬,认为有必要借鉴域外经验对资本所得实行轻税政策,以鼓励投资和创业,抑制高收入人群的逃税动机。这种观点存在着方法论缺陷,缺少中国问题意识,把域外用于解决效率问题的经验套用到国内解决公平问题,其结论无疑是值得商榷的。从理论维度观察,即使获得诺贝尔经济学奖的经济学家,都不能在是否应当对资本所得征税,以及应当以什么税率征税等问题上达成共识。[①] 因此,是否应该对资本利得课税,只能立足于是否有利于解决本国问题的标准来判断。在我国,资本所得往往集中于高收入群体手中,若给予减免税待遇,则会导致对税基的严重侵蚀。鉴于我国个人所得税的税收收入较低,在消除收入不平等方面未能发挥重要作用的现实,就不能对资本所得实施减免税,至少应该实现其与劳动所得的平等课税,以便使我国个税法真正发挥再分配调节功能。

3. 建立个人扣除的类型化体系

合理的费用扣除制度不仅可以均衡不同收入阶层纳税人之间的税负分配,还可以缩小收入差距,实现个税法的再分配调节功能。从税式支出角度分析,费用扣除相当于国家基于特定社会政策目的而提供相应公共物品的政府支出,也是一种财政负担,因而应当维持在必要的限度之内。上述九个国家的个税法变革经验表明,尽管费用扣除项目经历了多次削减,但承载着特定功能的必要扣除项目仍予以保留乃至有所强化。

扣除项目具有直接和间接功能。直接功能包括满足全体纳税人基本生存需要和满足特殊纳税人群体的必要需求,前者体现为基础扣除,主要是对生计费用的扣除,后者体现为特别扣除,主要是对特殊纳税人的医疗和社会保障、教育费用、抚养或赡养、慈善捐赠等支出费用的扣除。从公平价值分析,基础扣除体现的是横向公平,而特别扣除体现的是纵向公平。间接功能则是指费用扣除制度经由发挥直接功能而实现的收入再分配调节功能,体现为对低收入群体的较高扣除和对高收入群体的不予扣除。

我国个税法对费用扣除项目的规定过于单一,仅有基础扣除和公益捐赠扣除,没有考虑特殊纳税人群体的必要需求满足,也使得费用扣除制度无

---

① 〔美〕鲁文·S.阿维—约纳:《走出迷局:21世纪的税收范式》(中),曹明星、郭维真译,载《国际税收》2014年第4期。

法有效发挥再分配调节功能。我们认为,我国个税法应当考虑设置特别扣除项目,以实现特定的社会政策目的,为了防止特别扣除项目过度增加导致税制变得更复杂,可以借鉴俄罗斯的类型化扣除体系,即只允许基础扣除、医疗扣除、抚养和赡养费用扣除、教育费用扣除四类项目,并且实施明确的限额扣除和适用收入标准。[①] 同时,对公益捐赠也应当实施限额扣除,或是只对捐给国家认证的公益组织的款项予以扣除。限额扣除是为了保证税式支出以满足必要需求为限,以减轻税基侵蚀和国家财政负担。

4. 消除税级攀升效应对分配公平的负面影响

对税率表、个人宽免和扣除额实施通胀指数化调整,也是个税法变革的国际趋势之一,但不同国家的实践按调整范围分为完全调整和部分调整,按调整方式分为自动调整和选择性调整。我国个税法实行的部分和选择性的非指数化调整,即根据物价上涨幅度,通过个税法修订的方式多次提高免征额,减少应纳个人所得税的人数。但是,在调整范围和调整方式的选择上,许多学者主张借鉴域外经验,实行对税率级距、个人宽免和扣除额的自动指数化调整。也有学者指出,自动指数化调整更适用于长期持续性的高通胀经济状态,避免纳税人的税负加重,保障其基本生计;在没有持续性的低通货膨胀率经济状态下,纳税人的税负受到的扭曲不大,自动指数化调整收益较小,同时又要付出一定的征管成本,不符合成本—收益原则。[②] 因此,我们认为,是否实行自动指数化调整制度,并不存在哪一种观点是绝对正确的,而是取决于我国当下和未来一段时期的经济状态,应该根据通货膨胀的严重性和持续性标准来权衡。

5. 保持个税法的适度累进性

域外个税法改革呈现出分类税制、综合税制、二元税制和统一税制四种不同的模式,与 20 世纪 80 年代以前相比,税制的累进性降低了。税率级次缩减到 5 级以下,最高税率大幅削减,其中统一税制甚至放弃了累进税率结构,而通过个人宽免和扣除项目来维持一定程度的整体累进性。20 世纪 80 年代以前,基于实现特定的社会政策目的,维护社会公平,个人所得税制应当保持着一定程度甚至高度的累进性,这在富有的发达国家中是理论界和

---

① 在我国,包括员工住房支出,一年两次的探亲费、搬迁费/技能培训和教育费用等扣除项目仅适用于外国人,这也体现了我国个税法对待本国国民与外国人的不公平甚至歧视性差别待遇。

② 参见杨斌:《论个人所得税的指数化调整》,载《税务研究》2012 年第 8 期。

实务界的共识[①];20 世纪 80 年代以后,旨在实现分配正义的累进税制反而被认为是实现税收效率的障碍而非个税法本身所欲实现的目标,这一观点主导了最近三十多年以来全球范围内的个税法累进性的大幅削减,包括法定最高边际税率的大幅降低、日益清晰的二元所得税改革趋势及其给予资本所得的特权式税收待遇等等,以效率为导向的税制简化和税率削减使个税法几乎丧失了收入再分配调节功能,公平的内涵缩减为横向公平。不过,自 2008 年金融危机之后,各国个税法修订的趋势是通过增加纳税等级和个人扣除项目来逐渐增强税制累进性。

累进税制的域外变革实践表明,并不存在一种最优的和普遍适用的关于累进税制的理论和制度模式,各国无非是根据本国宏观经济形势进行具体的政策选择。如果确实有一种理论可以解释的话,只能从政治经济学视角加以解读:富人和穷人、资本家和普通劳动者的矛盾在经济危机时仍然是不可调和的,统治阶级倾向于维护自己的利益——资本特权,而牺牲人民大众的利益——社会公平。

我国仍然是发展中国家,在目前的经济发展阶段,解决收入差距过大的分配问题,确保人民享有基本的教育、医疗和社会保障水平,是发展成果为全体人民平等享有的题中之意,这就决定了当下政府仍然承担着收入再分配调节和保障人民平等享有基本社会权利的职责。这两项社会政策目的决定了我国个税法的完善只能是增强累进性,包括对资本所得的平等课税、维持高累进性的最高边际税率、增加考虑社会公平的个人扣除项目,等等。

五、小　　结

本章主要从理论和实践两个角度,研究了保障公平分配的个人所得税法完善这一命题。

首先,我们研究了个人所得税法的分配功能和分配机制。从系统论的视角观察,具有层次性的经济法系统、子系统及其法律规范系统在调整分配关系的宏观、中观和微观方面有其各自适用的特殊性。具体的法律规范系统,主要通过权利义务配置形成法治化分配机制,其中收益分配权的配置是关键,分配能力调整则是作用机制,也体现出经济法调整分配关系的法理正

---

① See Sarah Godar, Christoph Paetz, and Achim Truger, *Progressive Tax Reform in OECD Countries: Perspectives and Obstacles*, No. 485510, International Labour Organization, 2014, p. 8.

当性。个人所得税法主要通过微观层面的制度建构形成分配机制和发挥分配功能。

我们认为，经济法的分配机制，是指具体法律制度，主要通过权利义务关系的配置，影响不同主体的分配能力，来实现分配能力的总体均衡，达到调整分配关系和分配结构，解决分配问题的目的。以分配能力为核心，个人所得税法的分配机制，就是指个税法设定具体的权利义务规则，对影响不同纳税主体分配能力的因素，包括影响分配能力初始状态的市场与非市场因素，影响分配能力二元结构（收益能力和消费能力）的直接因素，影响分配能力均衡状态的间接因素和影响主体分配能力提升的隐性因素，通过“差异—结构—均衡”的原理进行调整，旨在实现不同主体分配能力的总体均衡的根本目标。同时，我们还针对影响分配能力总体均衡的具体规则提出了改进建议。

其次，我们选取了全世界范围内具有代表性的九个国家作为样本，具体考察了各国个税法变革的制度实践及其特殊性，归纳出了域外经验的总体趋势，并分析其对我国个税法完善的参考价值。

我们考察了样本国家近三十年来的个税法变革趋势，分析域外经验在保障分配公平方面的得失，提出了“立足解决中国问题的个税完善”这一基本观点。我们认为，样本国家的个税法变革虽然从总体上具有共同趋势，但其制度变革各有其特殊宗旨、目的和制度建构，因此，国际趋势对我国个税法的完善不具有完全的借鉴价值。各国个税法变革实践表明，并不存在一种指导个税法变革的标准模式——无论是理论模型还是制度实践。根据宏观经济形势，考虑所欲解决的问题，进而对影响该问题解决的税制要素进行针对性的变革，是各国普遍的做法。

以效率为导向的个税法变革国际趋势要实现的是税制的公平性，主要是由富人避税和税制复杂化导致的横向不公问题；而我国个税法变革以保障公平分配为目标，所要实现的是个税法的再分配调节，主要是由于收入分配格局和税法制度缺失导致的纵向不公问题。对公平问题的关注点不同，决定着我国个税法具体制度的变革不可能完全移植国际趋势中的具体做法。但是，由于我国个税法仍存在影响税制公平性的制度缺失，是故域外经验对我国仍有一定的借鉴价值。具体取舍之后，我国个税法的完善尤其要在附加福利课税、对资本所得平等课税、建立个人扣除的类型化体系、消除税级攀升效应对分配公平的负面影响、保持个税法的适度累进性等方面多下工夫。

第六章　公平分配与遗产和赠与税的开征

引　言

分配问题是贯穿当前和今后相当长一个时期内极为重要的问题[①]，财税制度作为重要的分配制度，将日益发挥其积极作用。财税分配调节功能的实现，需要通过优化财税制度的结构，来推动分配结构的调整。[②] 财税制度结构的优化，既要做“减法”，也要做“加法”。当前较多的意见认为，适时开征遗产和赠与税是税制优化非常关键的一个环节，遗产与赠与税法律制度是需要做“加法”的重点领域，亟待查漏补缺。不过，由于在遗产和赠与税立法问题上，理论准备严重不足，利益分化极其严重，各类媒体众说纷纭，多个实务部门也是观点各异、莫衷一是，最终立法部门踌躇莫展，近年来相关立法进程也是时断时续、曲曲折折。鉴于此，应尽快着力加强遗产和赠与税立法的研究，深入探究其基础概念、基本原理、主要目标、关键路径和重点要素等内容。我们也将在本部分有针对性地对部分重要内容展开研究。

本章将聚焦于遗产和赠与税，重点讨论开征遗产和赠与税的必要性、正当性；在此基础上，针对当前中国大众舆论和学术讨论中的若干有代表性的观点，予以重点剖析，进一步强调适时开征遗产和赠与税的必要性和正当性；进而，以立法宗旨和结构安排为重点，讨论中国遗产和赠与税制度的具体模式选择问题。总体而言，本章的研究将表明，征收遗产和赠与税符合分配正义原则，有助于实现分配公平，在当前社会经济条件下，我国应选择契合国情民情的制度方案，适时开征遗产和赠与税，切实促进社会公平与正义。

---

① 参见张守文:《重视分配问题的经济法规制》，载《法制资讯》2011 年第 8 期，第 63 页。

② 参见张守文:《分配结构的财税法调整》，载《中国法学》2011 年第 5 期，第 20 页。关于这种“双重调整”的思路，还可应用于更为广阔的领域，参见张守文:《“双重调整”的经济法思考》，载《法学杂志》2011 年第 1 期，第 22—26 页。

一、适时开征遗产和赠与税的必要性

遗产和赠与税立法问题在当前收入分配形势下引起了极大的关注，引发了社会各界热烈、甚而格外激烈的讨论。事实上，很早以前国家决策层就关注和讨论了遗产和赠与税立法的有关问题。1950年1月30日，作为新中国建立后税制建设的首个纲领性文件，中央人民政府政务院颁布的《全国税政实施要则》就将遗产税定为全国14种税收之一。1985年第六届全国人民代表大会第三次会议也涉及了开征遗产税的问题。[①] 1990年，国家税务局在《关于今后十年间工商税制改革总体设想》中提出了开征遗产和赠与税的设想。1993年，中共十四届三中全会通过的《关于建立社会主义市场经济体制若干问题的决定》提出要“适时开征遗产税和赠与税”，国务院随后发布的《关于实行分税制财政管理体制的决定》就将遗产和赠与税收入划为地方收入。此后，随着收入差距的进一步扩大，基于社会公平和稳定的考虑，决策层又多次提出相关的立法设想。党的十五大报告提出，要“调节过高收入，完善个人所得税制，开征遗产税等新税种。规范收入分配，使收入差距趋向合理，防止两极分化”。[②] 2000年中共十五届五中全会通过的《关于制定国民经济和社会发展第十个五年计划的建议》、2001年第九届全国人大第四次会议批准的《中华人民共和国国民经济和社会发展第十个五年计划纲要》都提到要开征遗产税。2013年，国务院《关于深化收入分配制度改革若干意见》中提出，“研究在适当时期开征遗产税问题”。在此前后，甚至有学者指出，开征遗产税问题已进入最高决策层的讨论范围。[③] 此事牵动着民

---

① 全国人民代表大会常务委员会秘书长、法制工作委员会主任王汉斌在此次会议上说：“过去一般遗产不多，没有征收遗产税。现在有些遗产数额较大，而且有增长的趋势，征收遗产税问题需要研究，如果要征收遗产税，可以另行制定有关税法。”同时，全国人大法律委员会副主任委员张友渔也表示：“有些代表提出，应该规定征收遗产税。这个意见是应该考虑的。”分别参见《全国人大常委会关于〈中华人民共和国继承法（草案）〉的说明》（1985年4月10日）、《全国人大法律委员会关于“继承法（草案）”几个问题的说明》（1985年4月9日）。

② 中共中央文献研究室编：《十五大以来重要文献选编（上）》，人民出版社2000年版，第24页。

③ 参见钟辉：《3000万遗产纳税1034万，争议遗产税80万起征点》，载《21世纪经济报道》2013年9月30日第29版；叶檀：《征收遗产税是大势所趋》，载《光彩》2013年11期，第8页。

众的敏感神经，社会各界给予了高度关注，各方甚至就此产生了巨大争议。[①]综合我国经济社会政治等各方面情况来看，当前的收入分配形势更加严峻和紧迫[②]，税收制度面临的社会公平方面的挑战与日俱增，遗产和赠与税立法就更应提上议事日程。

（一）分配不公与税制改革

如前所述，我国当前最主要的社会矛盾之一就是不同主体之间显著存在的差异性分配，收入分配不公、收入分配差距过大、分配结构严重失衡是当前社会的突出特征之一，这些问题亟待引起重视，亟待尽快加以妥善解决。根据我们前面所提出的关联理论，要着重抓住那些与财税法分配功能有密切关联的分配问题和分配环节，充分发挥财税法的调节作用。

收入分配失衡等问题，在很大程度上与财富的过度集中和代际传递有关。在理论化的完备市场条件下，收入分配的代际传递是极为有限和短暂的，长期来看会是"富不过三代"或"穷不过三代"。[③] 然而，实际上并不存在一个完备市场条件，因此，如果不对分配机制进行合理规制，则将使得分配不公和分配失衡一代一代延续下去。[④] 根据差异性分配原理，财富代际传递所带来的分配差异，其实是时间维度、主体维度的分配差异综合作用的结果。一直以来，很多学者都倾向于将收入分配不公的主要原因之一归结到财产继承制度上。[⑤] 费雪的研究表明，财富分布结构失衡总体上是"由节俭、才干、勤勉、运气和欺诈不断推动着的遗产"的结果[⑥]；坎南也曾指出，"通

---

① 参见黄朝晓：《开征遗产税两难选择下的制度设计》，载《税务研究》2013 年第 3 期；李华、王雁：《中国遗产税开征与否：基于遗产税存废之争的思考》，载《财政研究》2015 年第 11 期；吕巍、王天界：《对外友好界委员激辩遗产税》，载《人民政协报》2011 年 3 月 7 日第 A6 版。

② 中央指出，当前，"城乡区域发展差距和居民收入分配差距依然较大，社会矛盾明显增多，教育、就业、社会保障、医疗、住房、生态环境、食品药品安全、安全生产、社会治安、执法司法等关系群众切身利益的问题较多，部分群众生活困难。"参见习近平：《关于〈中共中央关于全面深化改革若干重大问题的决定〉的说明》，载《人民日报》2013 年 11 月 16 日第 1 版。

③ See Gary S. Becker and Nigel Tomes, An Equilibrium Theory of the Distribution of Income and Intergenerational Mobility, *Journal of Political Economy*, Vol. 87, No. 6, Dec., 1979, pp. 1153—1189.

④ 在近来引发各界热议的著作中，皮凯蒂揭示了法国、美国等国家贫富差距代际传递的历史与现状，体现了代际传递对分配差异的巨大而直接的影响。参见〔法〕托马斯·皮凯蒂：《21 世纪资本论》，巴曙松等译，中信出版社 2014 年版，第 352 页以下。

⑤ 参见〔美〕马丁·布朗芬布伦纳：《收入分配理论》，方敏等译，华夏出版社 2009 年版，第 58 页。

⑥ Irving Fisher, *Elementary Principles of Economics*, Macmillan, 1912, p. 513.

过遗产和继承(bequest and inheritance)得到的财富数量的不平等是导致收入不平等的最主要的原因。”[1]这些结论经过后来一些学者的修正,降低了作为分配不平等诸多因素之一的遗产继承制度的权重,但仍然将其视为主要和重要原因之一。与此息息相关,赠与制度也具有类似的作用,应一并予以对待。[2]

在当前我国的收入分配格局中,财富集中度越来越高,代际财富分配不平衡的问题也已经越来越突出了,国内有关机构的调查和多项实证研究都已经揭示了这一点。例如,在2014年福布斯全球亿万富豪榜上,中国大陆地区有152人上榜,比2012年的122人增加25%,该数量仅次于美国的492名,其增长幅度远高于国内生产总值和居民收入增长幅度(2013年我国国内生产总值比上年增长7.7%,城镇居民人均可支配收入实际增长7%,农村居民人均纯收入实际增长9.3%)[3]。这其中,富二代开始显山露水。不少企业已经或即将进入企业家后代接盘的阶段。[4] 可以想象,社会财富分配的阶层差距可能会通过代际传递而进一步延续,甚至会进一步扩大。又如,西南财经大学曾经发布《中国家庭金融调查报告》,其报告指出,中国城市家庭资产平均高达247万元,这一数据高企的原因之一是极少数高收入家庭的高额财富拉高了平均线。[5] 家庭资产的巨大差距以及由此而来的代际分配严重不均衡的局面已经引起了广泛的关注、担忧和反思。一些实证研究已经表明,我国居民收入的代际流动性较差,在代际之间存在“富者愈富贫者愈贫”的传递关系,收入差距呈现出明显的“继承性”“遗传性”特征,所谓的“二代”现象比较突出。[6]

---

① Edwin Cannan, *The Economic Outlook*, Unwin, 1912, p. 249.

② 参见〔法〕托马斯·皮凯蒂:《21世纪资本论》,巴曙松等译,中信出版社2014年版,第403页。

③ 参见第十二届全国人民代表大会第二次会议上国务院总理李克强所作政府工作报告。

④ 参见福布斯中文网:《2014全球亿万富豪榜:中国十大富豪》,at http://www.forbeschina.com/review/201403/0031493.shtml,2014年3月4日访问;Xu Yimin:《财富健将》,载《福布斯》2013年6月刊,第72—85页。

⑤ 对此,作为报告负责人的中国家庭金融调查与研究中心主任甘犁教授也表示,抽样调查的样本里拥有资产最多的那部分家庭占全部家庭总资产的比例高达84.6%,而城市家庭资产的中位数只有40.5万元。参见魏文彪:《家庭资产平均247万警示加快收入分配改革》,载《民主》2012年第6期,第52页。

⑥ 例如,参见方鸣、应瑞瑶:《中国城乡居民的代际收入流动及分解》,载《中国人口、资源与环境》2010年第5期,第123—128页;王美今、李仲达:《中国居民收入代际流动性测度——“二代”现象经济分析》,载《中山大学学报(社会科学版)》2012年第1期,第172—181页;何石军、黄桂田:《中国社会的代际收入流动性趋势:2000—2009》,载《金融研究》2013年第2期,第172—181页。

正如财税法分配理论中的关联理论和系统理论所揭示的，社会分配结构不合理的局面，在很大程度上又因为财税结构的不完善而进一步加剧恶化；为了矫正分配不公，促进分配公平，财税制度的调整和财税结构的优化，当然要从多个层次、多个方面入手采取全方位综合性的措施。例如，完善个人所得税法，改变个人所得税变异为工薪阶层所得税的局面，加强个人所得税"调高"的作用；全面实行营业税改征增值税，同时适度减轻增值税税负，降低间接税比重；增加财政支出中民生性支出的比重，完善预算监督制度，进一步改革转移支付制度，确保财政支出的效率和公平。诸如此类，基本上是对既有制度的修正调校。

解决社会分配结构不合理的问题，尤其要解决家庭间收入分配差距过大和代际收入分配严重失衡的问题，为此还需要引入新的税种。就目前学界所讨论、多国所实践的情况而言，遗产和赠与税就属于可以在分配问题上大有可为的新税种。我国适时开征此税，大有必要，甚有裨益。

（二）税网罅漏与开征新税

根据财税法分配理论中的系统理论，分配结构的调整需要有相应的财税制度的结构调整，"双重调整"的及时到位，是促进和保障收入分配公平的关键。就我国当前税收制度的基本架构而言，遗产和赠与方面的财产收益可能是从税网中漏掉的"大鱼"之一，开征遗产和赠与税，可促进财税制度结构的优化完善，有效弥补税网罅漏。从继承人、受赠人通过继承和馈赠获得相应财产的角度来看，其个人财产出现了增值，这种财产增值也相应地意味着个人纳税能力的提高，对此进行课税，也符合财税法的基本原理。

从可税性理论的角度来看[①]，无论是通过继承获得的收益，还是通过受赠获得的收益，一般而言都属于可税性收益，在应然的层面不宜将它们从课税对象之内排除。而且，很显然，继承和受赠收益都直接提高了受益人的纳税能力，根据量能课税原则，如果对一般所得都征税、而对此类收益不征税，那么，显然有悖公平原则。[②] 对此，一些世界著名的财税法学者都曾经予以论述。"尚茨—黑格—西蒙斯所得"(Schanz-Haig-Simons income)概念得到

---

① 参见张守文：《收益的可税性》，载《法学评论》2001年第6期，第18—25页；张守文：《论税法上的"可税性"》，载《法学家》2000年第5期，第12—19页。

② 塞利格曼最早作了这样的分析。See Edwin Robert Anderson Seligman, *Essays in Taxation*, The Macmillan Company, 1925, pp. 133—135.

了经济学和法学等领域学者的广泛认同。黑格曾指出，所得就是两个时间点之间某人经济状况所发生的货币价值的净增长。[①] 西蒙斯进一步将所得界定为如下两者的加总：某个时期个人消费权利净增加的市场价值，以及这个时期内个人财产权存量的变化量。[②] 这样的所得定义外延宽广，概括度高，包容力强，高度契合税收公平原则。遗产和赠与收益等各种收益就属于这个广义所得的范畴之内。[③] 这一观点在不同程度上被后来的学者们所广为接受。[④] 当然，在各国税收立法实践中，似乎不太可能完全按照此种理论推行一种广义"所得税"的制度设计，或纯粹照此实施税收征管，但其所凸显的堵塞税收漏洞、强化税收公平的理念在很多税制完善的国家都得到了充分体现。[⑤]

许多国家都将遗产和赠与方面的收益纳入课税范围之内，大多数采取的是遗产和赠与税或其他形式的财产转移税等独立税种方式，也有的在所得税或其他税种制度中对遗产收益或赠与收益进行课税。[⑥] "例如，澳大利亚、意大利、哥伦比亚、墨西哥等国家对于个人取得的遗产和赠与按照资本利得征收个人所得税，格鲁吉亚对于支付给继承人的特许权使用费征收个人所得税……还有一些国家对于包括遗产继承和赠与在内的财产转让征收财产转让税。"[⑦]不管采取何种方式，其意旨关键在于将遗产和赠与收益纳入税网之中，避免此类"所得"逸出征管之外。在抓住这个关键点的基础上，我们可以看到，将遗产和赠与收益纳入税网之中的办法从大的方面来说主要

---

① See Robert Murray Haig, The Concept of Income—Economic and Legal Aspects, in R. M. Haig, *The Federal Income Tax*, Columbia University Press, 1921, p. 27.

② See Henry C. Simons, *Personal Income Taxation*: *The Definition of Income as a Problem of Fiscal Policy*, University of Chicago Press, 1938, p. 50.

③ See Henry Calvert Simons, *Economic Policy for a Free Society*, University of Chicago Press, 1948, pp. 40—77.

④ 马斯格雷夫就指出，遗产和赠与税就可以"视为是对所得税的一种补充"，或者"被视为是对不完善的所得定义的一种修正"，"遗产税还可视作对收受人终生的资本所得征税的一种替代选择"。参见〔美〕理查德·A. 马斯格雷夫、佩吉·B. 马斯格雷夫：《财政理论与实践（第五版）》，邓子基、邓力平译校，中国财政经济出版社 2003 年版，第 457 页。

⑤ 我国学界也有建议应借鉴此理论来完善个人所得税制，参见任力平：《黑格—西蒙斯准则与我国个人所得税制度的完善》，载《兰州学刊》2003 年第 6 期，第 81—84 页。

⑥ 当然，理论界还是有不少学者主张将遗产和赠与税纳入所得税。道奇于 1978 年《哈佛法律评论》上的论文发表以后，主张将遗产和赠与税纳入所得税的观点以及相应的争议逐渐增多。See Joseph M. Dodge, Beyond Estate and Gift Tax Reform: Including Gifts and Bequests in Income, *Harvard Law Review*, Vol. 91 (6), 1978, pp. 1177—1211.

⑦ 刘佐主编：《遗产税制度研究》，中国财政经济出版社 2003 年版，第 62 页。

有两条路径:统合税种(个人所得税)路径和单独税种路径。第二种路径被采用得更加普遍一些。这一点似乎也比较容易理解:从19世纪后半叶开始发展而来的现代税制,已经日益精细化,各个税种制度均有其独特的目标宗旨和运作机理,且各个税种制度之间规则的差异化似乎越来越大。比如,美国在《宪法第十六条修正案》通过以后,制定了新的所得税法,就将"赠与"排除在了"所得"范畴之外,尽管此后有大量的批评者认为应继续保持比较宽泛的"所得"定义[①],但美国的遗产和赠与税制度显然在异于所得税制度的路上越走越远。[②]

对于我国而言,相似地,可能也存在两条路径的选择:要么拓展当前所得税法中的"应税所得"范畴,要么开征新的遗产和赠与税。但考虑到现代税制的总体发展趋势以及立法和改制的成本等众多因素,开征新税可能是一个更好的选择。换言之,我们在完善当前所得税制度的同时,还要逐步构建遗产和赠与税等有助于促进分配公平的新的税收制度。这既可以补救当前所得税制度的不足,也可缓解其面临的巨大社会压力和可能引发的制度扭曲。学者们早就证明,过多地把再分配的重任压在所得税制度上面,将个人所得税税率调得过高,累进结构过于激进,其效果将适得其反。其中的一个问题是,"高税率和高累进的所得税结构阻止了出生于贫困家庭的人积累财富,从而阻碍了社会的流动性。传统上富裕的家庭同样也支付高税率和高累进所得税,但是这些家庭却可以通过遗产获得个人财富。因此,高税率和高累进所得税结构有利于保护传统上富裕家庭的地位,甚至保护这些家庭的政治影响。"[③]可见,所得税制度解决公平分配问题是有其功能边界的,所得税无能为力之处,可能恰恰是其他税收发挥作用的地方,因而,要在所得税之外,充分利用遗产和赠与税等其他税收制度,互相配合,共同来调节收入分配,实现分配公平。

由上可知,无论是从理论上来看,还是从许多国家的税法实践来看,对继承收益和受赠收益应当在某些条件下进行课税。而目前我国税收制度并

---

① See Douglas A. Kahn, Jefrey H. Kahn, Gifts, Gafts and Gefts: The Income Tax Definition and Treatment of Private and Charitable "Gifts" and a Principled Policy Justification for the Exclusion of Gifts from Income, *Notre Dame Law Review*, Vol. 78 (2), 2003, pp. 443—444.

② 事实上,美国对广义所得课征的税远不止这两种,还可以包括社会保障税、资本或净财富税、累积盈余税、环境税等等。参见赵惠敏:《所得概念的界定与所得课税》,载《当代经济研究》2006年第1期,第66页。

③ 〔以色列〕阿耶·L.希尔曼:《公共财政与公共政策——政府的责任与局限》,王国华译,中国社会科学出版社2006年版,第448页。

未将这两类收益完全纳入课税范围之内[①]，导致税收制度留下了若干空白，相关收益脱离税法之网，造成税源流失，存在税负分配不公的问题。因此，极有必要对这两类收益课征遗产和赠与税，以弥补税法空白，贯彻税收公平原则。

二、开征遗产和赠与税的正当性

正当性是对统治权力的认可[②]，制度的正当性是指制度被承认为正确的或可以被接受的，或者符合公共利益而被公认为是合理的。[③] 就此而言，遗产和赠与税的正当性，就是要考察其是否具备足够的合理性、是否能够被具体时空下的社会价值所认同和接受。

(一) 分配正义与遗产和赠与税

正如我们前面所强调的，正义是人类社会永久的话题，正义是社会文明的内在追求。很早以前，例如我国春秋战国时期和西方古希腊罗马时期，就有很多思想家对正义问题进行过深入探讨。孔子、孟子、墨子等思想家都提出了各自关于正义的解读和主张。亚里士多德曾在《尼各马可伦理学》中以整卷的篇幅来讨论正义，他把正义分为矫正正义与分配正义，后者是指“表现于荣誉、钱物或其他可析分的共同财富的分配上的公正”，亚里士多德还指出，“分配的公正在于成比例，不公正则在于违反比例”，“合比例的才是适度的，而公正就是合比例的”。[④]

很多思想家都认同这一分配正义的理念。例如，霍布斯认为，分配正义要求符合几何比例，即人们在相同条件下要获得相同的对待，应该将每个人

---

① 个人遗作稿酬、赠与房屋再转让所得等方面课税规则在某种程度上与遗产和赠与税制度具有内在契合的性质，相关规定如国家税务总局《关于印发〈征收个人所得税若干问题的规定〉的通知》(国税发[1994]89 号)、国家税务总局《关于加强房地产交易个人无偿赠与不动产税收管理有关问题通知》(国税发[2006]144 号)、财政部、国家税务总局《关于个人无偿受赠房屋有关个人所得税问题的通知》(财税[2009]78 号)等。当然，需要指出的是，这其中存在违反税收法定原则等诸多问题。

② Jean-Marc Coicaud, *Legitimacy and Politics: A Contribution to the Study of Political Right and Political Responsibility*, Cambridge University Press, 2002, p. 10.

③ 参见〔德〕尤尔根·哈贝马斯:《重建历史唯物主义》，郭官义译，社会科学文献出版社 2000 年版，第 262、293 页。

④ 〔古希腊〕亚里士多德:《尼各马可伦理学》，廖申白译注，商务印书馆 2003 年版，第 134—136 页。

应得的份额分配给每个人。[1] 哈特进一步补充说，既要“同样情况同样对待”(Treat like cases alike)，也要“不同情况不同对待”(Treat different cases differently)[2]，这一理念与税法上的横向公平和纵向公平是一致的。

据此可知，收入分配不能没有节制、不合比例地畸轻畸重，极少数的人拥有绝大多数的财富并不符合分配正义的准则；每个人都应当在社会财富分配中获得其合理的部分，要实现这一点，就要按公正的标准进行初次分配和再分配；如果初次分配出现不合比例的地方，那么就可以利用税收等制度进行差异化的调节，使得拥有财富多的人多承担税负，财富少的人少承担税负，以保障“不同情况不同对待”的纵向公平。

遗产和赠与税就是可以部分矫正财富分配“不合比例”状况的制度工具。自1598年荷兰开征近代意义上的遗产税开始，英国于1694年、法国于1703年、美国于1788年、澳大利亚于1851年、意大利于1862年、加拿大于1892年、日本于1905年、德国于1906年相继开征了遗产税，其中部分国家还开始征收赠与税。遗产和赠与税的开征，在一定程度上发挥了节制财富集中的作用。

随着人类所创造的经济总量的不断提升，现代社会的分配问题在某种程度上更为突出，许多大思想家为此皓首穷经，贡献了诸多高见远识。其中，罗尔斯极大地发展了分配正义理论。在罗尔斯体系中，人与人之间具有合作的需要和可能，而社会则是人们为了共同利益而开展的合作系统，在这样一种合作系统中，当且仅当分配不平等的结果是对每个人、尤其是分配比例最小的那些人有利时，才可以说符合“公平的正义”标准。[3] 由于社会经济事实往往是不符合这一标准的，因此有必要加以矫正，这就要求通过财政、税收等法律政策工具对收入分配加以调节，使其符合分配正义原则。[4]

对于遗产和赠与税而言，罗尔斯的分配正义理论不仅仅是一种抽象的理念指引，甚至从一开始就非常鲜明地运用于遗产税领域。罗尔斯指出，只有当遗产形成的不平等有利于那些处于分配底层的人，并且与人的自由和

---

① 〔英〕霍布斯：《利维坦》，黎思复、黎廷弼译，商务印书馆1985年版，第114—115页。

② 〔英〕哈特：《法律的概念》，张文显、郑成良、杜景义、宋金娜译，中国大百科全书出版社1996年版，第157页。

③ 参见〔美〕约翰·罗尔斯：《正义论(修订版)》，何怀宏、何包钢、廖申白译，中国社会科学出版社2009年版，第4—12页。

④ 参见〔美〕约翰·罗尔斯：《政治自由主义》，万俊人译，译林出版社2000年版，第299—300页。

机会平等相协调，这种遗产所导致的不平等才是可以为分配正义所容忍的。一旦不平等超过合理的限度，就应当采取“对遗产和收入按照累进税率征税”等措施来加以调节。[①]

可见，分配公平是长期以来人类孜孜以求的理想，而要实现这一理想，社会分配秩序和分配结构必须符合正义的要求。回顾过去，着眼当前，著名政治经济学者克拉克指出：“贫困顽固地存在于富裕之中是现代社会中最令人烦恼的问题之一。早在19世纪，财富和权力的集中便引起了公众对大企业的敌意，从而为增加对经济的管制开辟了道路。20世纪初，国会通过了累进所得税和遗产税法案。大危机后，解决贫困与不平等问题的呼声更为强烈。但是，尽管福利国家有所增加，收入分配状况却没有根本性的改变。”[②]对此，人们有理由认为，随着经济“蛋糕”的不断“做大”和社会文明程度的持续提升，当代社会更应该充分强调分配正义理念，应将分配正义原则作为构建人类基本伦理和法律规范的基石之一，应通过符合分配正义理念的遗产和赠与税等制度有效促进分配公平。一些国家的宪法就明确体现了收入公平分配的理念，如爱尔兰《宪法》第45条、葡萄牙《宪法》第81条和第103条、乌克兰《宪法》第95条、西班牙《宪法》第40条等。那些没有在宪法中明确作出相关规定的国家，也往往在宪法的某些条款中隐含着相关的原则，或者在其他法律中予以明确规范。我国《宪法》序言也明确指出，要在邓小平理论和“三个代表”重要思想指引下，坚持社会主义道路，而共同富裕、公平分配就属于前述指导思想和社会主义理念的应有之义；第6条第2款又规定，国家在社会主义初级阶段，坚持按劳分配为主体、多种分配方式并存的分配制度，就表明了分配公平的价值导向。

（二）基本权利与遗产和赠与税

财产的赠与和遗产的处分、继承，涉及财产权的多项权能，遗产和赠与税总是被视为对财产权利的限制和约束，但是，只要在合理的范围内，这种限制和约束就是正当的，而且，如果对财产权利的相关问题进行深入考察，就会发现，适度课征遗产和赠与税既是财产权利演化的内在逻辑结果，也是

---

① 参见〔美〕约翰·罗尔斯：《正义论（修订版）》，何怀宏、何包钢、廖申白译，中国社会科学出版社2009年版，第218—220页。

② 〔美〕巴里·克拉克：《政治经济学——比较的视点》，王询译，经济科学出版社2001年版，第206页。

财产权利与其他权利相协调的必然要求。

财产权从其本质上来说并非绝对不受限制的权利，尽管早期的财产权理论主张“绝对财产权”，但是，随着社会文明的提升与法治的彰显，其影响日益式微。卢梭曾讽刺那些所谓绝对财产权的理论，他认为，财产权本应属于有限权利的真相，也提醒人们私有财产权过度扩张所可能导致的“罪行、战争和杀害”等恶果，揭示了对财产权予以规制的正当性。[①] 耶林更是明确地指出：“不存在绝对所有权，即那种不考虑社会利益的所有权——历史已经让这一真理深入人心。”[②]同时，“财产权社会义务”、“有限财产权”等理论逐渐兴起，基于公用利益等目的而对财产权施加的种种限制和约束，体现为法治国家中的宪法和一般法律中的常见条款。

就继承而言，最初在罗马法中是一种具有种姓繁衍和人格永存意义的制度。[③] 而在近代西方自然法学上，继承权被视为自然权利，对继承权来源的解释是一种财产权处分自由意义上的“同意论”，即“由于一般所假设的父母或近亲的同意，并由于人类的公益，这种同意和公益都要求人们的财物传给他们最亲近的人，借以使他们更加勤奋和节俭”[④]。而到后来，遗产继承所导致的不平等问题越来越突出，导致了公法和私法上对继承权的限制，长子继承制的废除属于私法上的限制[⑤]，而遗产税的出现则是公法对继承权的规制。而这种规制的正当性是被不同的理论所支持的。功利主义法学鼻祖边沁认为，继承是由于存在被继承人的意愿，据此，那些没有设立遗嘱的遗产就应当归国家所有，这是最好的、也是非常丰富的一类税源。[⑥] 同时，在边沁看来，应该对遗产征税，因为，遗产税一方面对个人的自由和财产权利损害最小，另一方面又非常有利于实现人与人之间的平等。[⑦] 穆勒则认为，遗产

---

① 参见〔法〕卢梭：《论人类不平等的起源和基础》，李常山译，商务印书馆1962年版，第111页。

② Rudolph von Jhering, *Der Geist des Römischen Rechts auf den Verschiedenen Stufen Seiner Entwicklung*, 1. Teil, Druck und Verlag von Breitkopf und Härtel, 5. Aufl,1878, S. 7.

③ 参见〔英〕梅因：《古代法》，沈景一译，商务印书馆1959年版，第109页。

④ 〔英〕休谟：《人性论》，关文运译，商务印书馆1980年版，第551—553页。

⑤ 美国的开国元勋和第三任总统杰斐逊就主张废除长子继承制，平均分配遗产。参见〔美〕杰斐逊：《杰斐逊集》，梅利尔·D.彼得森编，刘祚昌、邓红风译，生活·读书·新知三联书店1993年版，第931页。

⑥ See Jeremy Bentham, *The Works of Jeremy Bentham*, Vol. 3, William Tait, 1843, pp. 77—78.

⑦ See Bhikhu C. Parekh (ed.), *Jeremy Bentham: Critical Assessments*, Vol. IV, Rouledge, 1993, p. 103.

继承并不一定就属于私有财产权的范畴，国家允许遗产继承的范围，应该不超过继承人生活必需的限度，剩下的财产则以遗产税的方式归国家所有。蒲鲁东虽然反对那些否定继承权的主张，不过，他认为，继承权应当作为实现财富平等分配的重要方法，继承权的保护应避免“因豪富和穷困日趋极端化而自取灭亡”[①]。德国著名法学家布伦奇利等人则主张国家共同继承理论，在他们看来，个人遗产得以保存，继承人得以安全地获得遗产，均有赖于国家的保障和维护，因此，国家对于遗产与继承人一起享有共同继承权。[②]“德国《魏玛宪法》第154条第2项明文规定国家有权参与继承财产之分配，亦为此种国家继承权之依据。”[③]

在当代社会，上述理论经过反复比较、扬弃、融合和发展，一些极端的因素已经消除[④]，由此发展出比较一致的“有限遗产处分权和继承权”的观点，即遗产处分权和继承权应承担一定的社会义务，须限缩在合理的范围内[⑤]，而遗产和赠与税就是其社会义务负担的体现之一。

从另一个角度来说，财产权仅仅是人的诸多基本权利中的一项，其他基本权利同样需要予以充分尊重和维护。许多处于社会分配结构的底层的人，也有其共享社会发展成果的正当性权利，这种权利是人生而具有的生存权和发展权所引申出来的，国家必须确保没有人因为贫富差距而被这个社会共同体所抛弃。由此，遗产处分权、继承权等财产权利就必须要与其他人的基本权利相协调，这也必然会导致国家运用遗产和赠与税等工具介入财产范畴。

对美英法等国影响深远的思想家潘恩曾提出，“个人财产是社会的结果(effect of society)；没有社会的帮助，个人是不可能像他开荒造地那样获得个人财产的。”同时，“个人财产的积累在许多情况下都是由于给生产财产的

---

① 〔法〕蒲鲁东：《什么是所有权：或对权利和政治的原理的研究》，孙署冰译，商务印书馆1963年版，第103页。

② 参见李立泉：《遗产税简论》，台湾“财政部”财税人员训练所1980年版，第13—22页。Bluntschli又译作伯伦知理，在梁启超的大力宣介下，其理论对中国思想界尤其是清末民初的思想界影响极深。参见梁启超：《政治学大家伯伦知理之学说》，见梁启超：《梁启超全集》，北京出版社1999年版，第1065—1077页。

③ 葛克昌：《税法基本问题(财政宪法篇)》，北京大学出版社2004年版，第140页。

④ 财产权理论演化过程中难免会有许多矫枉过正的地方，甚至带有“革命”的颠覆性色彩，经过一段时期，回归平衡后的理论一般会对财产权保持比较温和的态度，这也体现在各国遗产和赠与税法的累进程度逐步降低等方面。

⑤ 故此，绝不能实施没收式的遗产税。参见葛克昌：《税法基本问题(财政宪法篇)》，北京大学出版社2004年版，第141页。

劳动支付太少的结果。"鉴于此，社会有权利将个人剩余的财产变为公共资金，以矫正分配不公，只有这样才是符合社会正义的分配方式。他明确主张、并且着力强调，通过再分配缩小贫富差距是权利和正义的结果，他所呼吁的，"不是仁慈，而是权利，不是慷慨，而是正义"(not charity but a right, not bounty but justice)。[①] 潘恩甚至提出要开征10%的遗产税，筹集公共资金来养老扶幼。潘恩的思想鲜明地体现了对私有财产权绝对主义的反思，对唤醒同时代人的社会良知起到了重要作用。[②] 杰斐逊也提出，如果私有财产权的结果是极端的贫富分化，那么，这种财产权就是不公正的，"就清楚地表明那个国家的财产法侵犯了天赋权利"，就此可以看出，杰斐逊也认为这其中存在"天赋权利"的问题，权利之间必须要加以协调，协调的办法除了废除长子继承制，还有就是对过多的财产和收入征收高额累进税。[③]

财产权有限性和基本权利需要协调的观点得到了广泛接受，对遗产继承等财产权利予以税收上的限制也得到了民众的认同，并成为法律制度中的重要内容。美国的财产权观点和制度就是在这样的过程中发生变化的，其突出表现是国会通过立法开征个人所得税和联邦遗产税，在当时进一步激发了关于财产权的激烈争论[④]，但经济平等、财政民主和分配公平的观念日益深入人心，这些税法的出台预示着一种不可阻挡的发展趋势。[⑤] 著名经济学家塞利格曼就以非常激动的语气表达了对税法的支持——"这一立法是建立在民主原则基础之上的，财政史上从未像这样实现过民主原则(democratic principles hitherto unrealized)。"[⑥]在司法方面，美国1898年的*Magoun v. Illinois Trust & Savings Bank*案中，法院认为州遗产税是正当合理的[⑦]，而后在*Knowlton v. Moore*案中，最高法院也支持了联邦的累进遗产税，其理由是，"继承税并不是针对财产，而是针对继承；通过遗赠或继承

---

① Thomas Paine, *The Writings of Thomas Paine*, Vol. III, Collected and Edited by Moncure Daniel Conway, G. P. Putnam's Sons, 1895, pp. 340, 337.

② 参见〔美〕沃浓·路易·帕灵顿:《美国思想史:1620—1920》,陈永国、李增、郭乙瑶译,吉林人民出版社2002年版,第295—296页。

③ 参见〔美〕杰斐逊:《杰斐逊集》,梅利尔·D.彼得森编,刘祚昌、邓红风译,生活·读书·新知三联书店1993年版,第931页。

④ 刘军:《美国公民权利观念的发展》,中国社会科学出版社2012年版,第231页。

⑤ 参见〔美〕丹尼尔·J.布尔斯廷:《美国人:南北战争以来的经历》,谢延光译,上海译文出版社1988年版,第306页。

⑥ Edwin R. A. Seligman, The War Revenue Act, *Political Science Quarterly*, Vol. 33(1), 1918, p. 31.

⑦ 170 U. S. 283 (1898).

取得财产的权利是法律创造的，而不是一项自然权利——它是一项特权，因此，授予该特权的机关可以为它设定条件。”[①]而在 *New York Trust v. Eisner* 案中，霍姆斯法官根据 *Knowlton v. Moore* 案的先例也支持了当时的遗产税。[②]

（三）经济效率与遗产和赠与税

根据财税法分配理论中的系统理论，财税分配制度的调整既要考虑到分配公平，也要考虑到经济发展、政治稳定、社会风俗、民族团结等等诸多的因素，要权衡好各种因素的关系，而遗产和赠与税的开征问题，也应当进行全面考虑和综合权衡。事实上，遗产和赠与税能获得众多学者的支持和许多国家的认同，除了其符合分配正义理念，有利于保障和协调基本权利以外，还有一个重要的正当性理据，就是其在经济效率方面的积极作用。

在早期的自由市场理论中，诸如“赚钱方面的天生差别、在收入与休闲之间偏好的差别及在节俭上的差别”都是可以接受的，符合经济自由，但是，“起因于遗产的继承、不同的教育机会或家庭地位等的不平等性则不能予以接受”。[③] 换言之，这些方面的不平等不属于自由市场和自由经济之要义。而这些不平等现象中，遗产继承以及与此相关的财产赠与制度具有非常关键的作用。对此，如前所述，费雪的研究证实了这一点[④]，坎南也强调遗产继承制度的消极后果。[⑤] 总之，这是市场不完善的表现。[⑥] 鉴于此，就必须对这种不平等加以矫正，以弥补市场不完善之处，增进市场平等和经济自由。

遗产和赠与税就可以针对上述财富分配上的不平等而发挥调节作用，有助于自由市场的发展。对此，就连反对大部分工商税收的著名思想家亨利·乔治都认为，和其他税收的消极后果不同，遗产和赠与税不会抑制经济发展，恰恰相反，它会调节那些铺张浪费的行为，“将本来浪费在向人夸耀

---

① *Knowlton v. Moore*, 178 U. S. 41 (1900), at 55.

② 256 U. S. 345 (1921).

③ See Henry Calvert Simons, *Economic Policy for A Free Society*, University of Chicago Press, 1948, pp. 40—77.

④ Irving Fisher, *Elementary Principles of Economics*, Macmillan, 1912, p. 513.

⑤ Edwin Cannan, *The Economic Outlook*, Unwin, 1912, p. 249.

⑥ 〔美〕理查德·A. 马斯格雷夫、佩吉·B. 马斯格雷夫：《财政理论与实践(第五版)》，邓子基、邓力平译校，中国财政经济出版社 2003 年版，第 78—79 页。

的、毫无实效行为的金钱收入国库”，减少经济上的“盲目的热情”和“垄断”。[1]

而在凯恩斯那里，财富的过度集中是不利于经济发展的，即经济增长“远不取决于富人的节欲，像一般所假设的那样；它的增长反而会受到富人节欲的阻碍”[2]。他进而指出，遗产税还具有促进消费、增加投资的经济效应。他针对当时人们对遗产税的困惑，解释说，“公众思想中的困惑之处可以用非常普遍存在于他们之间的信念加以说明。他们相信，遗产税是减少英国资本财富的原因。事实上，假设国家把这一来源的税收所得使用于通常的开支，从而，对收入和消费所征收的税额会有相应的减少或免除，那么，遗产税繁重的财政政策当然具有增加社会的消费倾向的作用。由于习惯性的消费倾向的增加一般会(除了在充分就业的情况下以外)同时增加投资诱导，普通人所作出的推论正好与实际情况相反。”[3]

可见，遗产和赠与税对财富集中度和财富代际传承的限制，可能具有促进消费、增加投资、减少垄断等积极效果，这是遗产和赠与税具备正当性的重要理据之一，也是此类税收能存续发展数百年，为许多国家所广为接受的重要原因之一。我国学者也认为，“遗产税的征收在一定程度上可以促使赠与活动的增加，促进人们消费的增加。而赠与的增加实际上是在分散、平均财富，消费的增加则对缓解目前我国国内需求不足，刺激经济发展是有一定的作用的。”[4]遗产税立法在某种意义上也是有助供给侧结构性改革的举措。当然，其积极效果若要成为现实，还需要制度上的精心设计和严格执行。同时，需要强调的是，效率本身不能单独作为遗产税正当化的证立依据，在实践当中也不宜夸大遗产税的效率作用，更不能热衷于追求遗产税的经济效率；而且，还要注意到，也有一些研究认为，遗产税可能会诱发资本外流，不利于投资和储蓄(不少学者反对这种说法，后文将予述及)。因此，要综合多方面考虑对遗产税立法予以审慎设计，特别要坚决贯彻税收法定原则、税收公平原则和比例原则，从而强化遗产税立法的妥当性，保障遗产税立法的正当性。

---

① 〔美〕亨利·乔治：《进步与贫困》，吴良健、王翼龙译，商务印书馆 1995 年版，第 345 页。乔治的分配理论也对孙中山产生了直接影响，也因此而对中国的分配制度产生了一定的影响。

② 〔英〕约翰·梅纳德·凯恩斯：《就业、利息与货币通论》，高鸿业译，商务印书馆 1999 年版，第 387 页。

③ 同上。

④ 朱大旗：《关于开征遗产税若干问题的思考》，载《中国人民大学学报》1998 年第 5 期，第 68—71 页。

三、对遗产和赠与税的主要批评观点的反驳

与此同时，正如后面要分析的，遗产和赠与税是典型的、且极为有效的再分配型税，如果利用好这个税收、并设计好税制，对于当前极为严峻的分配形势而言，此税将是一剂良药。遗产和赠与税作为促进分配公平的重要税种，多年前就有许多人建议开征，但是，迄今为止，围绕遗产和赠与税的争议不仅没有减少，反而随着人们对于财税问题的日益关切而愈加激烈起来。[①] 事实上，由于受到社会舆论中对遗产和赠与税的批评质疑，立法机关的态度在很大程度上也有所变化，立法进程似乎踌躇不前。

对此，应从两个方面来看待。一方面作为与财产权、继承权等重要民事权利关联极为密切的税种，遗产和赠与税必然要受到各方的高度关注，各种意见在所难免。而另一方面，可能受影响的一些利益集团必定要发出自己的声音，引导社会舆论，甚至期待阻碍相关立法，至少也努力争取相关立法尽可能少地影响他们。国外的类似情况不少，强势集团作为影响立法的重要力量"极少会对自己征税"，而即使同意开征遗产税，也想方设法阻止"遗产税成为政府收入更重要的组成部分"。[②] 有鉴于此，非常有必要分析一下当前利益集团的一些误导性观点，提醒大众舆论中人云亦云的一些看法，以进一步强调开征遗产和赠与税的必要性和正当性。对于反对立法者的有些观点，一些学者已经提出了批评。例如，对于以经济发展为由反对遗产税立法的观点，已有研究指出，"不必担心开征遗产税会影响民营经济的发展，导致投资积极性下降、畸形消费和资本外流。由于遗产税是对极少数富人去世以后遗留的巨额财产征收的，征收范围和征收数量十分有限，征收遗产税的国家并没有因为征收此税导致经济的下降，不征收或者停征此税的国家也没有因此而加速了经济的增长。"[③]还有学者指出，"美国等一些发达国家有遗产税，我国富人不仍然趋之若骛吗？可见，很多富人并不畏惧遗产税，而是更关注投资和生活环境等，而资本外逃也和经济状况等关系紧密。"[④]鉴于此，在这些方面，本书不再赘述，而是重点讨论三种代表性观点：遗产和赠

---

① 参见肖木：《开征遗产税反对意见多，但未必合理》，载《财会信报》2013年10月7日第A2版。

② 〔美〕B. 盖伊·彼得斯：《税收政治学》，郭为桂、黄宁莺译，江苏人民出版社2008年版，第228页。

③ 刘佐：《关于目前中国开征遗产税问题的一些不同看法》，载《财贸经济》2003年第10期。

④ 肖木：《开征遗产税反对意见多，但未必合理》，载《财会信报》2013年10月7日第A2版。

与税对分配公平没有实际作用、遗产和赠与税将损害所有人的利益、取消遗产和赠与税是世界潮流且中国应顺应这种潮流。

（一）无用论

在这里，我们首先讨论的就是“遗产和赠与税无用论”的观点。这种观点无非是照搬了美国等国家反对遗产和赠与税的一些论调，其主要理由是此税收入太少，对实现收入分配公平没什么实际意义。

我们承认，这类税收“无法像所得税和销售税那样成为主要的收入来源”[①]。但是，需要注意的是：一方面，遗产和赠与税具有极为鲜明、因而极其重要的价值宣示意义，表明社会对公平分配的价值追求和国家促进分配公平的目标导向[②]；另一方面，遗产和赠与税收入虽然少，但也不是可有可无，在某些国家的特定历史条件下，其收入占比不会比某些常见小税种的收入低，其在缩小贫富差距方面的积极意义不可忽视。[③] 就中国而言，曾有研究指出，“如果此税以中国人口中最富有的1%的富人的遗产为征税对象，按照中国目前的人口死亡率6.5‰计算，每年将有8万多位富人的遗产缴纳遗产税。如果这些富人平均每人的遗产纳税10万元，总额就可以超过80亿元。由此可见，遗产税的收入将远远超过目前中国许多小税种的收入。”[④]

其实，有的学者指出，此类税收收入不高，也可能与利益集团有关。因为，利益集团对税收立法的影响较大，可能会控制此类税收的税率，或者，会通过影响立法使其存在某些规则罅漏，或者，则千方百计逃避此类税收。[⑤] 从美国的情况来看，“平等主义要求已带来累进所得税这类平等化的立法。

---

① 〔美〕理查德·A. 马斯格雷夫、佩吉·B. 马斯格雷夫：《财政理论与实践(第五版)》，邓子基、邓力平译校，中国财政经济出版社2003年版，第455页。

② 参见同上书，第463页。波斯纳也认同遗产和赠与税的社会政策导向意义是此类税收存在的重要意义。参见〔美〕理查德·A. 波斯纳：《法律的经济分析》，蒋兆康译，中国大百科全书出版社1997年版，第661—662页。

③ 实际上，完全忽略遗产和赠与税的收入功能也是不合理的，不能把它当作一个“稻草人”式的工具。对遗产税变迁史的研究表明，“一项税收要保留下来，必须能够具备筹集收入的能力这个合理依据，而不仅仅是一项社会政策。”See David Frederick, Historical Lessons from the Life and Death of the Federal Estate Tax, *The American Journal of Legal History*, Vol. 49 (2), 2007, p. 213.

④ 刘佐：《关于目前中国开征遗产税问题的一些不同看法》，载《财贸经济》2003年第10期。

⑤ 参见〔美〕B. 盖伊·彼得斯：《税收政治学》，郭为桂、黄宁莺译，江苏人民出版社2008年版，第228页。

然而，当经济上强势的群体将更多的资源释放到政治领域中，持续存在的经济领域中的差别，已经发生作用，限制了这类法律的效力。这些强势群体为税法空子而展开游说，雇用律师和会计师，力图使其从税法中获得的好处最大化，从而降低其成本。”[①]如果能有效地改变强势利益集团对立法的控制，并有效地堵塞富人逃避税收的漏洞，那么，税收收入也会进一步增加。经济学家们也指出，在贫富分化越严重的社会，通过遗产税从少数极其富裕的人那里筹集收入的潜力越大。例如，2001 年诺贝尔经济学奖获得者斯蒂格利茨就曾指出，在美国，由于财富集中度高，只要完善立法、严格征管，“遗产税还是能筹集到大笔大笔的钱”[②]。

可见，综合遗产和赠与税的两个方面的意义来看，正如马斯格雷夫早就指出的，遗产和赠与税“作为社会哲学课题和调整财富分配的政策工具，却具有相当的重要性。基于这个理由，它们是税制结构中具有潜在重要性的一个组成部分”[③]。

（二）有害论

还有一种具有迷惑性的观点：“遗产和赠与税有害论”，即此类税收将损害所有人和所有家庭的利益。这是一个显然与事实不符的判断。在目前几乎所有开征遗产和赠与税的国家，此类税收其实只涉及极少数拥有巨额财富的人和家庭，绝大部分人都没有必要为这方面的税负过于担忧。

马斯格雷夫曾对当时的美国遗产税税基作过分析，他指出，当时美国每年的死亡人数约为 200 万，而应税遗产的申报数目不过区区 3.5 万份。[④] 可见，遗产和赠与税其实是典型的“富人税”，往往专门针对特别富裕（不是一般富裕）的人定点调节。

不过，为什么还是有为数众多的普通民众相信“有害论”，并将此类明显致力于促进公平分配的税收视为“假想敌”呢？原因是多方面的。一是强势利益集团对政治生态、立法过程、话语生产的影响。强势利益集团人数少、

---

① Sidney Verba and Gary R. Orren, *Equality in America: The View from the Top*, Cambridge, Harvard University Press, 1985, p. 19.

② 参见〔美〕约瑟夫·斯蒂格利茨：《不平等的代价》，张子源译，机械工业出版社 2013 年版，第 149 页。

③ 〔美〕理查德·A. 马斯格雷夫、佩吉·B. 马斯格雷夫：《财政理论与实践（第五版）》，邓子基、邓力平译校，中国财政经济出版社 2003 年版，第 455 页。

④ 同上。

动力大、资源多，容易形成影响政治生态和立法过程的集体行动，普通民众恰恰难以形成有效的集体行动，由此，强势利益集团生产、引导和扩大了“遗产和赠与税有害论”，而这样的“有害”，其实原本只是对他们“有害”而已。[①] 二是与此相关的政党政治机制中社会问题讨论的非理性化、意识形态化、派系化，更凸显了强势集团的声音。[②] 三是普通民众的分散化及其利益的严重分化，再加上信息不对称导致的信息匮乏[③]以及相应的误判[④]、漠不关心、政治经验匮乏、“政治无知”等情况，甚至普通民众对富人“诉苦”的同情[⑤]，都可能使一些根本就不可能被课征遗产税的人相信“有害论”。[⑥] 原因可能还有很多，简而言之，这是在极其复杂的政治机制下诸多因素综合作用的结果。[⑦]

（三）潮流论

当然，不得不提、但是其实又可能最不具有学术意义的一个观点是“取消遗产和赠与税潮流论”。许多反对开征遗产和赠与税的人通常强调，自从澳大利亚取消遗产税以来，取消遗产和赠与税显然已经成了世界潮流，是该领域税制发展的主要方向，中国也应当顺应这种潮流，不要开征遗产和赠与税。之所以说缺乏学术意义，是因为税收立法归根到底不是跟风，不是多数国家如何我们就要如何，而应当根据中国自身实际来定。这就好比我们吃不吃饭应取决于我们饿不饿，而不是看看其他人吃了没有；如果别人吃完已

---

① 对美国遗产税问题上的舆论误导，斯蒂格利茨作了直言不讳的批评。参见〔美〕约瑟夫·斯蒂格利茨：《不平等的代价》，张子源译，机械工业出版社 2013 年版，第 149—150 页。

② 〔美〕拉里·M. 巴特尔斯：《不平等的民主——新镀金时代的政治经济学分析》，方卿译，上海人民出版社 2012 年版，第 201 页。

③ 例如，美国公共广播电台、凯泽基金会和哈佛大学肯尼迪学院的调查发现，对调查问卷中的问题“是绝大多数家庭都要交遗产税，还是只有少数家庭要交遗产税？”，居然有 49％的人认为“绝大多数家庭都要交遗产税”，还有 18％的选择“不知道”。See National Public Radio, Henry J. Kaiser Family Foundation, Harvard University's Kennedy School of Government, *Survey of Americans' Views on Taxes*, March 31, 2003, p. 16.

④ 对于上述调查中的现象，密歇根大学的斯莱姆罗德教授认为，误判（misconception）和误解（misunderstanding）是许多美国民众反对遗产税的原因。See Joel Slemrod, The Role of Misconceptions in Support for Regressive Tax Reform, *National Tax Journal*, Vol. 59 (1), 2006, p. 69.

⑤ 加尔布雷思认为，“一般而言，穷人总是支持更多的平等。在美国这种支持却被削弱了，因为富人对他们的税收发出了痛苦的呼喊，而美国的穷人倾向于对这些深感同情。”〔美〕约翰·肯尼思·加尔布雷思：《富裕社会》，赵勇、周定瑛、舒小昀译，江苏人民出版社 2009 年版，第 64 页。

⑥ 〔美〕拉里·M. 巴特尔斯：《不平等的民主——新镀金时代的政治经济学分析》，方卿译，上海人民出版社 2012 年版，第 181 页。

⑦ See Michael J. Graetz and Ian Shapiro, *Death by a Thousand Cuts: The Fight over Taxing Inherited Wealth*, Princeton University Press, 2005, p. 3.

经放下了碗筷，难道我们宁愿饿着肚子也要像别人那样把碗筷放下？当然，之所以还是不得不提“潮流论”，是因为它具有很大的舆论影响力，因此，我们不得不指出其存在的逻辑问题以及所忽略的客观事实。

实际上，任何简单的资料搜集都表明，许多国家仍然对遗产或赠与征税[①]，开征遗产和赠与税的国家要比不开征的多，在发达国家更是如此。而近年来的确有一些国家和地区先后废除了遗产或赠与税，但是，这方面税收的空白也导致了分配形势恶化等后果，引发了诸多批评。美国也试图废除遗产税，但招致了斯蒂格利茨等著名学者的尖锐批评[②]，不断调减的税率又逐步回调。同时，我们更要看到，有的国家又恢复了此类税收[③]，还有一些国家和地区准备恢复或就重新开征遗产和赠与税的问题展开了讨论。

例如，加拿大早在19世纪就开征了遗产税，不过，它于1971年废除了此税，成为富裕国家中第一个废除遗产税的国家。学界对此一直不遗余力地批评，并提出了重新开征此税的诸多建议。著名学者伯德就曾指出，“如果说加拿大从其抛弃遗产税中获得了些什么的话，那也只是一丁点儿，而且，加拿大为此还在减少机会平等方面付出了沉重的代价，恶化了财富分配不平等，事实上加剧了财富分配结构的固化（fossilization）。”伯德并不否认遗产税本身也存在某些方面的缺陷，不过，在他看来，这绝不是放弃遗产税的理由，而且，对于解决代际分配不公而言，“好的财政工具并不多，遗产税就是这少数财政工具中的一个”[④]。还有学者认为，遗产税能更加精确地适用量能课税原则，有助于提高税收制度的实际累进性。[⑤] 实际上，早在20世纪90年代，“安大略公平税收委员会”（Ontario Fair Tax Commission）就建议加拿大重新开征联邦遗产税。[⑥] 而且，需要指出的是，尽管其迄今尚未重新开征遗产和赠与税，但根据加拿大税法规定，财产的继承和赠与在大部分

---

① 参见〔美〕维克多·瑟仁伊：《比较税法》，丁一译，北京大学出版社2006年版，第335页。

② 斯蒂格利茨指出，“遗产税的目的是为了限制‘继承的’不平等的程度——为了创造一个较为公平的竞争环境。”但是，如果不征收遗产税，“美国就创造了一种新的富豪政治，其特点是家族后代都能自我延续”。参见〔美〕约瑟夫·斯蒂格利茨：《不平等的代价》，张子源译，机械工业出版社2013年版，第149—150页。

③ 例如，意大利于2001年取消了遗产税，而后又于2006年恢复此税。

④ Richard M. Bird, Canada's Vanishing Death Taxes, *Osgoode Hall Law Journal*, Vol. 16 (1), 1978, pp. 143—145.

⑤ See Maureen A. Maloney, The Case For Wealth Taxation, *Canadian Public Administration*, Vol. 34 (2), 1991, pp. 241—259.

⑥ See Wolfe D. Goodman, Death Taxes in Canada: in the Past and in the Possible Future, *Canadian Tax Journal*, Vol. 43 (5), 1995, p. 1362.

情况下都可能视同转让(deemed disposition),要根据其市场公允价值(the fair market value,FMV)来征收所得税。[①] 可见,人云亦云的所谓"加拿大不对遗产和赠与课税"的说法是不符合事实的。

又如,澳大利亚虽然在发达国家中也较早取消了遗产税,不过,重新开征遗产税的呼声一直没有中断过,学者们认为,对最富有的人分配更多的税负可以促进社会财富的公平分配。[②] 特别值得注意的是,澳大利亚联邦政府2010年发布的税制审查报告《澳大利亚未来的税收制度》似乎透露了某些新的动向。与许多遗产税反对者的观点不同,该报告认为,遗产税在筹集财政收入方面是具有经济效率的,它对居民为退休后保持足够生活水平所作的储蓄决定没什么影响,也只对遗产动机的储蓄具有非常有限的影响。就此而言,该报告所暗示的改革方向其实非常明显。不过,正如报告所言,只是鉴于澳大利亚历史上对遗产税的激烈政治争议,报告未明确提出开征遗产税的建议,但是建议应该就此在全社会开展全面深入的讨论和磋商。该报告甚至在这一部分的最后还比较突兀地加上一句:"绝大部分OECD国家都开征了遗产税——不论是对整个遗产征税还是对个人继承的财产征税。"[③]可见,其改革倾向性是非常明显的。这一报告也引起了学界的讨论,有学者认为,如果精心设计好税收规则,提高税收效率,堵塞税收漏洞,加强对富人税收逃避的监管,那么,开征遗产税就可以起到预期的效果。[④]

可见,当前很多反对征税的似是而非的那些观点,多经不起推敲。仔细剖析这些误导性观点,我们可以更清楚地发现适时开征遗产和赠与税的必要性和正当性,同时,也充分地反映出,由于利益集团的强势话语生产机制等原因,遗产和赠与税立法必定要经历一个复杂而艰难的过程。

总之,收入分配关系到所有人的切身利益,任何制度调整都可能引发激烈的争议,面对遗产和赠与税问题上的诸多争论,决策者更应该慎思明辨,应充分认识到:深化收入分配制度改革,是一项十分艰巨复杂的系统工程,

---

① See Ernst & Young, International Estate and Inheritance Tax Guide 2013, pp. 40—42, at http://www. ey. com/Publication/vwLUAssets/2013-international-estate-and-inheritance-tax-guide/ $ FILE/2013-international-estate-and-inheritance-tax-guide. pdf.

② See Frank Stilwell, An Estate Tax for Australia?, *Australian Options*, Vol. 61 (1), 2010, pp. 3—6.

③ See Commonwealth of Australia, *Australia's Future Tax System-Final Report*: *Part 1 Overview*, CanPrint Communications Pty Ltd., 2010, p. 37.

④ Sylvia Villios, An Inherited Wealth Tax for Australia? The Henry Recommendation 25 for a Bequests Tax, *Revenue Law Journal*, Vol. 22 (1), 2012, Article 8, pp. 1—10.

必须从我国基本国情和发展阶段出发，立足当前、着眼长远，克难攻坚、有序推进。而当前以及今后相当长时期内，依靠财税改革来推动收入分配制度改革，进一步加大税收调节力度，尽快形成有利于收入结构优化、社会分配公平的税收制度，是非常关键而紧迫的任务，遗产和赠与税的适时开征，在其中具有举足轻重的作用。中央政府对此已有一定的共识。国务院批转《关于深化收入分配制度改革若干意见》的通知中指出，要研究在适当时期开征遗产税的问题。在此基础之上，应广泛听取和整合民意，充分吸收学界研究成果，在收入分配改革的关键时期推进遗产和赠与税制度的构建。事实上，如果进一步认识到遗产和赠与税的积极功能与实际效用，那么，尽快推动立法将成为更普遍的共识。

四、遗产和赠与税的立法宗旨

根据财税法分配理论中的目标理论，财税法的结构调整与分配结构的调整要明确目标，确保相关的制度设计能指向共同的目标，共同朝向分配公平的目标推进。遗产和赠与税立法要真正实现有效调节收入分配的目标，必须在宏观设想、总体架构等“顶层设计”上下工夫，统筹制度设计，使各项制度设计朝着分配公平的方向努力。针对我国的实际情况，结合其他国家和地区的经验教训，立法者应当注意的是，在遗产和赠与税立法之前，必须要充分酝酿好基本思路，形成一个成熟、完善的“顶层设计”方案。遗产和赠与税立法的“顶层设计”方案至少要包括立法宗旨、遗产和赠与税的结构安排等方面的内容。在立法宗旨方面，主要涉及遗产和赠与税的目的是为调节收入分配，还是为筹集财政收入，抑或兼而有之的问题，这些都是各国立法时常常要关注和争论到的问题。除此以外，还可能涉及是否要对遗产处分权和继承权进行调节的问题，或者说，对遗产继承这一民事法律关系，是否要在民法调节的基础上进行公法上的修正的问题。

（一）收入分配与财政收入

和早期很多国家开征遗产税时的情形不同，当时的遗产税虽然也可能具有再分配目的，不过往往是作为一些国家的战时税或财政紧张时期的税收而开征的。而现代遗产和赠与税则主要是针对收入分配差距而实施的，时代背景不同，立法目的也不同。这一点恐怕是毫无疑义的。但是，在这个共识的基础之上，仍然存在若干分歧。有的学者认为，还应该同时强调遗产和赠与税的财政收入目的，有的则认为，只能以收入再分配为目的，不能以财政收入为目的。

对此，应该从两个方面来看待。首先，从理论角度看，一般而言，税收总是具有财政目的的，不存在没有任何财政目的的税收，这一点既是财税法理论所公认的，也是在立法制度中有所体现的；而没有一定的财政收入功能，遗产和赠与税也显然无法发挥其撬动收入分配结构失衡的杠杆作用。其次，从实践角度看，举凡开征遗产和赠与税的国家，其税收收入虽然只在总额中占很小的一个部分，但也绝不是可以忽略不计的，对于一些将遗产和赠与税定位为地方税或专款专用税的国家来说，更是比较重要的税种，日本等一些国家近年来甚至扩大了税基，以提高税收收入。

就中国的情况而言，固然首先要强调遗产和赠与税的收入再分配目的和公平分配职能，如果不这样，立法的正当性就可能要受到削弱。但是，仅仅是强调收入分配是不够的，如上所述，要使遗产和赠与税成为“长牙的老虎”[①]，就必须要使其具备一定的财政收入能力，否则就只有象征意义，存在的价值不大。[②] 把握这一点，就可以为遗产和赠与税的计税依据、税率、税收优惠等方面的规则设计提前定好一个方向，换言之，遗产和赠与税的税基不能过窄、税率不能太低、优惠不能过多。

但是，需要指出的是，兼顾两个目标，并不意味着两个目标具有同等的重要性。事实上，前面的分析已经表明，财政收入目的是实现收入分配目的的条件和基础，和收入分配目的相比，财政收入目的起到的是一种工具性价值，它不是最终目的，实现公平分配才是遗产和赠与税立法的最终目的。简而言之，遗产和赠与税立法的两个目标中，收入分配是主要目的，具有主导意义，财政收入则是次要目的，具有辅助意义。把握这一点，就可以为遗产和赠与税的相关规则设计提前定好一个大致的边界，换言之，遗产和赠与税的税基不能过宽、起征点不宜过低、税率不宜过高。[③]

---

① See Mitchell Gans and Jay A. Soled, Reforming the Gift Tax and Making It Enforceable, *Boston University Law Review*, Vol. 87 (4), 2007, pp. 759—799.

② 其实，在贫富分化越严重的社会，通过遗产和赠与税从少数极其富裕的人那里筹集收入的潜力越大。例如，斯蒂格利茨曾指出，“由于美国社会财富的集中，遗产税还是能筹集到大笔大笔的钱。”参见〔美〕约瑟夫·斯蒂格利茨：《不平等的代价》，张子源译，机械工业出版社 2013 年版，第 149 页。

③ 更不能出现“没收性”的畸高税率，这是与财产权保障不相容的，也导致严重的税收逃避，影响税收效率。参见葛克昌：《税法基本问题(财政宪法篇)》，北京大学出版社 2004 年版，第 141 页。

同时，需要强调的是，我国的宏观税负已经非常之重了[①]，无论是与国际上其他类似国家相比较，甚至与部分发达国家相比较，还是与全体国民所享受到的公共服务数量和质量相比较，税收负担都是偏重的。因此，在中国的国情背景下，要同时兼顾遗产和赠与税的再分配目标和财政收入目的，必须满足一个前提条件，即不能加重全体纳税人的整体负担，不能增加全社会的宏观税负。这个前提条件的言下之意就是，必须要对当前的税收制度作结构性的调整，遗产和赠与税的开征意味着增税，那就要对当前税制“动剪刀”“做减法”，或者是对税种进行废除与合并的大手术（如营改增），或者是对税基、税率、扣除、优惠等规则进行优化——例如降低增值税税率、适度增加各税种法中与民生相关税目的优惠政策并提高优惠幅度——以降低纳税人负担。只有满足了这个前提，遗产和赠与税才可能被全体国民所接纳并成为法定税种，才具有政治正当性和社会合理性，相应的立法才具有“良法”所应有的最起码的基础。

（二）“税收中性”与差异化课税

至于遗产和赠与税是否要对遗产继承等民事法律关系进行调节的问题，主要是指是否要根据血亲关系的标准规定不同主体的差异化税收待遇，而不是指税法是否一般性地干预民事关系的问题。因为，很显然，遗产和赠与税必然地介入继承等民事关系之中，已经不存在还要不要“干预”的问题，问题的重点在于：在一般性干预的基础之上，税法是要保持某种“税收中性”，不对主体之间的亲疏关系作任何制度评价，也不作任何倾向性的制度安排，还是应该基于一般的社会伦理和公共利益，即公序良俗，来对不同主体的权利义务进行差异化处理。

这个问题非常复杂。从各国实践来看，在扣除额、税率、税收优惠等方面，遗产和赠与税往往因受益人与原财产所有人之间亲疏关系的不同而适用不同的标准，配偶和子女一般比其他受益人的税负相对要轻一些。就此而言，遗产和赠与税是有倾向性的，难以保持绝对的超脱和中立。不过，这种倾向性大多数也是符合特定时空条件下的公序良俗的，从其伦理契合性来看，税法和民法的倾向是一致的，遗产和赠与税法没有与民法不同、甚至

---

① 参见刘佐：《税制改革顶层设计三个主要问题初探》，载《税务研究》2013 年第 6 期，第 34 页。

互相对立的倾向[①],因此,也可以说,税法对民事关系是保持了一定的“税收中性”的。当然,不排除某些国家或地区的遗产和赠与税法有意或无意地表达了与民事法律不同的伦理倾向,这可能涉及一个国家或地区的公共政策导向问题,也可能是法律制度的协调整合等立法技术上的问题。总的来说,我们认为,除非有特别的、非常具有说服力的、正当的理由,否则,税法的倾向性应与民事法律保持一致,以免引发制度之间的矛盾,产生法律导向性的冲突,造成法律后果的不确定性问题。

当然,需要强调的是,恰恰由于遗产处分与继承、财产赠与等行为属于私人自治的范畴,遗嘱自由等民事自由已被大部分国家的民事立法所承认和体现[②],尽管私人自治的空间大小和边界存在很多模糊不清的地方[③],但无论如何,税法应当给私人自治留出足够合理的空间。和民事法律相比较,税法一般不应当对私人自治进行更严格的限制,其主要原因在于,税法干预是以国家作为私人财产分配者和受益者的角色直接介入了财产关系之中,这与民法的中立性是截然不同的。这就意味着,遗产和赠与税立法要特别注意税率和税收优惠等差别化待遇的幅度,如果因亲疏关系不同而适用的税收规则差别太大,就可能要考虑是否对原财产所有人的财产自由进行了过度限制。反过来说,如果遗产和赠与税立法完全不考虑亲疏关系在社会伦理中价值位阶的不同,所有财产的转让和受益均适用相同的规则,税率、扣除和减免等规定完全一致,那么,从交易成本上来看,在财产所有人行使处分权时,不同人际关系因遗产和赠与税而承担的交易成本是相同的。可想而知,在一元规则下,遗产被继承人和财产赠与人就完全可以不受亲疏关系的影响,其民事自由可以说受到了最大限度的保护;不过,显然要考虑的是,这种情况是否有可能与民事立法所保护的公序良俗相悖逆。由于这个问题涉及对个人自由、家庭伦理、经济效率、社会和谐等诸多方面的价值判断,殊为复杂,立法中需要格外谨慎地权衡。

---

① 例如,民事法律承认同性婚姻,遗产和赠与税法则也应承认之,除非基于实质课税原则,因婚姻的避税目的而否认其在税法上的有效性。

② 遗嘱自由涉及人身自由和财产自由;就其财产自由而言,往往要受到继承法中的特留份制度的限制。分别参见冉克平:《论人格权法中的人身自由权》,载《法学》2012年第3期,第70—79页;郭明瑞:《完善法定继承制度三题》,载《法学家》2013年第4期,第109—178页。

③ 由于伦理价值的多元化,遗嘱自由并没有一个确切的刚性范畴,正因如此,我们才能理解,2001年的“泸州遗赠案”引发了持续至今的大量争议,即便采用相同的法律方法或法学方法,也很难获得完全一致的理解。相关的学术论文非常多,例如,郑永流:《道德立场与法律技术——中德情妇遗嘱案的比较和评析》,载《中国法学》2008年第4期,第179—189页;何海波:《何以合法?对“二奶继承案”的追问》,载《中外法学》2009年第3期,第438—456页。

五、遗产和赠与税的结构:国际比较与理论模式

根据财税法分配理论中的功用理论和系统理论等相关理论,遗产和赠与税立法要充分发挥其调节收入分配的功能,必须以相应的制度结构为基础,并且,各项制度要素要充分协调,形成彼此关联、互相支持、系统全面的制度结构。在这里,我们主要讨论遗产和赠与税立法的宏观结构模式问题。

(一) 结构类型

从各国立法来看,遗产和赠与税一般并非一个单独税种的名称,而是遗产税与赠与税的合称,由于遗产税和赠与税常常表现出很强的共生性,在某种意义上已经融为具有单独税种特征的复合体,所以人们一般将它们合称为遗产和赠与税。不过,该复合体的结构却并非千篇一律,而是具有多种样态。

从理论上来说,遗产和赠与税可以具有 15 种基本的结构类型。具体而言,遗产税情况可分为 4 种:无遗产税、遗留税、继承税、复合遗产税[①];赠与税情况也可分为 4 种:无赠与税、馈赠税、受赠税、复合赠与税。[②] 这样,遗产税和赠与税的组合共有 16 种情形,其中一种情形是既无遗产税也无赠与税,其余 15 种情形中任何一种都至少课征了一种税,因此,我们说遗产和赠与税在理论上有 15 种基本的结构类型。用下表中的符号来表示,这 15 种类型包括:A 型、A′型、A″型、B 型、B′型、B″型、AB 型、AB′型、A′B 型、A′B′型、A″B 型、A″B′型、A″B″型、AB″型、A′B″型。可以说,除非一个国家既不开征遗产税也不开征赠与税[③],否则,这个国家的遗产和赠与税结构必然属于这 15 种中的一种。

我们对这 15 种结构类型进行第二次类型化处理,可以进一步获得理论

---

① 遗留税和继承税主要是根据课税环节的不同来区分的,顾名思义,它们分别是在遗产继承前和继承开始后课税的,为了以示区别,我们把前一阶段叫“遗留税”,而非像很多人所说的“遗产税”,后者很容易和上位概念“遗产税”发生混淆。复合遗产税即同时以遗产被继承人所遗留的财产和继承人所继承的财产为对象征税。

② 馈赠税是对赠与人征收的税,受赠税则是对受赠人征收的税,同样,我们未像很多人那样把前者叫“赠与税”,因为其同样很容易和上位概念“赠与税”发生混淆。复合赠与税即同时对赠与人和受赠人征税。

③ 此处只讨论是否名称为“遗产税”和“赠与税”或非常近似名称的税收,事实上,还有一些国家和地区在所得税、资本利得税、净财富税等税种中对遗产和赠与课征一定程度的税收。

上的两大类课税模式：

（1）单独化模式：A（遗留税模式）、A′（继承税模式）、A″（复合遗产税模式）、B（馈赠税模式）、B′（受赠税模式）、B″（复合赠与税模式）。共有6种。

（2）一体化模式：AB（遗留馈赠税模式）、A′B（继承馈赠税模式）、AB′（遗留受赠税模式）、A′B′（继承受赠税模式）、AB″（遗留税＋复合赠与税模式）、A″B（复合遗产税＋馈赠税模式）、A′B″（继承税＋复合赠与税模式）、A″B′（复合遗产税＋受赠税模式）、A″B″（复合遗产和赠与税模式）。共有9种。

表6.1　遗产和赠与税结构矩阵

		赠与税			
		无赠与税	馈赠税	受赠税	复合赠与税
遗产税	无遗产税	B	B′	B″	
	遗留税	A	AB	AB′	AB″
	继承税	A′	A′B	A′B′	A′B″
	复合遗产税	A″	A″B	A″B′	A″B″

当然，上述模式是理论上的划分，在实践中，两大类课税模式被采纳的程度差别很大。第一大类单独化课税模式应用得比较少，只有英国、冰岛、罗马尼亚、马耳他、文莱、津巴布韦、马拉维等少数国家不征收赠与税、只征收遗产税[①]；而不征收遗产税、只征收赠与税的国家则可能只是极少数，如巴拿马[②]、加纳、孟加拉等。其中，孟加拉曾同时征收遗产税和赠与税，后来在1982年取消了遗产税，1985年又取消了赠与税，很快又于1990年通过《赠与税法》恢复了赠与税，新的税法典中仍然保留了此税。[③] 一般来说，如果只对赠与课税而不对遗产继承课税，税源太少，税基太小，财政意义不是很大，这一点也可以在一定程度上解释为什么只征收赠与税的国家比较少。而新西兰在1993年将征收了一百多年的遗产税废除以后，赠与税更是独木难

① 当然，需要说明的是，没有“赠与税”并不意味着不对赠与课税，例如，英国虽然没有单独的赠与税，但是，遗产被继承人死亡前7年内的赠与都要根据税法规定的比例计入遗产税税基之中。

② 巴拿马征收的是受赠税，即对受赠人一定时期内的受赠财产课税。

③ See Mustafa Tariq Husain, *Direct Taxes in Bangladesh*: *A Study of Income Tax*, *Wealth Tax & Gift Tax*, Shafkat Prokashoni, 1997; Bangladesh National Board of Revenue, *The Direct Taxes Code*, 2012, p. 81; Sajjad Zohir, Motiar Rahman, Mohammad Arefin Kamal, Anik Ashraf, Nabil Ahmed, An ex ante Assessment of Property/Wealth Tax in Bangladesh, 2012, p. 32, at http://www.ergonline.org/documents/wtax%20erg%20final%2020may12.pdf.

支，成为税制中的“鸡肋”，该国最终于2011年也取消了赠与税。[①]

在单独化课税模式中，遗留税和馈赠税是对原财产所有人课税，相对来说纳税人及其财产都比较集中，税收成本相对较小；而继承税和受赠税的纳税人可能人数众多且分散各处，且可能存在不同的计税规则，税收成本相对较高，不过可能更符合量能课税原则，对纳税人而言可能更为公平，也可能产生节税的效果；而复合遗产税和复合赠与税由于环节更多、计算更复杂，因而税收成本更高，这一点可能影响立法者对复合模式的选择。

第二大类一体化课税模式应用得比较普遍，大部分开征遗产税的国家，都同时开征了赠与税。我们可以从下面关于部分欧洲国家的遗产和赠与税的表格管窥一斑，一般来说，遗产税和赠与税具有比较密切的对应关系，有遗产税往往就有赠与税，没有赠与税往往意味着这个国家没有遗产税。事实上，自从美国1924年在联邦层面开征赠与税，将其作为遗产税的补充税和辅助税以来，大部分国家都是以这样的定位来对待遗产税和赠与税的。这个现象可以在理论上给出比较合理的解释：如果只对遗产继承课税，而不对赠与课税，那么，很显然，纳税人可以通过赠与的方式避税，遗产税的实际意义就要大打折扣，因此，遗产税要依靠赠与税来协助配合，而许多只有遗产税的国家和地区也会在一定程度上将赠与纳入遗产税或其他税收的征收范围之中，由此才能形成一个较为严密的税收网络。

表6.2　欧洲部分国家遗产和赠与税情况

序号	国家	遗产税	赠与税
1	奥地利 Austria	N	N
2	比利时 Belgium	Y	Y
3	克罗地亚 Croatia	Y	Y
4	塞浦路斯 Cyprus	N	N
5	捷克 Czech Republic	Y	Y
6	丹麦 Denmark	Y	Y
7	爱沙尼亚 Estonia	N	N
8	法国 France	Y	Y
9	德国 Germany	Y	Y
10	希腊 Greece	Y	Y

① See Michael Littlewood, The History of Death Duties and Gift Duty in New Zealand, *New Zealand Journal of Taxation Law and Policy*, Vol. 18(1), 2012, pp. 66—103.

（续表）

序号	国家	遗产税	赠与税
11	匈牙利 Hungary	Y	Y
12	爱尔兰 Ireland	Y	Y
13	意大利 Italy	Y	Y
14	列支敦士登 Liechtenstein	N	N
15	卢森堡 Luxembourg	Y	Y
16	马耳他 Malta	Y	N
17	荷兰 Netherlands	Y	Y
18	挪威 Norway	Y	Y
19	波兰 Poland	Y	Y
20	葡萄牙 Portugal	Y	Y
21	罗马尼亚 Romania	Y	N
22	塞尔维亚 Serbia	Y	Y
23	斯洛文尼亚 Slovenia	Y	Y
24	西班牙 Spain	Y	Y
25	瑞典 Sweden	N	N
26	瑞士 Switzerland	Y	Y
27	土耳其 Turkey	Y	Y
28	英国 United Kingdom	Y	N

资料来源：AGN，Gift & Inheritance Tax—A European Comparison 2013，AGN International-Europe Limited，at http://www.agn-europe.org/tax/2013/gift2013.pdf.

在一体化课税模式中，一般的规律是：选择课征遗留税的国家，也较多地征收馈赠税，美国等国家就是典型①；而选择课征继承税的国家，也较多地征收受赠税，这种类型以日本、韩国为代表。② 对此，理论上的合理解释可能是：遗留税和馈赠税的纳税人在很大程度上可能存在主体竞合的情形，这种模式就有简单、便利的特点，有助于降低税收成本，减少税收规避，提高税收

① 参见财政部《财政制度国际比较》课题组编著：《美国财政制度》，中国财政经济出版社 1998 年版，第 75 页。

② 当然，这也可能有一些例外情况。例如，意大利曾实行 A″B′模式（复合遗产税＋受赠税模式），参见刘佐主编：《遗产税制度研究》，中国财政经济出版社 2003 年版，第 136 页。不过，自 2006 年恢复遗产和赠与税开始，意大利开始转为 A′B′模式（继承受赠税模式）。See Luc Eyraud，Reforming Capital Taxation in Italy，IMF Working Paper WP/14/6，2014，pp. 15—16. at http://www.imf.org/external/pubs/ft/wp/2014/wp1406.pdf. 同时，需要说明的是，有的文献（如刘佐主编《遗产税制度研究》）认为韩国实行的是 AB′模式（遗留受赠税模式），事实上应该是 A′B′模式（继承受赠税模式），参见财政部《税收制度国际比较》课题组编著：《韩国税制》，中国财政经济出版社 2001 年版，第 187—198 页。

遵从度;相反,同时征收继承税和受赠税,其税收成本可能相对较高,不过,和前面的分析一致,这种模式有公平和节税的优势。

至于有的研究称,前一种模式对遗产被继承人征税,有一种“向死人征税”的感觉,还不如向继承人征税,“向活人征税”的感觉似乎要更有人文关怀一些。从逻辑上来看,这种观点是不成立的,遗产税的实质负税人就是继承人或受遗赠人,无论名义上向被继承人征税,还是向继承人或受遗赠人征税,都不改变总体上的税负最终归宿。反过来说,按这种观点的逻辑反推,“向死人征税”要更有人文关怀一些,因为活人是实实在在有“税痛”的。因此,除非有足够的社会心理学和行为科学的验证,且证明这样的社会心理因素在决定税收模式方面具有重要价值,否则,这种观点不足为道。当然,这种观点有观点持有人没想到的另外一个作用,就是提醒立法者应该注意,不要被人用这个幌子运用政治手腕来阻挠税收立法。[①] 还有的研究称,后一种模式由于是在遗产分割后再对多个继承人(或受遗赠人)征税,因此财产可能已经分开,税务机关更难以掌握财产情况,会增加税收逃避的可能性。这种说法是不成立的。后一种模式的确可能增加税收逃避概率,但原因在于其计税环节多、计税因素多等方面,这完全可以在税法中要求遗产分割继承时间与纳税时间挂钩,“先分后税”本身并不是导致税收逃避增加的原因。这一点,可以借鉴一下合伙税制中的“先分后税”规则。

(二) 中国选择

就中国的情况而言,我们认为,基本可以按如下思路来选择合适的立法模式。当然,需要说明的是,这主要是一种理论上的初步设计思路,具体的

---

① 例如,在美国,为了反对民主党提出的提高继承税/遗产税税率的法案,共和党策士弗兰克·伦茨(Frank Luntz)提出的策略之一是:绝不说“继承税/遗产税”,应该说“死亡税”(Never Say: Inheritance/Estate Tax, Instead Say: The Death Tax)(at http://journalism.uoregon.edu/~tbivins/J496/readings/LANGUAGE/wordsnevertosay.pdf)。伦茨后来把其作为自己最成功的案例之一大加推广,他认为,共和党长期推动的“废除遗产税”运动原本成功无望(nonstarter),正是因其提出的改变语言表述的宣传策略,共和党广泛使用“废除死亡税”的口号,使得国会2001年决定逐步减少遗产税并于2011年彻底废除该税。See Frank I. Luntz, *Words That Work: It's Not What You Say, It's What People Hear*, Hyperion, 2007, pp. 164—166; Hendrik Hertzberg, The "IC" Factor, *The New Yorker*, August 7, 2006, at http://www.newyorker.com/archive/2006/08/07/060807ta_talk_hertzberg. 需要说明的是,与一般文献上将Inheritance/Estate Tax不加区分地翻译为“遗产税”的做法不同,张锦文早就指出,最好的译法应该是“继承税/遗产税”,本书采用这一译法。参见张锦文:《遗产税与继承税区别何在?——Estate Tax与Inheritance Tax的区别》,载《中国翻译》1994年第6期,第48页。

细节设计还需要做大量的实证调研和更多的可行性分析。

(1) 应当采用一体化课税模式,即同时开征遗产税和赠与税,这样既可以有效地规制税收逃避,真正起到调节收入分配的作用,同时,这也是比较公平合理的方式,不至于产生继承人要纳税而受赠人不纳税的情况。

(2) 在此基础上,对一体化课税模式中的九种具体模式进行选择,鉴于复合课税模式不具有效率优势,最好将相关模式排除,剩下的选择项就只有四项了,即 AB(遗留馈赠税模式)、A′B(继承馈赠税模式)、AB′(遗留受赠税模式)、A′B′(继承受赠税模式)。

(3) 对于上述四种具体模式,可以借鉴大多数国家的经验,尽量使遗产税和赠与税的主要纳税人在纳税义务上能产生竞合,有利于提高税收效率,基于此点考虑,可以选择的具体模式范围缩小到了两项,即 AB(遗留馈赠税模式)和 A′B′(继承受赠税模式)。

(4) 上述两种具体模式,根据前面的分析,很难绝对地一分高下,对此,应根据税收效率和税收公平原则,考虑中国财产继承的文化习俗和民法规则,考虑中国税务机关的课税能力和技术条件,考虑中国高收入群体的主要财产类型及其所有权信息状况,在综合考量各方面因素之后,再作妥当的选择。

六、遗产和赠与税的二元调节机制

根据财税法分配理论中的功用理论等相关理论,遗产和赠与税在制度设计上要特别注重结构的优化组合,要使相应的制度机制的结构与遗产和赠与税的功能目标相协调,使各项制度机制的机能有效配合。这方面,国外还是有不少经验可供借鉴的。

(一) 域外经验考察

如果对那些有较长遗产和赠与税历史的国家进行考察,我们可以发现,很多国家都同时采用两个方面的机制来促进分配公平,一种是较高的累进税率[①],一种是对慈善捐赠给予较大的税收优惠。

---

① 一些国家近年来已将最高边际税率进行适度下调,以刺激经济发展,平衡效率与公平的关系。

1. 美国

美国联邦遗产和赠与税适用统一的税率表，近年来，由于经济社会诸多方面的原因，美国遗产和赠与税政策发生了数次较大的变化，税率结构也多次调整。在小布什改革之前，美国曾实行18%—55%的17级超额累进税率，小布什在竞选时承诺取消该税，于是，小布什上台之后，美国国会通过了减税法案，遗产和赠与税的最高边际税率逐步下降，2001年为55%，2002年降为50%，2003年降为49%，2004年降为48%，2005年降为47%，2006年降为46%，2007年降为45%，最终达到在2010年停止征收遗产税的目的。[①] 由于各方面意见不统一，妥协的结果是，2011年又将该税恢复到2001年的水平。[②] 奥巴马上台后的政策又发生了一次大的调整，不仅恢复征收遗产和赠与税，而且强调要对富人增税，不过，遗产和赠与税的最高税率最终定为35%，没有达到2001年的水平。后来，为了化解“财政悬崖”(Fiscal Cliff)问题，民主党和共和党达成妥协，于2013年1月3日签订了一揽子协议，国会最终通过了2012年《美国纳税人减税法案》(The American Taxpayer Relief Act of 2012, ATRA)[③]，根据该法案，从2013年开始，遗产和赠与税税率又调高至40%。[④] 目前实行的是12级超额累进税率，分别是18%、20%、22%、24%、26%、28%、30%、32%、34%、37%、39%、40%。[⑤] 一直以来，美国遗产和赠与税立法都对慈善捐赠给予很大的税收优惠力度。佩契曼曾经分析，与所得税法上对慈善捐赠规定了扣除比例不同(个人所得税最高可扣除的慈善捐赠为所得额的50%，公司所得税最高可扣除的慈善捐赠为所得额的10%)，遗产和赠与税法对慈善捐赠没有任何限制，正因如此，这对美国的慈善事业产生了极大的推动作用，富人们生前和死后所进行的慈善捐赠数量十分可观，这也培养了美国富裕阶层乐善好施的良好风气，1945年遗产和赠与税申报中的慈善捐赠额为2.54亿美元，到1985年就提高到了45亿美元。[⑥]。

---

① 小布什的改革引起了很大争议，比尔·盖茨、巴菲特、索罗斯、洛克菲勒等大批富豪均提出反对意见，认为改革将对美国的慈善事业和乐善好施的风气造成损害。参见资中筠：《财富的归宿：美国现代公益基金会述评》，上海人民出版社2006年版，第55—56页。

② 参见刘佐主编：《遗产税制度研究》，中国财政经济出版社2003年版，第73—74页。

③ Pub. L. 112—240, H. R. 8, 126 Stat. 2313, enacted January 2, 2013.

④ 参见王乔、席卫群主编：《比较税制》，复旦大学出版社2013年版，第215页。

⑤ See Internal Revenue Service, *Instructions for Form 706*, Nov. 18, 2013, pp. 5—8.

⑥ 参见〔美〕约瑟夫·A. 佩契曼：《美国税收政策》，李冀凯、蒋黔贵译，北京出版社1994年版，第272页。

2. 德国

根据纳税人身份的不同，德国遗产和赠与税(Erbschaft und Schenkungsteuer，ErbSt)分为三个等级，每个等级适用不同的税率结构。[①] 第一等级纳税人包括配偶和依法登记的同性伴侣，子女和继子女，子女和继子女的后代，由于死亡原因涉及继承的父母和祖父母，适用的税率为7%、11%、15%、23%、27%、30%；第二等级纳税人包括因生前发生财产转移而不适用于第一等级税率的父母和祖父母，同胞兄弟姐妹，继父母，侄子和侄女，外甥和外甥女，伯父、叔叔、舅舅、姑母等，离婚的配偶和原登记的同性伴侣，适用的税率为15%、20%、25%、30%、35%、40%、43%；第三等级纳税人包括其他的财产受让人和相关财产转移人，适用的税率为30%和50%两档。对于企业财产如农林业的财产继承，不区分继承人与被继承人的亲属等级，所有继承人都适用一等税率。除了基本免税额制度和赡养继承免税制度以外，德国遗产和赠与税还明确了捐赠免税制度，对于慈善公益捐赠，允许全额免税。[②] 这对于促进德国的慈善事业、发挥收入分配的社会调节作用，具有显著的积极影响。

3. 法国

法国对遗产和赠与适用同一税率，近年来，法国遗产和赠与税进行了一定的改革。目前，法国的遗产税率适用超额累进税率，直系亲属或夫妻之间发生财产转让所适用的税率分为5档，不超过8072欧元的部分税率为5%，超过8072欧元至12109欧元的部分10%，超过12109欧元至15932欧元的部分15%，超过15932欧元至552324欧元的部分20%，超过552324欧元至902838欧元的部分30%，超过902838欧元至1805677欧元的部分40%，超过1805677欧元的部分45%；兄弟姐妹之间发生财产转让的，24430欧元以内部分的适用35%税率，超过部分为45%；四代以内的血缘关系，税

① 近二十年来，德国遗产和赠与税进行了数次调整，最高税率也从70%降低到了50%，降低了整体税负，特别是降低了小企业主的税负。

② See Ernst & Young, International Estate and Inheritance Tax Guide 2013, pp. 40—42, at http://www.ey.com/Publication/vwLUAssets/2013-international-estate-and-inheritance-tax-guide/$FILE/2013-international-estate-and-inheritance-tax-guide.pdf；财政部《税收制度国际比较》课题组编著：《德国税制》，中国财政经济出版社2004年版，第147—152页；朱秋霞：《德国财政制度(修订版)》，中国财政经济出版社2005年版，第107—109页。

率为55%;其他的情况适用60%的税率。[①] 法国遗产和赠与税的税收优惠力度也比较大。首先,对公共慈善部门、福利部门、互助会以及所有其他社会保障团体的捐赠或者是遗赠可以免税,此免税规定同时还适用于那些申报其目的是用于社会保障事业以及慈善事业的社会团体。其次,对市镇级、省级、区级公共医疗单位以及社会扶助办公室的赠与和遗赠也适用免税规则。这些都对于发挥社会力量调节收入分配的作用具有积极意义。此外,法国还规定对国家以及科学研究事业部门、教育部门的赠与或者遗赠免税,对公共部门或非营利性质的科学、文化、艺术事业单位的赠与或者遗赠免税,这些税收优惠也在间接意义上促进了收入分配的公平。[②]

实际上,除此以外,还有很多国家都在同时采用较高的累进税率和较大的捐赠优惠力度这两种机制,一些国家甚至通过各种方式宣传鼓动纳税人通过慈善捐赠来减少所纳税额。[③] 这两方面的机制缺一不可,没有较高的累进税率,则慈善捐赠的动机会大幅降低,而没有鼓励慈善捐赠这个机制,则较高的税率会刺激纳税人想方设法逃避纳税义务。我们可以将这两方面的机制分别称为强制性分配机制和诱致性分配机制。

(二)启示与借鉴:构建二元调节机制

国外的经验表明,遗产和赠与税要有效调节收入分配、实现公平分配的目标,必须同时构建两个方面的分配机制,一是强制性分配机制,二是诱致性分配机制。

强制性分配机制主要是通过税收的累进性来体现的,累进程度越高,则税制的强制性程度越高。[④] 马斯格雷夫认为,"累进税就是税负随收入的增

① 参见王乔、席卫群主编:《比较税制》,复旦大学出版社2013年版,第218—219页;Ernst & Young, International Estate and Inheritance Tax Guide 2013, pp. 92—93, at http://www.ey.com/Publication/vwLUAssets/2013-international-estate-and-inheritance-tax-guide/$FIL-E/2013-international-estate-and-inheritance-tax-guide.pdf.

② 参见财政部《税收制度国际比较》课题组编著:《法国税制》,中国财政经济出版社2002年版,第123—124页。

③ 例如,英国税务与海关总署(HM Revenue & Customs)就在官方网站上宣传"通过慈善捐赠来减少你的遗产税税单"(Reducing your Inheritance Tax bill by giving to charity),并详细列举了进行慈善捐赠和享受税收优惠的方法和步骤。参见http://www.hmrc.gov.uk/inheritancetax/pass-money-property/charity-reduce.htm,2014年8月1日访问。

④ 也可能恰恰由于这一点,许多反对收入再分配的学者将累进税视为"掠夺"、"强占"、"侵占"。

加而增加的税”[①]；其学生罗森进一步明确，“随着收入的增加，平均税率上升，则税制是累进的；反之，则是累退的”。[②] 在收入分配理论领域的经典作家布朗芬布伦纳看来，“自1909年英国的洛伊乔治预算法案（Lloyd George budget）以来，累进税制成为被普遍接受的对收入和财富进行再分配的新自由主义方法。”[③]自20世纪50年代起，“累进税制被当作是现代民主资本主义国家的重要理念之一，并被广泛采用为一种保障政策”。[④] 即便是那些反对收入再分配的学者，有不少都并不反对、甚至赞同累进税制。艾珀斯坦就认为，“如果再分配被认为是时代要求，那么，累进所得税，而且只有累进所得税才是正当的。”[⑤]这个观点当然是比较极端和稍显片面的，但是，这句话也的确表明，累进税制对于再分配的重要意义。到20世纪下半叶，累进原则不仅成为许多国家税法（主要是所得税法）的重要原则，累进税制甚至被写入了许多国家的宪法之中。例如，西班牙1978年《宪法》规定：“全体公民视经济能力并据以平等和渐进原则制定的公正的税收制度为维持公共开支作出贡献。”[⑥]菲律宾1987年《宪法》规定：“税则应统一和公平，国会应制定累进税则。”[⑦]

总体而言，遗产和赠与税的累进性可以从宏观和微观两个层面进行考察。

就宏观而言，遗产和赠与税的开征，要有助于提高我国整体税收制度的累进程度。在当前情况下，由于间接税比重过高，个人所得税等直接税的累进性较弱，我国税收制度的整体累进程度较低，遗产和赠与税的开征，可以直接提高我国直接税的累进程度，也会对整个税收制度的累进程度作出一定的贡献。这就意味着，遗产和赠与税的开征，要使高收入群体承担更多的税收义务，要实现这一点，就要求遗产和赠与税的税率要设计合理，在符合税收正义和量能课税原则的前提下，税率不能太低。

---

① 〔美〕理查德·A.马斯格雷夫、佩吉·B.马斯格雷夫：《财政理论与实践（第五版）》，邓子基、邓力平译校，中国财政经济出版社2003年版，第11页。

② 〔美〕哈维·S.罗森：《财政学》，平新乔、董勤发、杨月芳等译，中国人民大学出版社2000年版，第252页。罗森反对以边际税率为依据来定义税收累进性，他认为那样会导致混乱。

③ Martin Bronfenbrenner, *Income Distribution Theory*, Macmillan, 1971, p. 112.

④ Walter J. Blum and Harry Kalven, The Uneasy Case for Progressive Taxation, *The University of Chicago Law Review*, Vol. 19 (3), 1952, p. 417.

⑤ 〔美〕理查德·A.艾珀斯坦：《征收——私人财产和征用权》，李昊、刘刚、翟小波译，中国人民大学出版社2011年版，第337页。

⑥ 姜士林等主编：《世界宪法全书》，青岛出版社1997年版，第1199—1200页。

⑦ 同上书，第211页。

就微观而言，遗产和赠与税的开征，必须设计比较合理的累进税率结构。最起码的一点是，遗产和赠与税的免征额不宜过低——当然也不能过高。不宜过低的意思是，要将社会群体中的大部分人，即中低收入群体，排除在遗产和赠与税的适用范围之外，这样才能拉开高收入群体和中低收入群体的税收负担，加大税收的调节力度。就目前的情况来看，可能将最高税率确定在50%左右为宜，以后则可以根据经济社会发展情况加以调整，如果收入分配状况有所改善，则可以适度调低相应税率。与此同时，还要根据高收入群体的经济状况和全社会收入分配的基本格局，妥善地设计税率档次、级距等具体的税收实体法规则。由于高收入群体内部也是可以分为多个不同收入层次的，对于最高收入群体，就应当适用比较高的税率，其他的等而次之。这就可以在更大程度上实现“调高”的目的，还可以在一定程度上降低纳税人的避税动机，提高纳税人的税收遵从度。

诱致性分配机制主要是通过税收优惠来体现的，遗产和赠与税制度中关于公益慈善事业的税收优惠，有助于扶贫、助困、教育等公益慈善事业的发展，有利于发挥第三次分配的调节作用。

一般认为，第三次分配这个概念在国内学术界是由厉以宁最早提出的，他在1994年的作品中提出：“市场经济条件下的收入分配包括三次分配，第三次是在道德力量的作用下，通过个人收入转移和个人自愿缴纳和捐献等非强制方式再一次进行分配。”[①]在当代社会，第三次分配与税收的关系已经变得极为密切，一个非常典型的例子就是，在发达国家，作为第三次分配最为重要的主体的非营利组织（non-profit organization）或慈善组织（philanthropy organization），已经越来越多地被“免税组织”（tax-exempt organization）这个词所代替。[②] 许多国家的经验表明，遗产和赠与税法中的税收优惠规则，有助于引导公益慈善捐赠，刺激高收入群体主动参与第三次分配的积极性。例如，美国的实践证明，联邦遗产税和州遗产税“对慈善遗赠有着重要的激励作用，当逐步停止采用联邦遗产税时，慈善遗赠将缩减”[③]。

① 厉以宁：《股份制与现代市场经济》，江苏人民出版社1994年版，第23、77页。

② 参见〔美〕贝希・布查尔特・艾德勒、〔美〕大卫・艾维特、〔美〕英格里德・米特梅尔：《通行规则：美国慈善法指南》，金锦萍、朱卫国、周虹译，中国社会出版社2007年版，第4页。当然，免税组织的税收义务并非完全豁免了，它们仍然要缴纳某些税收。

③ 〔美〕荷雷・H. 阿尔布里奇：《财政学——理论与实践》，马海涛、顾明、李贞译，经济科学出版社2005年版，第274页；William Glenn Gale and Joel Slemrod, Life and Death Questions about the Estate and Gift Tax, *National Tax Journal*, Vol. 53 (4), 2000, pp. 889—912.

就我国而言，遗产和赠与税的税收优惠，应当作为立法中极为关键的组成部分进行妥当的设计。一方面，要注重对公益慈善捐赠的流向进行导引。一般来说，许多方面的公益慈善捐赠往往都期待能够获得遗产和赠与税立法的认可、肯定和激励，但最终哪些方面能豁免税收义务，各个国家的具体做法并不完全一致。就我国目前的情势而言，应当把重点放在扶贫、济困、教育、医疗等方面，换言之，遗产和赠与税立法要注重将公益慈善捐赠引导到这些领域中去。我们既可以将一些对当前社会公共利益作用不大的捐赠项目阶段性地排除在税收优惠范围之外，也可以对投向不同领域的公益慈善捐赠设置不同的税收优惠幅度。总体上，立法所承认的公益慈善捐赠范围要比较大，尽可能满足各种捐赠需求，较多地尊重纳税人的捐赠意愿。但同时，立足于税法调节功能的"回应性"，越是符合当前社会需求的捐赠，就越应当适用幅度更大的税收优惠。至于那些与收入分配关联度不大的捐赠，如捐资建造寺庙等，在符合宗教立法等相关法律宗旨的前提下，遗产和赠与税法当然也可以给予一定的纳税义务豁免，但是，综合各方面因素考虑，在当前收入分配形势严峻的情况下，这些方面的捐赠所适用的税收优惠，幅度应不同程度地低于扶贫、济困、教育、医疗等方面的优惠。

另一方面，在明确导向重点的基础上，还应当有较大的税收优惠力度，发挥较为显著的激励作用。这就意味着，税收优惠的幅度要设计得足够大，在税法综合效应最大化的前提下，要使税收优惠幅度足以刺激公益慈善捐赠达到边际上的最大值，尽可能发挥第三次分配在调节收入分配上的积极作用。由于过低的税收优惠幅度与较高的税率结合在一起，会刺激纳税人的避税动机，因此，提高税收优惠幅度，实际上还有降低纳税人避税概率，提高纳税遵从度的作用。当然，税收优惠是税式支出，是对税收的直接减损。在美国，"慷慨的免税和扣除使联邦遗产税的税基减少到只有潜在税基的一小部分"[①]。但是，我们不能仅仅因为存在税收减损而降低甚至取消税收优惠，这个问题要辩证地看待。税收当然会因为优惠而减损，不过，这种减损会因为纳税遵从度的提高而得到部分的对冲；同时，要注意到，第三次分配的发展，可以替代或弥补政府的调节功能；更为重要的是，累进税机制与税收优惠机制两者协调运用，由此带来的调节收入分配的综合效应要高于累进税单一机制下的效应，更好地实现公平分配的目的。

---

① 〔美〕理查德·A. 马斯格雷夫、佩吉·B. 马斯格雷夫:《财政理论与实践(第五版)》，邓子基、邓力平译校，中国财政经济出版社 2003 年版，第 463 页。

七、遗产和赠与税与其他制度的关系协调

遗产和赠与税与许多其他的法律制度有联系，这些联系应当受到立法者的充分重视。只有注意到这些联系，并将这些联系视为遗产和赠与税立法的变量，使遗产和赠与税制度与其他制度有效地协调起来，才能更好地调节社会分配关系，促进分配公平。

遗产和赠与税与宪法的关系十分密切，处理好这两者的关系，是协调相关制度的首要任务。

首先，在法治国家，税收往往是宪法中非常重要的事项，其核心则一般体现为宪法的税收法定原则条款，遗产和赠与税的征收必须首先符合税收法定原则。我国《宪法》第 56 条规定："中华人民共和国公民有依照法律纳税的义务"。这一条是否属于税收法定原则的完整体现，则存在比较大的争议。应当说，从该条在整个宪法文本结构中的意义以及该条的产生背景来看，很难说它很好地体现了税收法定原则。我们甚至可以认为，"因为该规定仅能说明公民的纳税义务要依照法律产生和履行，并未说明更重要的方面，即征税主体应依照法律的规定征税，因而该规定无法全面体现税收法定主义的精神。"[①]当然，宪法未能全面体现税收法定主义的精神，既说明宪法应继续完善以更全面地规定税收法定原则，也说明宪法仍然部分地体现了税收法定主义。

就此而言，我们说遗产和赠与税的征收应当符合税收法定原则，也可以从两个方面来理解：一方面，在宪法相关规定未臻完善之前，遗产和赠与税立法要汲取以往税收立法的教训，严格贯彻税收法定原则；另一方面，宪法在一定程度上体现出的税收法定原则表明，遗产和赠与税贯彻税收法定原则是有其宪法依据的。

其次，遗产和赠与税涉及对财产分割和再配置，必须与宪法所确认和保障的财产权等相关权利保持协调。我国《宪法》第 13 条规定："公民的合法的私有财产不受侵犯。国家依照法律规定保护公民的私有财产权和继承权。……"对财产权和继承权的尊重和保护，是遗产和赠与税立法必须满足的基本要求。当然，这并不意味着不能对财产权和继承权作出任何限制和约束。事实上，如果不能有任何限制和约束，是不可能征收遗产和赠与税

① 张守文：《论税收法定主义》，载《法学研究》1996 年第 6 期，第 57—65 页。

的。尊重和保护财产权与继承权，是要求税收立法要遵循税收法定原则，并将税法对财产权和继承权的限制符合比例原则，税收负担应控制在合理的范围内。对此，我们可以看看德国。德国宪法理论和实践都表明，“遗产税是在被继承人死亡与遗产完全归属到继承人财产中，这两者之间的时点发生。从而遗产既非继承人之所得，在继承发生时亦非无限制地已归属于继承人的财产。遗产税之负担所限制的毋宁是继承过程中之财产增加。在此涉及的乃是被容许的对于取得过程之课税。但这当然不意味着，继承是完全暴露在无限制的课税干预之下。《基本法》第 14 条第 1 项对继承的明文保护，也为此须承受的负担设下界限。以联邦宪法法院的话来说，税负既不得使继承‘显得在经济上并无意义’，亦不得使‘继承权作为法律制度与个人基本权利之意义与功能丧失或失去意义’。”[①]类似地，我们认为，根据我国《宪法》的前述规定，遗产和赠与税立法也应当控制其对财产权和继承权的干预力度，不能使财产权和继承权“完全暴露在无限制的课税干预之下”，不能使之“显得在经济上并无意义”，也不能使之丧失应有的权利功能和自由价值。这就要求遗产和赠与税立法要在征税范围、税率、税收优惠等制度要素设计方面特别谨慎，务必协调好与相关权利保障的关系。

遗产和赠与税也直接关系到民商事法律制度，因此，遗产和赠与税立法也应当妥善处理好与民商法的关系。

首先，要协调好与继承制度的关系。在继承制度中，遗嘱自由是被继承人享有的财产处分自由[②]，这一自由意味着，被继承人应当可以将其财产自由地分配给其亲属或非亲属。当然，基于各国伦理道德的考虑，遗嘱自由可能会受到特留分制度或公序良俗原则的限制，但总体来说，继承制度往往并不会要求被继承人的财产只能分配给其亲属。对照来看，遗产和赠与税立法往往会设置亲疏差异课税制度，即对遗产分配给亲属的情况适用较低的税率，对分配给非亲属的则适用较高的税率。这当然有维系家庭伦理的考虑，也与继承法中的特留分制度所起的作用相似。但是，需要注意的是，亲疏差异课税制度要控制好相应的税负差异幅度，不宜超出继承制度所体现的社会伦理要求，过多地限制对非亲属的财产分配，不能超出继承法对遗嘱自由的限制幅度而过分地限制被继承人的财产处分自由。

---

① 〔德〕Peter Badura，Horst Dreier 主编：《德国联邦宪法法院五十周年纪念论文集》(下册)，苏永钦等译注，台湾联经出版事业股份有限公司 2010 年版，第 305 页。

② 参见史尚宽：《继承法论》，中国政法大学出版社 2000 年版，第 4 页。

其次，遗产和赠与税立法也要协调好与企业制度的关系。在市场经济中，企业所有权是富裕群体中常见的财产权形态，遗产和赠与税必须慎重对待企业所有权。一方面，不能仅仅关注国家财政权而忽视纳税人企业所有权的存续性。德国司法实践对此给予了特别的关注，“联邦宪法法院第二庭于遗产税与赠与税的判决中，亦已宣示企业所有权作为生产性与劳动职位的基础，具有特别的保护必要性。依此判决，继承税之负担不得使特定之厂场（特别是中型企业）的持续经营因为继承而受到危害。”[①]在企业存续与国家获得收入这两者之间，最好能找到平衡点，比如，允许企业继续经营，同时，以分期纳税的方式保障国家的财政收入，未尝不是比较妥当的制度设计。另一方面，企业是资本与劳动力资源的结合，是社会诸多关系的重要连接点，企业的经营涉及劳动者就业、技术创新、政府财政收入乃至国际贸易关系等方面的问题。因此，遗产和赠与税立法与企业制度的协调，要考虑其广泛的社会影响和深刻的社会后果，不可遽然引发企业的经营波动。

遗产和赠与税还与其他税收制度密切相关，因此，也应妥善协调相应的关系。考虑到普遍存在的税收交互效应（tax interaction effect）[②]，税收立法势必不能就事论事，而要将整个税收制度作为一个系统，作为某项税收立法的基础和依存环境。例如，要在已有多项税收、宏观税负较高的情况下，新开征一项遗产和赠与税，就势必要涉及税收的增减问题，某些对经济发展具有扭曲效应的税收、某些对收入分配具有负面作用的税收，可能就会相应地减少。因此，遗产和赠与税立法也就意味着，原有某些税的法律法规可能要在税率、计税依据等方面作调整。

除了上述三个方面以外，其实，遗产和赠与税还与财政法律制度、行政法律制度和刑事法律制度有着不同程度的关系，协调好相关制度的关系，同样有助于更好地发挥遗产和赠与税的收入调节功能。

八、小　　结

基于当前收入分配不公、收入差距扩大、收入分配结构失衡的严峻形

---

① 〔德〕Peter Badura，Horst Dreier 主编：《德国联邦宪法法院五十周年纪念论文集》（下册），苏永钦等译注，台湾联经出版事业股份有限公司 2010 年版，第 303—304 页。

② See Brian C. Murray，Andrew Keeler and Walter N. Thurman，Tax Interaction Effects，Environmental Regulation，and “Rule Of Thumb” Adjustments to Social Cost，*Environmental & Resource Economics*，Vol. 30 (1)，2005，pp. 73—92；Lawrence H. Goulder，Climate Change Policy's Interaction with the Tax System，*Energy Economics*，Vol. 40 (1)，2013，pp. S3—S11.

势，特别是基于代际分配失衡的现状及其发展趋势的考虑，中国有必要有针对性地采取措施，加大收入分配调节力度。适时开征遗产和赠与税是解决这些问题的一个主要思路，这也是近年来呼声较高的应对方案。鉴于当前理论界和社会大众对遗产和赠与税的认识仍然不够，我们首先重点讨论了开征遗产和赠与税的必要性、正当性；在此基础上，针对当前中国大众舆论和学术讨论中的若干有代表性的观点，予以重点剖析，进一步强调适时开征遗产和赠与税的必要性和正当性；进而，以立法宗旨和结构安排为重点，讨论中国遗产和赠与税制度的具体模式选择问题。

总体而言，本章的研究表明，适时开征遗产和赠与税是必要的、正当的。前面多个部分的研究以及本章的分析都说明，我国收入分配格局及其发展趋势已经提出了开征遗产和赠与税的迫切要求。同时，对我国税收制度的考察也表明，如果欠缺遗产和赠与税，不仅不利于矫正代际分配失衡的问题，税制本身也会存在巨大的漏洞，将产生税负分配不公平的严重后果，因此，开征遗产和赠与税也是完善我国税收制度的必要举措。

本部分的研究也表明，遗产和赠与税符合分配正义原则，有助于实现分配公平，特别是有利于实现代际分配公平，也符合财产权所内含的社会义务取向，是各种基本权利相互协调的必然要求，并且，遗产和赠与税还有经济效率上的诸多利好。鉴于此，在当前社会经济条件下，我国应选择契合国情民情的制度方案，适时开征遗产和赠与税，切实促进社会公平与正义。

在具体的模式选择上，我国应坚持遗产和赠与税的公平分配导向，但不能简单地对立法宗旨进行单一化处理，而应同时兼顾税收的财政收入目标；同时，在 15 种制度结构模式中宜于选择一体化课税模式，同时开征遗产税和赠与税，在此基础上，综合考虑各方面因素，在比较合适的两种模式中作出妥适的选择。

在遗产和赠与税的调节机制上，要特别注重同时运用强制性分配机制和诱致性分配机制，既要设定较为合理的累进税率结构，加大对高收入群体的调节力度，又要通过合理的税收优惠规则，引导公益慈善捐赠投向扶贫、助困、教育和医疗等有助于公平分配的领域，两者协调运作，实现遗产和赠与税调节分配的综合效应的最大化。当然，收入分配是一个复杂的系统工程，遗产和赠与税应与其他相关制度密切配合、妥善协调，以更好地促进公平分配。

第七章　公平分配与社会保障税制优化

引　　言

公平分配问题不仅是经济问题，而且是重要的政治问题和社会问题。改革开放初期，为了打破平均主义的“大锅饭”，中央开始鼓励一部分人先富起来，强调“效率优先、兼顾公平”，实行“初次分配注重效率，再次分配注重公平”的分配原则。不可否认，这一原则极大调动了人们的积极性，增进了社会财富，中国的经济发展创造了世界奇迹，取得了举世瞩目的成绩。[①] 但随着改革开放的深入和社会财富的积累，我国的贫富差距也在逐步拉大，日益扩大的贫富差距已经威胁到我国经济和社会的和谐发展，公平分配也成为社会各阶层普遍关心的问题。[②] 如何在新形势下进行公平分配，已经成为当前理论和实务界共同关注和研究的重大课题。

党的十七大报告指出，“合理的收入分配制度是社会公平的重要体现”，“初次分配和再分配都要处理好效率和公平的关系，再分配更加注重公平。”党的十七届五中全会在“十二五”规划中强调，“坚持和完善按劳分配为主体、多种分配方式并存的分配制度。初次分配和再分配都要处理好效率和公平的关系，再分配更加注重公平。努力提高居民收入在国民收入分配中的比重，提高劳动报酬在初次分配中的比重。”党的十八大再一次强调，“初次分配和再分配都要兼顾效率和公平，再分配更加注重公平。”党的十八届五中全会在“十三五”规划中再一次指出，“缩小收入差距”，调整国民收入分配格局，规范初次分配，加大再分配调节力度。这表明，在当前社会背景下，在收入分配的问题上，中央已经非常关注公平分配的实现问题，不再单方面

---

① 从某种意义上讲，“效率优先、兼顾公平”只能是在当时特定的历史背景下的一种特定选择。当时社会劳动力十分富裕，而资本、技术和管理资源稀缺，在当时历史背景下，最重要的是把丰富的劳动力资源利用起来，把人们的积极性调动起来，先把社会财富这块“蛋糕”做大，然后再考虑分配公平问题。

② 描述收入分配差距的指标是基尼系数，学者们一再喜欢引用的数据是：按照 2002 年的数据计算，我国居民收入基尼系数约为 0.45，世界银行公布的我国 2005 年的数据是 0.47，两者都超过了国际上 0.4 的警戒线。据国家统计局局长 2013 年 1 月 18 日在新闻发布会上公布的 2003 年到 2012 年全国居民基尼系数，也都在 0.47 以上。

强调效率优先的问题，而是把公平和效率放在同等重要的位置。

社会保障在整体上属于社会财富再分配的范畴。从社会保障的经济功能来看，收入分配与再分配问题贯穿整个社会保障制度的始终，是社会保障的核心经济功能。从社会保障的社会功能来看，社会保障在最终意义上是要保障人权、实现社会正义，维护社会正义，社会保障资金的收支运行也必须符合并体现基本的社会公平理念。社会保障制度运行的核心内容是社会保障资金的收支运行问题。从分配的角度来看，社会保障资金的收支具有明显的分配和再分配效应。从公平的视角来看，社会保障收支运行中的公平问题亦非常重要。作为社会保障资金筹资的重要工具，社会保障税法制建设问题不仅与社会保障制度的完善关系十分紧密，同时也和当前税制改革与税制结构的优化关系密切。这些都是公平分配得以实现的重要保障。

需要说明的是，本书的核心内容是探讨收入公平分配的财税法促进与保障问题，关于收入公平分配的基本理论，本书已有专门的系统总结和论述。但考虑到社会保障税法制问题的复杂性，唯有对公平分配与社会保障税之间的内在关联进行深入的分析，方能更加清晰地解释相关制度构建的合理性、必要性和可行性。因此，本章有关公平分配理论的系统论述，与本书前面的系统论述，属于“花开两朵，各表一枝”，在主题内容上一致，在具体论证上遥相呼应，相互印证。此外，考虑到社会保障税法制建设与整个社会保障资金的收入运行密切相关，因此很有必要对社会保障资金的收支运行问题进行梳理。

基于上述考虑，本章将以公平分配为视角，从公平分配基本理论出发，分析公平分配中的公平与效率平衡、公平分配实现的法律机制等问题；然后从公平分配的视角分析社会保障资金收支运行的法律调整问题，论证社会保障税与公平分配理念的契合。在此基础上，从税制结构优化的角度，分析社会保障税法制建设的相关问题。

一、公平分配及其实现的法律机制

（一）“公平”的含义

“公平分配”作为一个多学科使用的词汇，在理解方面存在很大的差异。正确界定“公平分配”这一范畴，是研究相关问题的重要前提。

虽然“公平”是人类社会永恒的追求，人们对于公平分配的思考和研究，古已有之，在漫长的人类历史长河中，从古希腊甚至更早开始，古圣先哲们就对“公平”概念进行了智者见智、仁者见仁的深入思考和系统阐述[①]。但迄今为止，对“公平”的理解仍然存在很大的分歧。这种分歧的存在，有多方面的原因。其一，“公平”概念本身具有一定的模糊性和不确定性，而且人们很难对于“公平”确立一个的具体标准，很多时候，人们很难讲清楚“公平”本身和公平的具体标准。其二，尽管“公平从本质上说是一个伦理学概念，它是以人的平等的基本权利为准则对社会成员之间的利益关系的一种评价，即对社会成员之间各种权利及利益的分配是否合理、是否符合人的平等权利的一种评价”[②]，但公平这一概念在哲学、伦理学、经济学、政治学、法学等领域广泛使用，导致在不同的学科中和语境下，人们对于“公平分配”的理解始终存在很大的差异。其三，不同国家的语言对于“公平”一词的理解也存在一定的差异，例如，英语中的 justice[③] 不仅具有汉语中“公平”的含义，同时还具有“公正”“正义”等诸多含义，具有一张“普洛透斯”一样的脸[④]，这使得人们对于“公平”的理解更具有争议性。

正是由于以上诸多原因，使得准确界定“公平”时如此之难，至今仍然没有哪位学者能够对“公平”给出完全令人信服、得到广泛认可的概念。但这并不是说人们对于“公平”的概念就不存在共识。总的看来，虽然存在诸多分歧，但人们对于“公平”概念的理解在以下几个方面存在一定的基本共识：第一，“公平”是一个关系范畴，体现的是人与人之间利益关系的比较，没有人和人之间的比较，就不存在“公平”问题；第二，“公平”是一个历史范畴，随着人类历史的进程公平观念也在不断更新，在不同的历史时期有不同的公平观念；第三，“公平”是一个国情范畴，不同国家基于政治、经济、文化、社会等方面制度和背景的差别，对于“公平”的理解会有一定的差别；第四，公平

---

① 古希腊的先哲们如柏拉图、亚里士多德以及后来的阿奎那等思想家很早就对公平、正义进行了经典论述尤其是以亚里士多德为典型。亚里士多德把正义分为三类：分配正义、补偿正义和交换正义。

② 陈燕：《公平与效率》，中国社会科学出版社 2007 年版，第 26—27 页。

③ 实际上，和 justice 含义接近的英文还有 equity（公平）、fairness（公正）、equality（平等）等词语，而 equity 在英文里虽然有“公平”的含义，但在西方经济学里面，常常被理解为“均等”，如在《新帕尔格雷夫经济学大辞典》中载“equity（公平）”条目中作了这样的说明：“如果我们假设，社会是由 n 个人组成的某一集合，他们自己生产某一数量的各种商品，我们可以谈论各种商品的平均分配问题。这种分配应当是把每种商品总数的 1/n 精确地分给每一个人。经济学家会同意这就是均等。”参见〔英〕约翰·伊特韦尔等编著：《新帕尔格雷夫经济学大辞典》第 2 卷，陈岱孙主编译，经济科学出版社 1992 年版，第 197 页。

④ 普洛透斯是希腊神话中的一位海神，据说可以变换不同的脸谱，西方著名法理学家博登海默曾经以此来形容“正义”的多面性，其实对于“公平”，也同样具有“普洛透斯”脸谱一样的多面性。

是相对的，而不是绝对的，“绝对的公平”是不存在的。

“公平”的含义范围是如此之广，为了进一步深入理解“公平”的具体含义，还有必要对“公平”进行一定的分类，通过这种分类实现对“公平”理解更加精确化的目的。对于公平，可以从不同的角度进行不同的分类。例如，人们一般认为，公平有个人公平和社会公平之分，而社会公平是公平的最高形式。同时，根据公平的运用领域，又可以把公平分为政治公平和经济公平。其中政治公平主要是指在政治生活方面的平等参与，经济公平主要是指在支配社会资源尤其是在财产和收入分配方面的平等。此外，根据公平的表现形式或者说衡量公平的标准把公平分为起点公平、机会公平和结果公平。所谓的起点公平，有称之为条件公平，是指在其他因素各不相同的前提下，每个人都有同等地发展自己潜力的可能性，要避免“当一些人面前障碍重重时，另一些竞争者已经率先起跑了。各种家庭的社会地位与经济地位不同，使得这场赛跑并不公平”。[①] 所谓的机会公平，即机会均等，是指每个人都有同样的机会发展自己。[②] 所谓的结果公平，是指社会运行的结果是公平的。毫无疑问，我们所探讨的“分配公平”主要是指收入分配的公平，属于社会公平里面经济公平的重要组成部分，从公平的表现形式上来看主要是指结果的公平，当然也会涉及机会公平和起点公平。

此外，需要注意的是，虽然一些哲学家更倾向于从应然的角度把“公平”理解为一种先验的存在，但在实然的层面，现实生活中的“公平”并不是一种天然存在，有诸多因素影响公平的存在，这些因素可以分为自然因素和社会因素两类。[③] 自然因素主要是指天赋、年龄、体格等自然的、不受主观意志影

---

① 〔美〕阿瑟·奥肯：《平等与效率——重大抉择》，王奔洲译，华夏出版社 2010 年版，第 50 页。

② 用经济学家弗里德曼的话说，机会均等“最好的表达也许是法国大革命时的一句话：前程为人才开放。任何专制障碍都无法阻止人们达到与其才能相称的、而且其品质引导他们去谋求的地位。出身、民族、肤色、信仰、性别或任何其他无关的特性都不决定对一个人开放的机会，只有他的才能决定他所得到的机会”参见〔美〕米尔顿·弗里德曼：《自由选择——个人声明》，胡骑等译，商务印书馆 1982 年版，第 135 页。

③ 卢梭在其名著《论人类不平等的起源和基础》一书中详细论述了这两类不平等（不公平）因素，罗尔斯在其《正义论》中也把天赋和社会制度作为影响正义的两种因素来分析。但需要指出的是，这里仅仅是为了分析的方便进行的一种大致的分类，而实际上，自然因素和社会因素有时候是很难分开的，自然因素一旦进入到社会关系中就不再是单纯的自然因素，而是融入了社会中的社会因素。而且，对于这种分类的标准，不同学者之间实际上也存在很大的分歧，例如，在罗尔斯的理论中，天赋等自然因素是和人的意志无关的；但在诺齐克的理论中，天赋等自然因素是有个人努力所起的作用的，罗尔斯将权利的分配完全看作是得自于自然禀赋的观点是不对的，因为他忽视了人的内在的努力在成功中所起的作用。

响的因素。社会因素主要是指经济、政治、文化、教育等由人类的社会关系主导的因素。从理想的角度来看，一种“公平”的分配制度首先必须能够克服或者至少在某种程度上减少而不是加大这些相关因素对社会主体产生的负面作用。但是，由于分配制度涉及的考量因素及其运作机制是如此复杂，人们会也把关注点放到其他方面。

（二）分配与分配制度

自从有了人类社会，就有了相应的权力（利）和财产分配，分配在整个人类历史中始终居于十分重要的位置。[①] 虽然不同的学科中对于分配的理解有一定的分歧[②]，但总体上来看，对于分配的界定争议不大，学者们一般认同分配就是一种利益的分割，是社会经济活动的一个环节。广义的分配包括对全部社会资源的分割[③]，包括自由、权力、权利、财富等各个方面，而狭义的分配仅仅指财产利益的分割，主要是收入的分割。[④]

关于分配制度的内容，一般认为，一个分配制度必须考虑以下五个方面的问题：即“什么被分配”“分配给谁”“在经济活动的哪一个阶段进行分配”“谁进行分配”“根据什么标准进行分配”。[⑤] “什么被分配”实际上是分配的对象问题，虽然在其他学科中分配的对象存在一些争议[⑥]，但在经济法和社会法中，分配的对象主要是财富（收入）。“分配给谁”主要是指分配的收受者，这在一定的历史阶段也不存在太多的差异。至于“在经济活动中哪一个阶段进行分配”，一般认为分配分为初次分配和再分配，初次分配是在经济领域之内进行的，包括生产资料的分配和生活资料的分配，再分配是经济领

---

① 西方经济学界曾对分配是否重要有过争论，但从当今中国社会的实际情况来看，分配的确很重要。关于西方经济学界对分配是否重要的争论，可参见〔美〕马丁·布朗芬布伦纳：《收入分配理论》，方敏等译，华夏出版社2009年版，第1—6页。

② 学界的主流观点是把分配理解为经济活动的一个环节，但也有人把分配理解为在经济活动中的基础性纬度，还有人把经济活动仅仅理解为生产过程，而把分配问题归属于政治问题。参见何建华：《社会正义论》，人民出版社2007年版，第19—21页。

③ 实际上，在具体含义上，“分配”与“分割”两个词语之间仍然还存在着一定的细微差别。例如，“分配”除了具有“分割、瓜分”的含义之外，在某种意义上应当还具有“配置”的意思。

④ 除特别说明之外，本书所讨论的“分配”，是狭义上的“分配”，即财产性利益，主要是收入的分配。

⑤ 〔美〕乔治·恩德勒等主编：《经济伦理学大辞典》，李兆荣等译，上海人民出版社2001年版，第561页。

⑥ 如拉姆塞和克拉克认为被分配的对象是财富，斯密认为分配的对象是价值，罗尔斯认为被分配的对象至少包括自由、职位和财富，乔治·恩德勒认为被分配的对象主要是“收益或者负担”。

域之外的分配，包括第二次分配和第三次分配，第二次分配是政府通过税收、财政、预算、价格法律法规和政策进行的，第三次分配是通过社会保障法律和政策进行的。[①] “谁进行分配”即分配的主体问题，主要包括经济主体、市场和国家。在市场经济条件下，经济主体的分配主要是通过自愿交换来完成的，这属于个体的分配主体，市场的分配主要是通过市场机制的调节完成的，这是在个体市场行为基础上的组合，国家的分配主要是通过经济和社会保障法律、政策进行宏观的调控来完成的。“根据什么标准进行分配”是指分配的标准和尺度问题。由于在现实生活中影响到某一次具体分配的因素非常多，分配的最终标准可能是以某一标准为主、综合其他多个标准[②]，但从总体上来看，人们对于分配都会采用当时人们认为是比较符合“公平”的标准。在分配对象、分配收受者、分配次数、分配主体相对确定的情况下，分配的标准就是十分关键的了，它决定着人们对于分配的认可度以及相关主体的生产积极性、下一个环节经济活动的进行、社会的安全和稳定等一系列问题。由此可见，“公平分配”在整个分配制度中具有举足轻重的地位，实质上是处于核心地位的要素。

(三) 公平分配中公平与效率的平衡

需要注意的是，公平分配并不是社会分配的唯一追求，公平分配还必须注意协调，平衡公平与效率的关系。这是因为，“公平分配”还必须考虑到分配的客体的最大化，也就是要效率，而片面地强调“公平”并不必然就能有助于效率的提高。[③] 实际上，公平和效率之间的互动是如此复杂，以至于要准确理解“公平”的概念，就必须在“公平”和“效率”理念之间进行适当的平衡，在“公平”和“效率”互动的状态中去理解和把握“公平”。这种互动既有积极的层面，也有消极的或者说是矛盾的层面。对于积极互动的层面，一般不会出现什么问题，既然人人心目中都有自己心中的“公平”理念，因此不会有人反对绝对抽象意义上的“公平”，既然人类社会的幸福需要一定的物质财富

---

① 也有学者提出公平分配的实现需要通过四次分配，但第四次分配中的捐赠和慈善可否作为一次独立的分配，这在中国目前形势下仍有待探讨，依笔者愚见，似乎纳入到第三次分配中比较适宜。有关四次分配理论可参见：青连斌等著：《公平分配的实现机制》，中国工人出版社 2010 年版。

② 在人类历史上，还出现过其他的标准，如经济绩效、政治影响、机会均等、权力优先等多个标准。当然，这些标准在不同的历史阶段，也会有不同的侧重。

③ 反之亦然，片面强调效率并不意味着必然产生公平。虽然从一个较长时期来看，效率的提升有助于实现公平，公平的实现又可以反过来进一步促进效率的提高。

积累,因此也不会有人会否认“效率”的积极作用。那么,理解公平的关键应当在于公平和效率的消极互动,也就是当公平和效率发生矛盾和冲突的时候,哪一个优先?如何去实现或者在多大程度上实现“公平”和效率?要理解和分析这一问题,有必要明确“效率”的概念。

相对于公平而言,效率这一概念的界定似乎相对容易些。其实,“效率”这一概念最早源于物理学,和“公平”并无关系,但现在这一概念已经广泛运用于社会科学的各个领域,在很多时候和“公平”相对。一般认为,广义的效率指的是社会效率,即投入和产出的比率,在其他条件不变的情况下,投入减少或不变而产出增加,称之为有效率,反之称之为无效率或低效率。狭义的效率仅仅指经济效率,是经济学上广泛使用的概念,是以资源的稀缺性为前提的一个概念。有了资源的稀缺,就要考虑经济效率问题。当前,“效率”已经成为经济学的核心范畴之一,以至于有人认为,经济学的精髓就“在于承认稀缺性的现实存在,并研究一个社会如何进行组织,以便最有效地利用资源。这一点是经济学独特的贡献”[①]。当然,在经济学内部,不同的经济学家对于效率的理解是不同的,其中影响力最大的是帕累托效率。[②]

不可否认,无论怎么去界定“公平”和“效率”,它们始终是人类社会所追求的目标,虽然二者并不总是一致的。“公平”和“效率”存在矛盾,这一认识已经成为许多经济学家分析问题和建构理论的逻辑起点之一。如萨缪尔森和诺德豪斯认为,“即使是最有效率的市场体系,也可能产生极大的不平等”[③]。奥肯也认为,“我们无法在保留市场效率这块蛋糕的同时,又平等地分享它”,“为了效率就要牺牲某些平等,并且为了平等就要牺牲某些效率”,“任何坚持把馅饼等分成小块的主张,都会导致整个馅饼的缩小。这个事实形成了经济平等和经济效率之间的抉择。到目前为止,不平等确实在各方面起着推动效率的作用。”[④]此外,美国著名经济学家、统计学家库兹涅茨也

① 〔美〕保罗·萨缪尔森、威廉·诺德豪德:《经济学(第十八版)》,萧琛主译,人民邮电出版社2008年版,第4页。

② 帕累托效率又被称为帕累托均衡,是由意大利经济学家维尔弗雷多·帕累托提出来的一种衡量系统是否有效率的标准,它是指在一个体系或一种状态中,如果该体系或状态没有一种可供选择的状态或体系能够使至少一个人的境况变好而不使其他人的处境变坏,这种体系或状态就是有效率的。帕累托效率的最大特点就在于摆脱了价值评价,虽然帕累托效率在真实的生活中是不可能存在的,但其高度抽象分析是有重要理论价值的。

③ 〔美〕保罗·萨缪尔森、威廉·诺德豪德:《经济学(第十八版)》,萧琛主译,人民邮电出版社2008年版,第33页。

④ 〔美〕阿瑟·奥肯:《平等与效率——重大抉择》,王奔洲等译,华夏出版社2010年版,第2、106、56页。

通过“倒U假说”来说明公平和效率之间的矛盾。在他1955年发表的《经济发展与收入不平等》的论文中，提出了收入差距的“倒U假说”，即在发展中国家向发达国家过渡的长期过程中，在经济发展的初期，居民收入分配的差距会逐渐拉大，到了经济发展的后期，收入分配差距会逐渐缩小，呈现“先恶化，后改善”的趋势，而且这一趋势是不可避免的，从而体现为“倒U曲线”。这是关于“公平”和“效率”脱节的实证分析和总结。其实，从另外一个角度来看，也正是因为公平和效率之间存在着这样的一种张力，才需要相关制度和法律来平衡和协调二者之间的关系。

既然“公平”和“效率”会发生矛盾和冲突，那么应当如何处理，公平和效率哪个优先？对此学者们争论也很激烈。典型观点可以归结为三类：效率优先论、公平优先论、效率公平兼顾论。从总体上看，经济学家一般更倾向于效率优先，尤其是经济自由主义者更是如此，例如哈耶克和弗里德曼，而伦理学家则倾向于公平优先。由此也可以看出不同学科的关注点是不同的。“经济学家试图只根据效率来评价市场而忽视伦理问题，而伦理学家（以及规范的政治理论家）的特点则是（在从根本上思考了有关效率的考虑之后）蔑视效率考虑而集中思考对市场的道德评价，近来则是根据市场是否正义的要求来评价市场。”[①]公平与效率的这种冲突与平衡在整个社会保障资金收支运行中体现得也非常明显，这也是本书在后面要集中展开论述的重要内容。

由以上分析可以看出，公平分配是一个历久而弥新的永恒话题。从理论分析的角度来看，古圣先哲们对公平分配问题进行了深入研究；从实践需要的角度来看，公平分配对于当前的中国尤为重要。以上对有关公平分配的基本理论的探讨，为接下来对公平分配进行的经济法与社会法解构奠定了重要基础，同时也为分析社会保障资金收支运行的法律调控尤其是社会保障资金收支运行的财税法调控提供了重要依据。

（四）实现公平分配的法律机制

以上对公平分配基本理论进行了解析，通过以上分析，我们可以看出，公平分配是多学科研究的重要课题。如前所述，由于社会保障资金的收支运行本质上是一种财产的分配与再分配，因此，探讨公平分配实现的法律机

① 〔美〕艾伦·布坎南：《伦理学、效率与市场》，廖申白等译，中国社会科学出版社1991年版，第3页。

制对于构建我国社会保障法律体系、实现社会保障资金收支的顺畅运行至关重要。其实,在整个社会历史进程中,法律制度对公平分配的实现作用巨大。其中,经济法通常被认定为是典型的“分配法”,“分配不仅始终是改革开放过程中的重要问题,也是贯穿整个经济法制度建设的一条重要经脉”[1];而社会法则以社会为本位,强调社会公平,二者对公平分配的实现都具有十分重要的作用。况且公平分配问题不仅是经济法与社会法研究的核心问题,同时也在很大程度上体现了经济法与社会法的独特理念和基本价值追求。因此,在当前形势下,从经济法与社会法的理论和制度出发,深入研究经济法与社会法理论和制度中的公平分配观,探求在经济法与社会法框架下公平分配的实现路径和机制,不仅有助于解决我国当前社会保障资金运行中普遍存在的现实问题,同时也有助于深入理解经济法与社会法的本质和内涵,进一步完善经济法与社会法理论和制度,具有十分重要的理论和现实意义。

此外,为了更好地把握实现公平分配的法律机制,很有必要首先对法学中的公平分配观进行解读。其实,除去意识形态导致对于公平分配认识的差异以外,学科的差别也会对公平分配的认识产生很大的影响。总的看来,哲学侧重于从“人性”“理性”的角度去思考,经济学侧重于从对经济效益影响或者说从效率的角度去分析,社会学侧重于从社会结构功能的角度去研究,伦理学重点从社会伦理的角度来论证,法学则主要从法律的功能和价值的角度来解读。法学的独特视角对公平分配的实现具有十分重要的影响。

从法律的起源来看,“法律制度的产生是由于在对社会资源及利益在不同的人以及人的集合之间进行分配,从而达到稳定社会秩序的目的”[2],“法律是社会利益资源和权利的分配书”[3]。公平分配在法律的起源过程中发挥着重要的作用,而且公平分配一旦纳入到法律的轨道,就成为一种由法律调整并予以保障的机制。从法律的职能来看,公平分配是法律职能的重要组成部分。一般认为,法律的主要职能可以分为分配正义、解决争端以及社会控制等方面。其中,分配正义的功能十分突出,居于核心的地位。因为,如果说法律的功能在于“止争”(解决争端)的前提必须是很好地“定分”(分配

---

① 张守文:《贯通中国经济法学发展的经脉——以分配为视角》,载《政法论坛》2009年第6期,第123页。

② 李胜利:《分配法与再分配法》,载《法学评论》2008年第2期。

③ 漆多俊:《论转型时期法律的控权使命》,载《经济法论丛》,中国方正出版社2005年版,第11页。

正义),在"定分止争"的基础上才能实现对社会的有效控制。从法律的价值来看,法律的基本价值可以分为公平、效率和秩序[1],其中,公平是法律价值的重要组成部分,是法律价值中的应有之义,始终是法律所追求的主要价值之一,"法律就是用以防止不正义的集体性暴力手段,简而言之,法律就是正义。"[2]

其实,从制度的视角来解读,公平分配同样是现代社会制度文明的核心内容。法律作为人类社会制度文明的重要组成部分,与公平分配之间有着天然的密切联系。这不仅仅因为以其独特的秩序价值为社会经济生活提供了基本前提,并"决定着所有财富的安排"[3],而且,从一定意义上讲,法律制度本身也是"一种配给制度"[4],是一种追求公平和正义的分配制度。"法律有关权利、义务的分配,对社会财富及收入的分配有重要影响。作为一种制度结构性正义,分配正义所涉及的广度与深度远远超出收入的分配,它关系到各种社会基本资源在人与人之间、人民与政府之间的分配。这些重要资源的分配将决定此后的生活方式和收入分配等等,所以是一个社会的基本制度或国家大法的主要内容"[5]。

从以上分析可以看得出,法学中的公平分配观,与哲学、经济学、社会学、伦理学等学科中的公平分配观有着非常密切的联系,都强调公平、正义和效率,只不过其具体解读和思维范式存在一定的差别。

研究实现公平分配的法律机制基本结构,首先需要对"机制"一词进行简要分析。从词源的角度来看,"机制"最早源于希腊文,原指机器的构造和动作原理。后来很多学科都把机制的本义引申到自己的领域,产生了不同语境下的"机制",但在基本含义上是一致的。在社会科学领域,"机制"一般是指社会有机体各部分的相互联系、相互作用的方式。机制从其功能上来看可以分为激励机制、制约机制、保障机制三大类。激励机制是调动管理活

---

① 其实,在人类的历史长河中,关于法的价值一直是一个很有争议的话题,并且基于视角的不同,产生了不同的学派,有强调公平和正义的自然法学派,有强调秩序的社会法学派,还有强调效率的经济分析学派、强调语义分析的分析法学派。但大家一般认同美国综合法学派代表人物博登海默在其著作中归纳的三个方面的法的基本价值,详细分析请参见〔美〕博登海默:《法理学——法律哲学与法律方法》,邓正来译,中国政法大学出版社 1999 年版。

② 〔法〕弗雷德里克·巴斯夏:《财产、法律与政府—巴斯夏政治经济学文粹》,秋风译,贵州人民出版社 2003 年版,第 122 页。

③ 同上书,第 98 页。

④ 〔美〕劳伦斯·M.弗里德曼:《法律制度——从社会科学角度观察》,李琼英等译,中国政法大学出版社 1994 年版,第 23 页。

⑤ 何建华:《社会正义论》,人民出版社 2007 年版,第 36 页。

动主体积极性的一种机制；制约机制是一种保证管理活动有序化、规范化的一种机制；保障机制是为管理活动提供物质和精神条件的机制。公平分配机制主要是一种激励机制，兼具有保障机制的性质。公平分配机制的实现需要一定的条件，主要是体制和制度两个方面。这里的体制，指的是组织职能和岗位责权的调整与配置；这里的制度，是从广义上讲的，包括国家和地方的法律、法规以及任何组织内部的规章制度等社会规范。除了经济和社会体制以外，法律、道德、宗教、习俗等社会规范都为公平分配的实现提供了相应的机制[①]，但法律以其自身特有的作用和功能优势在整个调整机制中占有特定的位置。法律调整机制的重要特点在于它是通过权利义务模式的作用来调整社会关系，具有国家的强制力。

需要特别指出的是，公平分配的实现不仅需要经济法的调整，还需要其他多个法律部门综合调整。宪法、行政法、民商法、社会保障法、甚至刑法等法律部门，对于公平分配的实现都具有十分重要的作用[②]，但由于本章所研究的对象是社会保障税法制建设问题，因此，讨论的重点主要集中在实现公平分配的经济法与社会法机制，即经济法与社会法中公平分配观的实现机制。此外，虽然公平分配从法律的其他部门的视角来看，其涉及的范围非常广泛，但从经济法与社会法的角度来看，经济法与社会法中的公平分配固然要涉及政府公权力和公民私权利这些非财产利益的分配，同时也涉及初次分配和再分配等各个分配领域，但从总体上看，经济法与社会法中的公平分配，其主要内容和调整重点是对收入的再分配，这也是需要特别说明的一点。

公平分配是一个宏大的课题，涉及法学、经济学、社会学、哲学、伦理学、历史学、政治学等多个学科领域，学者们对这一重大理论问题进行了广泛的探讨。如前所述，公平分配不仅是重要的经济问题，同时还是人们普遍关心的重大社会问题，而近些年来存在的分配不公现象也确实已经严重影响到了当前中国的经济发展与社会的和谐稳定。在理论上解释并在实践中探索公平分配实现的有效机制，是当前迫切需要面对的问题。通过在经济法与社会法框架内对公平分配及其实现的法律机制进行分析，可以看出，作为衡

---

① 例如，作为实现公平分配的重要机制，慈善经常与宗教相连，这在信奉基督教的国家体现得特别明显。

② 如宪法对于权利和权力的分配，行政法对于权利和权力边界以及权力和权力边界的划分，民商法对于私权的划分，社会保障法对于财富的再分配，刑法对于犯罪标准的界定和刑罚的幅度，也都是对于社会分配的一种调节。

量经济与社会平衡协调发展的重要尺度,公平分配的实现至关重要。而要实现公平分配,尤其需要经济法与社会法的密切配合与综合调整。以社会保障法律制度建设为切入点,能够更加清晰地看到经济法与社会法综合调整在实现公平分配过程中的重要作用。

二、公平分配与社会保障资金收支运行的法律调整

(一)社会保障资金收支运行中的公平分配问题

1. 公平分配与社会保障资金收支的关系解析

前文对公平分配及其实现的法律机制大致进行了分析。以社会保障资金的收支运行为切入点,能够更加清晰地看到经济法与社会法的综合调整对公平分配实现的重要作用。事实上,在整个社会保障资金运行过程中,公平分配都是一个重要的主线,因此,从公平分配的视角对社会保障资金收支运行进行解析尤为必要。

从分配的角度来看,社会保障资金的收支具有明显的分配和再分配效应。从初次分配的角度来看,社会保障资金的收支广泛涉及企业、社会成员和国家等多方主体的利益。例如,社会保险费的缴纳涉及企业、社会成员和国家税务机关或社会保险经办机构等主体。从再分配的角度来看,社会保障资金的收支同样涉及多方主体利益。因此,在社会保障资金收支运行中,分配的公平性就成为一个突出的问题。

从公平的视角来看,社会保障收支运行中的公平问题亦非常重要。前文对"公平"的概念进行了详细的解析,可以看出公平是一个多重含义的词汇。当前社会保障资金收支运行中的公平问题十分突出,主要体现为以下四个方面:一是收入不同的社会成员之间的负担公平问题,这已成为我国当前社会普遍关注的问题①;二是代际公平问题,这在养老保险中体现得更加明显;三是筹资与给付之间的公平问题,这在我国当前劳工流动日益频繁的情况下尤为突出;四是平等与效率的平衡问题,这贯穿于整个社会保障资金收支运行的始终。

由此可见,社会保障收支运行与公平分配紧密相连。因此,很有必要对

---

① 例如当前我国实施的公务员和其他社会成员养老保险的"双轨制"所产生的社会保险费用的社会成员负担不公问题,已经引起很大的争议。此外,由于社会保障制度不完善所带来的城乡之间社会保障不公平问题也已经引起人们的广泛关注。

社会保障收支运行中的公平分配问题进行深入分析。唯有如此,才能确保社会保障收支运行的相关法律制度更加科学合理。

2. 公平分配视角下的养老保险资金收支运行

由于在整个社会保障资金收支运行中,养老保险占有较大的比例,而且在整个社会保障制度中,养老保险广泛涉及公平分配的各个层面,下面就以养老保险为例,分析社会保障收支运行中的公平分配问题。

养老保险关乎社会的每个成员,其涉及面广、周期长、资金规模大,是整个社会保险中最重要、最为复杂的领域。养老保险通过迟延支付和转移支付机制,为社会成员抵御老年风险提供了有力保障。但我国的养老保险制度建立较晚,经济的转轨带来了社会结构的变动和利益格局的调整,使得我国的养老保险制度面临着复杂的环境。尤其是在当前我国收入分配差距日益扩大的背景下,对养老保险的公平分配提出了更高的要求。我国《社会保险法》中关于养老保险的内容,总体上体现了公平分配的原则,但也存在明显的不足。这主要体现在养老保险新旧代际转移支付、地区差异明显、行业差别悬殊、城乡分化、性别差别等原因产生的分配不公平。

养老保险实质上是一种收入再分配,始终存在着代际分配问题。养老保险中的代际分配,是指发生在相邻两代人乃至多代人之间的利益分配,其实质是老年人与年轻人之间的收入分配。除了新加坡等少数国家采取储蓄式养老保险模式外,世界大多数国家的养老保险都存在一定程度的代际分配,尤其是以现收现支的养老模式更为明显。从理想状态来看,不同代的社会成员领取相同购买力的养老保险金是一种公平分配,但由于人口老龄化的出现打破了这种代际公平分配。我国养老保险没有完全采取现收现支模式,而是推行社会统筹与个人账户相结合的部分积累模式,虽然个人账户主要是个人的时间转移支付问题,但在社会统筹部分仍然存在代际公平分配的问题。而且,在当前还存在因对转轨成本的支付而产生的代际分配问题。

从代内公平分配的角度来看,我国《社会保险法》中有关养老保险的部分和以前的相关法律制度相比较,已经有了明显的进步,但并未最终解决养老保险因为职业差别[①]、城乡差别[②]、地区差别、行业差别、性别差异等原因

---

① 例如公务员和其他社会成员之间养老保险待遇的巨大差距,是当前养老保险制度中亟待解决的重要问题。从养老保险公平性的角度来看,这种因为职业差别而产生的明显的不公平,是非常不合理的,已经成人们普遍关注的社会问题之一。

② 城乡二元化是中国当前的重要国情之一,在养老保险中的城乡差别也是影响社会保障资金收支运行的一个重要方面。

所造成的分配不公。例如，虽然《社会保险法》提出了建立覆盖全民的养老保险，但《社会保险法》也体现出了职业之间和城乡之间养老保险存在较大的差异。同时，虽然《社会保险法》尽量缩小养老保险的地区差异，但也在事实上承认了因地区差异所带来的养老保险分配不公。虽然《社会保险法》没有规定行业的差别，但是由于我国养老保险的特殊性，在一些垄断行业，除了基本养老保险，企业也会通过年金的方式对基本养老保险进行补充，这也在事实上出现了行业分配不公问题。另外，在当前退休年龄男女不统一的情况下，也在实质上存在养老金性别分配不公的问题。

3. 其他类型社会保障资金收支运行的公平性分析

上述有关养老保险资金收支运行中的公平分配问题，同样也存在于其他类型的社会保障资金收支运行之中。例如在医疗保险资金收支运行中，存在健康人群与非健康人群之间风险分担、不同经济收入水平人群之间的风险分担的公平性问题[①]；在失业保险资金收支运行中，存在企业之间费用负担的公平性、地区之间费用负担的公平性与群体之间费用负担的公平性等问题；在工伤保险资金收支运行中，存在缴费承担主体、参保群体、缴费率等相关方面的公平性问题；而在生育保险资金收支运行中，则存在筹资对象的公平性、筹资规模公平性等相关问题。此外，最低生活保障资金、社会救助资金、社会优抚资金、社会福利资金等其他类型的社会保障资金在收支运行中同样也存在不同程度的公平性问题。

由此可见，基于社会保障收支的基本功能，在整个社会保障资金收支运行过程中，公平分配都是一个需要慎重考虑的重要问题，同时也是衡量经济与社会平衡发展的重要指标。因此，我国社会保障收支运行法律制度的完善，也必须要充分考虑到公平分配等相关问题。

（二）公平分配与社会保障资金收支运行相关制度的形成

以上大致分析了社会保障资金收支运行中存在的与公平分配有关的几种问题。由此也可以看出，社会保障资金收支的顺畅运行离不开对公平分配因素的考量。事实上，各国社会保障资金收支运行中的有关制度设计与模式选择，很大程度上与对公平分配的理解和把握有关。下面就以社会保障资金筹资工具的选择为例，分析公平分配在社会保障资金收支运行中的价值和意义。

---

① 参见于洪：《社会保障筹资机制研究》，上海人民出版社2008年版，第124页。

如前所述，社会保障资金的筹资问题至关重要。作为社会保障资金运行的首要环节，社会保障资金的筹资决定着社会保障资金的充足与否，从而也决定着社会保障制度的实施效果。而社会保障资金筹资工具的选择在某种程度上直接决定着社会保障资金筹资效果的实现，因而成为社会保障筹资运行环节需要重点考虑的问题。事实上，筹资工具的选择也已成为各国社会保障制度建设中的重要问题。从整体上看，社会保障资金筹资工具的选择固然与一个国家的政治、经济、社会、文化、历史等方面的各种错综复杂的背景紧密相连，但与该国对于公平分配理念、标准和尺度的把握却有着直接的关系。

基于不同的国情，世界各国社会保障资金的筹资采用了不同的模式。从总体上看，如果以资金运行为视角，社会保障资金筹资模式大致可以分为三种：现收现付模式、完全积累模式和部分积累模式。现收现付模式以年度收支平衡为原则，注重社会保障资金收支的短期平衡，具有管理方便的优势，但很难应对当前人类老龄化的现实，因而面临严峻的挑战。完全积累模式恰好相反，以长期收支平衡为原则，注重社会保障资金收支的长期平衡，实质上是一种强制储蓄，在一定程度上可以有效应对人口老龄化的危机，但由于其互济性差，而且资金规模大、时间长，却很难有效应对通货膨胀的风险。部分积累模式吸取了以上两种模式的优点，进行了折中处理，但却使得社会保障资金面临着人口老龄化和通货膨胀的双重风险。

针对不同的社会保障筹资模式，世界各国选择了相应的社会保障资金筹资工具。社会保障资金的筹资工具主要有两种，一种是税收，另一种是缴费。总体看来，实行现收现付模式的国家一般倾向于选择税收这种筹资工具，实行完全积累模式的国家一般选择缴费这种筹资工具，实行部分积累模式的国家则大多选择税、费混合的筹资方式。作为社会保障资金筹资的不同工具，税收和缴费各有其优势和劣势。总体来看，税收具有提升共济层次、增强征收力度等优势，有助于体现了社会层面的公平分配，但在征收的灵活性和个体公平性方面存在一定的不足，而缴费恰好相反。因此，我国学界对于社会保障资金的筹资工具选择问题一直存有争议，“从税派”与“从费派”各执一端。

其实，税费之争的实质根源，还是在于社会保障资金的公私二元属性问题。如果从社会保障资金的公共属性角度出发，可以推断出社会保障资金筹资工具应当为税收的结论；而如果从社会保障资金的私人属性出发，则可以推断出社会保障资金筹资工具应为缴费的结论。因此，问题的关键在于如何在社会保障资金筹资中合理平衡社会保障资金的这种公私二元属性。当然,需要说明的是,这里所说的公共属性和私人属性只是一个大致的分类,因为,无论是社会保障税还是社会保障费,在某种意义上都具有一定程度的"公"的性质。从这种意义上讲,社会保障资金从其筹资的角度来看,无论是以社会保障税的方式还是以社会保障费的方式,其实都具有一定程度的"税"的属性,这不仅体现在公共属性较为明显的社会救助等相关领域,同时也体现在具有一定私人属性的社会保险等相关领域。正是因为如此,我国当前社会保险费的征收机关在现实生活中就很不统一,在不同的省、市、自治区,社会保险费的征收机关会分属于税务机关和社会保险经办机构。

如果从公平分配的角度来看[①],在当前中国,社会保障税和费都有其各自存在的价值和理由。社会保障税作为一种特殊的税种,从社会的整体公平分配出发,考虑的是整个社会经济的综合平衡,因此,从这种角度来看,是有其存在的价值的。尤其是在社会救助、社会优抚等领域,不可能通过缴费的方式筹集相关资金,因而税收的优势和功能体现得更加明显。在社会保险的基本保险层面(如基本养老保险、基本医疗保险),其公共性和互济性较强,税收的优势和功能体现得也很明显。社会保障领域的各种"费",尤其是社会保险缴费具有一定的自助性和积累性(这在养老保险的个人账户资金方面体现得更加明显),考虑到个体之间的公平分配性,同样有其存在的合理性。因此,如若从公平分配的角度进行综合考虑,当前中国社会保障资金筹资运行中"税"和"费"并存的制度倒不失为是当前中国的一个合理选择。[②]

(三)公平分配与社会保障资金收支的法律调整体系

以上大致分析了公平分配与社会保障资金收支运行之间的密切联系。由以上分析可以看出,从公平分配的视角,能够更加清晰地看出,社会保障资金的收支运行中的核心问题在于社会财富的公平分配问题。而社会财富的公平分配就不仅要注重分配的经济效应,同时还要考虑到分配的社会效

---

① 需要说明的是,对于社会保障资金的筹资工具选择,当然也还可以从其他角度进行审视。例如,如果从公共财政危机的角度来看,单一的社会保障税未必是最优化选择。此外,如果从政府与市场的关系来看,政府干预市场的界限以及社会保障领域中政府主导的力度也会影响到社会保障筹资工具的选择。因此,正如前文所述,社会保障筹资工具的选择涉及各种复杂因素。但为了分析的方便,本处仅从公平分配的角度进行考虑。

② 此外,从社会保障资金复杂的种类来看,社会保障税和社会保险费的并存也是当前中国社会保障资金筹资制度的必然选择。

应，这就需要经济法与社会法的综合调整。为了更加清晰地从公平分配的角度论证社会保障资金收支的法律调整，很有必要对公平分配与经济法和社会法的密切联系进行研究。

1. 公平分配与经济法

相比较其他法律部门，经济法具有天然的“经济性”，使得经济法与其他法律部门在公平分配问题上发挥着不可替代的作用。因此，经济法中的公平分配观也必然有自己的独特之处，这可以从经济法的产生、经济法的特征、经济法的调整目标等角度来进一步进行分析。

首先，经济法中的公平分配观可以从经济法的产生来解读。经济法是调整在现代国家进行宏观调控和市场规制过程中发生的社会关系的法律规范的总称。[①] 虽然对于经济法的产生，学界至今尚有争议，但一般认为，经济法产生于19世纪末20世纪初自由竞争资本主义向垄断资本主义过渡时期。[②] 经济法之所以产生，源于市场和政府的“双重失灵”。在自由竞争时期，市场失灵的问题并不突出，相关法律问题可以由传统的民商法来解决。到了垄断资本主义时期，市场通过有效的资源配置提高经济效率，但市场本身并不能解决公平分配问题。市场的失灵使得人们求助于政府的干预，但政府在干预市场方面也会失灵，这就需要不同于传统法的经济法来解决“两个失灵”问题。[③] 由此我们可以看出，从经济法的产生来看，经济法是为了弥补市场机制分配功能的不足而产生的，因此，经济法中的公平分配更“公平”，更符合现代社会的需要。

其次，经济法中的公平分配观还可以从经济法的特征来解读。从经济法的特征来看，经济法具有明显的经济性和规制性。与传统民商法所关注的提高个体经济效益相区别的是，经济法的这种经济性是以提高社会整体的经济效益和社会效益为目标的“经济性”，因而经济法中的公平分配特别重视经济和社会效应的平衡，是对经济效益和社会效益的双重关注，是超越传统法律的“经济性”。这种规制性是在法律范围内的规制，是符合公平理

---

① 张守文：《经济法总论》，中国人民大学出版社2009年版，第34页。

② 正如有学者指出，虽然单纯规范意义上的经济法也许在古代社会即已存在，但从较为广泛的领域来看，作为部门法意义上的经济法，则是产生于国家对市场经济进行积极的调控和规制之后，尤其是产生于资本主义经济大危机和第二次世界大战后。相关分析内容，可参见张守文：《经济法总论》，中国人民大学出版社2009年版，第54页。

③ 关于“两个失灵”和经济法的产生之间的关系，可参见张守文：《经济法总论》，中国人民大学出版社2009年版，第7页、第21页、第31—32页。

念的规制。从某种意义上讲,规制也是一种“分配”,经济法中的规制也是一种典型的“公平分配”。此外,经济法还具有现代性,这种现代性体现在:经济法在精神追求上的现代性、在背景依赖上的现代性、在制度建构上的现代性。这种精神追求上的现代性,使得经济法不同于传统的法律部门,它超越传统的公平、效率理念,追求对公平和效率的兼顾,追求对个人私益和社会公益的协调保护。因此,经济法的“公平分配”深深融入了现代理念。这种背景依赖上的现代性,使得经济法在产生之初就有了坚实的经济和社会基础。这种制度建构上的现代性,表现为经济法制度形成方面和经济政策紧密相连,在制度构成上面实体规范和程序规范紧密结合,具有高度的“自足性”。经济法的这种“自足性”不仅仅有助于保障公平,而且在一定意义上还有助于提高效率。这就使得经济法在制度上把公平和效率紧密结合在了一起。

再次,经济法中的公平分配和经济法的调整目标紧密相关。经济法的调整目标,就是经济法通过对特定社会关系的调整,来不断解决个体营利性和社会公益性的矛盾,兼顾效率与公平,从而持续地解决“两个失灵”的问题,促进经济的稳定增长,保障社会公益和基本人权,进而实现经济与社会的良性运行和协调发展。[①] 由此可以看出,在经济法中,其调整目标不仅仅是经济目标,还注重社会目标,是与经济和社会的双重关注。此外,经济法的公平分配观与经济法的价值直接相连。经济法的价值与法的一般价值是一致的,包括公平、效率和秩序。[②] 公平分配还体现在经济法的基本价值之中。

以上各个方面大致勾勒出了经济法中的公平分配观。还需要注意的是,中国经济法的产生和发展是和中国的改革开放紧密相连、始终相伴的,而中国改革的一个基本线索就是分配制度的改革。因此,一部中国经济法的历史同时也可以称为改革开放以来公平分配制度形成和发展的历史。

---

① 参见关于“两个失灵”和经济法的产生之间的关系,可参见张守文:《经济法总论》,中国人民大学出版社 2009 年版,第 21 页。

② 需要说明的是,有学者认为对经济法的价值可以从两个方面来理解,一方面是经济法的内在的客观功用价值,另一方面是经济法的外在的主观评判价值. 参见张守文:《经济法总论》,中国人民大学出版社 2009 年版,第 68—70 页。这种见解为全面理解经济法的价值提供了非常重要的思路,但为了讨论的方便,我们暂且把讨论重点放在经济法的外在价值,即外部主体对经济法功用的主观评价或价值追求。

此外，公平分配的经济法实现机制同样需要特别注意。如前所述，公平分配的实现需要多个部门法进行综合调整，但是，基于对收入再分配的法律调整，经济法中的公平分配观在其实现机制上面有其独特之处。这种独特之处首先体现在经济法中公平分配观的实现不能通过市场的自发调节，而是需要政府积极行为，即在经济法中公平分配观的实现更多地需要通过政府公权力的有效实施。其次，经济法中公平分配观的实现机制还具有强烈的经济和社会双重效应，这两方面的效应直接关系到经济的可持续发展与社会的稳定安全。再次，经济法中公平分配观的实现机制具有动态性，这是由于经济本身具有周期性和变易性，基于及时调整经济的需要，经济法效果的实现往往和经济政策紧密相连，经济法中的公平分配观的实现机制必须处于一种不断调整之中，因此，经济法经常和经济政策紧密相连。[①] 以上这些特点贯穿于经济法各个部分，这可以从不同角度进行印证。

从经济法的权利义务结构来看，经济法中公平分配观的实现机制充分体现了以上特点。法律对于社会调整的独特之处就在于，法律是通过权利义务模式来规范社会的，因此，“权利与义务，向来是法律制度结构中的核心”[②]。研究经济法中公平分配观的实现机制，有必要从经济法的“权义”结构入手。总体上看，经济法上的“权义结构”具有权利义务配置不均衡、权义规范偏在性、主体权义不对等等一系列特点。[③] 以上这种不均衡、不对等的特点，决定了经济法中的公平分配机制不可能在法律主体双方的自主选择中实现，必须借助政府积极行为得以实现。而这种政府的宏观行为具有强大的社会和经济效应。由于经济生活的多变性，在一定时期内，经济法公平分配需要通过政府的经济政策来实现。

探讨经济法中公平分配观的实现机制，还必须考虑到当前中国公平分配面临的主要问题和因素。唯有找准问题，才能做到对症下药，真正实现经济法对公平分配的有效规范。当前，影响我国公平分配的因素有很多，主要体现在五个方面。一是中国特色城乡二元化问题的长期存在，致使城乡在收入分配方面出现较大不公平；二是我国东西地域发展的不平衡以及由此

---

① 例如，近些年来，北京市和其他一些地区陆续制定并发布了若干调控房价的相关政策，这些经济政策与经济法之间的界限就十分模糊。

② 张守文：《经济法总论》，中国人民大学出版社 2009 年版，第 164 页。

③ 具体内容参见同上书，第 174—175 页。

产生的“马太效应”[①]，不仅加剧了旧的不公平，同时还会催生新的不公平；三是当前我国市场转轨时期存在的制度缺陷以及产业结构的升级和调整，“默许”不合理的分配收入方式在事实上存在；四是世界经济一体化的出现导致了国际分配不公，使得分配公平问题已经上升到国际层面，并直接影响到国内的公平分配。针对这些问题，经济法作为具有时代气息的法律部门，与其他法律部门相比较，更具有其特色优势。

2. 公平分配与社会法

社会法中同样蕴含了丰富的公平分配理念。从劳动法的角度来看，有关工资分配的相关法律、法规和政策侧重于对初次分配公平性的保护。我国《国民经济和社会发展第十二个五年规划纲要》曾明确指出：“按照市场机制调节、企业自主分配、平等协商确定、政府监督指导的原则，形成反映劳动力市场供求关系和企业经济效益的工资决定机制和增长机制。健全工资支付保障机制。完善最低工资和工资指导线制度，逐步提高最低工资标准，建立企业薪酬调查和信息发布制度，积极稳妥扩大工资集体协商覆盖范围。改革国有企业工资总额管理办法，加强对部分行业工资总额和工资水平的双重调控，缩小行业间工资水平差距。完善公务员工资制度。完善符合事业单位特点、体现岗位绩效和分级分类管理的事业单位收入分配制度。”这些规定分别从工资决定机制、工资增长机制、支付保障机制、最低工资制度等方面进行了全方位的规划，体现了劳动法中的公平分配理念。

从社会保障法的角度来看，社会保障法作为一种再分配的法律，从产生之初就体现了对社会弱势群体的关怀，彰显了其独特的公平分配价值理念。整个社会保障立法的历史演进，始终与公平分配理念的发展紧密相连。无论是1601年英国伊丽莎白女王颁布的《济贫法》，还是德国分别在1883年、1884年和1889年颁布的《疾病保险法》《工伤保险法》《养老、残疾、死亡保险法》，美国在1935年颁布的《社会保障法》以及英国在1942年的《贝弗里奇报告》，虽然有其产生的特殊历史背景和政治目的，但在总体上都是在追求社会的公平分配，都为了保障社会弱势群体的基本生存权。社会保障法通过财政转移支付的方式来实现对社会资源的公平分配，在整个分配机制

① 马太效应(Matthew Effect)，来自《圣经》(新约 · 马太福音)中的一则寓言，“凡有的，还要加给他叫他多余；没有的，连他所有的也要夺过来”，1968年，美国科学史研究者罗伯特 · 莫顿(Robert K. Merton)从中引申出了“马太效应”这一概念，用以描述社会生活领域中普遍存在的“强者愈强、弱者愈弱”的现象，后来这一概念被广泛应用于社会学、经济学、政治学等领域。

中起到公平调节器的作用。在当代社会,社会保障法的公平分配职能进一步凸现,公平分配已经成为社会保障法的基本职能之一。

就社会法中公平分配观的实现机制而言,劳动法相关法律制度在初次分配中具有重要的作用[①],这在当前经济发展方式转变的背景下体现得尤为明显。以工资收入分配问题为例,近些年来,劳动报酬在国民生产总值中的比重呈逐年下降趋势[②],这种分配不公已经严重影响到了劳动者的合法权利,同时也为社会安定带来了不利因素。虽然劳动者工资的高低主要由市场供求关系来决定,但针对我国当前劳动报酬远远低于其他国家相应比例的现实,政府完全有必要通过进一步健全工资法律制度的方式来应对这一现实问题。同时,由于工资收入分配方式还对经济发展方式的转变有着非常重要的影响,"它决定着经济社会的需求结构和生产要素结构,进而决定了经济社会的产业结构和投入结构,从而影响着经济发展方式。"[③]因此,经济发展方式的转变离不开工资收入分配法律制度的完善。在当前背景下,改革工资分配制度尤为必要。为此,相关部门已经开始加快推进工资立法进程[④],这充分体现了劳动法立法在实现公平分配中的重要作用。此外,需要注意的是,由于工资分配的实际效果与工资分配制度[⑤]密切相关,因此工资分配制度对公平分配的实现具有十分重要的意义。不同性质的用人单位,其工资分配的具体制度存在较多的差异。我国当前确定工资分配制度的方式主要有三种:立法确定、集体协商确定和单位单方确定。其中,国家机关工资分配制度由相应立法予以明确规定;事业单位由于构成较为复杂,其工资分配制度也存在一定的差异,部分事业单位由立法予以规定,而部分事业单位则由用人单位单方确定[⑥];企业工资分配制度主要由工资集体协商

---

① 需要说明的是,从再分配环节而言,社会法中公平分配观的实现机制与社会保障法紧密相连,由于前文相关部分已经对此进行分析,此处不再赘述。

② 由于统计口径的不同,学者对于劳动报酬在整个国民生产总值中比重下降的幅度有一定的争议,但劳动报酬在国民生产总值中比例逐年下降的确是一个不争的事实。

③ 段先盛:《收入分配对经济发展方式的影响:理论与实证》,人民出版社 2011 年版,第 2 页。

④ 有关当前工资立法进程的分析,参见肖京、朱洵:《我国当前工资立法的困境与出路》,载《中国劳动关系学院学报》2012 年第 1 期,第 72—75 页。

⑤ 工资分配制度是指用人单位内部有关工资分配规则的总称,主要包括对工资的构成、形式、等级和标准等方面所作的各种具体规定。

⑥ 当前,我国的事业单位制度改革正处于十分关键的阶段,其中工资分配问题则是事业单位改革中的核心问题之一。

确定。[1] 由于工资分配具有明显的社会性,因而,通过社会法来规范工资分配制度的公平合理不仅必要,而且可行。

3. 社会保障资金收支运行的法律调整体系

经济法与社会法对社会保障资金收支运行的法律调整主要体现在财税法和社会保障法领域,形成了社会保障资金收支运行的二元法律调整体系。从财税法的角度来看,预算法主要调整社会保障资金收支的整体平衡,税法主要调整社会保障资金的筹资;从社会保障法的角度来看,社会保险法主要调整社会保险资金的支付[2],社会救助法、社会优抚法、社会福利法等相关法律主要调整社会保障资金的发放。[3]

由此可见,财税法主要调整社会保障资金的收支平衡和筹资,而社会保障法则主要调整社会保障资金"支"的方面。例如,要实现社会保障资金收支运行中的科学预算和地区平衡,就很有必要通过预算法等相关财政法予以调整,这在公共社会保障资金的收支运行中体现得更加明显;要实现社会保障资金收入环节的顺利运行,就很有必要通过税法进行调整,这在公共社会保障资金的收支运行中同样体现得非常明显;而要实现社会保障资金尤其是社会保险资金在支出环节的顺利运行,则很有必要通过社会保险法等相关法律进行调整。

社会保障收支运行涉及预算法、税法、金融法等经济法相关法律制度,同时还涉及劳动法、社会保障法等社会法相关法律制度。从公平分配的角度看社会保障资金的收支运行,不难发现,在社会保障收支运行中公平分配一直是贯穿其核心的重要问题,而且社会保障资金筹资工具的选择等问题也与公平分配问题紧密相连。同时,正是因为社会保障收支与公平分配之间的紧密联系,才使得社会保障资金的收支运行需要经济法和社会法的综合调整。

---

① 我国《劳动法》第 47 条规定:"用人单位根据本单位的生产经营特点和经济效益,依法自主确定本单位的工资分配方式和工资水平。"

② 需要说明的是,按照我国《社会保险法》的规定,《社会保险法》实际上也涉及了社会保险费的征缴等相关问题,并专门用一章的内容予以规定,但由于社会保险费在大多数省份实际上由税务机关予以征收,因此,社会保险费的征缴等相关法律问题大致也可以归入到税法的调整范畴。

③ 在我国当前的行政体制下,这些类型的社会保障资金的发放由劳动和社会保障行政部门管理,相关法律问题大致可以归入到社会保障法的范畴。

三、公平分配视角下的社会保障税

(一) 社会保障资金的筹集与社会保障税问题

社会保障资金的筹集具有多样化的特点，来源渠道并不统一。从整体上来讲，社会保障资金主要来源于国家财政转移支付的资金和由税务机关（或社会保险经办机构）征收的社会保险费。[①] 这两部分资金从其基本属性与最终承担的主体的角度来看，都具有一定的“税”的属性，大致都可以归入到“社会保障税”的范畴。为了研究的方便，以下有关社会保障资金筹集的法律调整的论述主要围绕社会保障税的税法调整这一核心问题展开。[②]

如前所述，世界各国主要运用“税”和“费”两种形式进行社会保障资金的融资，并形成了相应的社会保障税和社会保险费。社会保障税与社会保险费虽然同属于社会保障的范畴，但其出发点和对公平与效率的理解却有不同的偏重。从公平分配的视角来看，社会保障税更能体现社会保障的互济性，因而在整体上比社会保险费更有利于社会公平分配的实现以及经济与社会的综合平衡。[③] 然而，社会保障税作为一种独立的税种，在我国当前立法上一直未能予以明确规定。

在我国上个世纪 90 年代，社会保障税[④]问题曾经以税制改革为契机，在

---

① 当然，由于社会保障资金的种类繁多，因此还包括其他来源，例如，福利彩票基金等获得的资金、社会慈善捐款取得的资金，此外，还有企业年金的补充社会保险资金以及具有社会保障属性的住房公积金，但这部分资金与整个社会保障资金相比较而言所占比例并不明显。为了分析的方便，此处暂不考虑这部分的社会保障资金。

② 实际上，社会保障资金的筹资不可避免地涉及企业的缴费问题，而这部分内容与企业公司法紧密相连，但考虑到论述的主旨，对于这部分内容不作讨论。

③ 需要说明的是，这只是从整个社会公平分配的视角来看，社会保障税比社会保险费更有利于经济与社会的平衡，并不意味着社会保障税在任何意义上都优于社会保险费。实际上，正是因为从不同的角度进行考量，才会使得世界各国在社会保障资金筹资工具的选择上呈现出多元化的趋势。

④ 需要说明的是，世界各国对“社会保障税”的具体表述和使用名称不尽相同。例如，一些国家称之为“社会保障税”（Social Security Tax），有的国家则称“社会保险税”或者“社会保障缴款”（Social Security Contributions），但一般都是指为筹集特定社会保障基金而对一切发生工薪收入的雇主、雇员就其支付、取得的工资和薪金收入为课税对象征收的一种税。由于社会保障税的课税对象为工薪收入，因此，社会保障税在美国被称为工薪税（Payroll Tax）。我国目前尚未开征社会保障税，在《社会保险法》中使用的是“社会保险费”一词。虽然“税”和“费”存在差异，但为了研究方便，除了特别说明以外，本书使用的“社会保障税”概念包含了“社会保障费”。

经济学界进行过相当热烈的讨论，之后慢慢沉寂。[①] 随着我国《社会保险法》立法进程的不断推进，尤其是在中央财政部门官员的正式表态之后[②]，社会保障税问题重新引起学者们的密切关注，即便是在《社会保险法》通过并实施之后，这种争论仍未停止。[③] 与经济学界的热烈讨论相比，法学界对社会保障税问题并未真正深入进行，与社会保障税问题相关的、有分量的法学理论成果并不多见。[④] 这与社会保障税问题的交叉性和边缘性直接相关。[⑤]然而，正是这种交叉性和边缘性，使得研究社会保障税问题更具有独特的意义。社会保障税不仅仅对于我国税制和税法结构有重要影响，而且作为社会保障的重要筹资工具，在一定程度上也决定着社会保障法律制度目的的真正实现，是连接经济法和社会法的关键点，研究社会保障税问题有助于深刻理解经济法与社会法之间的内在联系。

研究社会保障税可以从多个角度展开[⑥]。其中公平分配视角更能清晰透视经济法和社会法的联系脉络。因为法律作为人类社会制度文明的重要组成部分，整体都与分配具有天然的联系，以其独特的价值为社会经济生活

---

① 在中国最早开始关注社会保障税，是在上个世纪 80 年代末，主要是从比较研究的角度进行思考(参见唐腾翔:《外国社会保障税的比较研究》，载《涉外税务》1989 年第 4 期)。但针对中国社会保障税问题的集中研究在 1993 年之后，以当时的税制改革为契机进行过相当热烈讨论。

② 2010 年 4 月 1 日，财政部部长谢旭人在《求是》杂志上发文，明确提出“研究开征社会保障税”(参见谢旭人:《坚定不移深化财税体制改革》，载《求是》2010 年第 7 期，第 33—35 页)。文章一经发表，立即在社会上引起强烈反响，各大网站如中国政府网、网易网、新浪网迅速转载，《中国财经报》、《中国财政》、《农村财政与财务》等财经类报刊也很快予以全文转载。

③ 经济学界学者们基于对社会保障税费性质的不同理解，分成了“从税派”和“从费派”。虽然笔者不赞成采用贴标签的方式对别人的观点进行断章取义，但一个不争的事实在于，人们对社会保障税的态度是有很大争议的。除去部门利益之争的因素，学者们视角、价值观和学科背景也在一定程度上影响到各自的观点。

④ 笔者于 2017 年 2 月 26 日在中国期刊全文数据库中以篇名含有“社会保障税”进行搜索，共有文章 731 篇，其中属于经济法的只有 46 篇;以篇名含有“社会保障费”进行搜索，共有文章 120 篇，其中属于经济法的只有 1 篇;以篇名含有“社会保险费”进行搜索，共有文章 921 篇，其中属于经济法的只有 8 篇。这些为数不多的法学成果也多集中在就事论事的社会保障税立法、法律体系构建层面，很少有把社会保障税放到法律整体框架内，尤其是放到经济法和社会法体系框架内，运用法学的方法和思维进行研究的文章。

⑤ 研究税法的学者把精力主要放在税法的主要内容上，对社会保障税并未投入过多的精力去研究;研究社会法的学者本来就不多，而这些学者又大都把研究重点放到社会法“核心领域”，很难有精力去研究“交叉地带”和“边缘地带”，这也与社会法学新兴学科的地位有关。

⑥ 研究社会保障税的其他视角有:社会保障的功能、社会保障的效应、社会保障税的税负形成、社会保障税与人权、社会保障税与其他税种之间的相互关系。这些都是研究社会保障税的重要视角。

提供了基本前提,并“决定着所有财富的安排”。[①] 况且,法律本身也是“一种配给制度”[②],是一种追求公平和正义的分配制度,“法律有关权利、义务的分配,对社会财富及收入的分配有重要影响”[③]。在整个法律部门中,“经济法又通常被认定为是典型的‘分配法’,分配不仅始终是改革开放过程中的重要问题,也是贯穿整个经济法制度建设的一条重要经脉”[④]。而社会法同样具有突出的再分配功能。社会保障税作为税收体制中的重要税种,本身就是“对各类主体的利益的平衡,是分割社会财富的利器”[⑤],是一种收入再分配重要方式。因此,从公平分配的视角审视社会保障税,不仅有助社会保障收支运行法律制度的完善,同时对贯通经济法和社会法、增强经济法与社会法的综合调整同样具有十分重要的意义。在当前税制结构优化的背景下,对社会保障税的研究还可以直接促进我国税收法律制度的完善,因而具有理论和实践的双重意义。

(二)社会保障税与公平理念的契合

社会保障税既是经济学的范畴,又是法学的范畴,与公平理念存在高度的契合,这种契合可以从社会保障税的理论基础、社会基础以及社会保障税的运作机制等方面得到印证。

首先,从社会保障税的理论基础来看,社会保障税与公平理念高度契合。社会保障税的产生与社会保障理论密切相关。在众多的社会保障理论中,有三种理论极具有代表性,即英国庇古的福利经济学说、凯恩斯的社会保障理论、贝弗里奇的福利计划理论。它们分别代表了不同时期各国的社会保障制度发展方向,至今仍具有深远的影响力。庇古在《福利经济学的几个问题》一文中指出了增加社会福利的两个途径:“一是对于一个人的实际收入增加,会使满足增大;二是将富人的货币收入给穷人,满足会增大”[⑥];英国著名经济学家凯恩斯以需求管理为基础建立社会保障经济理论,其在《就

---

① 〔法〕弗雷德里克·巴斯夏:《财产、法律与政府——巴斯夏政治经济学文粹》,秋风译,贵州人民出版社2003年版,第98页。

② 〔美〕劳伦斯·M.弗里德曼:《法律制度——从社会科学角度观察》,李琼英等译,中国政法大学出版社1994年版,第23页。

③ 何建华:《社会正义论》,人民出版社2007年版,第36页。

④ 张守文:《贯通中国经济法学发展的经脉——以分配为视角》,载《政法论坛》2009年第6期,第123页。

⑤ 张守文:《财富分割利器——税法的困境与挑战》,广州出版社2000年版,第338页。

⑥ 转引自陈银娥:《现代社会的福利制度》,经济科学出版社2000年版,第19页。

业、利息和货币通论》一文中，提出国家干预经济理论及政策主张，在其国家干预思想中，社会保障占有相当重要的地位；《贝弗利奇报告》是一份关于英国社会保险问题的技术性报告，建议政府全面建立社会保险制度和国民医疗保险制度。由此可以看出，庇古的福利经济学理论从社会福利的角度，论证了社会保障和社会保障税开征的必要性，符合“均贫富”的公平理念；凯恩斯从国家干预经济、矫正市场缺陷的角度，论证了社会保障和社会保障税的存在必要性，符合“经济安全”的公平理念；贝弗里奇的福利计划理论的出发点就是维护弱势群体的基本利益，符合“关注弱者”的公平理念。此外，近代以来建立在“人人生而平等”理念之上的人权理论也为社会保障税的合理性提供了理论基础。以上这些理论，虽然其侧重点各不相同，但都在一定程度上体现了公平理念，为后来社会保障税在西方发达国家的开征提供了坚实的理论基础。

其次，从社会保障税的社会基础来看，社会保障税和公平理念同样具有高度的契合性。社会保障税产生于20世纪30年代的经济危机时期，经济危机和经济危机引起的社会危机迫使西方国家开始运用税收的方式来筹集社会保障资金，于是，“一种以纳税人的工资、薪金所得为征税对象，且‘专税专用’于社会保障支付的新税种——社会保障税便产生了”[①]。1935年，美国首次以立法的形式确立了社会保障税之后，随后，其他国家也陆续开征了社会保障税。社会保障税的产生可以理解为西方国家应对“经济危机”所引发的“社会危机”的工具，是特定时期配合社会保障法应对“社会危机”的副产品。“社会危机”使得国家和政府开始关注社会弱势群体并采取相应措施着手解决社会问题。社会保障税以及社会保障税所支撑的社会保障制度从其产生之初就体现了对社会弱势群体的特殊关怀，彰显了其独特的公平价值理念，因而同样具有鲜明的“公平理念”烙印。从这种意义上讲，社会保障税在产生之初就与特定时期的公平理念高度契合。

再次，社会保障税与公平理念的契合同样还体现在社会保障税的运作机制上。社会保障税和它所支撑的社会保障制度，通过物质财富的再分配过程，矫正初次分配中的不公平，使得社会成员中的劳动者可以在保证基本生存的情况下参与市场竞争，社会成员中的潜在劳动者（未成年人）有机会通过努力摆脱不利境遇，从而在一定程度上维护了社会公平。而且，与一般税收不同，社会保障税属于目的税，其款项专款专用，指定用于社会保障支

---

① 高培勇：《西方税收——理论与政策》，中国财政经济出版社1993年版，第220页。

付，但是社会保障税的纳税主体与受益主体之间并不完全对应，在一定程度上还会存在代际转移支付的问题，这一代人缴纳的社会保障税并不是用在这一代人身上，而是很有可能用于支付上一代人的社会保障费用。[①] 这种“代内转移支付”和“代际转移支付”同样体现了“代际公平”的理念。

(三) 社会保障税与分配制度的契合

社会保障税作为再分配的范畴，与分配制度存在高度的契合。这种契合，可以从分配制度的内容、层级、主体、标准等方面进行探讨。

首先，从分配制度的内容来看，社会保障税属于分配制度的重要组成部分，与分配制度高度契合。如前所述，分配有广义和狭义之分，广义的分配包括对全部社会资源的分割，包括自由、权力、权利、财富等各个方面；狭义的分配仅仅指财产利益的分割，主要是收入的分割。社会保障税与广义和狭义的分配都有高度的契合。一方面，社会保障税是针对工资收入课税的一种税，因此必然涉及财产收入分配的问题，完全可以归入到狭义分配的范畴；另一方面，社会保障税的征收必然涉及公权力的配置，例如社会保障征税权的分割、财税宪政问题等问题，同样也可以归入到广义分配的范畴。因此，从这种意义上讲，无论是广义的分配还是狭义的分配，社会保障税都与之高度契合。

其次，从分配制度的层级来看，社会保障税是连接第二次分配和第三次分配的关键点，因而也与分配制度高度契合。分配按照其层次可以分为初次分配和再分配，初次分配主要是在经济领域之内进行，包括生产资料的分配和生活资料的分配，再分配是经济领域之外的分配，包括第二次分配和第三次分配，第二次分配是政府通过税收、财政、预算、价格法律法规和政策进行的，第三次分配是通过社会保障法律和政策进行的。社会保障税属于再分配，但是社会保障税的地位非常特殊，一方面，它属于税收的范畴，因此可以归入到第二次分配；另一方面，它又是社会保障资金筹资的一种方式，属于社会保障的范畴，可以归入到第三次分配，是再分配中连接第二次分配和第三次分配的关键点。社会保障税与分配制度这项内容方面的契合，同时也体现了社会保障税经济性和社会性的复合，更加凸显了经济法与社会法的密切联系。

再次，从分配的主体来看，社会保障税属于国家分配的范畴，与分配制

---

① 尤其是在养老保险中，“代际转移”支付体现得特别明显。

度存在着高度的契合。分配主体,也就是由谁来进行分配的问题,一般认为,主要包括经济主体、市场和国家三个方面。在市场经济条件下,经济主体的分配主要是通过自愿交换的方式来完成;市场的分配主要是通过市场机制的调节来完成;国家的分配主要是通过经济法和社会保障法进行宏观调控来完成。显然,社会保障税是国家运用国家权力,进行强制征收社会保障资金的一种方式,从其征缴主体来看,应当属于国家分配的范畴。此外,社会保障税收取的资金通过国家来进行发放,从其发放主体来看,也应当属于国家分配的范畴。社会保障税和分配制度在这方面的高度契合,充分体现了社会保障税的经济性与社会性的契合,这一契合点就是国家这一分配主体。

最后,从分配的标准来看,社会保障税对公平和效率进行平衡,因此也属于分配制度高度契合。分配标准也就是根据什么标准进行分配的问题。在分配对象、分配收受者、分配次数、分配主体相对确定的情况下,分配的标准十分关键,它决定着人们对于分配的认可度以及相关主体的生产积极性、下一个环节经济活动的进行、社会的安全和稳定等一系列问题,在整个分配制度中具有举足轻重的地位,是整个分配制度的核心要素。由于在现实生活中影响到某一次具体分配的因素非常多,分配的最终标准可能是以某一标准为主、综合其他多个标准[①],但主要是公平和效率[②]两个标准。社会保障税中的分配标准更是强调其公平,但又不能忽视效率,这是社会保障税与分配标准的契合。这种契合说明,社会保障税的社会性特征比较明显,但社会保障税作为经济法的体系范畴,又有着一定的经济性。如何协调社会保障税中的公平与效率关系,以及经济性和社会性的关系,这正是下文所要论述的内容。

(四)社会保障税中公平与效率的平衡问题

社会保障税中公平与效率的平衡根源于并且在很大程度上体现分配制度中公平与效率的协调。任何社会的分配制度,都必须协调平衡公平与效

---

① 分配的标准诸如经济绩效、政治影响、机会均等、权力优先都曾经在人类的历史中体现过,只不过在不同阶段有不同的侧重。

② 一般认为,效率具有广义和狭义之分。广义的效率指的是社会效率,即投入和产出的比率,在其他条件不变的情况下,投入减少或不变而产出增加,称为有效率,反之称为无效率或低效率。狭义的效率仅仅指经济效率,是经济学上广泛使用的概念,是以资源的稀缺性为前提的一个概念。公平分配中的效率主要是指经济上的效率,在很多时候与公平相对应。

率。一方面,分配必须考虑到社会的认同感,也就是公平;另一方面,公平分配还必须考虑到分配的客体的最大化,也就是效率。片面强调效率而忽视基本的社会公平必然会导致社会问题的出现,而片面地强调公平并不必然就有助于效率的提高,甚至可能导致效率的下降。从这种意义上讲,实然存在的分配制度在某种程度上都是公平和效率博弈平衡的产物。分配制度中公平与效率的协调直接影响到社会保障税中公平与分配的平衡。我国社会保障制度理念的变迁就充分反映了这一点。在改革开放初期,我国在政策导向上偏重强调效率,其基本理念是"效率优先、兼顾公平",实行"初次分配注重效率,再次分配注重公平"的分配原则,社会保障税及其支撑的社会保障制度并未能受到应有的重视,导致当前社会问题凸现。而在中共十七大之后,中央在政策导向上开始偏重于公平,强调"合理的收入分配制度是社会公平的重要体现","初次分配和再分配都要处理好效率和公平的关系,再分配更加注重公平",社会保障税及其支撑的社会保障制度也开始在理念上开始偏重于公平,着重解决当前因经济发展所带来的一系列社会问题。

社会保障税中公平与效率的平衡在不同的国家和地区有不同的侧重,但总体上都处于一个大致平衡的状态。在社会保障税中,公平问题主要是指社会保障税对社会整体发展的促进程度,效率问题主要是指社会保障税对经济发展的促进程度。社会保障税中的公平与效率是一对矛盾统一体。事实上,社会保障税中的公平与效率之间的互动是如此复杂,以至于要准确确定合理的社会保障税,就必须结合不同国家和地区的政治、经济、文化背景,在动态互动博弈的过程中平衡公平与效率。社会保障税在平衡公平与效率之间的张力具有明显的国情特色,在不同国家,甚至在同一个国家不同的历史阶段,都会有不同的侧重。在瑞典和英国等西北欧福利国家,社会保障税及其支撑的社会福利制度明显偏重于公平理念,以至于产生了福利国家的"福利病";而在美国、日本等国家,社会保障税及其支撑的社会保障制度虽然没有偏离基本的公平性,但其主要价值趋向还是效率。有些国家关于社会保障税中公平与效率的关系更为复杂,在不同的历史时期,其公平和效率的侧重点会有不同的调整。智利在 20 世纪 70 年代末之前,社会保障税及其支撑的社会保障制度一直以公平为基本理念,实行高税收高福利的社会保障政策,但在 20 世纪 70 年代末,智利开始进行了大规模的社会保障制度改革,开始从偏重公平转向偏重效率。由以上论述可以看出,在社会保障税中,公平与效率的平衡虽然不断变动,但在总体上处于一个基本均衡的状态。

社会保障税中这种公平与效率的平衡同样也可以理解为社会保障税中经济性与社会性的平衡。由于“效率”侧重于强调其经济效率，具有明显的经济性，而“公平”侧重于强调社会正义，具有明显的社会性，因此，社会保障税中公平与效率的平衡又表现为其经济性和社会性的平衡。虽然公平与效率都是法律的重要价值，但公平与效率在不同法律部门的具体侧重点是不一样的。从总体上看，经济法固然也关注社会效应，具有一定的社会性，但其更具有鲜明的经济性，侧重于关注效率[①]；而社会法固然也具有一定的经济性，但其更具有鲜明的社会性，侧重于关注公平。从社会保障税中这种经济性和社会性的平衡，我们也可以更加清晰地看到经济法与社会法的内在联系。经济法虽然具有明显的经济性，但其经济性却与其社会性紧密相连，而社会法虽然具有明显的社会性，但其社会性却同样与其经济性相连。这是因为，在当今时代，“经济法和社会法都属于现代法，都具有突出的现代性，并由此都具有一定的政策性、社会性，无论是基本理念还是制度构建，无论是产生的经济基础还是社会基础，两个部门法都存在较多的一致性，从而体现出密切的联系。”[②]

社会保障税中公平与效率平衡所体现出来的这种经济法与社会法的密切联系，对经济法学和社会法学的研究方向和发展进路具有十分重要的意义。经济法学研究不仅要关注经济效率问题，还必须要考虑到社会公平问题；而社会法学研究，则不仅要关注社会公平问题，还要考虑到经济效率问题。况且，在当代社会，有很多经济问题本身也是社会问题，而有很多社会问题又源于经济问题，经济问题和社会问题纵横交错，难以分离，必须综合运用经济法和社会法才能妥善解决。当前我国对住房保障、工资分配、环境污染等问题的解决就明显体现出了这一思路。

社会保障税作为连接经济法和社会法的关键点，具有经济性与社会性高度复合的特点。而公平分配不仅是经济问题的核心，而且是社会各界普遍关注的重要社会问题，也是经济法与社会法所共同研究的对象。因此，从公平分配的角度研究社会保障税，对于理解社会保障税的内在逻辑以及综合运用经济法和社会法解决社会问题，具有十分重要的意义。在我国当前

---

① 有关经济法的经济性的相关论述，参见张守文：《经济法总论》，中国人民大学出版社 2009 年版，第 48—49 页。

② 参见同上书，第 60 页。

经济发展方式转变的大背景之下，需要面对诸多交织经济与社会的复杂问题，更需要综合运用经济法和社会法进行调整。当然，经济法与社会法的密切联系不仅限于社会保障税这一具体制度，还会体现在很多方面，例如住房保障、社会保障基金管理等，都直接体现了经济法和社会法的这种关联性。

四、税制结构优化背景下的社会保障税法制建设

社会保障税与公平分配高度契合，是实现公平分配的重要工具，具有重要的经济社会平衡功能。正是因为如此，西方国家普遍重视社会保障税法制建设。从税制结构的角度来看，在一些西方发达国家，社会保障税占据财政收入的很大比例，有些国家甚至可以达到财政税收收入的一半以上，其地位非常重要。

我国在当前税收结构优化背景下，也很有必要深入研究社会保障税。我国《社会保险法》虽然没有明确规定开征社会保障税，但《社会保险法》中规定的"社会保险费"同时兼具有税收的性质。而且在实践中，有多个省份的社会保险费由税务部门征收，与财税体制紧密相连，对税收结构的优化也产生一定的影响。我国《国民经济和社会发展第十二个五年规划纲要》也曾明确指出，"按照优化税制结构、公平税收负担、规范分配关系、完善税权配置的原则，健全税制体系，加强税收法制建设"，"继续推进费改税"，"逐步健全地方税体系，赋予省级政府适当税政管理权限。""十三五"规划中进一步指出，"深化财税体制改革，建立健全有利于转变经济发展方式、形成全国统一市场、促进社会公平正义的现代财政制度，建立税种科学、结构优化、法律健全、规范公平、征管高效的税收制度。"当前，社会保障税的研究已经进入到税制具体设计阶段，可以合理预见，社会保障税的开征并非完全不可能。由于社会保障税的开征必然会对我国整个税制结构产生重大而深远的影响，因此，很有必要对此问题进行深入研究。

研究社会保障税可以有多个视角，其中税制优化与税权配置是非常重要的切入点，对我国当前社会保障税的法制建设具有十分重要的意义。我国当前的社会保障制度体系相当复杂，各个具体项目之间差异较大，而其相互关系错综复杂，作为社会保障筹资方式的社会保障税，不仅在性质上兼具有"税"和"费"的双重复合性，而且涉及个人与国家、中央与地方多个层面的诸多利益，研究社会保障税法制建设，寻找一个合适的切入点非常重要。在当前社会背景下，税制结构的优化是税制改革的一个重要方面，而税制结构

优化必然会涉及中央与地方的税权配置,况且,“从一定意义上说,税权是整个税法研究的核心”,“税法学上的许多问题,都可以解释为各种不同意义上的税权如何有效配置的问题。”[①]因此,从税制结构优化背景下税权配置的角度研究社会保障税与地方财税法制建设,非常重要。

(一) 税制结构优化背景下的社会保障税

研究社会保障税法制建设,有必要结合税制结构优化这一大的背景。只有在这一大背景之下,才能更好地认识社会保障税法制建设相关问题。税制结构,又称为税收结构,是指一个国家税收体制的内部构成及其组合。或者说,“税制结构是指一个税收体系中的税种构成以及不同税种的地位和相互关系。”[②]税制结构合理与否,对于一个国家的财政状况具有非常重要的意义,因为,“一国的税收体系由哪些税种或税类构成,各税种或税类之间的数量比例关系及协调性、互补性如何,都是税制结构方面的问题,它们直接影响着整个税收体系内在功能的有效实现。”[③]总体上看,税制有单一税制和复合税制之分,但现代国家一般采取复合税制。虽然各国在具体结构方面存在一定的差异,呈现出一定程度的国情特色,但仍然具有一定的共性。例如,“学者一般认为现代税收体系在具体结构上由三大课税体系构成,即所得税系、商品税系和财产税系,并且,三大税系各自包含一系列的税种。”[④]

从税制的具体构成来看,在西方主要发达国家,社会保障税一般占有相当大的比重,对一国的财政收入和税制结构都具有十分重要的影响。尤其是近些年来,随着各国社会保障事业的进一步发展,社会保障事业所需资金支出的数字也越来越大,社会保障征收范围逐步扩展,社会保障征收比例逐步提高,社会保障税在整个税收收入中所占的比例也越来越大。据统计,“(OECD 成员国)在 21 世纪后,其在税收收入的平均比重已超过 25%,在许多发达国家(如日本、德国、法国和意大利)的税收收入中,该税所占比重已超过个人所得税,跃居为第一大税种。”[⑤]

我国现行税制结构主要有增值税、营业税、消费税、关税和所得税这些

---

① 张守文:《税法学》,法律出版社 2011 年版,第 36 页。

② 李文:《优化税制结构的制约因素分析》,载《税务与经济》1997 年第 5 期,第 5—8 页。

③ 张守文:《财税法学》,中国人民大学出版社 2010 年版,第 154 页。

④ 张守文:《财税法学》,中国人民大学出版社 2010 年版,第 156 页。

⑤ 李林木:《发达国家税制结构变迁轨迹与未来走向》,载《涉外税务》2009 年第 7 期,第 11 页。

主要税种构成,社会保障税在我国税制结构中长期缺位。现行税制结构有其形成的特殊历史背景和原因,虽然在历史上曾经发挥了重要作用,但是随着我国社会经济的不断发展,现行税制已经越来越不适应现实经济生活的客观需要,亟须进行优化。

社会保障税作为一种直接税,是影响我国税制结构和税负水平的一个重要因素。在税制结构优化的大背景下,因此受到了社会各界广泛的关注。从税制结构优化的角度来看,社会保障税的开征对我国税制结构的优化作用主要体现在以下两个方面。

一是将会大幅度提高直接税在我国税制结构中所占的比例,从根本上改变我国当前的税制结构。社会保障税是一种直接税,纳税人不能转嫁税负,而且在西方国家大多被归入到所得税之中。社会保障税的开征,将会使我国税制结构真正实现"流转税和所得税双主体"的模式。

二是将会对所得税内部结构产生非常重要的影响。由于社会保障税和个人所得税都是以劳动者的工资薪金为征税对象,具有共同的税基,因此必然会涉及如何避免和弱化社会保障税与个人所得税重复征收的问题。社会保障税与个人所得税的性质存在很大的差异,社会保障税有明显的累退性,而个人所得税有明显的累进性,这两种不同性质的税种如何协调也将是社会保障税开征需要考虑的重要问题。同时,社会保障税与企业所得税也存在一定的内在关联。社会保障税以工资薪金为征税对象,在很大程度上受到企业计税工资制度和企业所得税的影响。

在税制优化的背景下研究社会保障税有助于我们从宏观上认识社会保障税与地方财税法制建设的整体框架。社会保障税的开征对于地方财政法制建设的影响将是系统的、全面的。

(二)税制结构优化与社会保障税中的税权配置

研究税制优化背景下的社会保障税法制建设,还有必要研究社会保障税中的税权配置。因为社会保障税中的税权配置影响到中央和地方的财政关系,因而对整个财税法制建设都将会产生重要影响。税权可以从多个维度进行解析。例如,税权可以分别从国际法与国内法的角度去理解,其中国内法上的税权又可以分为广义和狭义的税权。通常理解中的税权,是狭义的税权,"是国家或政府的征税权(课税权)或称税收管辖权","其具体内容包括税收立法权、税收征管权和税收收益权(或称税收入库权)”[①]。本章讨论的税权,也正是从这种意义上进行理解。从社会保障税与地方财税法制建设的角度来看,社会保障税税权配置关系到中央与地方的财政利益划分,因而对地方财税法制建设具有非常重要的影响。

社会保障税中的税权配置首先涉及社会保障税的税收立法权的问题。税收立法权主要包括税法的初创权、税法的修改权和解释权、税法的废止权。税收立法权的分配,同样可以有横向分配与纵向分配之分。对于税收立法权的分配,各国由于具体国情的差异导致具体实践也有一定的不同。我国的税收立法权分配在纵向分配上属于集权模式,在横向分配上属于分享模式。虽然在总体上中央垄断了税收立法权,但在具体的税收制度建设方面,地方政府仍然享有一定的权力。具体到社会保障税,由于社会保障许多项目具有一定的地域特色,因此,根据以往的经验,即使是开征了社会保障税,中央也会通过授权的方式赋予地方政府一定的社会保障税立法权。这将对地方财税法制建设产生重要的影响。

社会保障税税权配置还涉及社会保障税的税收征管权与税收收益权问题。对于社会保障税的征收管理权以及由此带来的税收收益权是属于中央还是属于地方,也就是社会保障税在性质上是中央税还是地方税的问题,学界主要有三种观点。第一种观点认为,社会保障税应属中央税,由国税部门征收。他们认为,在实行分税制的财政管理体制条件下,考虑到社会保障税的特性,社会保障税应划定为中央税收,由国税机关征收管理。[②] 第二种观点认为,社会保障税是地方税,按照属地原则列入地方税体系,统一由税务部门征收。[③] 第三种观点认为,社会保障税属于中央和地方共享税,但对于由哪个部门征收,则存在一定的争议。有人认为,应由国税机关负责征收;

① 张守文:《财税法学》,中国人民大学出版社2010年版,第193页。

② 参见郭庆旺、张德勇:《开征社会保障税的深层次思考》,载《税务研究》2002年第3期,第2—4页;朱建文:《我国社会保障税制的设计构想》,载《税务研究》2005年第10期,第61—64页;王小康:《我国社会保障税税制设计若干问题的分析》,载《税务研究》2002年第3期,第15—18页;阎坤、曹亚伟:《我国社会保障税制设计构想》,载《税务研究》2003年第5期,第43—49页。

③ 参见郭传章、王磊、蔡作岩:《开征社会保障税是我国经济发展的必由之路》,载《税务研究》2001年第11期,第7—11页;杨志荣,陈绍国,高志安:《开征社会保障税是完善社会保障制度的必要条件》,载《税务研究》1996年第1期,第42—45页;齐海鹏、付伯颖:《社会保障筹资管理与开征社会保障税》,载《税务研究》2000年第7期,第56—59页;许建国:《社会保险费改税的利弊分析与及改革设想》,载《税务研究》2001年第4期,第52—54页;黄旭明:《试论加快开征社会保障税》,载《涉外税务》2001年第1期,第28—30页;伍克胜:《对社会保障税税制基本框架的构想》,载《税务研究》2003年第11期,第44—45页。

也有人认为，应由地税机关负责征收。[①] 总体看来，“社会保障税作为具有一定收入分配功能和经济稳定功能的税种，原则上应划归中央，同时，该税又属于受益税，因而可根据受益范围即该税种（系）的具体受益内容分属中央和地方各级政府。”[②]因此，把社会保障税定位为中央和地方共享税，更符合社会保障税的性质，也更符合我国当前财税法制建设的实际情况。

其实，社会保障税的这种税权配置与社会保障项目的复合性与多样性直接相关。根据税法原理，国家税收存在的重要依据之一就是公共产品理论。而依据公共产品理论，公共产品又可以分为不同层次，不同层次的公共产品由不同层级的政府来提供，这已经成为学界的共识。社会保障作为一种“公共物品”，具有公共物品的一般属性，但是，因为社会保障各个项目之间内容和性质存在较大的差异，致使社会保障税的“公共性”层次划分很难界定。一般认为，我国当前的社会保障项目主要有社会保险、社会救助、社会福利和社会优抚。其中社会保险又可以分为养老保险、医疗保险、工伤保险、失业保险和生育保险五类。除社会保险以外的社会救助、社会福利、社会优抚等项目，在传统上一直由国家财政统一安排，属于由国家提供的国家级“公共产品”，具有较强的公共属性，这部分的税收权力归属中央更加合适。但是，社会保险的“公共性”却更加复杂。其中，基本养老保险涉及面广、周期长、风险大，因而由中央政府统一统筹并承担最终责任更加合适，例如，我国《社会保险法》第 64 条第 3 款也明确规定：“基本养老保险基金逐步实行全国统筹”。因而，基本养老保险具有强烈的“国家公共产品”属性，相应的税收收入则也应当归属于中央。而补充养老、医疗、失业、工伤、生育等保险项目不仅涉及个人、家庭和企业，同时与地方经济发展、生态环境、投资环境紧密相连，具有一定的“地方公共产品”的性质，因此地方政府应当承担相应的责任。

（三）社会保障税与地方财税法制建设

财税法制体系是处理中央与地方以及地方各级政府之间财税关系的制度体系，因此，财税法制建设的核心也就是在明确中央与地方事权和支出范围的基础上，进一步明确划分实现事权的资金来源。在当前税制结构优化

---

① 参见崔军：《西方国家的社会保障税制》载《税务研究》2002 年第 3 期，第 72—75 页；张磊：《设立社会保障税提高社会保障水平》，载《税务研究》2006 年第 12 期，第 27—30 页。

② 庞凤喜：《开征社会保险税相关问题研究》，载《税务研究》2003 年第 5 期，第 50—54 页。

背景下，社会保障税的开征同时也会对地方财税法制建设产生非常重要的影响。一方面，社会保障税将会改变中央与地方的财政税收关系，并将导致中央与地方税收权限的重新组合，这在前面已经有相应论述；另一方面，社会保障税还将会改变地方财税体系的具体构成，在具体制度方面对地方财税法制建设提出一系列的挑战。具体来讲，社会保障税主要从以下几个方面影响地方财税法制建设。

一是如何因地制宜制定有关社会保障税的地方性法规和规章。如前所述，社会保障是具有层级性的“公共产品”，社会救助、社会福利、社会优抚等项目由中央统一提供，而在社会保险诸项目中，除了基本养老保险由中央统一提供以外，其余的社会保险项目，具有明显的地方特色，因此，各统筹地区有必要根据当地情况，制定相应的地方法规和规章来规范各地的社会保障税问题。这在税收立法的层面对地方财税法制建设提出的挑战，也是具有一定的全局性并且难度较大的挑战。

二是如何加强社会保障税的征收管理工作。社会保障税是社会保障资金的重要来源，关系到社会保障事业的兴衰成败，因此，社会保障税的征收管理工作非常重要。尤其是社会保障税中大部分项目的征收与地方税务系统密切相关，因此，非常有必要通过地方财税法制建设来保证社会保障税的及时足额征收。事实上，目前征缴的社会保险费，除了由社会保障行政部门征收以外，在全国各地已经有多个省市自治区是由地方税务部门进行征收的。因此，可以合理预见，未来社会保障税的征收也将大部分由地方税务部门负责征收，这对地方财税法制建设中的税收征管提出了严峻的挑战。

三是如何进一步加强地方税务人员素质与税收信息化管理建设问题。社会保障税与一般税种的一个重要区别就在于，社会保障税的涉及面极其广，而且由于社会保障税不存在像个人所得税的起征点问题，所以社会保障税的征收进行起来会更加繁琐。这不仅对地方财税法制建设中的“软件”——地方税务部门工作人员的素质提出了较高的挑战，同时也对地方财税法制建设中的“硬件”——地方税收信息化管理建设问题提出了非常高的要求。此外，社会保障税还涉及税务部门以外的社会保障行政部门，因此，不仅要加强地方税务部门与其他部门之间的协调沟通，而且还要加强税务部门与其他相关部门的信息共享机制建设。

四是如何加强地方社会保障资金监管与维持收支平衡问题。与一般的税种不同，社会保障税属于受益税，具有直接的受益性和返还性。社会保障资金涉及广大人民群众的切身利益,是人民的“保命钱”,尤为重要。而且在社会保障税中,有些项目如养老保险项目的时间跨度非常长,社会保障税的资金的监管和收支平衡问题就显得尤为重要。自从 2006 年上海社会保险基金案发生之后,社会保障资金监管问题已经成为人民群众普遍关心的问题,如何加强地方社会保障基金的有效监管,也已经成为地方财税法制建设中的重要问题。同时,社会保障资金支出属于刚性需求,具有不可替代性,而且社会保障具有一定的不可逆转性,社会保障待遇水平一旦提高就很难下降。在西方一些国家,社会保障待遇水平问题一直是决定一个政党能否顺利有效执政的重要因素。因此,社会保障资金收支的平衡问题应当是中央和地方各级政府在财税法制建设中应当密切关注的内容。尤其是结合当前中国老龄化社会即将到来这一现实,社会保障资金的收支平衡问题就显得更加重要。

以上只是从总体上大致描述了社会保障税对地方财税法制具体制度建设方面的主要影响。由于社会保障税目前尚未开征,因此,以上的分析仅仅是一种大体的描述,其实,社会保障税对地方财政法制建设影响的具体细节问题及其相关关系会更加复杂,有待于理论的深入研究与实践的进一步验证。但是,放眼未来,社会保障税一定会对地方财税法制建设产生重要的影响。关注未来制度体系构建,这在当前的财税法制建设中尤为重要,同时也是财税法学学术研究的重要价值之一。

五、小　　结

公平分配是一个宏大的课题,涉及法学、经济学、社会学、哲学、伦理学、历史学、政治学等多个学科领域。同时,公平分配又是一个重大的现实问题,它不仅是重要的经济问题,同时还是人们普遍关心的重大社会问题,而近些年来存在的分配不公现象也确实已经严重影响到了当前中国的经济发展与社会的和谐稳定。

从公平分配的视角来看,社会保障税在促进公平分配方面具有特殊的意义。社会保障税作为连接经济法和社会法的关键点,具有经济性与社会性高度复合的特点。而公平分配不仅是经济问题的核心,而且是社会各界普遍关注的重要社会问题,也是经济法与社会法所共同研究的对象。因此,从公平分配的角度研究社会保障税,对于理解社会保障税的内在逻辑以及综合运用经济法和社会法解决社会问题,具有十分重要的意义。在我国当前经济发展方式转变的大背景之下，需要面对诸多交织经济与社会的复杂问题，更需要综合运用经济法和社会法进行调整。当然，经济法与社会法的密切联系不仅限于社会保障税这一具体制度，还会体现在很多方面，例如住房保障、社会保障基金管理等问题，都直接体现了经济法和社会法的这种关联性。

从税制结构优化的角度来看，社会保障税法制建设具有特殊的意义。如前所述，社会保障税在西方财政税收体系中占据十分重要的地位。在我国当前社会保障制度迅速进展的特殊历史时期，社会保障税作为筹集社会保障资金的有效途径，是支撑我国社会保障事业发展的财力基础，因此也会在我国未来的财政税收体系中占据相应的位置。尤其是在当前税制结构优化的背景下，社会保障税的地位更加凸显，研究社会保障税也更有意义。同时，社会保障税问题关系到中央与地方的税权配置，将会对中央和地方的财税法制建设产生非常重要的影响，并在具体财税制度的各个层面提出相应的挑战。

由此可以初步得出结论，从公平分配的视角来看，社会保障税的征收能够较为有效地促进公平分配的实现，因此很有必要引起重视；从税制结构优化的角度来看，社会保障税的征收能够较好地对税制结构起到优化的作用，因此，社会保障税法制建设有待于进一步加强。当然，从某种意义上讲，税制结构的优化也是在促进社会公平分配的实现。

第八章　分配正义与转移支付法的完善

引　　言

财政转移支付制度是现代国家促进与保障收入分配公平的重要手段，也是我国调节收入分配的重要的再分配机制之一。本章以财税法的分配正义理论为指针，探讨如何通过完善财政转移支付制度，以期有助于实现扭转收入分配差距趋势、形成合理分配秩序的近期目标，以及以社会公正为中心的长期经济发展、共同富裕的长远目标。

需要说明的是，一国转移支付的制度设计，往往涉及不同维度的多种考量。比如，在我国这样一个大国中，转移支付带有中央控制地方的政治意蕴。[①] 本章从分配正义角度进行观察，主要分析转移支付制度与经济发展之间的因果机制，转移支付制度的目标转换（分配目标）、分配标准、分配机制等具体问题，并不就我国转移支付制度存在的所有问题及其完善，进行一种大而全的研究。

本章结构安排如下：首先，在梳理分配正义理论变迁的基础之上，提炼财税法的复合分配正义理论，进而以之为理论指针，分别分析以下问题：转移支付法如何通过分配正义作用于经济发展，进而论证完善转移支付法的必要性；转移支付法的目标转换、分配原则、分配机制以及相应的制度完善，分别形成正文的第一至第五部分。在上述每一问题的分析之中，将相应地融入国外的有关制度与经验。最后，是一个小结。

一、财税法的复合分配正义理论

分配思想虽最早见之于柏拉图，但分配正义的概念一般追溯到亚里士多德《尼各马可伦理学》第5部分。[②] 分配正义理论经历了从古典向现代的

---

① 王绍光：《中国财政转移支付的政治逻辑》，载《战略与管理》2002年第3期。

② Baymond Wacks, *Understanding Jurisprudence: An Introduction to Legal Theory*, 2nd, Oxford University Press, 2009, p. 254.

转变(尽管这种判断仍有争议),这种转变发生于19、20世纪之交并在罗斯福新政中得到运用。[①] 前者以亚里士多德、斯密、洛克、卢梭、休谟、康德等为代表,后者则以罗尔斯为中心,形成了再分配自由主义、自由至上主义的分配正义理论。同时,社群主义、多元主义等也对分配正义理论的发展有所影响。

边沁开创的功利主义主张最大多数人的最大幸福,可以分解为"后果主义、福利主义、总量排序"三个部分,"对于分配正义现代观念的核心作出了重大贡献",但局限性也是明显的,最大的危险在于"它允许为了大多数人的利益牺牲弱小群体"[②]。因此,功利主义"伦理哲学不适合正义的观点,因而不适合分配正义思想的发展"[③]。

约翰·罗尔斯不满于功利主义正义观,通过复兴传统社会契约理论并使之上升到更高的抽象水平,把正义理念推到自由主义思考的中心,实现更加关注平等的显著进步,提出公平的正义理论,核心思想是"所有的社会基本益品——自由与机会、收入与财富、自尊的基础——都必须平等地分配,除非对一种或所有社会基本益品的不平等分配将有利于最少受惠者"[④],即均等自由与差异原则,并通过立宪规则、法律制度与法律适用的制度属性予以实现,蕴涵了福利国家的再分配思想。

诺齐克主张自由至上主义,通过继受洛克主义提出了正义资格理论,包括转移原则、正义的初始获得原则与对非正义的矫正原则,其结论是正义仅涉及起点公正,无关过程与结果,倡导市场分配机制与最弱国家;社群主义旨在修正自由主义,批判自由主义正义观的局限在于其个人主义对个人自由和个人权利的过分关注,而忽略了个人自由和福祉只有在共同体中才得以可能。"一旦我们承认人对于社会的依赖,我们就有义务把社会的共同利益置于与个人的自由权利同等重要的地位。"[⑤]此外,还有严格平等主义、古典共和主义、多元主义等关于分配正义的竞争理论,限于篇幅,兹不赘述。

总体而言,现代分配正义理论的发展呈现出一种融合性、复合性趋势,

---

① 参见〔美〕塞缪尔弗·莱施哈克尔:《分配正义简史》,吴万伟译,译林出版社2010年版,第115页。

② 〔加拿大〕威尔·金里卡:《当代政治哲学》,刘莘译,上海译文出版社2011年版,第50页。

③ 〔美〕塞缪尔弗·莱施哈克尔:《分配正义简史》,吴万伟译,译林出版社2010年版,第125页。

④ 〔加拿大〕威尔·金里卡:《当代政治哲学》,刘莘译,上海译文出版社2011年版,第58页。

⑤ 同上书,第224页。

体现在分配正义的内涵、价值取向、分配机构、分配标准等方面，这不仅是完善理论的需要，更是应对复杂现实社会的需要。“任何宣称通过运用同一个专门原则或者原则组(set of principles)回答正义的所有问题的理论，对于实际运用而言，很容易被反例证明是错误的和不充分的。”[①]“……合情理的反应就只能是，放弃那种建立‘一元论’正义理论的想法……因此，一种正义理论要想获得成功，就不得不从现存的若干理论中吸取零零散散的内容。”[②]正如一盏吊灯不足以照亮多个房间的大厦，一元论的正义理论并不足以解决现代复杂社会中关于正义的所有问题。因此，经济法分配正义理论应是复合的、多元的，是“混合正义理论(mixed theories of justice)而非纯粹正义理论(pure theories of justice)”[③]。

现代经济法发端于19、20世纪之交市场经济从自由竞争阶段向垄断阶段的转型时期。因此，经济法发生背景与前述分配正义理论现代转型的背景存在耦合性，也契合社群主义的萌芽时期；此外，中国作为后发国家，其跨越式发展实际上肩负着西方不同发展阶段的任务，即市场秩序、个人认同和现代国家的复合构建。发展阶段的复合性决定中国的发展需要指导不同发展阶段的复合分配正义理论。再者，法学思想也呈现出多元主义、追求合作互惠的趋势，典型的如综合法理学。上述多方面因素决定了经济法分配正义是复合分配正义，以社会利益为核心，追求实质平等，兼顾效率与公平，但更侧重于经济平等与社会公正。

因此，作为经济法的重要部门法，财税法的分配正义理论是由多种因素决定的复合正义，体现在内涵、思想渊源、分配机制、分配客体、分配标准/原则、价值目标等多个方面，具备综合法理学的理论根基。具体而论，财税法的复合分配正义理论，强调在合理发挥市场作用的基础之上，国家根据应得、平等和需要的复合标准，通过国家主导、社会监督、公民参与的复合分配机制，运用税收、转移支付等再分配手段矫正市场分配机制的局限性，以促进和保障公共利益、实质平等与社会公正，旨在实现以社会公正为中心的长期经济增长，以及经济社会的良性运行与协调发展。

“社会正义观念具有实际应用价值，这就意味着它能用来总体地确定立

---

① Serge-Christophe Kolm, *Modern Theories of Justice*, The MIT Press, 1996, p. 9.

② 〔加拿大〕威尔·金里卡：《当代政治哲学》，刘莘译，上海译文出版社2011年版，第3页。

③ Serge-Christophe Kolm, *Modern Theories of Justice*, The MIT Press, 1996, p. 33.

法、公共政策以及公民的行为的条件。"[①]分配/社会正义是检验、评判与完善制度的重要理论指针。作为财税法的重要制度,以及国家调节收入分配与实现社会公正的重要手段,财政转移支付制度更是蕴藉着分配正义的价值诉求。以财政法的复合分配正义理论为指针,我们可以系统地观察现行财政转移支付制度的不足以及完善的必要性与具体路径。

二、转移支付法、分配正义与经济发展

转移支付法能够通过保障分配正义的途径作用于长期经济发展。这是因为财产与收入的公平分配是市场体系良性运行和长期经济增长的前提条件。经济学家米德教授在提出自由市场的美德之前指出:为了使货币体系和价格体系能公平运行,实现收入和财产的公平分配非常必要。不公平不仅使市场体系不公正,也使市场体系毫无效率,因此,维护市场体系的前提条件是采取一种彻底的措施以保证还算公平的收入和财产分配。[②] 即使是被奉为自由主义市场鼻祖的斯密,也将公正的社会制度视为"看不见的手"良性运行的前提与基础。

因此,收入与财产的公平分配和长期经济发展密切相关,是影响长期经济发展的重要变量。公平与长期繁荣之间相辅相成,而且公平是发展的重要影响因素,因为:其一,当市场不完美时,权力和财富的不平等转化为机会的不平等,导致生产潜力遭到浪费,资源分配丧失效率;其二,经济与政治不平等会促使控制权力的人采用对自己有利的方式来塑造制度,即权力的不平等会形成将权力、地位与财富的不平等永久化的制度,阻碍促进经济长期增长所依赖的投资、创新和冒险的良好经济制度的形成。[③]

世界银行在2006年《公平与发展》的报告中,正确指出了公平与经济发展的关系。"以公平作为发展的中心,是对通过过去10—20年围绕市场、人类发展、治理和赋权的发展思想要点的提升和整合……通过确保所有人的个人权利、政治权利和财产权利得到制度上的保障,国家将能够吸引更多的投资者和创新者,并且大大提高为全体公民提供服务的有效性。从长期来

---

① 〔英〕戴维·米勒:《社会正义原则》,应奇译,江苏人民出版社2001年版,第274页。

② 〔英〕琼·罗宾逊:《经济哲学》,安佳译,商务印书馆2011年版,第136页。

③ 世界银行:《2006年世界发展报告:公平与发展》,中国科学院—清华大学国情研究中心译,清华大学出版社2006年版,第7—9页。

看，增加公平是提高经济增长速度的根本。”①

即使是被称为“休克疗法”之父的美国经济学家萨克斯，在其最新的著作中，也强调公平对于经济社会可持续发展的重要性。“尽管效率是一项很重要的价值，但它对于整个社会而言并非唯一的经济目标。经济公平也是十分关键的。公平涉及收入和福利的分配，以及政府对待国民的方式(包括在征税、赋予合同及分配转移方面的公平)……政府应该帮助无法实现自助的穷人的观点，已经成为美国社会中一项持久的价值观念。”②

因此，经济平等、社会公正是长期经济发展的决定性因素之一。财政转移支付制度作为现代国家促进和保障收入公平分配的重要手段，有助于促进一国不同区域之间基本公共服务的均衡，以及不同经济阶层之间的经济平等与社会公正，进而有助于实现长期经济发展。具体来说，财政转移支付制度通过促进分配正义进而作用于经济发展的因果机制，表现在增进社会和谐、提高人力资本、激发经济潜能等方面。

财政转移支付制度有助于增进社会和谐，营造有利于经济发展的社会环境。亚当·斯密在1775年已经指出，如果一个社会的经济发展成果不能真正分流到大众手中，那么它在道义上将是不得人心的，而且是有风险的，因为它注定会威胁到社会的稳定。因此，稳定的社会环境是经济发展的必要前提之一，相反，“社会两极分化消减了财产权与合同权利的安全性，进而通过这个渠道消减了经济增长。”③拉丁美洲地区在20世纪50—60年代的经济迅速发展之后由于未能妥善处理社会公正问题而陷入了“不平等陷阱”，导致了之后经济发展的停滞不前。

财政转移支付制度有助于提高人力资本，激发经济潜能。20世纪80年代，罗默、卢卡斯等学者提出内生增长理论，对教育等人力的投资而形成的以人的高智能和高技能为基本形态的人力资本，可以改变生产要素边际收益递减趋势，形成经济增长的动力。发达国家经济发展的历史表明，提高人力资本是可持续经济发展的基础之一。比如，充足的劳动力是工业化深入持续进行的重要保证。财政转移支付制度通过对经济落后地区、贫困弱

---

① 世界银行：《2006年世界发展报告：公平与发展》，中国科学院—清华大学国情研究中心译，清华大学出版社2006年版，第17页。

② 〔美〕杰弗里·萨克斯：《文明的代价：回归繁荣之路》，钟振明译，浙江大学出版社2014年版，第34页。

③ Philip Keefer and Stephen Knack, Polarization, Politics and Property Rights: Links between Inequality and Growth, at http://ideas.repec.org/p/wbk/wbrwps/2418.html.

势民众的倾斜性财政补助，有助于增进落后地区或弱势群体在教育、医疗、住房、社会保障方面的基本权利，提高人力资本，为一国长期的经济增长储备必要的人力资源。

此外，转移支付制度赋权于经济弱势群体，向处境不利者如农村、贫困人员、中西部、中小企业等倾斜，还有利于激发经济发展的“民间动力”[①]，带动经济结构的调整。如中小企业是中国经济发展的潜力之所在，也是解决就业、繁荣市场、促进创新、刺激消费、发展民生的重要生力军。财政转移支付则可以通过对中小企业的一系列倾斜性分配，激发中小企业的发展潜能。再进一步，赋权于不利者也有助于刺激消费，拉动内需，有助于将出口与投资导向经济结构转变为内需拉动型的经济结构。

政府官方文件也认可这一作用。“民生改善既能调动人们发展生产的积极性，又能释放居民消费潜力、拉动内需，催生新的经济增长点，对经济发展有重要的促进作用。要通过发展经济、做大蛋糕，为持续改善民生奠定坚实物质基础，同时又通过持续不断改善民生，有效解决群众后顾之忧，扩大消费需求，为经济发展、转型升级提供强大内生动力。”[②]

综上，“法律制度和思想对于经济活动存在着一种动力的，或者辩证的，或者建设性的关系。”[③]财政转移支付制度可以通过促进收入与财产公平分配的途径，作用于长期经济发展，不仅有助于保障社会公平正义，而且可以释放一国财富增值的潜能，实现经济社会的良性运行与协调发展。这也有助于解释，为什么现代经济发达的国家，一般均存在系统完备的财政转移支付制度，并以之有效调节收入差距，起到良好的效果，参见下表。

表 8.1　20 世纪 90 年代 OECD 国家税收和转移支付调节前后的基尼系数比较[④]

国家与年份	①	②	国家与年份	①	②
瑞典(1995 年)	0.47	0.22	芬兰(1995 年)	0.39	0.23
丹麦(1992 年)	0.43	0.24	挪威(1995 年)	0.40	0.24
爱尔兰(1994 年)	0.42	0.25	比利时(1997 年)	0.50	0.26

① 厉以宁:《经济发展的动力在民间》，载《传承》2011 年第 7 期。

② 中共中央宣传部:《习近平总书记系列重要讲话读本》，学习出版社、人民出版社 2014 年版，第 110 页。

③ David M. Trubek, Alvaro Santos, *The New Law and Economic Development: A Critical Appraisal*, Cambridge University Press, 2009, p. 19.

④ 朱国才:《转移支付缩小中国收入分配差距的效果分析》，载《财经理论与实践》2007 年第 2 期。

（续表）

国家与年份	①	②	国家与年份	①	②
德国(1994 年)	0.49	0.26	奥地利(1995 年)	—	0.28
法国(1994 年)	0.49	0.29	加拿大(1997 年)	0.42	0.29
西班牙(1990 年)	—	0.30	瑞士(1992 年)	0.38	0.31
澳大利亚(1994 年)	0.45	0.31	日本(1992 年)	—	0.32
意大利(1995 年)	—	0.34	英国(1995 年)	0.51	0.34

注释:① 指税收和转移支付调节前的基尼系数;② 指税收和转移支付调节后的基尼系数。

以财政转移支付制度、分配正义与经济发展之间的应然的密切关联性分析,我国财政转移支付制度并未充分发挥促进收入公平分配的积极效应。在 1994 年实行分税制之后,我国在 1995 年制定了《过渡时期财政转移支付办法》,之后财政部又陆续出台了《中央对地方一般性转移支付办法》《中央对地方均衡性转移支付办法》等,这对于缩小地区间财力差距、逐步实现公共服务均等化,发挥了一定的积极作用。

不过,从前述转移支付制度与经济发展之间的关联性分析,我国转移支付制度促进收入公平分配的积极效应并未充分发挥,这主要源于财政转移支付结构的不合理。"目前,我国的转移支付制度还非常不完善,一般性转移支付所占的比重相对较低,而专项转移支付比重偏高。转移支付结构的不合理又带来了诸多问题,影响了转移支付制度对于区域均衡发展的推动。"[①]转移支付结构的不合理主要体现在以下方面:

一是一般性转移支付的比例相对较低。一般性转移支付是中央政府对地方政府的无条件拨款,均衡地区财力,其总体目标是缩小地区之间的差距,是调节地区之间公民收入分配差距的重要手段。但是,在我国财政转移支付的实践中,一般性转移支付所占的比例相对较低,这不利于收入分配差距的缩小。比如,来自财政部的数据显示,2011 年,中央对地方专项转移支付占到总转移支付的 47.5%。2012 年,中央对地方一般性转移支付 21471.18 亿元,占转移支付总额的 53.3%,专项转移支付占比为 46.7%。2013 年,中央对地方一般性转移支付 24362.72 亿元,占转移支付总额的

① 张守文:《财税法学》,中国人民大学出版社 2011 年版,第 116 页。

56.7%，专项转移支付 18610.46 亿元，占转移支付总额的 43.3%。[①] 2014 年，中央对地方一般性转移支付 27568.37 亿元，占转移支付总额的 59.3%，专项转移支付 18941.12 亿元，占转移支付总额的 40.7%。[②] 2015 年，中央对地方一般性转移支付预算 29230.37 亿元，占转移支付总额的 57.6%，专项转移支付预算为 21534.34 亿元，占转移支付预算总额的 42.4%。[③]

表 8.2 展示了 1996—2010 年中央对地方税收返还和转移支付结构，亦可说明这一点。

表 8.2　1996—2010 年中央对地方税收返还和转移支付结构(单位:%)[④]

年份	税收返还	专项转移支付	一般性转移支付	合计
1996	72.92	18.29	8.79	100
1997	71.82	18.42	9.76	100
1998	63.40	27.07	9.53	100
1999	52.12	34.07	12.81	100
2000	46.47	34.71	18.82	100
2001	37.74	36.02	26.23	100
2002	40.89	32.67	26.44	100
2003	42.51	29.68	27.81	100
2004	39.63	31.67	28.70	100
2005	33.79	32.80	33.41	100
2006	28.92	34.10	36.98	100
2007	23.79	35.71	40.50	100
2008	19.31	42.39	38.30	100
2009	20.44	49.16	30.40	100
2010	15.46	52.22	32.33	100

二是专项转移支付的比例相对较高。专项转移支付是指为了实现某一特定目的而由中央政府向地方政府进行的专项拨款。从表 8.2 可以看出，

① 参见 2013 年中央对地方税收返还和转移支付决算表。At http://yss.mof.gov.cn/2013qgczjs/201407/t20140711_1112026.html。

② 参见 2014 年中央对地方税收返还和转移支付决算表。At http://yss.mof.gov.cn/2014czys/201507/t20150709_1269837.html。

③ 参见 2015 年中央对地方税收返还和转移支付预算表。At http://yss.mof.gov.cn/2015czys/201503/t20150324_1206399.html。

④ 中国发展研究基金会:《转折期的中国收入分配》，中国发展出版社 2012 年版，第 217 页。

专项转移支付在1996—2010年的转移支付结构中的占比一直非常高。在实践中,我国专项转移支付的范围比较宽,几乎涵盖预算支出科目的所有范围,并且缺乏有效的制度约束,容易诱发寻租风险,导致专项转移支付资金的使用效率低下,并不能有效起到调节收入分配的功能。此外,专项转移支付资金要求地方的资金配套,而不同地区的资金配套能力存在差异,这就进一步拉大了地区间的差距。

三是税收返还加剧了地区间财力差距。我国在1993年税制改革时,采取了双轨并行、存量不动、增量调整、逐步到位的思路,以1993年为基数确定税收返还额、保留原体制补助等方式承认既有的地方利益分配格局。这一思路有助于当时分税制改革的顺利推进,也起到了增进中央财力的效果,但未能有效顾及到不同地区之间经济发展的差异,使得原来的地区分配格局依然存在。现行的税收返还使得发达地区得到的税收返还额度较高,贫困地区得到的税收返还额度较低,进一步加剧了长期存在的地区之间财力分配不均问题。

四是政府补贴的分配不均衡。转移支付结构的不均衡,还表现在政府与企业之间的转移支付。在实践中,大型国有企业享有着不对称的财政补贴。"近年来,央企和地方龙头企业得到国家大额补贴,不少地方小企业对相关财政补贴政策要么表示补贴难拿,要么表示'没什么感觉',形成企业补贴两重天。"[①]此外,石化三强的净利润占到央企利润三成以上,但中石油、中石化每年仍获得巨额财政补贴,形成最具争议的补贴。[②]

五是居民享有的转移支付比较少。完整的转移支付还包括政府向居民的转移支付,最终体现为教育、医疗、就业、住房、社会保障等方面的公共性支出。但是,实践中,我国向基础设施投资等经济性领域的投入比较多,这在我国经济发展的初级阶段具有一定的合理性。但是,随着经济发展以及我国总体财力的增强,我国针对社会领域的转移支付力度亟待增强。

国务院《关于改革和完善中央对地方转移支付制度的意见》(国发[2014]71号)对我国财政转移支付制度存在的问题有一个客观的概括:"受中央和地方事权和支出责任划分不清晰的影响,转移支付结构不够合理;一般性转移支付项目种类多、目标多元,均等化功能弱化;专项转移支付涉及

---

① 武彬:《企业补贴两重天》,载《新理财(政府理财)》2012年第6期。

② 参见李春莲:《最具争议的补贴:两大油企是最赚钱公司亦是补贴大户》,载《证券日报》2011年11月29日第D2版。

领域过宽,分配使用不够科学;一些项目行政审批色彩较重,与简政放权改革的要求不符;地方配套压力较大,财政统筹能力较弱;转移支付管理漏洞较多、信息不够公开透明等。”

转移支付在实践中存在的上述问题根源于制度的不完善。“由于经济体制转轨,财政体制改革滞缓,以及财政法制建设相对滞后,我国的转移支付制度相当不健全。我国没有关于财政收支划分的法律,对财政支出行为的法律规范还存在很多欠缺,不同级次政府在提供公共物品方面的财权、事权等尚缺少清晰的划分,再加上诸多的历史文化原因,我国的转移支付法的立法级次始终不高。”[①]此言可谓备至!

因此,在经济社会大转型时期,为了进一步促进收入公平分配,维护社会和谐,提高人力资本,激发经济发展的潜能,我国非常有必要根据经济社会发展的新阶段、新水平与新情况,进一步完善转移支付立法。事实上,从近年来党和政府出台的重要的官方文件来看,完善转移支付以及相应立法,也已经成为调节收入分配,促进基本公共服务均等化,实现社会公平正义的重要任务。

表 8.3 近年来关于完善转移支付制度的规定

文件名	内容
中共《十八大报告》(2012 年 11 月)	实现发展成果由人民共享,必须深化收入分配制度改革。初次分配和再分配都要兼顾效率和公平,**再分配更加注重公平**。加快健全以税收、社会保障、**转移支付**为主要手段的再分配调节机制。
国务院《关于深化收入分配制度改革的若干意见》(2013 年 2 月)	加快健全以税收、社会保障、转移支付为主要手段的再分配调节机制。健全公共财政体系,**完善转移支付制度**,调整财政支出结构,大力推进基本公共服务均等化。研究出台社会救助、慈善事业、扶贫开发、企业工资支付保障、集体协商、国有资本经营预算、**财政转移支付管理**等方面法律法规。
中共中央《关于全面深化改革若干重大问题的决定》(2013 年 11 月)	(1) 完善**一般性转移支付增长机制**,重点增加对革命老区、民族地区、边疆地区、贫困地区的转移支付。中央出台增支政策形成的地方财力缺口,原则上通过一般性转移支付调节。清理、整合、规范**专项转移支付**项目,逐步取消竞争性领域专项和地方资金配套,严格控制引导类、救济类、应急类专项,对保留专项进行甄别,属地方事务的划入一般性转移支付。(2) 完善以税收、社会保障、**转移支付**为主要手段的再分配调节机制,加大税收调节力度。

① 张守文:《财税法学》,中国人民大学出版社 2011 年版,第 116 页。

（续表）

文件名	内容
财政部《关于印发〈法治财政建设实施方案〉的通知》（财法〔2016〕5号）	强化财政调节分配职能，完善以税收、社会保障、**转移支付**为主要手段的**政府再分配调节机制**，规范非税收入管理，努力做到**再分配更加注重公平**，将收入差距控制在合理范围内。

三、转移支付法的目标转换

转移支付法的目标涉及分配正义的价值取向，也直接影响转移支付法的制度设计。分配正义理论的争论焦点之一在于自由主义及作为其核心的个人主义与社群主义及作为其核心的共同体主义之间的对立。自由主义关注个人权利与个人利益，而社群主义者则关注共同体与共同福利，进而导致了分配正义价值取向的分歧。

（一）转移支付法的复合分配目标

自由主义的分配正义理论，被桑德尔称为“道义论的自由主义”[①]。正义、公平和个人权利的概念占核心地位，而其哲学基础在很大程度上得益于康德。[②] 罗尔斯正是进一步概括康德的社会契约理论并进行更高的抽象提出了“公平的正义”理论。尽管其强调社会和经济的不平等安排应该能够最大限度地增进最不利者的最大利益，但其开篇即指出“正义否认为了一些人分享更大利益而剥夺另一些人的自由是正当的，不承认许多人享受的较大利益能绰绰有余地补偿强加于少数人的牺牲”[③]，因此其理论基础仍然是自由主义的、个人主义的，由此衍生的正义两原则也是自由优先的，只不过为

---

① “道义论的自由主义首先是一种关于正义的理论，尤其是一种关于正义在诸道德理想和政治理想中具有首要性的理论。其核心如下：社会由多元个人组成，每一个人都有他自己的目的、利益和善观念，当社会为那些本身不预设任何特殊善观念的原则所支配时，它就能得到最好的安排；证明这些指导性规则之正当合理性的，首先不是因为它们能使社会福利最大化，或者是能够促进善，相反，是因为它们符合权利（善）概念，权利是一个优先于和独立于善的道德范畴。”〔美〕迈克尔·J.桑德尔：《自由主义与正义的局限》，万俊人等译，译林出版社2011年版，第12页。

② 参见同上。

③ 〔美〕约翰·罗尔斯：《正义论（修订版）》，何怀宏、何包钢、廖申白译，中国社会科学出版社2009年版，第3、9页。

了因应美国20世纪50—70年代严重的经济社会危机在自由主义传统内部更为关注平等罢了。更遑论承接洛克权利理论而提倡正义资格理论的自由至上主义的诺齐克。因此，自由主义分配正义价值取向是自由主义影响下的个人主义，追求的是个人权利与个人利益。“每个人都拥有一种基于正义的不可侵犯性，这种不可侵犯性即使以整个社会的福利之名也不能逾越……所以在一个正义的社会里，平等公民的各种自由是确定不移的，由正义所保障的权利绝不受制于政治的交易或社会利益的权衡。”①

社群主义分配正义理论崛起于对自由主义尤其是罗尔斯的批判之中，认为自由主义正义观的局限在于对个人自由与权利的过分关注，而忽略了个人自由和福祉只有在共同体中才得以可能。“一旦我们承认人对于社会的依赖，我们就有义务把社会的共同利益置于与个人的自由权利同等重要的地位。”②麦金泰尔批判自由主义对社会利益的忽视，“关于现代性的主导哲学传统——自由主义——拒绝一切有关某种共同福利的思想。但不拒绝那些被认为构成了非社会的个体的愿望的简单集合。这种个人主义被认为是虚无主义的渊源，而这种虚无主义正在逐渐毁灭我们的社会。”泰勒反对自由主义特别是诺齐克“原子论”的主体观，因为它断定了个人的自足特性。需要回归到亚里士多德“人在本质上是政治动物，他只能在社会的怀抱中实现自己的任性”③。因此，社群主义分配正义的价值取向是共同体主义与共同福利/社会利益。

自由主义与社群主义关于个人主义与共同体主义之争，折射了经济社会变迁中西方自由主义思想的兴衰及其影响下的财产权观念的演进。如前所述，西方自由主义的演进经历了18世纪与19世纪早期解放性、革命性的自由主义到19世纪晚期与20世纪保守性、防守性的抛物线轨迹。自由主义形而上、本体论和目的论的内核在于个人主义，而“自由主义许多最严重的弱点是植根于个人主义自身的不足”④，“自由的短视可以追溯到极端的个

---

① 〔美〕约翰·罗尔斯：《正义论（修订版）》，何怀宏、何包钢、廖申白译，中国社会科学出版社2009年版，第3页。

② 〔加拿大〕威尔·金里卡：《当代政治哲学》，刘莘译，上海译文出版社2011年版，第224页。

③ 〔英〕韦恩·莫里森：《法理学：从古希腊到后现代》，李桂林等译，武汉大学出版社2004年版，第434—436页。

④ 〔英〕安东尼·阿巴拉斯特：《西方自由主义的兴衰》，曹海军等译，吉林人民出版社2004年版，第460—462页。

人主义”[①]。这不仅决定了自由主义分配正义理论的主张与价值取向，更导致了前述社群主义对其内在根基的缺陷——个人主义——的激烈批判。自由主义的兴衰影响了财产权观念的变迁。财产权观念经历了从洛克绝对私人所有权理念到20世纪财产权社会化的历史变迁过程，现代则是个人与社会的利益均衡。这种演进或可用社群主义的塞尔兹尼克“以市场为中心的财产权”向“以人为中心的财产权”的变迁来描述[②]。财产权的社会化蕴涵了“对于私人财产权的拒绝”，是现代分配正义理论的内涵，也奠定了现代分配正义理论的根基。

自由主义与社群主义之间并非截然对立，社群主义只是反对自由主义过分的个人主义内核。二者也有融合的趋势，“罗尔斯自由主义的分配方面也可以被理解为一种有关个人与共同体关系的主张……就把人们的才能看做是某种意义的共同财富而言，罗尔斯是一个社群主义者。”[③]自由主义与社群主义之争的理性评判标准也并非简单的对与错，而在于是否适合于特定经济社会情势的需求。即使在自由主义逐渐衰退的今天，“我们依然需要自由主义的精华”[④]，即文艺复兴时期的自由主义，而绝非20世纪哈耶克、诺齐克等宣扬的扭曲了的“自由主义”。

“一个旨在实现正义的法律制度，会试图在自由、平等与安全方面创设一种切实可行的综合体与和谐体。”[⑤]财税法复合分配正义理论，也体现为目标的复合性，包括以下三个方面：

（1）公平。公平是分配正义最基本的内涵。其一，从内容方面，公平包括起点公平、机会公平、过程公平、适度的结果公平。起点公平，即公民生存与发展的原始社会条件的公平。机会公平指公民扩大生存与发展空间及追求个人利益的机会的公平，实质上是一个效率概念，以个人才能为基础的自由竞争，是市场竞争机制的要求。过程公平指分配正义实现中的程序正义

---

① 〔美〕菲利普·塞尔兹尼克：《社群主义的说服力》，马洪、李清伟译，上海世纪出版集团2009年版，第58页。

② 同上书，第70—71、92—93页。

③ 〔英〕安东尼·阿巴拉斯特：《西方自由主义的兴衰》，曹海军等译，吉林人民出版社2004年版，第6页。

④ 同上书，第461页。

⑤ 〔美〕E.博登海默：《法理学：法律哲学与法律方法》，邓正来译，中国政法大学出版社2004年版，第322页。

和公民参与。良好的程序有助于产生正义的结果。[①] 公民参与是实现社会公正与分配正义的重要途径。经济法强调适度的结果公平,维护共同体的存续。传统形式正义"或许正在失去的是对正当结果的真正关怀"[②]。现代法律则倾向于目的导向的法律推理或实质正义[③]。其二,从形式公平与实质公平的划分看,公平是指实质公平。财税法等现代法律更多地关注事实不公平进而追求实质上的公平。"法律应深入实质(substance)而非形式(form),关注精神而不仅仅注重字面含义"[④]。

(2) 经济自由。自由与限制犹如天平两端,法律则在两者之间不断摇摆。经济法基于社会公共利益矫正私法过分的自由主义,以更好地实现经济法的实质自由,包括"免受困苦——诸如饥饿、营养不良、可避免的疾病、过早死亡等——的基本可行能力,以及能够识字算数、享受政治参与等的自由"[⑤]。经济自由对于经济法分配正义而言,既是手段又是目的。

(3) 共同体与共同福利。共同体与共同福利是经济法分配正义追求的目标。自由、平等、安全等内涵"应当在最大程度上与共同福利相一致"[⑥]。共同福利意味着法律对共同体存续与共同利益的维护,折射了法律思想从形式到实质的演化,也进一步论证了共同福利与实质公平之间的关联。

因此,财税法的复合分配正义理论,追求公平、经济自由、共同体与共同福利等多元的目标。作为财税法的重要组成部分,转移支付法是现代国家再分配调节机制之一,更为追求公平、经济自由、共同体福利。转移支付法的应然目标,会影响到具体制度的设计。比如,转移支付法的公平目标,内涵过程公平与公民参与的要求,这就必然要求制度设计之时融入公民的参与,影响到转移支付法的分配机制。同时转移支付法的目标也会影响到转移支付法的分配原则,经济自由的目标会影响到"需要"的分配原则。

---

① 〔英〕戴维·米勒:《社会正义原则》,应奇译,江苏人民出版社2001年版,第56—57页。

② 〔美〕菲利普·塞尔兹尼克:《社群主义的说服力》,马洪、李清伟译,上海世纪出版集团2009年版,第107页。

③ 〔美〕R. M. 昂格尔:《现代社会中的法律》,吴玉章、周汉华译,译林出版社2001年版,第189页。

④ 〔美〕罗斯科·庞德:《法理学》(第一卷),余履雪译,法律出版社2007年版,第338页。

⑤ 〔印度〕阿玛蒂亚·森:《以自由看待发展》,任赜、于真译,中国人民大学出版社2002年版,第1、30页。

⑥ 〔美〕E. 博登海默:《法理学:法律哲学与法律方法》,邓正来译,中国政法大学出版社2004年版,第325页。

从国际比较的视角分析，大部分国家均将其转移支付的目标直接定位于地方政府的财政收支能力或公共服务能力的均衡。丹麦通过转移支付，旨在确保贫困地区具有最低水平的公共服务供给能力；德国规定转移支付需要确保没有任何州的财政收入能力明显低于全国平均水平；意大利正在推行的政府间财政关系改革的目标之一是实现地方政府之间财政能力的完全均衡；瑞士旨在通过均衡性财政转移支付，确保任一贫困地区的财力水平不低于全国平均水平的 85%；与大多数国家将转移支付的目标定位于地方政府公共服务能力不同的是，美国的目标是实现公民个体之间受益的均衡。[①]

（二）我国转移支付分配目标的变迁及其局限

以转移支付法的应然目标进行检验，我国转移支付法在目标转换方面存在进一步完善的空间。表 8.4 梳理了 1993 年到 2015 年之间我国关于转移支付的主要文件对转移支付目标的规定。

表 8.4　我国转移支付的主要文件关于转移支付目标的规定(1993—2015 年)

关于转移支付的主要文件	关于转移支付目标的规定
国务院《关于实行分税制财政管理体制的决定》(国发[1993]85 号)	合理调节地区之间财力分配。既要有利于经济发达地区继续保持较快的发展势头，又要通过中央财政对地方的税收返还和转移支付，扶持经济不发达地区的发展和老工业基地的改造。同时，促使地方加强对财政支出的约束。
财政部《过渡期财政转移支付办法(1999)》	根据分税制财政体制的要求，中央对地方实施财政转移支付。鉴于目前中央财政可用于转移支付的财力有限……中央财政根据财力状况，选择一些客观性及政策性因素，采用相对规范的方法，进行有限的转移支付，逐步向规范化的转移支付制度靠拢。
国务院《关于印发所得税收入分享改革方案的通知》(国发[2001]37 号)	促进社会主义市场经济的健康发展，进一步规范中央和地方政府之间的分配关系，建立合理的分配机制，防止重复建设，减缓地区间财力差距的扩大，支持西部大开发，逐步实现共同富裕。

① 参见高培勇主编:《世界主要国家财税体制:比较与借鉴》，中国财政经济出版社 2010 年版，第 118 页。

（续表）

关于转移支付的主要文件	关于转移支付目标的规定
财政部《关于下达2001年机关事业单位工作人员发放年终一次性奖金中央对地方转移支付数额的通知》	用于机关事业单位工作人员发放年终一次性奖金。
财政部《关于下达2001年调整机关事业单位工作人员工资和增加离退休人员离退休费中央对地方转移支付补助数额的通知》	调整机关事业单位工作人员工资和增加离退休人员离退休费。
财政部《关于下达中央财政对农村中小学教师工资转移支付数额的通知》(财预[2001]275号)	农村中小学教师工资。
财政部《关于2002年一般性转移支付办法》(财预[2002]616号)	一般性转移支付的目标是扭转地区间财力差距扩大的趋势,逐步实现地方政府基本公共服务能力的均等化,推进全面建设小康社会目标的实现。但受客观条件的制约,近期内一般性转移支付的目标是缓解财政困难地区财政运行中的突出矛盾,保障机关事业单位职工工资发放和机构正常运转等最基本的需要。
财政部《2003年一般性转移支付办法》(财政部《关于下达2003年一般性转移支付数额的通知》,财预[2003]563号)	一般性转移支付的总体目标是扭转地区间财力差距扩大的趋势,逐步实现地方政府基本公共服务能力均等化,推进全面建设小康社会目标的实现。受客观条件的制约,近期内一般性转移支付的目标是缓解财政困难地区财政运行中的突出矛盾,保障机关事业单位职工工资发放和机构正常运转等基本公共支出需要。
财政部《2003年农村税费改革中央对地方转移支付办法》财预([2003]355号)	农村税费改革。转移支付的目标是:确保农民负担得到明显减轻、不反弹,确保乡镇机构和村级组织正常运转,确保农村义务教育经费正常需要。
财政部《关于下达中央对地方增加机关事业单位在职职工工资和离退休人员离退休费转移支付数额的通知》(财预[2003]555号)	增加机关事业单位在职职工工资和离退休人员离退休费。

（续表）

关于转移支付的主要文件	关于转移支付目标的规定
财政部《关于下达2003年民族地区转移支付资金的通知》（财预[2003]560号）	民族地区。
财政部《关于下达2004年取消农业特产税降低农业税税率中央对地方转移支付资金的通知》	取消农业特产税，降低农业税税率。
财政部《关于下达2005年一般性转移支付数额的通知》（财预[2005]332号）	未查到具体规定。
财政部《边境地区专项转移支付资金管理办法》（财预[2006]62号，财预[2009]31号予以修订，财预[2012]43号再次修订）	进一步推动社会主义新农村建设，促进边境地区社会事业和谐发展，确保将党中央、国务院对边境地区人民的关怀落到实处，规范边境地区专项转移支付资金管理，提高资金使用效益。
财政部《2008年中央对地方一般性转移支付办法》（财预[2008]90号）	一般性转移支付的总体目标是缩小地区间财力差距，逐步实现基本公共服务均等化，保障国家出台的主体功能区政策顺利实施，加快形成统一规范透明的一般性转移支付制度。
财政部《中央对地方民族地区转移支付办法》（财预[2010]448号）	中央对地方民族地区转移支付的基本目标是增强少数民族地区的财政保障能力，逐步缩小少数民族地区与其他地区的基本公共服务差距，促进少数民族地区科学发展、社会和谐。
财政部《2011年中央对地方均衡性转移支付办法》（财预[2011]392号）	为缩小地区间财力差距，逐步实现基本公共服务均等化，推动科学发展，促进社会和谐，根据《中华人民共和国预算法》，中央财政设立均衡性转移支付。
财政部《2012年中央对地方均衡性转移支付办法》（财预[2012]300号）	为缩小地区间财力差距，逐步实现基本公共服务均等化，推动科学发展，促进社会和谐，根据《中华人民共和国预算法》，中央财政设立均衡性转移支付。
财政部《关于印发〈边境地区转移支付资金管理办法〉的通知》（财预[2013]267号）	边境地区转移支付政策是一项强国惠民政策，实施这项政策有利于维护国家安全、促进边境沿海地区社会和经济发展、改善民生。

（续表）

关于转移支付的主要文件	关于转移支付目标的规定
财政部《关于印发〈边境地区转移支付资金管理办法〉的通知》(2015 年 7 月 2 日 财预[2015]122 号)	规范边境地区转移支付资金管理，提高使用效益，促进相关地区经济和社会事业协调发展。
财政部《关于印发〈革命老区转移支付资金管理办法〉的通知》(财预[2015]121 号)	促进革命老区各项社会事业发展，支持革命老区改善和保障民生，进一步规范革命老区转移支付资金管理，提高资金使用效益。

从表 8.4 可以看出，在 1993—2015 年之间，我国转移支付法的目标，呈现出多元性的特征，表现在以下方面：

一是公平目标。国务院《关于实行分税制财政管理体制的决定》《关于印发所得税收入分享改革方案的通知》都提及了合理调节地区之间财力分配，减缓地区间财力差距扩大，逐步实现共同富裕。这说明，公平是我国政府转移支付所考虑的目标。

二是政治与社会目标。我国转移支付的文件，对于西部地区、民族地区、边境地区的规定比较多，实践中也执行的相对较好。这说明，民族团结、边疆稳定、国家统一等政治与社会目标是我国转移支付所考虑的重要目标。有学者指出，国家统一的重要性在政治精英考虑财政转移支付分配过程中居于首位。① 这在幅员辽阔、边境线长、民族问题复杂的国度而言，是可以理解的。同时，对于西部边疆地区的倾斜性转移支付，也有助于缩小西部与东部的差距，促进不同地区之间公共服务的平衡。

三是不合理的目标。财政部《关于下达 2001 年机关事业单位工作人员发放年终一次性奖金中央对地方转移支付数额的通知》《关于下达 2001 年调整机关事业单位工作人员工资和增加离退休人员离退休费中央对地方转移支付补助数额的通知》表明，我国转移支付在实践中还曾用于发放机关事业单位人员的年终奖，以及调整机关事业单位工作人员工资和增加离退休人员离退休费。这一用途显然并不符合转移支付制度的初衷，不尽合理。

四是近期目标与长期目标。财政部《关于 2002 年一般性转移支付办法》《关于 2003 年一般性转移支付办法》均区分总体目标与近期目标。总体

① 参见王绍光：《中国财政转移支付的政治逻辑》，载《战略与管理》2002 年第 3 期。

目标是扭转地区间财力差距扩大的趋势，逐步实现地方政府基本公共服务能力均等化，推进全面建设小康社会目标的实现。近期目标是缓解财政困难地区财政运行中的突出矛盾，保障机关事业单位职工工资发放和机构正常运转等基本公共支出需要。考虑到特定时期政府总的财力，区分总体目标与近期目标无可厚非，但是，以转移支付的形式发放机关事业单位职工工资，似不尽合理。

五是目标的动态变化。从表 8.4 来看，以 2004 年为界，我国转移支付的目标逐步向缩小地区之间财力差距的公平目标迈进。这表现为转移支付更多地用于农业税费改革、边境地区。同时，财政部《2008 年中央对地方一般性转移支付办法》《2011 年中央对地方均衡性转移支付办法》《2012 年中央对地方均衡性转移支付办法》均明确地将缩小地区间财力差距，逐步实现基本公共服务均等化，促进社会和谐作为主要目标。这表明，公平目标在我国转移支付实践中所占的比重越来越大。

综上，在 1993 年到 2015 年之间，我国转移支付实践中呈现一种多元性、动态性的目标。其中，既有顾及地区公平的合理目标，也有用于机关事业单位职工工资与离退休费用的不合理目标，同时也带有考虑边疆稳定、国家统一等政治与社会目标。从动态性而言，2004 年之后，我国转移支付的目标逐步向公平迈进，更为规范化。

（三）我国转移支付法分配目标的完善

从我国近期出台的重要文件来看，更为关注公平，缩小收入差距，促进基本公共服务的均等化已经日益成为转移支付的重要目标。2012 年中共《十八大报告》指出，初次分配和再分配都要兼顾效率和公平，再分配更加注重公平。2013 年国务院批转的《关于深化收入分配制度改革的若干意见》也指出，再分配要更加注重公平，提高公共资源配置效率，缩小收入差距。而转移支付是国家再分配的重要手段，公平目标在转移支付之中的比重将会日益增加。2016 年《中华人民共和国国民经济和社会发展第十三个五年规划纲要》提出共享发展的新理念，也蕴含着公平之义，对于转移支付法的改革具有指导价值。

因此，按照转移支付法应然的目标，应进一步明确化、规范化、制度化我国转移支付的目标：调节居民收入差距，缩小地区差距，推动基本公共服务的均等化。国务院《关于改革和完善中央对地方转移支付制度的意见》（国发[2014]71 号）明确提出“围绕建立现代财政制度，以推进地区间基本公共服务均等化为主要目标”。在明确了转移支付目标的前提之下，才可能围绕这一目标进一步构建公平、规范、统一的财政转移支付法律制度。比如，转移支付法的目标，会影响到转移支付法的分配原则/标准、分配机制。

四、转移支付法的分配原则

财税法分配正义理论涉及分配原则/标准，比如转移支付的资金应当如何分配。分配正义的分配标准/原则问题涉及是应得/贡献、需要还是平等，是一元分配标准还是复合分配标准。这也是与转移支付法的基本目标一脉相承的重要问题，影响到转移支付资金的具体配置。

（一）转移支付法的复合分配原则

自由至上主义分配正义理论的分配标准是应得/贡献。这是由其个人主义内核所决定的，也顺应其对市场机制分配作用的关注，强调在起点公平与机会公平的条件下，“各尽所择，按择所予”[①]。按照个人的禀赋、才能、贡献取得其应得之物。虽然自由至上主义者承认分配领域不平等的存在，但以避免个人权利受侵害为由，反对国家基于需要或者平等的原则进行再分配。利用权利理论反对罗尔斯救济最不利者的正义差别原则。“诺齐克对罗尔斯理论的反对意见的精髓是其再分配方面涉嫌侵害个人财产权和个体所有制。”[②]这也来源于斯宾塞反对国家帮助穷人的思想，即这种企图将颠覆作为政府首要保护目的的财产权。

再分配自由主义的分配标准是平等与需要原则。平等体现在机会平等之中，而需要则体现在“差别原则”之中。“差别原则强调补偿原则所提出的一些考虑，这是有关不应得的不平等要求补偿的原则；由于出身和天赋的不平等是不应该的，这些不平等就多少应给予某种补偿……为了平等地对待所有人，提供真正的同等机会，社会必须更多地关注那些天赋较低和出生不利于较不利的社会地位的人们。这个观念就是要按平等的方向补偿由偶然的因素造成的倾斜。”[③]差别原则具有三个优势：天赋作为共同资产的互补性

---

① 〔加拿大〕威尔·金里卡：《当代政治哲学》，刘莘译，上海译文出版社 2011 年版，第 111 页。

② 〔英〕史蒂芬·缪哈尔、亚当·斯威夫特：《自由主义者与社群主义者》，孙晓春译，吉林人民出版社 2007 年版，第 5 页。

③ 〔美〕约翰·罗尔斯：《正义论（修订版）》，何怀宏、何包钢、廖申白译，中国社会科学出版社 2009 年版，第 77 页。

可以带来较大社会经济利益；差别原则表达了一种互惠的观念；差别原则也提供了对博爱原则的一个解释。[①] 就罗尔斯对差别原则尤其是差别原则三种优势的论证而言，罗尔斯实际上也是一个“社群主义者”。

社群主义的分配标准更倾向于复合标准。沃尔泽提出了复合平等的分配正义理论。他认为，在任何社会，正义存在于社会诸善的分配之中。他反对罗尔斯以一种正义原则解决所有社会问题的观念，“应该置任何追求唯一分配标准的主张于不顾，因为没有一种标准可能与多样化的社会物品相称。”[②]社会的复杂性要求有不同的分配标准，不同的物品应有不同的分配原则：市场交换、需要与应得。[③] 不同的物品应遵循不同的分配原则，即沃尔泽的多元正义、复合平等的理论。此外，戴维·米勒作为晚近社群主义的代表，将人类关系划分为三种模式——“团结的社群”“工具性联合体”“公民身份”，分别对应的分配原则是需要、应得和平等，由此形成了分配正义的复合分配原则。[④]

财税法复合分配正义的分配原则/标准主要是平等、应得和需要。“社会正义的含义不可能仅用单一的标准发现。”[⑤]应得标准是按照个人贡献进行分配，是市场机制的要求，折射了分配正义的相对性；需要标准则是按照客观需求进行分配，是国家的再分配义务，以维系共同体存续和社会安全；平等原则是公民资格与宪政平等权的要求，对于维护人的尊严、生存与发展有着重要的意义。平等原则并非完全的绝对平等，而应理解为“平等的必须平等对待，不平等的必须不平等对待”[⑥]。

复合分配标准还包括沃尔泽的不同领域与物质应有不同分配标准的主张。这也是经济法差异性原理具体情况具体分析、不同情形不同调整的体现；也包括罗尔斯的差别原则，即不平等的分配只有有利于处境最不利者时才是公正的。这在法学上的意义在于，要实现对穷人或者说是处境最糟的人的倾斜性调整，即差别原则，进而达到社会整体福利的最大化，同时也能实现分配正义。

---

① 参见〔美〕约翰·罗尔斯：《正义论（修订版）》，何怀宏、何包钢、廖申白译，中国社会科学出版社 2009 年版，第 77—83 页。

② 〔美〕迈克尔·沃尔泽：《正义诸领域：为多元主义与平等一辩》，褚松燕译，译林出版社 2002 年版，第 25 页。

③ 参见同上书，第 25—31 页。

④ 参见〔英〕戴维·米勒：《社会正义原则》，应奇译，江苏人民出版社 2001 年版，第 27—35 页。

⑤ 〔美〕菲利普·塞尔兹尼克：《社群主义的说服力》，马洪、李清伟校，上海世纪出版集团 2009 年版，第 107 页。

⑥ 〔德〕魏德士：《法理学》，丁晓春、吴越译，法律出版社 2007 年版，第 161 页。

作为财税法的组成部分，以及现代国家再分配的重要调节机制，转移支付法的分配原则主要是需要和平等。需要原则体现为满足弱势群体的基本生存权利，保障基本需求，这与转移支付法“经济自由”的目标相一致。平等原则主要体现为向机会更少者倾斜，以实现实质平等与共同体福利，是转移支付法平等、共同体福利目标的内在要求。

从国际比较的视角分析，转移支付的分配标准/原则，存在不同的模式。一是澳大利亚、日本、韩国及英国的转移支付分配，不仅考虑各个地区的收入能力，也将地区之间不同的支出需求纳入考虑范围。二是加拿大与德国只考虑收入能力的均衡。三是印度、意大利、西班牙仅考虑地区之间的支出需求的差异。四是印度尼西亚简单地按照全国统一的人均拨款额分配。①

（二）我国转移支付分配原则的变迁及其局限

以转移支付法的复合分配原则来分析我国转移支付的分配原则。表8.5梳理了1993年到2015年之间我国关于转移支付的主要文件对转移支付资金分配原则的规定。

表8.5　我国转移支付资金的分配原则(1993—2015)

关于转移支付的主要文件	关于转移支付资金分配原则的规定
国务院《关于实行分税制财政管理体制的决定》(国发[1993]85号)	通过中央财政对地方的税收返还和转移支付，扶持经济不发达地区的发展和老工业基地的改造。
财政部《过渡期财政转移支付办法(1999)》	过渡期财政转移支付遵循以下基本原则： (1) 不调整地方既得利益。中央财政从收入增量中拿出一部分资金用于过渡期财政转移支付，逐步调整地区之间的利益分配格局。 (2) 力求公平、公正。过渡期财政转移支付以各地标准财政收支差额作为计算转移支付的依据，支大于收的差额越大，补助越多，体现公平原则；转移支付全部选用客观因素计算标准收支，各地采用统一公式，不受主观因素影响，体现公正原则。 (3) 突出重点，体现对民族地区的照顾。过渡期转移支付重点帮助财政困难地区缓解财政运行中的突出矛盾，逐步实现各地基本公共服务能力的均等化；同时，对民族省区和非民族省区的民族自治州适度倾斜，以体现党和政府的民族政策。

① 参见高培勇主编：《世界主要国家财税体制：比较与借鉴》，中国财政经济出版社2010年版，第118—119页。

（续表）

关于转移支付的主要文件	关于转移支付资金分配原则的规定
财政部《关于2002年一般性转移支付办法》(财预[2002]616号)	一般性转移支付资金的分配遵循以下原则： 一是力求公平、公正。资金分配考虑影响财政收支的客观因素，采用规范的公式化方式操作。 二是循序渐进。中央财政逐年加大一般性转移支付资金规模，逐步实现转移支付目标。 三是适当照顾老少边地区。在增加中西部地区转移支付的同时，对革命老区、少数民族地区和边境地区给予照顾。
财政部《2003年一般性转移支付办法》(财政部《关于下达2003年一般性转移支付数额的通知》财预[2003]563号)	一般性转移支付资金的分配遵循以下原则： 一是力求公平、公正。考虑影响财政收支的客观因素，采用规范的公式化方式进行分配。 二是循序渐进。中央财政逐年加大一般性转移支付资金规模，逐步实现转移支付目标。 三是适当照顾"老少边"地区，对革命老区、少数民族地区和边境地区给予照顾。
财政部《2003年农村税费改革中央对地方转移支付办法》(财预[2003]355号)	农村税费改革。转移支付的原则是： (1) 统一与规范。对现行乡镇开支项目和标准进行合理界定，选取相关客观因素，按照统一公式测算各地区的乡镇标准支出需求。 (2) 公正与合理。根据各地区的财力结构和财政困难程度，合理确定中央财政对不同地区的补助力度，适当照顾粮食主产区、少数民族地区和特殊困难地区。 (3) 公开与透明。转移支付测算方法和考虑的客观因素公开，测算过程透明。 (4) 体现对农业主产区尤其是粮食主产区的照顾。转移支付要重点向农业主产区特别是粮食主产区倾斜。
财政部《关于下达2003年民族地区转移支付资金的通知》(财预[2003]560号)	既有利于调动民族地区增收积极性，又适当考虑民族地区财力不平衡状况的原则。
财政部《边境地区专项转移支付资金管理办法》(财预[2006]62号，财预[2009]31号予以修订，财预[2012]43号再次修订)	边境地区专项转移支付资金的管理应当遵循以下原则： (1) 突出重点。资金主要用于发展乡、村公益事业和解决与人民生产生活密切相关的突出问题。 (2) 公开透明。资金使用和项目选择应当按照规定程序进行，纳入政务公开范围。 (3) 注重实效。坚持办实事、重实效，以社会效益为目标，强化绩效考评。 (4) 专款专用。资金不得用于平衡预算，不得截留或挪作他用。

（续表）

关于转移支付的主要文件	关于转移支付资金分配原则的规定
财政部《中央对地方民族地区转移支付办法》（财预[2010]448号）	中央对地方民族地区转移支付资金分配遵循以下原则： 一是公平规范。资金总额的确定方式规范透明，增强转移支付的稳定性和可预见性；资金分配采用规范的公式化方式，力求办法科学、结果合理。 二是适度激励。资金分配既有利于均衡少数民族地区间财力差异，促进基本公共服务均等化，又适当考虑相关地区的财政贡献因素，调动少数民族地区科学发展的积极性。 三是注重平稳。采用统一规范的方式，保证各地分享的转移支付额不低于以前年度的水平，促进少数民族地区财政平稳运行。
财政部《2011年中央对地方均衡性转移支付办法》（财预[2011]392号）	均衡性转移支付资金的分配遵循以下原则： (1) 公平公正。选取影响财政收支的客观因素，采用统一规范的方式分配转移支付资金。 (2) 公开透明。转移支付测算办法广泛征求地方意见，测算过程和分配结果公开。 (3) 适度激励。对省级财政推进省以下公共服务均等化效果显著的地区给予适当奖励。
财政部《2012年中央对地方均衡性转移支付办法》（财预[2012]300号）	均衡性转移支付资金的分配遵循以下原则： (1) 公平公正。选取影响财政收支的客观因素，采用统一规范的方式分配转移支付资金。 (2) 公开透明。转移支付测算办法广泛征求地方意见，测算过程和分配结果公开。 (3) 适度激励。对省级财政推进省以下公共服务均等化效果显著的地区给予适当奖励。
财政部《关于印发〈中央对地方专项转移支付管理办法〉的通知》（财预[2015]230号）	专项转移支付资金分配可以采取因素法、项目法、因素法与项目法相结合等方法。

从上述规定分析，我国转移支付资金分配的原则，呈现出以下特征：一是多元性。多元性是指转移支付法的分配原则呈现多元化。从表8.5可以看出，二十余年来，我国转移支付法规定的分配原则，至少包括以下方面：公平公正、循序渐进、统一与规范、公正与合理、注重平稳、突出重点、公开与透明、注重实效、专款专用、适度激励等。分配原则的多元性，一方面反映了我

国转移支付资金的分配注重多样化,以实现不同的目标,一方面也反映了我国转移支付资金分配原则还不够统一规范。

二是程序性原则与实体性原则并存。我国财政转移支付资金的分配原则,呈现出程序性原则与实体性原则的二元区分。具体来说,程序性原则主要包括统一于规范、注重平稳、公开透明等,实体性原则主要是指公平公正、公正与合理、突出重点、注重实效、专款专用、适度激励等。本书之前提出的平等与需要原则,主要侧重于财政资金分配的实体性标准。

三是差异性。差异性是指转移支付不同组成部分的分配原则是不同的。比如,针对民族地区、边境地区的专项转移支付,其分配原则一般是突出重点、公开透明、注重实效、专款专用、注重平稳、适度激励。针对一般性转移支付,其分配原则是公平公正、循序渐进、公开透明、适度激励。转移支付分配原则的差异性还体现为对民族地区、边境地区、农业主产区尤其是粮食主产区的倾斜,有助于实现实质性平等。

四是公平性。尽管我国转移支付资金的分配原则,在一般性转移支付与专项转移支付呈现出多元性与差异性的特征,但始终存在着一个共性的分配原则,即公平性,尤其是针对革命老区、少数民族地区、边境地区,体现了转移支付制度旨在实现公平的初衷。不过,这种公平性也带有一定的相对性。比如,1993 年的税制改革以 1993 年为基数确定税收返还额、保留原体制补助等方式承认既有的地方利益分配格局,未能有效顾及到不同地区之间经济发展的差异。现行的税收返还使得发达地区与贫困地区得到的税收返还额度并不公平。因此,我国转移支付的分配,在公平性方面有待于进一步的完善。

五是动态性。动态性是指转移支付资金的分配原则在不同时期是不同的,这与特定时期的总财力以及特定事宜有关。财政部 1999 年颁行的《过渡期财政转移支付办法》规定,过渡期转移支付重点帮助财政困难地区缓解财政运行中的突出矛盾,逐步实现各地基本公共服务能力的均等化。再如,财政部《关于 2002 年一般性转移支付办法》《2003 年一般性转移支付办法》均规定了转移支付资金分配的循序渐进原则,即中央财政逐年加大一般性转移支付资金规模,逐步实现转移支付目标。

此外,转移支付资金分配原则的渐进性与其他法律的规定也有关联。我国《民族区域自治法》第 62 条规定:“随着国民经济的发展和财政收入的增长,上级财政逐步加大对民族自治地方财政转移支付力度。通过一般性财政转移支付、专项财政转移支付、民族优惠政策财政转移支付以及国家确定的其他方式，增加对民族自治地方的资金投入，用于加快民族自治地方经济发展和社会进步，逐步缩小与发达地区的差距。”这一规定也说明，我国转移支付资金的分配原则带有一定的动态性。

综上，我国财政转移支付的分配原则，呈现出一种多样性与动态性，而更重要的是，公平公正则始终是转移支付分配中所强调的重要原则。这些都值得充分的肯定。同时，为了更好地发挥财政转移支付在推进基本公共服务均等化、调节收入分配中的作用，转移支付的分配原则应该进一步的法定化、规范化与公平化。

（三）我国转移支付法分配原则的完善

为了更好地发挥财政转移支付促进与保障收入公平分配的目标，从前述财政转移支付的复合分配原则分析，我国财政转移支付法的分配原则可以从以下方面进一步完善：

一是更为关注平等。这是转移支付分配的平等原则的要求。进一步关注平等，调节收入分配，财政转移支付资金首先需要进一步向机会较少者倾斜。其次，财政转移支付资金应该从以前侧重生产性投资，逐步转向加大农村基础教育等社会公共服务的投入力度。根据前述对转移支付法、分配正义与经济发展之间因果关系的分析，对社会公共服务的支出，不仅有利于缩小收入差距，而且可以增进经济发展的后劲与活力。

事实上，我国财政转移支付已经朝着这一方向努力。针对土地出让金收入，财政部、教育部联合印发了《关于从土地出让收益中计提教育资金有关事项的通知》，要求各地区自 2011 年 1 月 1 日起，从土地出让收益中计提 10％的教育资金，并实行按季预提，年终统一清算。这一规定，实际上涉及公共资源收益的分配问题。财政部发布的《关于全面改善贫困地区义务教育薄弱学校基本办学条件的意见》（教基一[2013]10 号）致力于改善贫困地区义务教育薄弱学校基本办学条件，统筹城乡义务教育资源均衡配置，加快缩小区域、城乡教育差距，促进基本公共教育服务均等化，这既是推进教育公平和社会公正的有力措施，也是增强贫困地区发展后劲、缩小城乡和区域差距、推动义务教育均衡发展的有效途径。

二是保证基本生存条件。这是转移支付分配的需要原则的体现。保证公民基本生存条件，要求政府调节社会资源的配置结果，以维持每个公民最起码的生存要求，尤其是非因个人原因而陷入贫困状态的弱势群体的生存要求。现代社会风险的日益加剧，公民不可抗拒的因素不断增多，要求国家承担保障公民基本生存需要的积极义务，这是西方国家逐步迈入福利国家的重要原因。即使是低收入的古巴，也在经济增长的同时持续地改善全体公民的教育与健康状况。

随着我国经济发展到新的阶段，以及政府财力的不断增强，我国有必要进一步加大对弱势群体基本生存条件的保障力度。以农村医疗为例。中共中央、国务院《关于深化医药卫生体制改革的意见》（2009 年 3 月 17 日）指出："当前我国医药卫生事业发展水平与人民群众健康需求及经济社会协调发展要求不适应的矛盾还比较突出。城乡和区域医疗卫生事业发展不平衡，资源配置不合理，公共卫生和农村、社区医疗卫生工作比较薄弱，医疗保障制度不健全，药品生产流通秩序不规范，医院管理体制和运行机制不完善，政府卫生投入不足，医药费用上涨过快，个人负担过重，对此，人民群众反映强烈。"因此，国家财政转移支付在分配过程中，应该进一步贯彻需要原则，更好地保障公民得到最基本的公共服务，避免陷入绝对贫困的状态。

五、转移支付法的分配机制

财税法的分配正义理论还涉及分配机制问题，即谁来分配。分配机制问题对于我国转移支付法的完善而言，更为现实，也至为关键。

（一）转移支付法的复合分配机制

自由至上主义的分配正义主张个人权利至上，私人财产权只能由私人所有与支配，"穷人的茅草屋，风可进，雨可进，国王不能进"，其结论自然是市场机制的"各尽所择，按择所予"[①]，以及私人财产权衍生的私人或者私人组织的慈善行为。"因为人们对自己的财产拥有资格……我可以按我愿意的任何方式自由地支配我的资源……包括白白地送给他人……诺齐克认为这是行使财产权的极好方式。"[②]社群主义分配正义也主张私人慈善，但其理论基础在于公民自治与共同体理念，不同于自由主义的私人财产权基础。因此，在强调私人慈善方面，自由主义与社群主义有着一定的相似性。社群

① 〔加拿大〕威尔·金里卡：《当代政治哲学》，刘莘译，上海译文出版社 2011 年版，第 111 页。
② 同上书，第 112 页。

主义分配正义强调美德与公民自治[①]，重要表现之一即社会组织的作用，包括基金会、大学、咨询机构、社会服务机构等。它们在很大程度上是独立于政府和市场压力之外的，抵制污染、环境破坏的商业实践以及批评政府，以弥补私人和公共官僚化的失灵。[②] 阿玛蒂亚・森认为正义的实现依赖于体制。市场机制在促进高速经济增长和全面发展进步中发挥了重要的作用，但“需要批判地审视市场的作用”。为了社会公平和正义，市场机制必须与创造社会机会相结合，必须兼顾效率与公平。[③]

关于分配正义的分配机构，最大的争议在于国家在再分配中的角色。自由主义的国家观的核心在于，“对于公民拥有的道德观和宗教观，国家应当持守中立。既然人们在最好的生活方式这个问题上各有不同的主张，政府就不应该在法律上支持任何一种特定的良善生活观。相反，政府应该提供一种权利框架，把人们尊为能够选择自己的价值与目标的自由且独立的自我。”[④]如诺齐克持有正义的国家理论是“最弱意义上的国家”(a minimal state)[⑤]，诺齐克反对国家通过税收机制的再分配，因为其涉及侵犯了私人所有权与个体所有制。而属于再分配自由主义提倡“资源平等”的德沃金实际上则被“许多人看作是自由主义中立的最明显也是最坦率的拥护者”，他认为国家中立的哲学基础与宪政道德是“一种要求在众多有关什么是有价值的生活的理论之间的官方中立的平等理论”[⑥]。由此也可见不同正义理论的似是而非、错综复杂与变幻不定的“普罗透斯之脸”。

再分配自由主义的罗尔斯主张“为了所有人的平等政治自由，就必须采取补偿性步骤来保护公平的价值……财产和财富必须广泛地分配，政府必

---

① 参见〔美〕迈克尔・桑德尔：《民主的不满：美国在寻求一种公共哲学》，曾纪茂译，江苏人民出版社 2008 年版，第 235—291、370—383 页。

② 参见〔美〕菲利普・塞尔兹尼克：《社群主义的说服力》，马洪、李清伟译，上海世纪出版集团 2009 年版，第 62—63 页。

③ 参见〔印度〕阿玛蒂亚・森：《以自由看待发展》，任赜、于真译，中国人民大学出版社 2002 年版，第 121 页。

④ 〔美〕迈克尔・桑德尔：《民主的不满：美国在寻求一种公共哲学》，曾纪茂译，江苏人民出版社 2008 年版，第 4 页。

⑤ 〔美〕罗伯特・诺齐克：《无政府、国家与乌托邦》，何怀宏译，中国社会科学出版社 1991 年版，第 1 页。

⑥ 〔英〕史蒂芬・缪哈尔、亚当・斯威夫特：《自由主义者与社群主义者》，孙晓春译，吉林人民出版社 2007 年版，第 315 页。

须定期提供费用……”[①]强调国家通过税收、转移支付与社会保障等手段矫正经济社会不平等中的再分配作用。因此，罗尔斯的正义理论包含了福利国家的部分主张。这不仅导致了自由主义传统内部的诺齐克的激烈反对，也一定程度上拉近了罗尔斯与社群主义的距离。

社群主义分配正义强调政府对于共同体的支持作用，尽管其最为关注社会自治与共同体。“政府能够并应当是社会的一个不可或缺的部分，是共同的善的动机和领导能力的渊源。政府能够增强并使社会生活充满活力。”只是需要防止政府的自私自利性与被特别利益左右。[②] 国家是“分配正义至关重要的代理人。它警戒着每一种社会善在其中得以分配和配置的领域的边界。”[③]社群主义不同于自由主义的是，它并不是要把国家与社会对立起来，而是强调通过回应型的制度与回应型的政府以实现法律、政府和社会三者之间协作的理想[④]。

此外，分配正义的实施还强调公民参与，这不仅是社群主义的主张，也是多元主义分配正义的主张。如弗雷泽提出了超越于再分配与承认的规范三元论，以“参与平等”作为覆盖性概念，并以此作为评价分配与承认是否正义的规范基础。参与平等要求社会制度的安排，必须满足公平参与的要求。[⑤] 阿玛蒂亚・森也强调“公民是自身前途的塑造者，而不只是被动接受某些精心设计的发展计划的成果”[⑥]。

综上，关于分配正义的分配机构，不同正义理论有着不同的主张，但其发展则呈现出融合性、多元性与复合性的趋势，强调市场机制、国家再分配机制以及以社会组织和公民参与为代表的社会机制的复合与相互支持。“无疑，国家是首要的分配机构，其政策和实践促成了社会正义或不正义……当然，在几乎每一种情形中，国家行为的效果都是与其他机构相互影

---

① 〔美〕约翰・罗尔斯：《正义论(修订版)》，何怀宏、何包钢、廖申白译，中国社会科学出版社2009年版，第177页。

② 参见〔美〕菲利普・塞尔兹尼克：《社群主义的说服力》，马洪、李清伟译，上海世纪出版集团2009年版，第63页。

③ 〔美〕迈克尔・沃尔泽：《正义诸领域：为多元主义与平等一辩》，褚松燕译，译林出版社2002年版，第377页。

④ 参见〔美〕菲利普・塞尔兹尼克：《社群主义的说服力》，马洪、李清伟译，上海世纪出版集团2009年版，第64页。

⑤ 参见〔美〕凯文・奥尔森：《伤害＋侮辱——争论中的再分配、承认和代表权》，高静宇译，上海人民出版社2009年版。

⑥ 〔印度〕阿玛蒂亚・森：《以自由看待发展》，任赜、于真译，中国人民大学出版社2002年版，第43页。

响的……没有其他制度和机构的合作,国家本身在很大程度上是虚弱无力的。因此,如果我们真正关心社会正义,我们就要把它的原则应用到个别的或者整体的产生贯穿整个社会的分配后果的亚国家制度上去。"[①]

复合分配机制反映了现代社会多元化社会结构及其融合,契合了治理理论的最新发展。奥斯特罗姆主张公共事务治理的多中心治理机制,构建分权、参与、多中心的公共事务治理之道。[②] 而多中心治理机制也折射了"国家与社会的逐步近似,公法与私法的逐步混同"[③]。这对于现代法治发展的影响是深刻的,深深地影响到经济法财税体制、金融体制等"体制法"的改革与完善,如从税收国家向预算国家转轨的过程中强调参与式预算、中央与地方税权的合理配置,等等。

具体到转移支付法,国家无疑是最主要的分配机构,负责转移支付的资金在不同区域、不同群体之间的配置。但是,国家并非转移支付的唯一的分配机制,尤其是在利益约束、决策者智识不足、信息偏在、腐败等政府失灵的情形之下,国家作为转移支付的分配主体存在局限性。因此,公共媒体等社会监督,以及公民通过预算等民主途径参与财政资金的分配,有助于发挥转移支付资金的分配体现大多数人的利益诉求,同时弥补国家分配机制可能的不足,进而构建复合、多中心、民主的分配机制。

从国际比较的视野来看,转移支付分配管理机构的设置存在四种模式[④]:一是中央或联邦组成机构模式。该模式是指由中央或联邦政府的财政部或内务部组成部门负责相关政策的制定和资金分配,是最常见的一种类型。波兰、瑞士、乌克兰、菲律宾、韩国、赞比亚、加纳、日本、意大利等采取这一模式。

二是国家立法机关模式。该模式是指由国家立法机关负责财政转移支付的立法,而将具体工作授权给行政部门。唯有巴西比较特殊,巴西的参议院不仅负责转移支付的制定修改与资金测算,还负责资金监管。

三是专设政府间财政关系处理机构模式。该模式是指成立专职负责中

---

① 〔英〕戴维·米勒:《社会正义原则》,应奇译,江苏人民出版社 2001 年版,第 15—16 页。

② 参见〔美〕埃莉诺·奥斯特罗姆:《公共事务的治理之道——集体行动制度的演进》,三联书店 2000 年版。

③ 〔美〕R. M. 昂格尔:《现代社会中的法律》,吴玉章、周汉华译,译林出版社 2001 年版,第 189 页。

④ 参见高培勇主编:《世界主要国家财税体制:比较与借鉴》,中国财政经济出版社 2010 年版,第 121—122 页。

央地方财政经济关系议定与处理的专门机构，由其负责或参与转移支付分配。此类机构一般由中央和地方政府代表共同组成，定期或不定期召开会议。这一模式被认为能够有效平衡各方利益，尊重地方自主性，典型代表是加拿大、德国。

四是专职独立机构模式。这一模式是指由中央或联邦政府在政府体系之外成立专职、独立的转移支付管理机构，其人员不属于政府雇员编制。该机构定期向政府或立法机关汇报工作，但不受政府部门的干预，以澳大利亚的联邦拨款委员会、印度的财政委员会以及南非的财政金融委员会为典型。

应该说，不同的国家或地区采取不同的财政转移支付分配机构的模式，与其自身的政治体制、经济状况、历史传统等因素，都是分不开的。不论具体的模式如何设计，国家无疑发挥着主导的作用。同时，一些国家即使推行政府模式，但由于立法机关/议会的监督权力比较大，实际上呈现出不同机构共同参与的复合性，而非一个单独机构自始至终地负责转移支付的所有问题。因此，发达国家一般采取了“议会监督为主体、多方参与的转移支付监督框架和制约机制”[①]。

（二）我国转移支付分配机制及其局限

以转移支付法的复合分配机制，分析我国现行财政转移支付的分配机制。

一是分配决策机制。我国《预算法》授权国务院进行转移支付立法的权力。我国《立法法》第 8 条和第 9 条规定，基本经济制度以及财政、税收、海关、金融和外贸的基本制度只能制定法律，尚未制定法律的，全国人民代表大会及其常务委员会有权作出决定，授权国务院根据实际需要，对其中的部分事项制定行政法规。

我国《预算法》第 29 条规定，中央预算与地方预算有关收入和支出项目的划分、地方向中央上解收入、中央对地方税收返还或者转移支付的具体办法，由国务院规定，报全国人民代表大会常务委员会备案。《预算法实施条例》第 13 条进一步规定，地方各级预算上下级之间有关收入和支出项目的划分以及上解、返还或者补助的具体办法，由上级地方政府确定，并报本级人民代表大会常务委员会备案。

从上述规定来看，在我国，由全国人大授权国务院进行转移支付立法以

① 李波：《财政转移支付监督的国际经验与借鉴》，载《财政监督》2008 年第 4 期。

及有关的转移支付，而国务院又将此权力进一步授权给地方政府。我国《预算法实施条例》第13条的转授权是否合法，有待商榷。不过，上述规定也表明，我国转移支付的分配决策主体是国务院及其所属政府部门。

二是分配监督机制。第一，权力机关的监督。我国《预算法》、《预算法实施条例》、《各级人民代表大会常务委员会监督法》针对一般性转移支付，规定了各级人大及其常委会的监督与问责机制。我国《预算法》第71条规定，在预算执行中，地方各级政府因上级政府增加不需要本级政府提供配套资金的专项转移支付而引起的预算收出变化，不属于预算调整。接受增加专项转移支付的县级以上地方各级政府应当向本级人民代表大会常务委员会报告有关情况；接受增加专项转移支付的乡、民族乡、镇政府应当向本级人民代表大会报告有关情况。

我国《预算法实施条例》第61条规定，接受上级返还或者补助的地方政府，应当按照上级政府规定的用途使用款项，不得擅自改变用途。政府有关部门以本级预算安排的资金拨付给下级政府有关部门的专款，必须经本级政府财政部门同意并办理预算划转手续。

我国《各级人民代表大会常务委员会监督法》第18条规定了常务委员会对于财政转移支付的审查制度。常务委员会对决算草案和预算执行情况报告，重点审查下列内容：预算收支平衡情况；重点支出的安排和资金到位情况；预算超收收入的安排和使用情况；部门预算制度建立和执行情况；向下级财政转移支付情况；本级人民代表大会关于批准预算的决议的执行情况。此外，全国人民代表大会常务委员会还应当重点审查国债余额情况；县级以上地方各级人民代表大会常务委员会还应当重点审查上级财政补助资金的安排和使用情况。

此外，国务院及财政部也规定将地方接受的转移支付资金纳入到地方预算，并接受同级人大的监督。例如，国务院《关于编制2007年中央预算和地方预算的通知》(国发[2006]37号)曾明确要求："各省、自治区、直辖市人民政府要将中央对地方税收返还和补助收入全额列入省级总预算，同时在省级总预算中反映对下级的税收返还及补助，自觉接受同级人民代表大会及其常委会对本级预决算的监督"。2005年财政部下发的《关于地方政府向本级人大报告财政预、决算草案和预算执行情况的指导性意见》，也明确了地方各级政府报本级人大预算草案的内容和格式；2006年《关于地方政府向人大报告财政预、决算草案和预算执行情况的补充通知》，要求各地将上级政府对本地区(包括本级和下级)的税收返还和补助，全额列入本级预算。

第二,审计部门的监督。我国《审计法》规定了财政资金的审计制度,包括财政转移支付资金。我国《宪法》第91条规定:“国务院设立审计机关,对国务院各部门和地方各级政府的财政收支,对国家的财政金融机构和企业事业组织的财务收支,进行审计监督。”我国《审计法》第2条规定:“国家实行审计监督制度。国务院和县级以上地方人民政府设立审计机关。国务院各部门和地方各级人民政府及其各部门的财政收支,国有的金融机构和企业事业组织的财务收支,以及其他依照本法规定应当接受审计的财政收支、财务收支,依照本法规定接受审计监督。审计机关对前款所列财政收支或者财务收支的真实、合法和效益,依法进行审计监督。”

我国《审计法实施条例》第16条规定,审计机关对本级预算收入和支出的执行情况进行审计监督的内容包括:审计机关对本级预算收入和支出的执行情况进行审计监督的内容包括:……(4)财政部门依照法律、行政法规的规定和财政管理体制,拨付和管理政府间财政转移支付资金情况以及办理结算、结转情况。

第三,财政部门的自我监督。我国财政部门关于转移支付的规定中,也含有转移支付的监督与管理的规定。见表8.6。

表8.6　财政部门关于转移支付的监督机制(1993—2015年)

关于转移支付的主要文件	关于转移支付资金的监督机制
财政部《2003年一般性转移支付办法》(财政部《关于下达2003年一般性转移支付数额的通知》财预[2003]563号)	转移支付资金的管理与监督。各地区要对中央下达的一般性转移支付资金加强监管,提高资金使用效益。
《2003年农村税费改革中央对地方转移支付办法》(财预[2003]355号)	要强化监督约束机制。各地不得截留、挪用中央转移支付资金,各级财政用于农村税费改革的资金必须确保专款专用。要加强对农民减负及教育等重点支出保障情况的监督检查。考核农村工作实行农民负担一票否决制,并实行责任追究制度。乡镇财政要实行政务公开制度,规范财政管理,节约财政开支,提高资金使用效益。要坚决取消村级招待费,加强村级财务管理,公开村级财务,实行年度审计。凡违反上述规定的,中央将相应扣减转移支付资金,并追究有关责任人员和领导者的责任。

（续表）

关于转移支付的主要文件	关于转移支付资金的监督机制
财政部《边境地区专项转移支付资金管理办法》（财预[2006]62号，财预[2009]31号予以修订，财预[2012]43号再次修订）	(1) 财政部依据程序客观公正、操作简便高效、结果横向可比的原则，对省级财政部门分配、下达、管理边境地区转移支付资金情况，以及所辖边境沿海地区管理和使用边境地区转移支付资金情况进行绩效评价。 省级财政部门按照财政部的统一部署，对省以下财政部门管理和使用边境地区转移支付情况实施绩效评价。 (2) 财政部根据工作需要，对边境沿海省区管理和使用边境地区转移支付资金情况进行监督检查。 省级财政部门对省以下财政部门管理和使用边境地区转移支付资金的监督检查工作每年至少进行一次，监督检查结果应当及时报告财政部。 (3) 对边境地区转移支付资金管理和使用中的违法行为，依照《财政违法行为处罚处分条例》(国务院令第427号)等有关规定追究法律责任。
财政部《中央对地方民族地区转移支付办法》(财预[2010]448号)	各民族自治地方政府要将转移支付资金用于保证机构正常运转、保障和改善民生以及偿还到期债务，严禁用于“形象工程”和“政绩工程”等。省级财政要将省对下转移支付办法、分配结果和资金使用情况上报中央财政。
财政部《2011年中央对地方均衡性转移支付办法》(财预[2011]392号)	(转移支付资金的管理与监督) 各地区要根据本地对下财政体制、辖区内财力分布等实际情况，统筹安排，加大对财政困难县乡的支持力度，保障县级政府履行职能的基本财力需求。基层财政部门要将上级下达的均衡性转移支付资金，重点用于基本公共服务领域，推进民生改善，促进社会和谐。
财政部《2012年中央对地方均衡性转移支付办法》(财预[2012]300号)	同上。
财政部《财政部门监督办法》(财政部2012年69号令)	财政部门依法对下列事项实施监督：(1) 财税法规、政策的执行情况；(2) 预算编制、执行、调整和决算情况；(3) 税收收入、政府非税收入等政府性资金的征收、管理情况；(4) 国库集中收付、预算单位银行账户的管理使用情况；(5) 政府采购法规、政策的执行情况；(6) 行政、事业单位国有资产，金融类、文化企业等国有资产的管理情况；(7) 财务会计制度的执行情况；(8) 外国政府、国际金融组织贷款和赠款的管理情况；(9) 法律法规规定的其他事项。对会计师事务所和资产评估机构设立及执业情况的监督，由省级以上人民政府财政部门依法实施。

（续表）

关于转移支付的主要文件	关于转移支付资金的监督机制
财政部《关于印发〈中央对地方专项转移支付绩效目标管理暂行办法〉的通知》(财预[2015]163号)	中央对地方专项转移支付的绩效目标管理活动。
财政部《关于印发〈革命老区转移支付资金管理办法〉的通知》(财预[2015]121号)	财政部根据工作需要，对相关省份管理和使用革命老区转移支付资金情况进行监督检查。省级财政部门负责确定省以下财政部门的监督检查职责，定期对省以下财政部门管理和使用革命老区转移支付资金情况开展监督检查，监督检查有关情况应当及时报告财政部。

从上述规定来看，我国财政转移支付的分配机制包含两个方面：一是分配决策机制。国务院及其所属财政部门，以及地方政府及其财政部门，是我国财政转移支付资金的实际的决策主体。二是分配监督机制。监督机制主要有三种，来自各级人民代表大会及其常务委员会的监督，来自国务院和县级以上地方人民政府设立的审计机关的审计监督，来自财政部门内部的自我监督。此外，公共媒体等社会监督也在一定程度上发挥着监督作用。

因此，我国财政转移支付的分配机制，事实上也呈现出一种复合性，在实践中发挥了积极的作用。但是，由于财政转移支付的分配实际上是由政府及其财政部门主导，内部自我监督不够完善，来自外部的权力机关监督与社会监督存在不足，我国财政转移支付在分配过程中还存在不少的问题：

一是一般性转移支付监督不到位。一般性转移支付纳入地方预算，接受人大及其常委会的监督。但事实上，地方并未将中央转移支付资金纳入到地方预算体系之中，脱离权力机关的监督。比如，早在2005年，审计署对20个省(区、市)地方预算进行抽查，中央预算编入地方预算有3444亿元，约占中央实际转移支付7733亿元的44%，也就是说中央转移支付有一半以上没有纳入地方财政预算，完全脱离了人大的监督，有的甚至脱离了政府的监督。[①]

① 参见李红军：《中央转移支付为何多半无监督》，载《中华工商时报》2006年6月6日第7版。

二是专项转移支付缺乏有效监督。我国并没有将专项转移资金纳入地方预算,使得转移支付资金更加缺乏人大的监督,缺乏刚性责任追究机制,导致专项转移支付被挪用、截留等现象。此外,“由于转移支付项目繁杂而分散,在管理上面临许多矛盾和问题,如预算审批权过于分散,专项转移支付项目不切实际等。地方政府‘驻京办’、‘跑部钱进’的现象都与此有关。”[①]

三是公民参与和社会监督的不足。公民参与和公共媒体的社会监督,有利于补充政府监督的不足,是财政转移支付监督机制的重要组成部分。但是,我国转移支付主要是在政府内部进行,公众参与以及社会监督比较缺失。

我国转移支付资金分配决策机制与监督机制存在的问题,与转移支付立法分散、层次低、约束力小等因素是密切相关的。“我国财政转移支付制度缺乏明确、规范的法律规定,人为主观干预转移支付资金的划拨、分配与使用的现象还很大程度地存在于实际工作中,随意性比较大。”[②]从国外立法来看,财政转移支付一般采取严格高层次立法的方式进行,贯彻税收法定主义。比如,美国在 1972 年就制定了专门规范转移支付的法律——《州和地方政府补助法》。德国规范财政转移支付的法律既包括其《基本法》,也包括《联邦财政均衡法》等基本的法律。

(三)我国转移支付法分配机制的完善

在全面深化改革的背景下,我国需要进一步完善转移支付的分配机制。根据财政转移支付的复合分配机制,并参酌国外的立法例,结合我国实际,建议我国财政转移支付的分配机制从以下方面进一步完善:

(1) 关于分配决策机制的完善。从短期来说,以财政部门为主的分配决策机制可以延续,以充分发挥财政部门专业化的优势,减少体制大变革的困难。同时,加强财政部门资金分配的绩效管理与问责机制。从长远来看,可以借鉴国际成熟的经验,尝试构建财政资金转移支付的专门机构。在分配决策机制方面,需要进一步完善中央与地方的关系,这就涉及财政体制的调整。分税制的财政体制,确实起到了增进中央财力的预期效果,但却一定程度上造成地方财力的不足。同时,地方政府尤其是基层政府负担着较之

① 吕炜:《完善体制阶段的和谐社会建设与公共财政安排》,东北财经大学出版社 2008 年版,第 246 页。

② 同上书,第 248 页。

于财政收入更重的公共服务的责任。中央、地方之间财权事权的不匹配，是造成财政转移支付资金被截留、挪用的体制性、制度性成因。因此，从根本上完善财政转移支付资金的分配决策机制，还需要从合理划分中央与地方的财权事权，增加地方税种的角度，予以解决。

（2）分配监督机制的完善。分配监督机制包含财政部门自我监督、审计监督、权力机关监督、社会监督等。其中，前三种监督机制属于自上而下的监督机制，社会监督则属于自下而上的监督机制。

首先，要不断完善自上而下的监督机制。针对一般性转移支付，同级人大、上级财政部门、审计部门根据《预算法》严格予以监督。针对专项转移支付资金，上级政府及其财政部门需要严格审查项目的可行性报告以及是否符合国家政策要求，监督下级政府使用专项资金的用途，防止挤占挪用。

2007年国务院《关于规范财政转移支付情况的报告》提出“加强转移支付管理，提高资金使用的规范性、安全性、有效性”。这方面的举措包括：完善转移支付管理和分配办法；采取措施加强管理；逐步提高地方预算编报完整性；努力推进专项转移支付项目整合工作，提高转移支付资金规模效益；积极开展专项转移支付政府采购和国库集中支付试点，有效解决资金挪用和管理中信息不对称问题，提高转移支付资金使用效益。

此外，近些年来，不少地方人大也针对财政转移支付问题，逐步加大了监督力度。以海南省为例。海南省人大专题询问财政转移支付，监督政府“钱袋子”。2011—2013年中央对海南省转移支付补助资金累计1244.1亿元，年均增长14.4%；2011—2013年海南省对市县转移支付补助资金累计1025.3亿元，年均增长17.1%。2014年5月，海南省第五届人大常委会第八次会议召开联组会议，就关于海南省财政转移支付工作情况的报告进行专题询问，内容涉及财政转移支付如何实现公平公正分配，财政部门如何加强监督管理，财政对教育、卫生领域的支付情况，以及财政部门的越位和缺位等。这对于财政资金的公正分配，提供财政资金的绩效，起到了监督作用。通过专题询问制度，强化人大的监督，是提高财政转移支付资金分配效率的重要路径。[①]

其次，要不断完善自下而上的监督机制，并不断地制度化。加强财政转移支付监督过程中的公民参与，有助于满足公众的知情权以及民众日益增

① 参见付美斌：《海南人大专题询问财政转移支付 监督政府“钱袋子”》，载中国新闻网 http://www.chinanews.com/gn/2014/05-30/6229955.shtml。2014年6月1日访问。

加的民主诉求，同时，补充自上而下的监督机制的不足，优化国家治理机制。中共中央《关于全面深化改革若干重大问题的决定》指出："坚持用制度管权管事管人，让人民监督权力，让权力在阳光下运行，是把权力关进制度笼子的根本之策。"

自下而上的监督机制需要不断的制度化，以制度建设的根本方式保证公民的有序参与。比如，进一步推行政务公开，发展电子政务，实行转移支付资金特别是专项转移支付资金信息的透明化，确保公众对政府转移支付资金使用情况的知情权。再如，建立健全重大和重点项目专项转移支付公示制度，最大限度地保证转移支付资金专款专用，而不被随意截留、挪用。要推行质询制度和民主评议制度，充分发挥公众、媒体等对促进政府改善转移支付制度的积极作用。①

2007 年国务院《关于规范财政转移支付情况的报告》提出提高专项转移支付管理透明度："提高透明度有利于加强对专项转移支付分配、使用的全过程监管，完善专项转移支付管理制度。每一项专项转移支付资金的设立、审批和分配，要做到有合理明确的分配依据、有操作规程，坚持公开、公正、透明、效率的原则。除要求保密的外，适时公布专项转移支付项目资金管理办法，逐步做到公开透明。"财政转移支付资金透明度的提高，无疑为公民、媒体参与转移支付资金的监督，提供更好的渠道与机会。

六、小　　结

正义是制度善恶的评判标准，也是制度良性运行的重要的基础条件之一。"一个不具坚固的正义基础的法律秩序所依赖的只能是一个岌岌可危的基础……我们所需要的不只是一个具有确定的一般性规则的制度，我们还需要该制度中的规则是以正义为基础的，换言之，是以对人性的某些要求和能力的考虑为基础的。否则，这个制度就会不可行；而且由于它违反了根深蒂固的判断倾向和标准，所以它会不断地被人们所违反，进而它也不可能提供确定性，而这种确定性则正是该制度存在的理由。"②

① 参见吕炜：《完善体制阶段的和谐社会建设与公共财政安排》，东北财经大学出版社 2008 年版，第 247—248 页。

② 〔美〕E. 博登海默：《法理学：法律哲学与法律方法》，邓正来译，中国政法大学出版社 2004 年版，第 332 页。

本章以财税法(含财政转移支付法)的复合分配正义理论为指针,系统分析了财政转移支付制度与经济发展之间的因果机制,转移支付制度的目标转换(分配目标)、分配标准、分配机制等涉及收入公平分配的重点问题,旨在通过财政支出结构的优化,促进与保障地区之间公共服务的均等化,以及公民之间收入分配的公平化,初步形成如下结论:

(1) 财税法的复合分配正义理论。财税法的分配正义理论是由多种因素决定的复合正义,体现在内涵、思想渊源、分配机制、分配客体、分配标准/原则、价值目标等多个方面,具备综合法理学的理论根基。具体而论,财税法的复合分配正义理论,强调在合理发挥市场作用的基础之上,国家根据应得、平等和需要的复合标准,通过国家主导、社会监督、公民参与的复合分配机制,运用税收、转移支付等再分配手段矫正市场分配机制的局限性,以促进和保障公共利益、实质平等与社会公正,旨在实现以社会公正为中心的长期经济增长,以及经济社会的良性运行与协调发展。

(2) 转移支付制度、分配正义与经济发展。财政转移支付制度作为现代国家促进和保障收入公平分配的重要手段,有助于促进一国不同区域之间基本公共服务的均衡,以及不同经济阶层之间的经济平等与社会公正,进而有助于实现长期经济发展。具体来说,财政转移支付制度通过促进分配正义进而作用于经济发展的因果机制,表现在增进社会和谐、提高人力资本、激发经济潜能等方面。

由于财政转移支付结构的不完善,以及财政法制的不健全,我国转移支付制度促进收入公平分配的积极效应并未充分发挥,主要体现在一般性转移支付的比例相对较低、专项转移支付的比例相对较高、税收返还加剧地区间财力差距、政府补贴的分配不均衡、居民享有的转移支付比较少等方面。在经济社会大转型时期,我国非常有必要根据经济社会发展的新阶段,进一步完善转移支付立法,以调节收入分配,促进基本公共服务均等化,实现社会公平正义。

(3) 转移支付制度的目标转换。财税法的复合分配正义理论,追求公平、经济自由、共同体与共同福利等多元的目标。作为财税法的重要组成部分,转移支付法因其是现代国家再分配调节机制之一,更为追求公平、经济自由、共同体福利。从国际比较的视角分析,大部分国家均将其转移支付的目标直接定位于地方政府的财政收支能力或公共服务能力的均衡。

在1994年到2012年之间,我国转移支付实践中呈现一种多元性、动态性的目标。其中,既有顾及地区公平的合理目标,也有用于机关事业单位职工工资与离退休费用的不合理目标，同时也带有考虑边疆稳定、国家统一等政治与社会目标。从动态性而言，2004 年之后，我国转移支付的目标逐步向公平迈进，更为规范化。

按照财政转移支付法应然的目标，我国应将转移支付的目标进一步明确化、规范化、制度化，即调节居民收入差距，缩小地区差距，推动基本公共服务的均等化。在明确了转移支付目标的前提之下，才可能围绕这一目标进一步构建公平、规范、统一的财政转移支付法律制度。事实上，2012 年中共《十八大报告》、2013 年国务院批转的《关于深化收入分配制度改革的若干意见》都强调再分配更加注重公平，并强调转移支付是国家再分配的重要手段之一。

(4) 转移支付制度的分配原则。作为财税法的组成部分，以及现代国家再分配的重要调节机制，转移支付法的分配原则主要是需要和平等。需要原则体现为满足弱势群体的基本生存权利，保障基本需求，这是与转移支付法“经济自由”的目标相一致。平等原则主要体现为向机会更少者倾斜，以实现实质平等与共同体福利，是转移支付法平等、共同体福利目标的内在要求。

我国财政转移支付的分配原则，呈现出一种多样性与动态性，而更重要的是，公平公正则始终是转移支付分配中所强调的重要原则。这些都值得充分肯定。为了更好地发挥财政转移支付在推进基本公共服务均等化、调节收入分配中的作用，转移支付的分配原则应该进一步法定化、规范化与公平化。其中，从财政转移支付的复合分配原则分析，我国财政转移支付的分配原则应该更加关注平等，进一步向机会较少者与社会公共领域倾斜。同时，要进一步保障公民基本生存条件，以维持每个公民最起码的生存要求，尤其是非因个人原因而陷入贫困状态的弱势群体，避免其陷入绝对贫困的状态。

(5) 转移支付制度的分配机制。在转移支付的分配中，国家无疑是最主要的分配机构，负责转移支付的资金在不同区域、不同群体之间的配置。但是，国家并非转移支付的唯一的分配机制，尤其是在利益约束、决策者智识不足、信息偏在、腐败等政府失灵的情形之下，国家作为转移支付的分配主体存在局限性。因此，公共媒体等社会监督，以及公民通过预算等民主途径参与财政资金的分配，有助于发挥转移支付资金的分配体现大多数人的利益诉求，同时弥补国家分配机制可能的不足，进而构建复合、多中心、民主的转移支付分配机制。

我国财政转移支付的分配机制，事实上也呈现出一种复合性，在实践中发挥了积极的作用。但是，由于财政转移支付的分配实际上是由政府及其财政部门主导，内部自我监督不够完善，来自外部的权力机关监督与社会监督存在不足，我国财政转移支付在分配过程中还存在着一般性转移支付监督不到位、专项转移支付缺乏有效监督、公民参与和社会监督的不足等问题，与转移支付立法分散、层次低、约束力小等因素是密切相关的。

完善财政转移支付的分配机制，是财政转移支付制度落到实处的关键。在全面深化改革的背景下，我国需要进一步完善转移支付的分配机制：一是关于分配决策机制的完善。从短期来说，以财政部门为主的分配决策机制可以延续，以充分发挥财政部门专业化的优势，减少体制大变革的困难。同时，加强财政部门资金分配的绩效管理与问责机制。从长远来看，可以借鉴国际成熟的经验，尝试构建财政资金转移支付的专门机构。二是分配监督机制的完善。首先，要不断完善自上而下的监督机制。针对一般性转移支付，同级人大、上级财政部门、审计部门根据《预算法》严格予以监督。针对专项转移支付资金，上级政府及其财政部门需要严格审查项目的可行性报告以及是否符合国家政策要求，监督下级政府使用专项资金的用途，防止挤占挪用。其次，要不断完善自下而上的监督机制，并使其制度化，比如政务公开制度、重大专项转移支付制度公示制度等。加强财政转移支付监督过程中的公民参与，有助于满足公众的知情权以及民众日益增加的民主诉求，同时，补充自上而下的监督机制的不足，优化国家治理机制。

总之，以税收法定主义为指针，完善财政转移支付制度，优化我国财政转移支付结构，有助于促进不同区域之间公共服务的均衡化，有效调节居民收入分配，藏富于民，实现以社会公正为中心的长期可持续经济发展。同时，需要再一次强调的是，本章主要从分配正义的角度，分析财政转移支付制度的完善，并没有对转移支付制度进行面面俱到的分析，比如学界正在讨论的横向转移支付问题，本书未予讨论。

第九章　结　　论

一、财税法促进与保障收入公平分配的基本理论

收入分配是财税理论中极为重要的问题，对收入的财税再分配是财税理论中的核心领域；财税制度具有明显的再分配功能，通过财税制度实施再分配，可有助于实现分配公平。分配公平又是实现分配正义的必然要求，对此，罗尔斯等思想家和马斯格雷夫等财税理论大家所提出的相关理论对我们思考当代收入分配问题仍然极具启发意义。

财税法与分配正义具有天然的紧密联系。在财税法领域，关注个体利益分配与国家财政分配的关系，秉持制度正义，兼顾效率与公平，必然要贯穿于财税法的相关制度之中，成为财税法发展的重要路径。在宏观的分配制度和法律体系中来观察分配结构与财税法调整的内在关联，以及财税法上的权利配置对不同类型分配结构的影响，会更有助于发现财税法调整的定位、局限以及与其他相关法律调整之间的联系，从而有助于揭示分配结构调整的复杂性与财税法调整的必要性，以及应当如何通过财税法具体制度的调整来促进分配结构的优化。

在既有理论的基础上，我们可以进一步提炼财税法的分配理论，作为收入分配调整的财税法理论基础，具体包括关联理论、功用理论、目标理论、适度理论、系统理论、范畴理论等。进而，就中国收入分配的结构性特征而言，我们可以发现“差异性分配”这一重要范畴；研究分配差异的重要维度有三个，即主体维度、空间维度和时间维度；差异性分配同参与分配的主体在时空、能力、权义等多方面的差异直接相关，并体现为分配机会和分配结果上的差异。

差异性分配是我国收入分配问题的集中体现，是对我国收入分配现状的提炼、归纳和抽象出来的理论范畴，主要关注基于我国的发展政策、经济模式等因素而导致的收入分配结果在主体、地域和时间等层面的差异性。差异性分配可以成为观察财税法的新维度、形成财税法的新范畴、拓展财税法的新领域。并且，从政策意义上看，可以通过差异性分配这一范畴统筹目前的收入分配制度改革，通过制度之间的协调与体系化完善我国的财税法

律制度。

差异性分配与我国的经济体制、社会阶段、发展战略、政策取向等因素有关,可以从主体、空间、时间三个方面展开论述。这三个维度是我们观察财税法制度的重要视角。基于这三个维度的观察,我们提出以下政策建议:

(1) 在政策设计中,通过诸多主体之间收入分配的对比,明确不同主体在收入分配中的地位和权能,并根据不同主体之间的差异,构建收入分配模式,调整收入分配结果,在兼顾公平的基础上实现与主体地位和权能相匹配的收入分配格局。

(2) 在财政能力允许的情况下,将财政支出适当向中西部地区、偏远地区、农村地区倾斜,有利于缓解收入差距拉大的问题。更重要的是,要转变政策导向,赋予弱势主体权利,从而提供公平的机会和环境,制度化地解决收入分配不公问题。

(3) 注重改革措施的配套,除了注重运用财税法制度解决收入分配不公问题,还应当改革金融体制、经济发展模式等,为收入分配改革提供良好的制度环境。同时,注重市场机制在收入分配改革中的作用,通过培育多元化的利益主体,优化市场机制、促进公平竞争,实现初次分配中的公平。

综上,针对财税法如何有效调节收入分配的问题,应当基于差异性分配的特性和财税法治的基本理念,充分运用关联理论、功用理论、目标理论、适度理论、系统理论、范畴理论等重要理论,从"顶层设计"的高度,注重财税法制度设计的针对性、有效性和系统性,形成有效促进和保障收入分配公平的制度合力。

二、公平分配与财税法制的改革

(一) 我国收入分配财税法制的历史变迁

在"分配—政策—法律"的经济法变迁路径基础之上,本书力图提炼社会变迁与财税法制变迁的双向互动的分析框架,并运用这一框架分析我国收入分配财税法制的历史变迁。新中国成立以来,我国个人收入分配财税法律制度经历了三个阶段的变迁过程。财税法制的变迁深深受到不同时期的社会背景、分配政策的影响,并反过来对特定时期的经济社会变迁产生正向或者反向的作用。

我国当前的财税法制结构既是实行社会主义市场经济以来社会发展的

产物,又反过来会影响到近些年来的经济社会发展,具有不容否认的积极的历史作用。但是,随着我国经济社会发展到新的阶段,当前的财税法制结构在财政收入制度、财政支出制度、财政管理制度方面均存在着不同程度的缺陷,阻碍了财税法制调节收入分配、实现社会正义的功能的发挥,并导致宏观税负、国有企业、土地财政、劳动收入占比下降与资本暴利等典型问题。

因此,我国财税法制需要在进一步贯彻财政法定主义的基础上,推行以社会公正为导向的新的改革,以回应收入公平分配的制度诉求,引导新的经济社会变迁。具体而言,重构财税法制的价值目标,更加关注分配公平与社会公正;优化公共收入结构,增进公共收入的累进性,完善个人所得税制度,并适时开征遗产和赠与税及社会保障税;完善财政转移支付制度,加大财政对社会领域的投入,增进财政支出的公平性;完善财税体制,引导政府财政权的理性行使。

(二)财税法价值的重构

调节收入分配的制度设计,面临着不同价值目标之间的权衡,以实现不同利益之间的权衡。财税法制度承载多种公共职能,价值目标具有多元性。就财税法的一般功能来看,财税制度存在的首要目的在于组织收入,但在组织收入过程中所实施的财税法及财税政策,会对经济发展、社会公平造成一定影响,从而体现出财税法制度的价值取向:一是经济发展。分税制改革、税制建设都是为了加强国家对经济的管控能力,具有明确的效率导向。二是社会正义。通过财政税收本身的制度设计和再分配的财政税收手段干预分配制度,通过再次分配确保实质公平的实现。三是社会安全。通过对社会群体的保护,维护社会稳定,防止贫困化带来的社会风险。财税法制度的多元价值之间,既有一定的矛盾,又有协调性,需要制度的协调以实现更好的制度绩效。

财税法的价值目标具有动态性。经济发展史表明,随着经济条件和相关社会因素的变迁,财税法的价值取向会发生比较大的变化以适应新的经济形势和社会结构。在制度变迁的过程中,需要注意制度变迁的速度、把握制度价值的取向、确定制度转换的时点,并评估制度变迁的绩效以实时修正制度变迁的方向,在维护社会公平正义的基础上不损及经济效率,维护经济的长期发展和社会稳定。

我国目前的财税法制,在价值取向上注重效率,兼顾公平,是特定历史时期的产物,对于中国经济的起飞起到了积极的历史意义。基于我国当前新的发展阶段、分配状况、社会结构、国家财力等因素，我国财税法制度有必要从效率导向转到公平导向，并将公平取向体现在财税法的权利配置、程序设计等方面，以更好地回应收入公平分配的制度诉求。尤为需要注意的是，再分配的收入制度改革必须维持必要的经济激励，不损害整个社会的创富能力和再生产。

（三）个人所得税法的完善

本章建构了分配能力概念，并以其为中心，提出了经济法分配机制理论。能力被用作衡量分配公平的一种有效标准，相对于构建理想的分配公平目标而言，能力标准致力于发现那些现实中存在的分配不公问题，并诉诸法律调整加以解决。从法学视角分析，能力可以基于人权理论得到论证——不同类型的人权，都是为了保障和提高人的能力。

经济法的分配机制，是指具体法律制度，主要通过权利义务关系的配置，影响不同主体的分配能力，来实现分配能力的总体均衡，达到调整分配关系和分配结构，解决分配问题的目的。个人所得税法在制度设计中考虑影响分配能力的市场与非市场因素、直接与间接因素、显性与隐性因素，设计具有衡平功能和激励功能的权利义务规则，实现对分配能力的调整。

各国个税法变革实践表明，并不存在一种指导个税法变革的标准模式——无论是理论模型还是制度实践。根据宏观经济形势，考虑所欲解决的问题，进而对影响该问题解决的税制要素进行针对性的变革，是各国普遍的做法。

以效率为导向的个税法变革国际趋势要解决由富人避税和税制复杂化导致的横向不公问题，以实现税制公平性；而我国个税法变革以保障公平分配为目标，要解决收入分配格局和制度缺失导致的纵向不公问题，实现再分配调节功能。

对公平问题的关注点不同，决定着我国个税法具体制度的变革不可能完全移植国际趋势中的具体做法。但是，由于我国个税法仍存在影响税制公平性的制度缺失，域外经验对我国有一定的借鉴价值。取舍之后，我国个税法的完善要在附加福利课税、资本所得平等课税、个人扣除的类型化体系建设、消除税级攀升效应对分配公平的负面影响、保持个税法的适度累进性等方面加强制度建设。

基于分配能力总体均衡目标的个人所得税法，需要对享受性附加福利课税，取消资本利得的税收优惠，扩大征税范围，实现对高收入群体收益能力的限制；同时需要根据物价指数适时提高个人宽免额，细化费用扣除制度，以提升低收入群体和一般工薪阶层的消费能力。

此外，还应当考虑对那些现实社会中存在的、影响分配能力的隐性因素，设计激励性规则，鼓励纳税主体提升其分配能力。在目前预算法对教育支出保障不足的情形下，个人所得税法设计考虑教育支出的费用扣除制度，使纳税人获得此方面的税式支出收益，有利于提升其人力资本。

个人所得税法的分类综合课税模式，应当实现所得的分类界定和统一的累进税率；同时重点增强累进性和增加基于社会政策的税收优惠制度供给，而非降低最高边际税率。而解决高收入群体纳税遵从度较低的问题，要在税率之外的其他因素上下工夫，例如，引入合作治理规范、信息报告和奖励诚信纳税制度，等等。

（四）遗产和赠与税的制度设计

财税分配调节功能的实现，需要通过优化财税制度的结构，来推动分配结构的调整。财税制度结构的优化，既要做“减法”，也要做“加法”。一般认为，适时开征遗产和赠与税是税制优化非常关键的一个环节，遗产和赠与税法律制度是需要做“加法”的重点领域，亟待查漏补缺。我国应尽快着力加强遗产和赠与税立法的研究，深入探究其基础概念、基本原理、主要目标、关键路径和重点要素等内容。

适时开征遗产和赠与税具有必要性和正当性。首先，我国收入分配格局及其发展趋势已经提出了开征遗产和赠与税的迫切要求；同时，对我国税收制度的考察也表明，如果欠缺遗产和赠与税，不仅不利于矫正代际分配失衡的问题，税制本身也会存在巨大的漏洞，将产生税负分配不公平的严重后果。因此，开征遗产和赠与税也是完善我国税收制度的必要举措。我们的研究也表明，遗产和赠与税符合分配正义原则，有助于实现分配公平，特别是有利于实现代际分配公平，也符合财产权所内含的社会义务取向，是各种基本权利相互协调的必然要求，并且，遗产和赠与税还有经济效率上的诸多利好。

在当前社会经济条件下，我国应选择契合国情民情的制度方案，适时开征遗产和赠与税，切实促进社会公平与正义。在具体的模式选择上，我国应坚持遗产和赠与税的公平分配导向，但不能简单地对立法宗旨进行单一化处理，而应同时兼顾税收的财政收入目标；同时，在各种制度结构模式中宜于选择一体化课税模式，同时开征遗产和赠与税。

在遗产和赠与税的调节机制方面，要特别注重综合运用强制性分配机制和诱致性分配机制，既要设定较为合理的累进税率结构，加大对高收入群体的调节力度，又要通过合理的税收优惠规则，引导公益慈善捐赠投向扶贫、助困、教育和医疗等有助于公平分配的领域，两者协调运作，实现遗产和赠与税调节分配的综合效应的最大化。当然，收入分配是一个复杂的系统工程，遗产和赠与税要与其他相关制度密切配合、妥善协调，以更好地促进公平分配。

（五）公平分配、税制优化与社会保障税

从公平分配的视角来看，社会保障税在促进公平分配方面具有特殊的意义。社会保障税作为连接经济法和社会法的关键点，具有经济性与社会性高度复合的特点。而公平分配不仅是经济问题的核心，而且是社会各界普遍关注的重要社会问题，也是经济法与社会法所共同研究的对象。因此，从公平分配的角度研究社会保障税，对于理解社会保障税的内在逻辑以及综合运用经济法和社会法解决社会问题，具有十分重要的意义。

从税制结构优化的角度来看，社会保障税法制建设将会大幅度提高直接税在我国税制结构中所占的比例，从根本上改变我国当前的税制结构。社会保障税是一种直接税，纳税人不能转嫁税负，而且在西方国家大多被归入到所得税之中。社会保障税的开征，将会使我国税制结构真正实现“流转税和所得税双主体”的模式。

因此，从公平分配的视角来看，社会保障税的征收能够较为有效地促进公平分配的实现，因此很有必要引起重视；从税制结构优化的角度来看，社会保障税的征收能够较好地对税制结构起到优化的作用。优化税制结构，完善现行以间接税为主体的税制结构，实现税制结构本身公正性，有助于促进和保障收入的公平分配。

（六）分配正义与转移支付法的完善

财税法的复合分配正义理论，强调在合理发挥市场作用的基础之上，国家根据应得、平等和需要的复合标准，通过国家主导、社会监督、公民参与的复合分配机制，运用税收、转移支付等再分配手段矫正市场分配机制的局限性，以促进和保障公共利益、实质平等与社会公正，旨在实现以社会公正为中心的长期经济增长，以及经济社会的良性运行与协调发展。

财政转移支付制度作为现代国家促进和保障收入公平分配的重要手

段，有助于促进一国不同区域之间基本公共服务的均衡，以及不同经济阶层之间的经济平等与社会公正，进而有助于实现长期经济发展。具体来说，财政转移支付制度通过促进分配正义进而作用于经济发展的因果机制，表现在增进社会和谐、提高人力资本、激发经济潜能等方面。我国现行转移支付存在结构性缺陷，需要完善转移支付立法，以调节收入分配，推动基本公共服务均等化，促进公平发展。本书对此已提出具体制度改革的建议，此处不再赘述。

三、财税法制、公平分配与经济发展

自从马克斯·韦伯提出“法律是经济发展的必要基础”这一理论以来，西方学者对于法律在经济发展中的作用这一命题展开了持久的研究，并引发一场绵延六十余年的法律与经济发展运动，诞生了丰富的研究成果。“法律与经济发展之间关系的研究至少可以追溯到19世纪。这是一个吸引了诸如马克思和韦伯等经典思想家注意力的问题。”①

无论争论如何，正确的法律改革对于经济发展有着能动的作用，则基本得到认同。正如美国新法律史学威斯康星学派代表学者哈里·沙伊伯所说：“人们普遍认为，贯穿于整个19世纪与20世纪，尽管法律在美国人生活的诸多方面的影响只是边缘性的，但是在塑造经济市场、建立企业和经济制度及形成物质增长和创新的原动力方面，其影响却是广泛和深刻的。”②

有效的法律制度安排——包括法律理论及其外化的具体制度——在引导经济社会变迁中具有能动的反作用。“从法律的观点上，现代时期唯一最重要的方面是对待法律的社会态度的革命性转变。在传统文化中，法律是在社会秩序中确定人民的地位的神圣的或历史悠久的法律体系。在现代，法律是一种工具；掌握权力的人们利用法律推动或促进某些既定目标的实现。作为工具理性的法律的理念构成了所有现代制度的基础，不论资本主义、社会主义、法西斯主义，也不论是民主的还是极权的。在英国然后在美

① David M. Trubek, Alvaro Santos, *The New Law and Economic Development: A Critical Appraisal*, Cambridge University Press, 2009, p. 1. 但法律作为社会变迁工具的实践则至少可以追溯到古罗马时期。早在罗马法学家眼里，法律作为社会变迁的工具这一概念已经较为清晰。

② L. M. Friedman, *A History of American Law* (1973). 转引自 Harry N. Scheiber, Public Economic Policy and the American Legal System: Historical Perspectives, *Wisconsin Law Review*, 1980, p. 1159.

国法律都是一个主要的社会原动力。”①

以法律史为例予以说明。17、18世纪自然法理论及康德主义影响下的以私权神圣、契约自由、个人本位为价值诉求的私法理论及制度，对后世资本主义经济、民主与法治的发展影响深远。19、20世纪之交公司型经济导致的经济社会危机催生的现实主义法学派及其衍生的社会学法学等流派的理论革新，以及奠基于这些新型法律理论基础之上的经济法、社会法等新型法律制度，则为欧美从农业社会向工业社会的转型提供了理论指导与制度保障。

在现代社会中，法律作为经济社会变迁工具的角色越发明显。正如弗里德曼所言："法律——通过立法或者行政对新的社会情形进行回应，通过对宪法、法规或先例重新进行司法解释——不仅继续体现主要的社会变迁，而且逐渐为社会变迁铺平道路。”②因此，现代社会中，越发将法律制度视为一种可资利用的有效引导经济社会变迁的工具。“有意识地通过法律进行社会变革是当今世界的基本特征。”③

作为现代法律制度的重要组成部分，财税法律制度具有引导经济社会发展的能动的反作用。在本书前述研究内容的基础之上，我们进一步运用宽广的社会科学视角，分析财税法制、公平分配与我国经济社会发展之间的内在关联，以期进一步拓展深化我们的研究，充分阐明财政以及财税法治之于国家治理现代化的基础性意义，同时为法治中国建设提供更有意义的理论参考。

(一) 维护社会公平，促进社会和谐

在斯密《道德情操论》《国富论》与《法学讲稿》所构成的完整的自然自由体系中，公正的社会制度是“看不见的手”健康运行的基础。在一国经济成长过程中，不可避免地会产生利益冲突，尤其是经济弱者的利益容易受到侵害，这会反过来造成社会的不稳定，最终危及经济发展。因此，作为利益协调者的政府，通过创设公正的社会制度，引导个人利益与社会利益的协调，

① 〔美〕劳伦斯·M.弗里德曼：《美国法律史》，苏新彦等译，中国社会科学出版社2007年版，第14页。

② Wolfgang Friedmann, *Law in a Changing Society*, *2nd ed.*, New York: Columbia University Press, 1972, p. 513.

③ Lawrence M. Friedmann, *Law and Society Change*, Osgoode Hall Law School, York University, 1975, p. 277.

维护社会公正，有助于为市场经济的运行奠定坚实的社会基础。

财税法是现代国家再分配的重要制度之一，具有再分配的功能，有助于维护社会公正，促进社会和谐，进而为市场经济的良性运行奠定坚实的社会基础，促进经济社会的良性运行与协调发展。“越是有效的市场，越是维持市场最初开始运作的收入分配状况。资源禀赋的差异，决定了市场机制不能在收入分配中发挥有效的作用。政府通过课税，改变资源禀赋分布格局，能够促进社会公平。”①

2014年6月30日，中共中央政治局审议通过了《深化财税体制改革总体方案》，将社会公平作为我国深化财税体制改革、建立现代财政制度的重要目标之一。会议认为，深化财税体制改革的目标是建立统一完整、法治规范、公开透明、运行高效，有利于优化资源配置、维护市场统一、促进社会公平、实现国家长治久安的可持续的现代财政制度。会议强调促进社会公平的财税法制建设，包括改进预算管理制度、建立有助于社会公平的税收制度体系，充分发挥税收调节收入分配的作用。② 这也进一步说明，财税法制度的完善有助于实现社会公平正义，奠定市场经济良性运行的社会基础。

以16—18世纪世界第一轮现代化过程中西班牙衰落与英国兴起的历史进一步验证。在16—18世纪，大西洋贸易的兴起推动了西欧经济大变革，并重塑欧洲经济格局。当时的西欧第一大国西班牙由盛而衰，偏于一隅的岛国英国则后来居上，缔造了第一个世界性的强国。“没有轰轰烈烈的革命运动，没有波澜壮阔的变革景象，但18世纪这百年间，英国无论在经济发展、政治制度与体制方面，还是在文化思维意识方面，均发生了巨大而深刻地变化，这个岛国一步步迈向了世界舞台的中心位置。是无意间开启了神秘的崛起之门，是偶然发现了现代之路，还是其中蕴含了必然？”③

财税法是解释西班牙衰落与英国兴起的重要维度。西班牙的君主没有能力用最有效的方式征集赋税，只得求助于短期方便而对国家长远利益损害极大的权宜之计。④ 西班牙的税负不仅沉重，而且极不公平，最容易纳税

---

① 杨志勇、杨之刚：《中国财政制度改革30年》，格致出版社、上海人民出版社2008年版，第133页。

② 中共中央政治局召开会议审议《深化财税体制改革总体方案》等，载中国政府网 http://www.gov.cn/xinwen/2014-06/30/content_2710105.htm。2014年7月1日访问。

③ 〔英〕Paul Langford：《18世纪英国：宪制建构与产业革命》，刘意康、康勤译，外语教学与研究出版社2008年版，封页。

④ 参见〔美〕保罗·肯尼迪：《大国的兴衰》，陈景彪等译，国际文化出版公司2006年版，第51页。

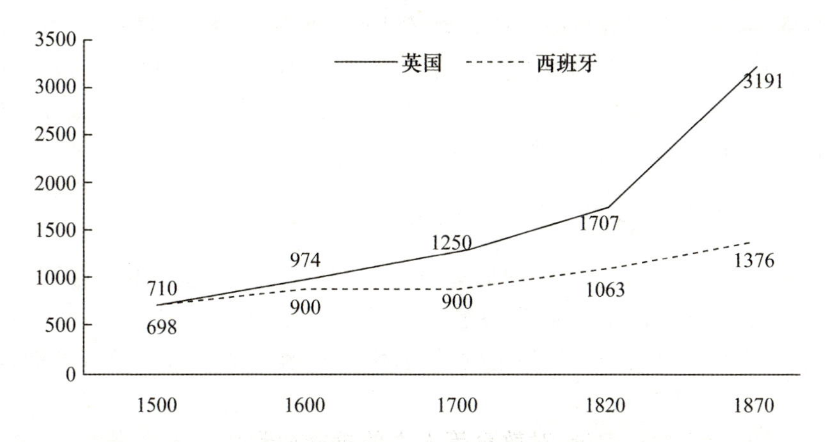

图 9.1 西班牙与英国人均 GDP 比较:1500—1870 年

数据来源:〔英〕麦迪森:《世界经济千年史》,伍晓鹰等译,北京大学出版社 2003 年版,第 262 页。

的大地主与王公贵族免缴直接税,赋税重担落在最没有支付能力的手工业者、商人与农民身上,不仅扼杀本国生产能力,而且造成阶级分化与社会矛盾。

因此,包括税制在内的社会不公,是西班牙由盛而衰的根源之一。"西班牙危机的深奥之处是它迫使思想家们不仅要质疑经济政策,而且要质疑官方政策立足于的所有假设。人们开始攻击财富的错误分配,攻击种族歧视,攻击社会不公正。"①

相反,英国不断完善一套以税收法定主义为核心的现代公共财政制度,奠定了经济兴起的坚实根基。在 16—18 世纪,欧洲大陆面临着长期的战争。有效的财政体系与汲取能力,便成为国家生存与经济发展的物质基础。光荣革命之后,权利法案规定非经议会同意不能征税,逐步限制王室的财政权力,推行一套以税收法定主义为核心的公共财政制度,形成了早期的"税收国家"模式。②

就税制的公平性而言,英国税制比较公平,没有因为税制而激发深刻的社会纠纷,收入分配相对较为均匀。税制的公平等因素形成的相对的社会公平,反过来刺激民众通过购买国债支持新的政治经济体制,以防止旧体制

① 〔西班牙〕雷蒙德·卡尔:《西班牙史》,潘诚译,中国出版集团 2009 年版,第 163 页。

② 参见〔美〕哈罗德·J. 伯尔曼:《法律与革命》(第二卷),袁瑜琤、苗文龙译,法律出版社 2008 年版,第 359 页。

的复辟，使得个人利益与国家利益紧紧地捆绑在一起，进一步增进了社会凝聚力，反过来奠定了经济增长的坚实的社会基础。正如肯尼迪所指出的："英国体制在财政领域拥有关键的优势，这在战时增强了它的国力，在平时加强了它政治的稳定和促进了经济的增长。"①

（二）保障基本人权，激发经济潜能

财税法对收入公平分配的促进与保障，有助于保障基本的生存权与发展权等人权，防止弱势群体陷入绝对贫困的状态，不仅有助于维护社会稳定，营造有利于经济发展的稳定的社会环境，而且有助于激发经济潜能，增进经济发展的内生动力。

比如，内生增长理论，对教育等人力的投资而形成的人力资本，可以改变生产要素边际收益递减趋势，形成经济增长的动力。发达国家经济发展的历史也表明，提高人力资本是可持续经济发展的基础之一。财税法通过财政支出制度保障弱势群体的教育权利，有助于提高人力资本，为一国长期的经济增长储备必要的人力资源。

再如，财税法对收入公平分配的促进与保障，有助于改善民生，既能调动人们发展生产的积极性，又能释放居民消费潜力、拉动内需，催生新的经济增长点，对经济发展有重要的促进作用。通过持续不断改善民生，可以有效解决群众后顾之忧，扩大消费需求，为经济发展、转型升级提供强大内生动力。

（三）完善财税体制，优化国家治理

财税体制是国家治理现代化的重要维度，财税体制的完善将会有助于国家治理的优化。财政制度的安排折射出国家与市场、国家与社会、人大与政府、中央与地方等国家治理的诸多方面的基本关系，在国家治理中发挥着基础性、制度性、保障性作用，是牵一发而动全身的中枢性环节。完善财税体制，必然涉及我国基本制度架构的调整，有助于优化国家治理，提升治理能力。

财税法促进与保障收入公平分配的过程，不可避免地涉及财税体制的调整。为了保证收入的公平分配，促进不同地域之间基本公共服务的均衡，在财政权力的横向配置方面，人大与政府的财政立法权、预算审批权、国债

---

① 〔美〕保罗·肯尼迪：《大国的兴衰》，陈景彪等译，国际文化出版公司 2006 年版，第 75 页。

发行权应当如何合理分配？在财政权力的纵向配置方面，中央与地方的权力尤其是财政收益权，又应当如何合理分配？为了保障民众的财政参与权、知情权与监督权，贯彻财政民主主义，如何完善公众的利益诉求表达渠道？

这些问题的解决，形式上是收入分配的问题，是民生改善问题，是财税法制的完善问题，而本质上却是我国国家治理的基本制度架构的调适，是我国动态的宪法实践在财税法领域的折射。因此，财税法制度回应收入公平分配而不断进化的过程，自然也是财税体制不断完善的过程。进而，财税法在收入公平分配中的进化，通过推动财税体制的完善，作用于国家治理的优化。从这个意义上，或许我们可以更深刻地理解为什么说财政是国家治理的基础和重要支柱。

主要参考文献

（一）中文著作

财政部《财政制度国际比较》课题组编著:《美国财政制度》,中国财政经济出版社1998年版。

财政部《税收制度国际比较》课题组编著:《韩国税制》,中国财政经济出版社2001年版。

财政部《税收制度国际比较》课题组编著:《德国税制》,中国财政经济出版社2004年版。

财政部《税收制度国际比较》课题组编著:《法国税制》,中国财政经济出版社2002年版。

付志宇:《中国财政史》,对外经济贸易大学出版社2011年版。

傅道忠等:《中国财政政策的民生取向研究》,江西人民出版社2011年版。

高霖宇:《社会保障对收入分配的调节效应研究》,经济科学出版社2009年版。

高培勇主编:《世界主要国家财税体制:比较与借鉴》,中国财政经济出版社2010年版。

葛克昌:《税法基本问题(财政宪法篇)》,北京大学出版社2004年版。

各国税制比较研究课题组:《个人所得税制国际比较》,中国财政经济出版社1996年版。

龚益鸣主编:《平权论:中国收入分配制度改革的探讨》,湖北人民出版社2011年版。

韩德培总主编:《人权的理论与实践》,武汉大学出版社1995年版。

何帆:《为市场经济立宪——当代中国的财政问题》,今日中国出版社1998年版。

胡鞍钢、王绍光等:《第二次转型:国家制度建设》,清华大学出版社2003年版。

姜士林等主编:《世界宪法全书》,青岛出版社1997年版。

赖德胜:《教育与收入分配》,北京师范大学出版社2001年版。

李立泉:《遗产税简论》,台湾"财政部"财税人员训练所1980年版。

厉以宁:《股份制与现代市场经济》,江苏人民出版社1994年版。

梁启超:《梁启超全集》,北京出版社1999年版。

林毅夫、蔡昉、李周:《中国的奇迹:发展战略与经济改革》,上海人民出版社1999年版。

林毅夫:《解读中国经济》,北京大学出版社2012年版。

林毅夫:《新结构经济学:反思经济发展与政策的理论框架》,苏剑译,北京大学出版社 2012 年版。

林毅夫:《中国经济专题(第二版)》,北京大学出版社 2012 年版。

刘军:《美国公民权利观念的发展》,中国社会科学出版社 2012 年版。

刘永军、梁咏梅:《中国居民收入分配差距研究》,经济科学出版社 2009 年版。

刘元春等:《中国通货膨胀新机制研究》,中国人民大学出版社 2012 年版。

刘佐主编:《遗产税制度研究》,中国财政经济出版社 2003 年版。

吕炜:《完善体制阶段的和谐社会建设与公共财政安排》,东北财经大学出版社 2008 年版。

罗涛:《税收调节居民收入分配机制研究》,武汉大学出版社 2009 年版。

毛泽东:《建国以来毛泽东文稿》(第 13 册),中央文献出版社 1998 年版。

孟庆瑜:《分配关系的法律调整——基于经济法的研究视野》,法律出版社 2005 年版。

牟杰、杨诚虎:《公共政策评估:理论与方法》,中国社会科学出版社 2006 年版。

青连斌等:《公平分配的实现机制》,中国工人出版社 2010 年版。

曲绍宏、白丽健:《中国近现代财政简史》,南开大学出版社 2006 年版。

史尚宽:《继承法论》,中国政法大学出版社 2000 年版。

唐德刚:《晚清七十年》,台湾远流出版事业股份有限公司 1998 年版。

汪行福:《分配正义与社会保障》,上海财经大学出版社 2003 年版。

王丙乾:《中国财政 60 年回顾与思考》,中国财政经济出版社 2009 年版。

王绍光、胡鞍钢:《中国国家能力报告》,辽宁人民出版社 1993 年版。

王乔、席卫群主编:《比较税制》,复旦大学出版社 2013 年版。

项怀诚:《中国财政通史(当代卷)》,中国财政经济出版社 2006 年版。

徐孟洲等:《财税法律制度改革与完善》,法律出版社 2009 年版。

徐阳光:《财政转移支付制度的法学解析》,北京大学出版社 2009 年版。

杨志勇、杨之刚:《中国财政制度改革 30 年》,格致出版社、上海人民出版社 2008 年版。

余斌等编著:《国民收入分配:困境与出路》,中国发展出版社 2011 年版。

张守文:《财富分割利器:税法的困境与挑战》,广州出版社 2000 年版。

张守文:《财税法疏议(第二版)》,北京大学出版社 2016 年版。

张守文:《财税法学》,中国人民大学出版社 2011 年版。

张守文:《分配危机与经济法规制》,北京大学出版社 2015 年版。

张文显:《法哲学范畴研究(修订版)》,中国政法大学出版社 2001 年版。

张维迎:《市场的逻辑》,上海人民出版社 2012 年版。

张晓玲主编:《人权理论基本问题》,中共中央党校出版社 2006 年版。

张馨等:《当代财政与财政学主流》,东北财经大学出版社 2000 年版。

朱秋霞:《德国财政制度(修订版)》,中国财政经济出版社 2005 年版。

赵人伟:《紫竹探真——收入分配及其他》,上海远东出版社 2007 年版。

中国(海南)改革发展研究院主编:《收入分配改革的破题之路》,中国经济出版社 2012 年版。

中国发展研究基金会:《转折期的中国收入分配》,中国发展出版社 2012 年版。

中国国际税收研究会编:《世界税收发展研究报告(2008)》,中国税务出版社 2009 年版。

中国国际税收研究会编:《世界税收发展研究报告(2009)》,中国税务出版社 2010 年版。

中国国际税收研究会编:《世界税收发展研究报告(2010)》,中国税务出版社 2011 年版。

中国国际税收研究会编:《世界税收发展研究报告(2011)》,中国税务出版社 2012 年版。

中国国际税收研究会编:《世界税收发展研究报告(2012/2013)》,中国税务出版社 2013 年版。

中国税务学会:《宏观经济调控和税收政策研究》,中国税务出版社 2006 年版。

(二) 中文论文

〔美〕罗格 · I. 鲁茨:《法律的“乌龙”:公共政策的意外后果》,刘呈芸译,载《经济社会体制比较》2005 年第 2 期。

〔西班牙〕戈斯塔 · 埃斯平 · 安德森:《收入不平等与机会不平等》,周军华编译,载《马克思主义与现实》2007 年第 4 期。

白重恩、钱震杰:《谁在挤占居民的收入——中国国民收入分配格局分析》,载《中国社会科学》2009 年第 5 期

蔡昉:《如何认识中国收入分配改革现实:一个求同存异的分析框架》,载吴敬琏主编:《比较》(第五十九辑),中信出版社 2012 年版。

蔡跃洲:《财政再分配失灵与财政制度安排——基于不同分配环节的实证分析》,载《财经研究》2010 年第 1 期。

常修泽:《对中国分配问题的深层思考》,载《学习月刊》2012 年第 1 期。

陈茂国等:《我国个人所得税课税单位改革探究》,载《法学评论》2013 年第 1 期。

陈少英:《和谐社会与弱势群体的财税法保护》,载《法学》2007 年第 3 期。

陈少英:《论中国向“税收国家”转型》,载《理论与改革》2010 年第 3 期。

陈少英:《论财产税法收入分配调节功能之强化》,载《法学》2011 年第 3 期。

陈少英:《附加福利课税是个人所得税法改革的突破口》,载《法学》2014 年第 5 期。

陈少英:《论地方政府保障民生的财政支出责任》,载《社会科学》2012 年第 2 期。

陈业宏等:《个税法劳动所得和非劳动所得税率的反思与重构——以按劳分配原则为视角》,载《法学评论》2013 年第 3 期。

陈业宏等:《我国个税项目扣除问题研究》,载《法律科学(西北政法大学学报)》2010 年第 6 期。

丛中笑:《我国个人所得税法工薪累进税率的优化——扩大级距、减并级次和降低税率》,载《当代法学》2010 年第 2 期。

崔志坤:《个人所得税改革的国际趋势、典型实践及对中国的启示》,载《税收经济研究》2012 年第 5 期。

樊纲、张晓晶:《"福利赶超"与"增长陷阱":拉美的教训》,载《管理世界》2008 年第 9 期。

冯果、李安安:《中央代发地方债券的经济法分析——兼论政府间财政关系的法治化进路》,载《广东社会科学》2011 年第 4 期。

冯果、华翠:《新生代农民工权益保护的现实困境与发展途径——基于经济法视角的探讨》,载《武汉大学学报(哲学社会科学版)》2014 年第 2 期。

冯仕政:《重返阶级分析?——论中国社会不平等研究的范式转换》,载《社会学研究》2008 年第 5 期。

葛克昌:《所得重分配——国家任务与团结和谐社会》,载刘剑文主编:《财税法学前沿问题研究》,法律出版社 2012 年版。

葛庆敏、许明月:《农村社会保障体系建设中的政府角色及其实现的法制保障》,载《现代法学》2011 年第 6 期。

龚刚、杨光:《从功能性收入看中国收入分配的不平等》,载《中国社会科学》2010 年第 2 期。

郭明瑞:《完善法定继承制度三题》,载《法学家》2013 年第 4 期。

郭郁彬、彭刚:《从农民到农民工:经济发展战略下的制度变迁分析》,载《广东社会科学》2012 年第 1 期。

国家发改委经济研究所课题组:《我国宏观税负研究》,载《经济研究参考》2014 年第 2 期。

何海波:《何以合法?对"二奶继承案"的追问》,载《中外法学》2009 年第 3 期。

洪源、肖海翔:《收入差异、消费特征与税收政策的有机匹配》,载《改革》2009 年第 10 期。

胡元聪、杨丽梅:《"政府责任与社会财富公平分配法律问题"国际研讨会综述》,载《社会科学研究》2006 年第 6 期。

黄泽勇:《个人纳税主动申报制度的困境与生成》,载《社会科学》2007 年第 1 期。

李波:《财政转移支付监督的国际经验与借鉴》,载《财政监督》2008 年第 4 期。

李昌麒、应飞虎:《论需要干预的分配关系——基于公平最佳保障的考虑》,载《法商研究(中南政法学院学报)》2002 年第 3 期。

李昌麒:《弱势群体保护法律问题研究——基于经济法与社会法的考察视角》,载《中国法学》2004 年第 2 期。

李昌麒、陈治:《经济法的社会利益考辨》,载《现代法学》2005 年第 5 期。

林卡:《收入差距和社会公正:拉美国家社会保障体系的发展及其经验》,载《社会科学》2011 年第 10 期。

刘承礼:《30 年来中国收入分配原则改革的回顾与前瞻——一项基于公平与效率双重标准的历史研究》,载《经济理论与经济管理》2008 年第 9 期。

刘剑文:《收入分配改革与财税法制创新》,载《中国法学》2011 年第 5 期。

刘扬:《对近年来我国国民收入分配格局的研究—兼论税收在国民收入分配过程中的作用》,载《税务研究》2002 年第 9 期。

刘佐:《税制改革顶层设计三个主要问题初探》,载《税务研究》2013 年第 6 期。

〔美〕鲁文·S. 阿维—约纳:《走出迷局:21 世纪的税收范式》(中),曹明星、郭维真译,载《国际税收》2014 年第 4 期。

漆多俊:《经济法再分配功能与我国收入分配制度改革》,载《中共中央党校学报》2008 年第 2 期。

权衡:《中美收入不平等的效应比较及其理论含义》,载《世界经济研究》2004 年第 8 期。

冉克平:《论人格权法中的人身自由权》,载《法学》2012 年第 3 期。

施正文:《分配正义与个人所得税法改革》,载《中国法学》2011 年第 5 期。

孙君恒:《阿玛蒂亚·森的分配正义观》,载《伦理学研究》2004 年第 5 期。

汪立鑫等:《中国城市政府户籍限制政策的一个解释模型:增长与民生的权衡》,载《经济研究》2010 年第 11 期。

王诚尧:《西方资本所得减税理论评析》,载《国际税收》2014 年第 1 期。

王绍光:《中国财政转移支付的政治逻辑》,载《战略与管理》2002 年第 3 期。

魏众、B. 古斯塔夫森:《中国居民医疗支出不公平性分析》,载《经济研究》2005 年第 12 期。

吴建军、刘郁:《国民收入分配格局对中国经济失衡的影响》,载《财政研究》2012 年第 2 期。

夏杰长:《21 世纪世界税制改革的背景、困境与对策》,载《世界经济》2000 年第 5 期。

辛忠孝、刘水林:《公平分配问题的法与经济伦理学思考》,载《法律科学》1997 年第 4 期。

熊伟:《地方债与国家治理:基于法治财政的分析径路》,载《法学评论》2014 年第 2 期。

徐建炜、马光荣、李实:《个人所得税改善中国收入分配了吗——基于对 1997—2011 年微观数据的动态评估》,载《中国社会科学》2013 年第 6 期。

徐孟洲、张晓婷:《中国企业所得税制改革与立法问题思考》,载《深圳大学学报(人文社会科学版)》2004年第6期。

徐孟洲、叶姗:《论政府间财政转移支付的制度安排》,载《社会科学》2010年第7期。

许多奇:《从税收优惠到全面社会保障——以残疾人权利的倾斜性配置为视角》,载《法学评论》2010年第6期。

许多奇:《我国分税制改革之宪政反思与前瞻》,载《法商研究》2011年第5期。

杨斌:《论个人所得税的指数化调整》,载《税务研究》2012年第8期。

岳希、张斌、徐静:《中国税制的收入分配效应测度》,载《中国社会科学》2014年第6期。

张守文:《差异性分配及其财税法规制》,载《税务研究》2011年第2期。

张守文:《分配结构的财税法调整》,载《中国法学》2011年第5期。

张守文:《贯通中国经济法学发展的经脉——以分配为视角》,载《政法论坛》2009年第6期。

张守文:《税制变迁与税收法治现代化》,载《中国社会科学》2015年第2期。

张守文:《论“发展导向型”的税收立法》,载《法学杂志》2016年第7期。

周谨平:《基于机会平等的分配正义》,载《伦理学研究》2011年第2期。

朱大旗:《关于开征遗产税若干问题的思考》,载《中国人民大学学报》1998年第5期。

朱大旗:《关于完善个人所得税法若干重大问题的法律思考》,载《法学家》2001年第3期。

朱大旗:《新形势下中国财税体制改革与财税法制建设的应有理念》,载《法学家》2004年第5期。

(三)中文译著

〔德〕柯武刚、史漫飞:《制度经济学:社会秩序与公共政策》,韩朝华译,商务印书馆2000年版。

〔德〕罗尔夫·施托贝尔:《经济宪法与经济行政法》,谢立斌译,商务印书馆2008年版。

〔德〕魏德士:《法理学》,丁晓春、吴越译,法律出版社2007年版。

〔德〕沃尔夫冈·费肯杰:《经济法》,张世明等译,中国民主法制出版社2010年版。

〔德〕尤尔根·哈贝马斯:《重建历史唯物主义》,郭官义译,社会科学文献出版社2000年版。

〔法〕埃米尔·涂尔干:《社会分工论》,渠东译,生活·读书·新知三联书店2000年版。

〔法〕卢梭:《论人类不平等的起源和基础》,李常山译,商务印书馆1997年版。

〔古希腊〕色诺芬:《经济论、雅典的收入》,张伯健、陆大年译,商务印书馆1961年版。

〔古希腊〕亚里士多德:《尼各马可伦理学》,廖申白译注,商务印书馆 2003 年版。

〔古希腊〕亚里士多德:《政治学》,吴寿彭译,商务印书馆 1965 年版。

〔加拿大〕威尔·金里卡:《当代政治哲学》,刘莘译,上海译文出版社 2011 年版。

〔美〕B. 盖伊·彼得斯:《税收政治学》,郭为桂、黄宁莺译,江苏人民出版社 2008 年版。

〔美〕R. M. 昂格尔:《现代社会中的法律》,吴玉章、周汉华译,译林出版社 2001 年版。

〔美〕W. W. 罗斯托:《经济增长的阶段》,郭熙保、王松茂译,中国社会科学出版社 2010 年版。

〔美〕埃莉诺·奥斯特罗姆:《公共事务的治理之道——集体行动制度的演进》,余逊达、陈旭东译,上海三联书店 2000 年版。

〔美〕休·奥尔特等:《比较所得税法:结构性分析(第三版)》,丁一、崔威译,北京大学出版社 2013 年版。

〔美〕巴里·克拉克:《政治经济学——比较的视点》,王询译,经济科学出版社 2001 年版。

〔美〕保罗·萨缪尔森、威廉·诺德豪斯:《经济学(第十九版)》,萧琛主译,商务印书馆 2013 年版。

〔美〕保罗·萨缪尔森:《中间道路经济学》,何宝玉译,首都经济贸易大学出版社 2000 年版。

〔美〕本杰明·M. 弗里德曼:《经济增长的道德意义》,李天有译,中国人民大学出版社 2008 年版。

〔美〕伯纳德·施瓦茨:《美国法律史》,王军等译,法律出版社 2011 年版。

〔美〕布莱恩·琼斯:《再思民主政治中的决策制定:注意力、选择和公共政策》,李丹阳译,北京大学出版社 2010 年版。

〔美〕布雷恩·Z. 塔玛纳哈:《论法治——历史、政治和理论》,李桂林译,武汉大学出版社 2010 年版。

〔美〕布里安·P. 辛普森:《市场没有失败》,齐安儒译,中央编译出版社 2012 年版。

〔美〕戴安娜·M. 迪尼托:《社会福利:政治与公共政策(第五版)》,何敬译,中国人民大学出版社 2007 年版。

〔美〕戴维·凯瑞斯编辑:《法律中的政治——一个进步性批评》,信春鹰译,中国政法大学出版社 2008 年版。

〔美〕哈维·S. 罗森:《财政学》,平新乔、董勤发、杨月芳等译,中国人民大学出版社 2000 年版。

〔美〕荷雷·H. 阿尔布里奇:《财政学——理论与实践》,马海涛、顾明、李贞译,经济科学出版社 2005 年版。

〔美〕亨利·乔治:《进步与贫困》,吴良健、王翼龙译,商务印书馆 1995 年版。

〔美〕亨瑞·J. 艾伦、威廉姆·G. 盖尔主编：《美国税制改革的经济影响》，郭庆旺、刘茜译，中国人民大学出版社2001年版。

〔美〕杰弗里·萨克斯：《文明的代价：回归繁荣之路》，钟振明译，浙江大学出版社2014年版。

〔美〕凯文·奥尔森：《伤害+侮辱——争论中的再分配、承认和代表权》，高静宇译，上海人民出版社2009年版。

〔美〕坎贝尔·R. 麦克南等：《当代劳动经济学（第七版）》，刘文等译，人民邮电出版社2006年版。

〔美〕克里斯特曼：《财产的神话：走向平等主义的所有权理论》，张绍宗译，广西师范大学出版社2004年版。

〔美〕肯尼斯·J. 阿罗：《社会选择与个人价值》，丁建峰译，上海人民出版社2010年版。

〔美〕拉里·M. 巴特尔斯：《不平等的民主——新镀金时代的政治经济学分析》，方卿译，上海人民出版社2012年版。

〔美〕理查德·A. 马斯格雷夫、佩吉·B. 马斯格雷夫：《财政理论与实践（第五版）》，邓子基、邓力平译校，中国财政经济出版社2003年版。

〔美〕理查德·A. 艾珀斯坦：《征收——私人财产和征用权》，李昊、刘刚、翟小波译，中国人民大学出版社2011年版。

〔美〕理查德·A. 波斯纳：《法律的经济分析》，蒋兆康译，中国大百科全书出版社1997年版。

〔美〕理查德·波斯纳：《法理学问题》，苏力译，中国政法大学出版社1994年版。

〔美〕罗伯特·诺奇克：《无政府、国家与乌托邦》，姚大志译，中国社会科学出版社2008年版。

〔美〕罗斯科·庞德：《法理学》（第一卷），余履雪译，法律出版社2007年版。

〔美〕马丁·布朗芬布伦纳：《收入分配理论》，方敏等译，华夏出版社2009年版。

〔美〕迈克尔·J. 桑德尔：《自由主义与正义的局限》，万俊人等译，译林出版社2011年版。

〔美〕迈克尔·桑德尔：《民主的不满：美国在寻求一种公共哲学》，曾纪茂译，江苏人民出版社2008年版。

〔美〕迈克尔·沃尔泽：《正义诸领域：为多元主义与平等一辩》，褚松燕译，译林出版社2002年版。

〔美〕尼尔·布鲁斯：《公共财政与美国经济》，隋晓译，中国财政经济出版社2005年版。

〔美〕乔尔·莫基尔：《富裕的杠杆：技术革新与经济进步》，陈小白译，华夏出版社2008年版。

〔美〕乔治·克洛斯科:《公平原则与政治义务》,毛兴贵译,江苏人民出版社 2009 年版。

〔美〕塞缪尔弗·莱施哈克尔:《分配正义简史》,吴万伟译,译林出版社 2010 年版。

〔美〕斯蒂芬·贝利:《公共部门经济学:理论、政策和实践(第二版)》,白景明译,中国税务出版社 2005 年版。

〔美〕斯蒂芬·芒泽:《财产理论》,彭诚信译,北京大学出版社 2006 年版。

〔美〕斯坦利·L.恩格尔曼、罗伯特·E.高尔曼主编:《剑桥美国经济史》(第三卷),高德步等译,中国人民大学出版社 2008 年版。

〔美〕维克多·瑟仁伊:《比较税法》,丁一译,北京大学出版社 2006 年版。

〔美〕沃浓·路易·帕灵顿:《美国思想史:1620—1920》,陈永国、李增、郭乙瑶译,吉林人民出版社 2002 年版。

〔美〕约翰·F.沃克、哈罗德·G.瓦特:《美国大政府的兴起》,刘进等译,重庆出版社 2001 年版。

〔美〕约翰·贝茨·克拉克:《财富的分配》,王翼龙译,华夏出版社 2008 年版。

〔美〕约翰·肯尼思·加尔布雷思:《富裕社会》,赵勇、周定瑛、舒小昀译,江苏人民出版社 2009 年版。

〔美〕约翰·罗尔斯:《正义论(修订版)》,何怀宏、何包钢、廖申白译,中国社会科学出版社 2009 年版。

〔美〕约翰·罗尔斯:《政治自由主义》,万俊人译,译林出版社 2000 年版。

〔美〕詹姆斯·L.多蒂、德威特·R.李编著:《市场经济:大师们的思考》,林季红等译,江苏人民出版社 2000 年版。

〔日〕坂入长太郎:《欧美财政思想史》,张淳译,中国财政经济出版社 1987 年版。

〔日〕北野弘久:《税法学原论》,陈刚等译,中国检察出版社 2001 年版。

〔日〕金子宏:《日本税法》,战宪斌、郑林根等译,法律出版社 2004 年版。

〔日〕金子宏:《日本税法原理》,刘多田等译,中国财政经济出版社 1989 年版。

〔乌克兰〕威尼·瑟斯克编:《发展中国家的税制改革》,张文春、匡小平译,中国人民大学出版社 2001 年版。

〔以色列〕阿耶·L.希尔曼:《公共财政与公共政策——政府的责任与局限》,王国华译,中国社会科学出版社 2006 年版。

〔印度〕阿玛蒂亚·森:《能力、贫困和不平等:我们所面临的挑战》,载姚洋主编:《转轨中国:审视社会公正和平等》,中国人民大学出版社 2004 年版。

〔印度〕阿玛蒂亚·森:《以自由看待发展》,任赜、于真译,中国人民大学出版社 2002 年版。

〔印度〕阿玛蒂亚·森:《正义的理念》,王磊、李航译,中国人民大学出版社 2012 年版。

〔英〕阿瑟·奥肯:《平等与效率》,王奔洲、叶南奇译,华夏出版社 1987 年版。

〔英〕安东尼·B.阿特金森、〔法〕弗兰科伊斯·布吉尼翁主编:《收入分配经济学手册》(第1卷),蔡继明等译,经济科学出版社2009年版。

〔英〕安东尼·阿巴拉斯特:《西方自由主义的兴衰》,曹海军等译,吉林人民出版社2004年版。

〔英〕彼得·斯坦、约翰·香德:《西方社会的法律价值》,王献平译,中国法制出版社2004年版。

〔英〕大卫·李嘉图:《政治经济学及赋税原理》,郭大力、王亚南译,商务印书馆1962年版。

〔英〕戴维·米勒:《社会正义原则》,应奇译,江苏人民出版社2001年版。

〔英〕丹尼斯·劳埃德:《法理学》,许章润译,法律出版社2007年版。

〔英〕哈特:《法律的概念》,张文显、郑成良、杜景义、宋金娜译,中国大百科全书出版社1996年版。

〔英〕霍布斯:《利维坦》,黎思复、黎廷弼译,商务印书馆1985年版。

〔英〕杰弗里·托马斯:《政治哲学导论》,顾肃等译,中国人民大学出版社2006年版。

〔英〕罗宾斯:《过去和现在的政治经济学》,陈尚霖、王春育译,商务印书馆1997年版。

〔英〕马歇尔:《经济学原理》(上卷),朱志泰译,商务印书馆1964年版。

〔英〕马歇尔:《经济学原理》(下卷),陈良璧译,商务印书馆1965年版。

〔英〕梅因:《古代法》,沈景一译,商务印书馆1959年版。

〔英〕琼·罗宾逊:《经济哲学》,安佳译,商务印书馆2011年版。

〔英〕史蒂芬·缪哈尔,亚当·斯威夫特:《自由主义者与社群主义者》,孙晓春译,吉林人民出版社2007年版。

〔英〕韦恩·莫里森:《法理学:从古希腊到后现代》,李桂林等译,武汉大学出版社2004年版。

〔英〕锡德里克·桑福德:《成功税制改革的经验与问题》(第1卷 成功的税制改革),张文春、匡小平译,中国人民大学出版社2001年版。

〔英〕休谟:《人性论》,关文运译,商务印书馆1980年版。

〔英〕亚当·斯密:《国民财富的性质和原因的研究》(上卷),郭大力、王亚南译,商务印书馆1972年版。

〔英〕亚当·斯密:《国民财富的性质和原因的研究》(下卷),郭大力、王亚南译,商务印书馆1974年版。

〔英〕伊恩·沃德:《法律批判理论导引》,李诚予等译,上海三联书店2011年版。

〔英〕约翰·梅纳德·凯恩斯:《就业、利息与货币通论》,高鸿业译,商务印书馆1999年版。

〔英〕约翰·伊特韦尔等编:《新帕尔格雷夫经济学大辞典》,陈岱孙主编译,经济科学出版社1996年版。

〔美〕约瑟夫·A. 佩契曼:《美国税收政策》,李冀凯、蒋黔贵译,北京出版社 1994 年版。

〔英〕詹姆斯·E. 米德:《明智的激进派经济政策指南:混合经济》,欧晓理、罗青译,生活·读书·新知三联书店 1989 年版。

(四) 外文著作

Baymond Wacks, *Understanding Jurisprudence: An Introduction to Legal Theory*, 2nd., Oxford University Press, 2009.

Bhikhu C. Parekh (ed.), *Jeremy Bentham: Critical Assessments*, Vol. IV, Rouledge, 1993.

Commonwealth of Australia, Australia's Future Tax System-Final Report: Part 1 Overview, CanPrint Communications Pty Ltd., 2010.

David Harvey, *A Brief History of Neo-liberalism*, Oxford University Press, 2007.

David Harvey, *Space of Neo-liberalization: Towards A Theory of Uneven Geographical Development*, Franz Steiner Verlag, 2005.

David M. Trubek, Alvaro Santos, *The New Law and Economic Development: A Critical Appraisal*, Cambridge University Press, 2009.

David Ricardo, Principles of Political Economy, in Piero Sraffa ed., *Works and Correspondence of David Ricardo*, Cambridge University Press, 1951, Vol. 1.

Indermit Singh Gill, Homi J. Kharas, Deepak Bhattasali, *An East Asian Renaissance: Ideas for Economic Growth*, World Bank Publications, 2007.

Irving Fisher, *Elementary Principles of Economics*, Macmillan, 1912.

Ishi, Hiromitsu, *The Japanese Tax System*, Oxford University Press, 2001.

János Kornai, *Economics of Shortage*, North-Holland Pub. Co., 1980.

János Kornai, *Growth Shortage and Efficiency: A Macrodynamic Model of the Socialist Economy*, translated by Ilona Lukács, University of California Press, 1982.

Jean-Marc Coicaud, *Legitimacy and Politics: A Contribution to the Study of Political Right and Political Responsibility*, Cambridge University Press, 2002.

Wiebke Kuklys, *Amartya Sen's Capability Approach: Theoretical Insights and Empirical Applications*, Springer, 2005.

Loren Brandt, Thomas G. Rawski, *China's Great Economic Transformation*, Cambridge University Press, 2008.

Martin Bronfenbrenner, *Income Distribution Theory*, Macmillan, 1971.

Michael J. Graetz and Ian Shapiro, *Death by a Thousand Cuts: The Fight over Taxing Inherited Wealth*, Princeton, Princeton University Press, 2005.

Robert Murray Haig, The Concept of Income—Economic and Legal Aspects, in R. M. Haig, *The Federal Income Tax*, Columbia University Press, 1921.

Amartya K. Sen, *On Economic Inequality*, Expanded Edition with a Substantial Annexe by James E. Foster and Amartya Sen, Clarendon Press, 1997.

Serge-Christophe Kolm, *Modern Theories of Justice*, The MIT Press, 1996.

Sidney Verba and Gary R. Orren, *Equality in America: The View from the Top*, Cambridge, Harvard University Press, 1985.

(五) 外文论文

James Alm, Isabel Sanchez, and Ana de Juan, Economic And Noneconomic Factors In Tax Compliance, *Kyklos*, Vol. 48, No. 1, 1995, pp. 3—18.

Amir, Hidayat, John Asafu-Adjaye, and Tien Ducpham, The Impact of the Indonesian Income Tax Reform: A CGE Analysis, *Economic Modelling*, Vol. 31, No. C, 2013, pp. 492—501.

William D. Andrews, Personal Deductions in an Ideal Income Tax, *Harvard Law Review*, Vol. 86, No. 2, 1972, pp. 309—385.

Anna Ivanova, Michael Keen, Alexander Klemm, Pierre Pestieau and Andrés VelascoSource, The Russian "Flat Tax" Reform, *Economic Policy*, Vol. 20, No. 43, July, 2005, pp. 397、399—444.

J. Arnold, Improving the Tax System in Indonesia, *OECD Economics Department Working Papers*, No. 998, OECD Publishing, 2012.

Benoit Bosquet, The Role of Natural Resources in Fundamental Tax Reform in the Russian Federation, World Bank Policy Research Working Paper, No. 2807, March, 2002, pp. 47—49.

Luigi Bernardi, and Paola Profeta eds., *Tax Systems and Tax Reforms in Europe*, Routledge, 2004, p. 98.

Boris I. Bittker, A "Comprehensive Tax Base" as a Goal of Income Tax Reform, *Harvard Law Review*, Vol. 80, No. 5, 1967, pp. 981—983.

Søren Bo Nielsen, and Peter Birch Sørensen, On the Optimality of the Nordic System of Dual Income Taxation, *Journal of Public Economics*, Vol. 63, No. 3, 1997, pp. 311—329.

Erlend E. Bø, Peter J. Lambert, and Thor O. Thoresen, Horizontal Inequity under a Dual Income Tax System: Principles and Measurement, *International Tax and Public Finance*, Vol. 19, No. 5, 2012, pp. 625—640.

Robin W. Boadway, The Dual Income Tax System—An Overview, *CESifo DICE Report*, Vol. 2, No. 3, 2004, pp. 3—8.

Brian C. Murray, Andrew Keeler and Walter N. Thurman, Tax Interaction Effects, Environmental Regulation, and "Rule Of Thumb" Adjustments to Social Cost, *Environmental & Resource Economics*, Vol. 30, No. 1, 2005, pp. 73—92.

Clifford G. Gaddy and William G. Gale, Demythologizing the Russian Flat Tax, *Tax Notes International*, ISSN 1048—3306, March 14, 2005, pp. 983—988.

Charles T. Clotfelter, Tax Evasion and Tax Rates: An Analysis of Individual Returns, *Review of Economics and Statistics*, Vol. 65, No. 3, 1983, pp. 363—373.

David Frederick, Historical Lessons from the Life and Death of the Federal Estate Tax, *The American Journal of Legal History*, Vol. 49, No. 2, 2007, p. 213.

Denvil R. Duncan, Essays on Personal Income Taxation and Income Inequality, Economics Dissertations, Paper 62, 2010, Georgia State University.

Douglas A. Kahn, Jefrey H. Kahn, Gifts, Gafts and Gefts: The Income Tax Definition and Treatment of Private and Charitable "Gifts" and a Principled Policy Justification for the Exclusion of Gifts from Income, *Notre Dame Law Review*, Vol. 78 (2), 2003, pp. 443—444.

Sonia Draibe, and Manuel Riesco, Social Policy and Development in Latin America: The Long View, *Social Policy & Administration*, Vol. 43, No. 4, 2009.

E. R. A. Seligman, Progressive Taxation in Theory and Practice, *American Economic Association Quarterly*, 3rd Series, Vol. 9, No. 4, 1908, pp. 1—334.

Edwin R. A. Seligman, The War Revenue Act, *Political Science Quarterly*, Vol. 33, No. 1, 1918, p. 31.

Eureka Putra, A Study of the Indonesian's Income Tax Reforms and the Development of Income Tax Revenues, *Journal of East Asian Studies (Japan)*, Vol. 3, No. 12, 2014, pp. 55—68.

Francisco H. G. Ferrerra, Inequality and Economic Performance: A Brief Overview to Theories of Growth and Distribution, World Bank, 1999.

Frank Stilwell, An Estate Tax for Australia, *Australian Options*, Vol. 61, No. 1, 2010, pp. 3—6.

Oded Galor, and Daniel Tsiddon, The Distribution of Human Capital and Economic Growth, *Journal of Economic Growth*, Vol. 2, No. 1, 1997, pp. 93—124.

Christopher Giles, and Paul Johnson, Tax Reform in the UK and Changes in the Progressivity of the Tax System, 1985—1995, *Fiscal Studies*, 1995, Vol. 15, No. 3, pp. 64—86.

Sarah Godar, Christoph Paetz, and Achim Truger, Progressive Tax Reform in OECD Countries: Perspectives and Obstacles, No. 485510, International Labour Organization, 2014, p. 8.

Michael J. Graetz, Tax Reform Unraveling, *The Journal of Economic Perspectives*, Vol. 21, No. 1, Winter, 2007, pp. 69—90.

Jane G. Gravelle, Equity effects of the Tax Reform Act of 1986, *The Journal of Economic Perspectives*, Winter, 1992, Vol. 6, No. 1, pp. 27—44.

Peter Haan, and Viktor Steiner, Distributional and Fiscal Effects of the German Tax Reform 2000: A Behavioral Microsimulation Analysis, Deutsches Institut für Wirtschaftsforschung, 2004, pp. 17—19.

R. P. Hagemann, B. R. Jones and R. Montador, Tax Reform in OECD Countries: Economic Rationale and Consequences, *OECD Economics Department Working Papers*, No. 40, OECD Publishing, 1987, p. 103.

Guillermina Jasso, and Peter H. Rossi, Distributive Justice and Earned Income, *American Sociological Review*, Vol. 42, No. 4, 1977, pp. 639—651.

Slemrod Joel. The Role of Misconceptions in Support for Regressive Tax Reform, *National Tax Journal*, Vol. 59, No. 1, 2006, p. 69.

Paul Johnson, and Steven Webb, Explaining the Growth in UK Income Inequality: 1979—1988, *The Economic Journal*, Vol. 103, No. 417, Mar., 1993, pp. 429—435.

José Roberto Rodrigues Afonso, Julia Morais Soares, Kleber Pacheco Castro, Evaluation of the Structure and Performance of the Brazilian Tax System: White Paper on Taxation in Brazil, Inter-American Development Bank Discussion Paper, No. IDB-DP-265, 2013, pp. 84—88.

Joseph A. Pechman, Comprehensive Income Taxation: A Comment, *Harvard Law Review*, Vol. 81, No. 1, Nov., 1967, p. 64.

Joseph A. Pechman, Tax Reform Prospects in Europe and Canada, *The Brookings Review*, Vol. 5, No. 1, Winter, 1987, pp. 11—19.

Joseph A. Pechman, Tax Reform: Theory and Practice, *The Journal of Economic Perspectives*, Vol. 1, No. 1, Summer, 1987, pp. 11—28.

Joseph M. Dodge, Beyond Estate and Gift Tax Reform: Including Gifts and Bequests in Income, *Harvard Law Review*, Vol. 91, No. 6, 1978, pp. 1177—1211.

Michael Keen, The German tax reform of 2000, *International Tax and Public Finance*, Vol. 9, No. 5, September, 2002, pp. 603—621.

Peter J. Lambert, Thor Olav Thoresen, The Inequality Effects of a Dual Income Tax System, Statistics Norway, Research Department Discussion Papers No. 663, September 2011, p. 13.

Fabian Lange, and Robert Topel, The Social Value of Education and Human Capital, *Handbook of the Economics of Education*, Elsevier, 2006, pp. 459—509.

Lawrence H. Goulder, Climate Change Policy's Interaction with the Tax System,

Energy Economics, Vol. 40 (1), 2013, pp. S3—S11.

W. Leibfritz, and P. O'Brien, The French Tax System: Main Characteristics, Recent Developments and Some Considerations for Reform, *OECD Economics Department Working*, Papers, No. 439, OECD Publishing, 2005, p. 5.

Levy, Horacio, et al., Simulating the Impact of Inflation on the Progressivity of Personal Income Tax in Brazil, *Revista Brasileira de Economia*, Vol. 64, No. 4, 2010, pp. 405—422.

Marlo Rizzo, The Mirage of Efficiency, *Hofstra Law Reivew*, Vol. 8, 1980, pp. 641—658.

Maureen A. Maloney, The Case For Wealth Taxation, *Canadian Public Administration*, Vol. 34, No. 2, 1991, pp. 241—259.

Michael Littlewood, The History of Death Duties and Gift Duty in New Zealand, *New Zealand Journal of Taxation Law and Policy*, Vol. 18(1), 2012, pp. 66—103.

Mitchell Gans and Jay A. Soled, Reforming the Gift Tax and Making It Enforceable, *Boston University Law Review*, Vol. 87, No. 4, 2007, pp. 759—799.

Takeshi Miyazaki, and Yukinobu Kitamura, Redistributive Effects of Income Tax Rates and Tax Base 1984—2009: Evidence from Japanese Tax Reforms, Institute of Economic Research of Hitotsubashi University Discussion Paper Series A, No. 610, June, 2014, p. 41.

José Teófilo Oliveira, and Ana Carolina Giuberti, Tax Structure and Tax Burden in Brazil: 1980—2004, Initiative for Policy Dialogue Working Paper Series, October, 2009, p. 3.

Felix Paukert, Income Distribution at Different Levels of Development: A Survey of Evidence, *International Labour Review*. Vol. 108, No. 2, 1973, pp. 97—125.

Paul R. Verkuil, Revisiting the New Property after Twenty-five Years, *Wm. & Mary L. Rev*, Vol. 31, 1990, p. 365.

Jenny Pearce, Beyond Shock: Does Latin America Offer a New "Doctrine", *Political Economy*, Vol. 14, No. 3, 2009.

Joseph A. Pechman, The Future of the Income Tax, *The American Economic Review*, Vol. 80, No. 1, Mar., 1990, pp. 1—20.

Alexander Pogorletskiy, and Fritz Söllner, The Russian Tax Reform, *Intereconomics*, Vol. 37, No. 3, 2002, pp. 156—161.

Eric A. Posner, Law and social norms: The Case of Tax Compliance, *Virginia Law Review*, Vol. 86, No. 8, Symposium: The Legal Construction of Norms, 2000, pp. 1781—1819.

Richard H. Thaler, Mental Accounting and Consumer Choice, *Marketing Science*,

Vol. 4, No. 3, 1985, pp. 199—214.

Richard H. Thaler, Mental Accounting Matters, *Journal of Behavior Decision Making*, Vol. 12, No. 3, 1999, pp. 183—205.

Richard H. Thaler, Towards A Positive Theory of Consumer Choice, *Journal of Economic Behavior and Organization*, Vol. 1, No. 1, 1980, pp. 39—60.

Richard M. Bird, Canada's Vanishing Death Taxes, *Osgoode Hall Law Journal*, Vol. 16 (1), 1978, pp. 143—145.

Ame Ruckert, and Manfred Bienefeld (eds), A Decade of Poverty Reform at The World Bank, *Special Double Issue of Labor, Capital and Society*, Vol. 42, No. 1&2.

Sabirianova Peter, Klara, Steve Buttrick, and Denvil Duncan, Global Reform of Personal Income Taxation, 1981—2005: Evidence from 189 Countries, *National Tax Journal*, Vol. 63, No. 3, 2010, pp. 447—478.

Simon Kuznets, Economic Growth and Income Inequality, The American Economic Review, Vol. 45 (1), 1955, pp. 1—28.

Peter Birch Sørensen, From the Global Income Tax to the Dual Income Tax: Recent Tax Reforms in the Nordic Countries, *International Tax and Public Finance*, Vol. 1, No. 1, 1994, pp. 57—79.

Peter Birch Sørensen, Dual Income Taxes: A Nordic Tax System, EPRU Working Paper Series, No. 2009-10, March, 2009, pp. 2—3.

Peter Birch Sørensen, The Nordic Dual Income Tax: Principles, Practices, and Relevance for Canada, *Canadian Tax Journal*, Vol. 55, No. 3, 2007, pp. 557—602.

Eugene Steuerle, Tax Policy from 1990 to 2001, American Economic Policy in the 1990s, June, 2001.

Sylvia Villios, An Inherited Wealth Tax for Australia? The Henry Recommendation 25 for a Bequests Tax, *Revenue Law Journal*, Vol. 22, No. 1, 2012, Article 8, pp. 1—10.

Thomas Dalsgaard, Masaaki Kawagoe, The Tax System in Japan: a Need for Comprehensive Reform, Economics Deparment Working Papers No. 231, Paris: OECD, 2000, p. 62.

Thor O. Thoresen, Reduced Tax Progressivity in Norway in the Nineties: The Effect from Tax Changes, *International Tax and Public Finance*, Vol. 11, No. 4, 2004, pp. 487—506.

Ricardo Varsano, Tax Reform in Brazil: The Long Process in Progress, at Inter-American Development Bank, No. 4339(2003), p. 49.

Adam Wagstaff et al., Redistributive Effect, Progressivity and Differential Tax Treatment: Personal Income Taxes in Twelve OECD Countries, *Journal of Public Eco-*

nomics, Vol. 72, No. 1, 1999, pp. 73—98.

Walter J. Blum and Harry Kalven, The Uneasy Case for Progressive Taxation, *The University of Chicago Law Review*, Vol. 19, No. 3, 1952, p. 417.

William Glenn Gale and Joel Slemrod, Life and Death Questions about the Estate and Gift Tax, *National Tax Journal*, Vol. 53, No. 4, 2000, pp. 889—912.

Ann D. Witte, and Diane F. Woodbury, The Effect of Tax Laws and Tax Administration on Tax Compliance: The Case of the US Individual Income Tax, *National Tax Journal*, Vol. 38, No. 1, 1985, pp. 1—13.

Wolfe D. Goodman, Death Taxes in Canada: in the Past and in the Possible Future, *Canadian Tax Journal*, Vol. 43, No. 5, 1995, p. 1362.

Ken Yamada, Labor Supply Responses to the 1990s Japanese Tax Reforms, *Labour Economics*, Vol. 18, No. 4, 2011, pp. 539—546.